McGraw Hill Education

Sunyo Translation Series in Accounting Classics

INTRODUCTION TO MANAGERIAL ACCOUNTING

Seventh Edition

Peter C.Brewer Ray H.Garrison Eric W.Noreen

三友会计名著译丛

管理会计导论（第七版）

（美） 彼得·C.布鲁尔 雷·H.加里森 埃里克·W.诺琳◉著

南智 刘洪生 等◉译

东北财经大学出版社 Dongbei University of Finance & Economics Press | 大连

辽宁省版权局著作权合同登记号：06-2016-135
Peter C. Brewer，Ray H. Garrison，Eric W. Noreen: Introduction to Managerial Accounting.
Original ISBN: 0-07-802579-6.

图书在版编目（CIP）数据

管理会计导论：第七版：翻译版 / （美）彼得·C.布鲁尔（Peter C.Brewer），（美）雷·H.加里森（Ray H.Garrison），（美）埃里克·W.诺琳（Eric W.Noreen）著；南智，刘洪生等译. —大连：东北财经大学出版社，2017.12（2018.1重印）
ISBN 978-7-5654-2869-2

Ⅰ. 管… Ⅱ. ①彼… ②雷… ③埃… ④南… ⑤刘… Ⅲ. 管理会计 Ⅳ. F234.3

中国版本图书馆CIP数据核字（2017）第283713号

东北财经大学出版社出版发行
大连市黑石礁尖山街217号 邮政编码 116025
网 址：http：//www. dufep. cn
读者信箱：dufep @ dufe. edu. cn
大连图腾彩色印刷有限公司印刷

幅面尺寸：185mm×260mm 字数：641千字 印张：28.5
2017年12月第1版 2018年1月第2次印刷
责任编辑：李 季 王 玲 责任校对：石真珍
封面设计：冀贵收 版式设计：钟福建
定价：76.00元

教学支持 售后服务 联系电话：（0411）84710309
版权所有 侵权必究 举报电话：（0411）84710523
如有印装质量问题，请联系营销部：（0411）84710711

目　录

序言　管理会计概述

序言简介

本序言主要定义了管理会计概念并解释了管理会计对商科学生未来职业的重要性，同时也对为何管理会计包含更多方面的知识而不仅局限于定量计算做出了解释。

下章简介

第1章对贯穿本书的许多成本概念给出了严格的定义，并解释了在管理会计范畴中的成本概念会因即时管理需求的不同而采用不同的运用方式。

序言概要

什么是管理会计？

□ 计划

□ 控制

□ 决策

为什么管理会计关乎你的职业？

□ 商科专业

□ 会计专业

管理会计：数字的背后

□ 道德视角

□ 战略管理视角

□ 企业风险管理视角

□ 企业社会责任视角

□ 过程管理视角

□ 领导力视角

本序言说明了管理会计对商科学生未来职业的重要性，本序言始于回答两个基本问题：（1）什么是管理会计？（2）为什么管理会计关乎你的职业？本序言通过讨论道德、战略管理、企业风险管理、企业社会责任、过程管理和领导力这六个话题对上述问题进行了总结，并由此定义了应用于管理会计可量化方面的商业环境。

P.1　什么是管理会计？

许多选本门课程的同学最近将完成基础财务会计课程的学习。财务会计是将财务信息报告于公司外部使用者，例如股东、债权人、监管部门。管理会计是将公司信息提供给管理层用于组织管理。图P-1总结了管理会计与财务会计的七处区别。其详细说明了财务会计与管理会计的根本差异，即财务会计（financial accounting）意在满足组织外部的信息使用者的需求，而管理会计（managerial accounting）主要为受雇于公司内部的管理层提供服务。由于使用者的根本差异，财务会计主要强调的是过去经营活动的财务结果、客观性和可验证性、准确性以及公司整体绩效，然而管理会计强调的是影响未来的决策、相关性、及时性及分部绩效。分部（segment）是指企业管理者获得成本、收入和利润信息的一个部门或一项经营活动。例如，企业分部包括生产线、客户群体（可按年龄、种族、性别、购买量等划分）、地域、子公司、工厂和职能部门。总而言之，财务会计提供的是强制性的对外报告，其编制必须遵守美国通用会计准则（GAAP）和国际会计准则（IFRS），然而管理会计所提供的报告并非强制性的，其编制也无须遵守外部规定的准则。

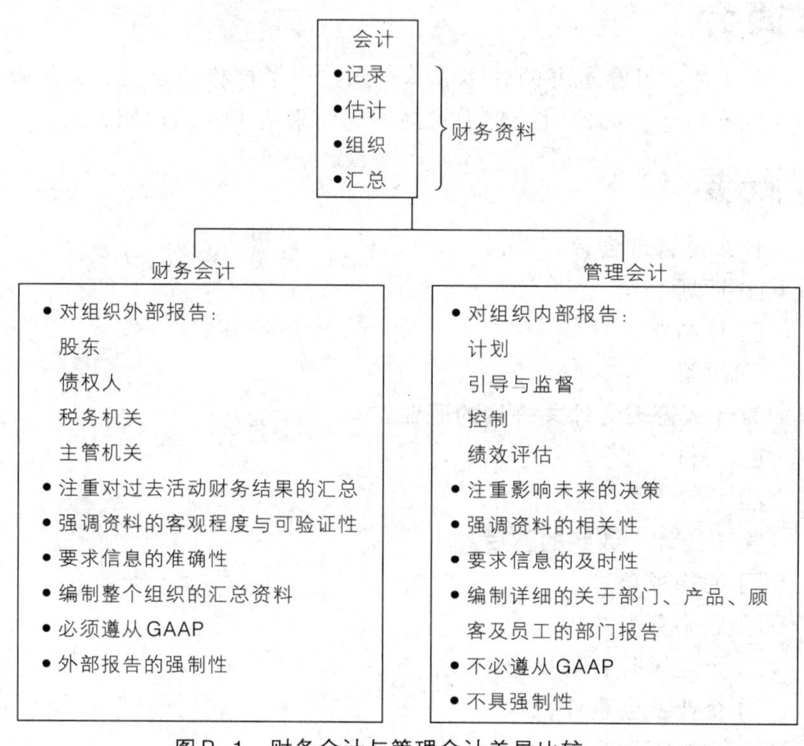

图P-1　财务会计与管理会计差异比较

如图P-1所示，管理会计能够帮助管理层完成三个重要的管理活动：计划、控制和决策。计划（planning）主要包括制定目标及如何实现目标。控制（controlling）主要是收集反馈信息以确认计划如实实施或根据环境的改变而修正计划。决策（decision making）是指从备选方案中抉择的一系列行为。现在，让我们仔细研读一下管理会计的这三大支柱吧。

P.1.1　计划

设想你正就职于宝洁公司（P&G），负责商科应届生的校园招聘工作。在此情境中，你的计划过程应由建立目标开始，如：我们的目标是招聘最顶尖、最优秀的大学毕业生。那么，计划过程的下一环节就是通过回答下列一系列问题来明确如何实现这一目标：

- 我们一共要招聘多少个学生，在每个专业分别招聘多少人？

- 在我们的招聘计划中要去多少个学校?
- 宣讲会中需要哪些公司在职员工?
- 何时开始面试?
- 选人标准如何确定?
- 我们提供给新员工何种待遇? 薪资是否要根据专业的不同而有所差别?
- 招聘工作需要花费多少成本?

如你所见,上述问题需在计划过程中解决,计划同时伴随着预算。预算(budget)是对管理者制订的未来计划的正式的定量化的表达。作为宝洁公司招聘负责人,你的预算包括两个主要的方面。首先,你需要与公司其他高层合作预估出全部新员工的薪资总数。其次,你要为此次校园招聘工作的成本制定预算。

P.1.2 控制

一旦你开始制订并实施宝洁公司的招聘计划,你便进入了控制过程。控制过程包括收集、估计及对反馈信息做出回应等以确保招聘工作达到预期效果。该过程还包括通过评估等方式寻求更好的方案为下一年度的招聘工作做准备。控制过程需要回答以下问题:

- 我们是否成功完成在各个学校相关专业的招聘任务?
- 与竞争企业相比,我们是否失去了许多可塑之才?
- 我们的在职员工在招聘过程中的表现是否令人满意?
- 我们招聘过程中的用人标准是否有效?
- 在校园现场面试和在公司面试是否进展顺利?
- 实际招聘的新员工的工资总额是否在预算范围内?
- 整个招聘工作的实施成本是否在预算范围内?

如你所见,上述问题需要在控制过程中解决,当寻求实际没有达到预期的潜在原因时,上述问题不能简单地用"是"和"否"来回答。控制过程的一部分工作是整理编制出绩效报告。绩效报告(performance report)通过比较预算数据和实际数据来学习产生良好的绩效的经验或识别分析出产生令人不满意的绩效的原因。绩效报告也是评估或奖励员工的一种依据。

尽管这个案例关于宝洁公司校园招聘工作,但我们由此可以想象通过计划这一过程,联邦快递(FedEx)如何在全球范围内派送隔日到的邮包,以及苹果公司(Apple)如何在全球范围内扩展iPad市场。我们也可以讨论控制活动如何帮助辉瑞制药(Pfizer)、礼来制药(Eli Lilly)、雅培公司(Abbott Laboratories)确保它们生产的药品满足严格药品质量控制要求,以及克罗格公司(Kroger)以保证其储物架的库存充足。同时,我们也可以看到有关计划和控制的失败案例,如英国石油公司(BP)在墨西哥湾的石油泄漏事件。总之,所有的管理层(也许有天你也会成为管理层)都需要进行计划和控制工作。

P.1.3 决策

也许最基础的管理技能就是做出明智的、有数据支持的决策的能力。概括来说,很多决策都是围绕以下三个问题展开的：我们销售何种产品？我们为谁提供服务？我们如何执行？表P-1列出了决策中这三类问题的一些相关例子。

表P-1　　决策案例

我们销售何种产品?	我们为谁提供服务?	我们如何执行?
我们的市场目标需要什么样的产品和服务？	我们的市场需要关注哪种受众群体？	我们应当如何支持内部部门和提供相关服务？
我们要提供何种新产品和服务？	我们应从哪种群体开始入手？	我们应当如何提高产量？
我们的产品和服务应该如何定价？	哪种人群应支付额外服务费用？	我们应当如何降低产量？
	哪种人群应获得价格折扣？	
我们应该放弃何种产品和服务？	我们应该放弃哪种群体，不再提供服务？	我们应如何提高我们的工作效率？

从表P-1的左侧部分可以看出，每个企业决策都关乎其销售的产品和服务，例如，宝洁公司每年都会在其旗下产值超过十亿美元的品牌和有成长前景的其他品牌之间安排和分配预算比例。美泰公司（Mattel）每年一定会决策在市场中推广何种新产品。美国西南航空公司（Southwest Airlines）需为每日数千次航班制定出合理的票价。通用汽车（General Motors）需要决定是否放弃生产某些型号的汽车。

从表P-1的中间部分可以看出，每个企业决策都关乎其对客户的服务，举个例子，西尔斯百货（Sears）一定会对其吸引男性顾客和女性顾客的商品进行预算分配。联邦快递一定会对是否进行全球范围内的新业务拓展进行决策。惠普公司（Hewlett-Packard）一定会就对那些购买其大量产品的企业客户应提供何种价格折扣进行决策。银行则会对是否放弃那些已无收入的客户进行决策。

表P-1的右侧部分显示，每个企业决策也会与如何执行这些决策有关。例如，波音公司（Boeing）会对是否依赖外部供应商如古德里奇公司（Goodrich）、萨博公司（Saab）、劳斯莱斯公司（Rolls-Royce）来提供其飞机所用部件进行决策。西塔斯公司（Cintas）会对应以在既有营业点基础上扩展营业面积还是增加新的营业点的方式来发展其清洗、熨烫业务进行决策。在经济低迷时期，制造商可能会对暂停三个工厂的轮班制作业还是彻底叫停其中一个工厂进行决策。总之，所有的公司必须就互斥的改进方案进行决策。例如，一个公司可能不得不在是否安装新的软件系统、是否升级更新其固有设备和是否对其员工进行额外培训这三个方案中进行选择。

P.2　为什么管理会计关乎你的职业？

在选择专业的时候很多人感到困惑，因为他们不确定这个专业是否能够带来令人满意的事业。为了消除这份顾虑，我们建议不要过分强调未来不能控制的事项，反而应当关注当下我们能够控制的具体事务。详细来说，就是想一下这个问题：当下你能够为未来事业的成功做些什么？最佳答案是努力学习技能使得你能够应对未来的种种不确定性。你需要很强的应对能力！

不论你是在美国还是其他国家，在大公司还是小企业，在非营利组织还是政府机关工作，你都需要为未来制订计划，需要为实现目标制定流程，还需要做出明智的抉择。换句话说，管理会计的技能适用于任何的职业、组织和行业。如果你很用心地学习这门课程，你将为你的未来进行一笔小小的投资——尽管你现在并不能猜到你未来的职业是什么。接下来，我们将通过解释管理会计与商科和会计专业的未来职业的关系来详细描述这一点。

P.2.1 商科专业

表P-2为计划、控制、决策如何影响除会计以外的商科三大专业——市场营销、供应链管理、人力资源管理提供了很好的例证。

表P-2　　管理会计与商科三大专业的关系

	市场营销	供应链管理	人力资源管理
计划	电视、报纸、互联网营销需要多少预算？ 新的市场开发需要雇用多少营销人员？	在下一生产期内，我们应当生产多少产品？ 下一个生产期我们应当预算出多少管理费用？	我们应当在职业安全培训方面花费多少钱？ 我们应当在员工招聘广告上花费多少钱？
控制	降价是否提高了产品销售量？ 在购物季期间，我们是否积压太多的库存？	实际生产的产品耗费属于超支还是节约？ 在完成计划生产量的过程中，次品产出是否减少？	我们的员工保持率是否超过计划？ 根据及时绩效报告结果，我们是否达标？
决策	我们提供的服务应当捆绑销售还是分开销售？ 我们应采用直销的方式还是通过分销商来销售产品？	我们是否需要通过境外供应商释放部分组件占用的生产力？ 我们是否需要重新设计制造流程以降低库存水平？	我们是否应当雇用现场医疗人员以减少医疗保障费用？ 我们应当雇用临时工还是全职工？

表P-2的左侧部分描述了计划、控制、决策在市场营销专业的一些应用。举个例子，销售经理会做一些与分配各种广告媒介投放比例和新市场营销人员配置相关的计划决策。从控制的角度来说，他们还会密切地关注销售信息以确认降价是否会带来预期的销售数量增长，或者通过研究销售季的存货水平来调整价格以优化销售。销售经理同样会做一些其他的重要决策，比如将服务捆绑销售，还是分开独立销售。他们也对销售方式进行决策，例如直接销售给消费者还是通过销售给分销商，再由他们销售给消费者。

表P-2的中间部分陈述了供应链经理必须计划生产多少单位的产品以满足预期顾客需求。他们同样需要对例如水电费、材料费和人工费等运营成本进行预算。就控制的角度而言，他们需要监督与预算相比的实际耗用量，并对诸如残次品的数量等营运指标进行密切关注。供应链经理需要进行许多决策，例如是否与国外供应商合作来提高组件的生产力。他们同样要对是否花钱重新设计制造流程来降低库存水平进行决策。

表P-2的右侧部分解释了为何人力资源经理要做出很多决策，例如为何其要预算出职业安全培训和员工招聘广告的费用。他们监督着与管理问题有关的相关反馈，例如员工保持率和按时完成的员工绩效评估报告。他们同样为一些重要的决策提供帮助，例如是否雇用现场医护人员以减少医疗保障费用，选择雇用临时工还是全职工。

简要来说，表P-2没有涵盖所有的商科专业，比如财务、管理信息系统和经济学。你能说出计划、控制、决策相关活动如何与这些学科相关吗？

P.2.2 会计专业

许多会计专业的毕业生选择能够为客户提供多样有价值服务的会计师作为其毕业后的第一份工作。在会计师事务所工作的一部分毕业生会创立一番成功又令人满意的事业，然而大多数将会在某时离开会计师事务所去其他企业或组织。实际上美国管理会计师协会（Institute of Management Accountants，IMA）估计有80%的在美国工作的专业会计师在非会计师事务所工作（见www.imanet.org/ about_ima/our_mission.aspx）。

会计师职业有很强的财务会计导向。它最重要的职能就是通过确保企业提供的历史财务数据与适用的会计准则相符来保护投资者和其他外部使用者的利益。管理会计同样需要很强的财务会计技能。举个例子来说，他们在帮助企业设计并执行能够出具可靠披露信息的财务报告系统方面，扮演着很重要的角色。但是，管理会计最基本的职能是与企业内部同事合作提高企业绩效。

鉴于上文提到的80%这一数据，如果你是会计专业的学生，你未来很可能从事与会计师无关的职业。你的雇主希望你具有很强的财务会计知识，然而更重要的是，他更希望你能够通过计划、控制、决策等这些管理会计基本技能来提高企业绩效。

商业实践

商业社交机会

美国管理会计师协会是一个囊括来自120个国家的超过70 000名财经类人才的网络体系。该协会每年都会举办学生领导力大会，吸引来自50所高校的300名学生参加。与会发言者会就时下热点话题，如领导力、对成就事业的建议、如何在不同的经济环境下推销自己、如何在巨大的就业压力下胜出等话题进行讨论。参与会议的一位同学说："我很高兴能够与我感兴趣的就业领域的专家互动。"如果想获得关于这个难得的商业社交机会的更多信息，请通过下面提供的美国管理会计师协会的电话和网址进行联系。

资料来源：Jodi Ryan.（201）474-1556.www.imanet.org.

专业资质——明智的投资

如果你有意从事会计行业，管理会计师（CMA）是一个由美国管理会计师协会倡导的全球认同资格认证，它将提升你的信誉，提供更多升职加薪机会。表P-3总结了CMA考试的要点。简要地说，我们不是要列举CMA考试涵盖的所有知识点，而是要强调CMA考试重点关注于对在非会计师事务所工作的人员计划、控制、决策技能的考查。CMA的内部管理导向考查是对注册会计师（CPA）考试的有力补充，注册会计师考试主要关注于对考生审计准则、一般会计准则、经济法、税法的掌握情况的考查。有关CMA的信息可通过访问IMA网站（www. imanet.org）或拨打1-800-638-4427咨询。

表P-3　　管理会计师考试大纲

第一部分	财务报告、计划、绩效、控制
	外部财务报告决策
	计划、预算、预测
	绩效管理
	成本管理
	内部控制
第二部分	财务决策
	财务报告分析
	公司财务
	决策分析
	风险管理
	投资决策
	职业道德

商业实践

管理会计师的薪资如何?

管理会计师协会通过建立下列表格，可让想成为管理会计师的人计算能够获得的薪水。

			请计算
请以此为基础工资进行计算		$75 879	$75 879
如果你是高层管理者	加	$48 471	
或者，如果你是中层管理者	加	$26 516	
或者，如果你是基层管理者	减	$22 137	
你在此领域从业年限数	乘	$7	
如果你有研究生学历	加	$14 662	
如果你有CMA资格	加	$19 992	
如果你有CPA资格	加	$15 837	
你的预估薪资水平			

例如，你是高层管理者并已入职10年，且有研究生学历并具有CMA证书，则你的预估薪水为$159 074（$75 879+$48 471+（10×$7）+$14 662+$19 992）。

资料来源：Lee Schiffel，and Coleen Wilder，"IMA 2013 Salary Survey. Rainy Days Persist，" *Strategic Finance*，June 2014，pp.23-39.

P.3 管理会计：数字的背后

表P-4总结了本书每个章节提供的管理层在工作中应用的方法技巧。举个例子，第7章将告诉你管理层用以回答"我将如何为下一年度制订财务计划?"这个问题的技巧。第8章将讲述管理层用以回答"我的计划完成得怎样?"这一问题的方法。第3章教你关于产品、服务和客户价值的知识。最重要的是，你需要理解管理会计不只是简单的"数字处理"。管理层只有从6个"数字背后"的企业管理视角出发才能成功地完成计划、控制、决策等管理过程。

表P-4 评估技巧：管理者视角

章节	管理者视角的关键问题
第1章	基于不同的管理目的，成本应该怎样分类？
第2、4章	用于对外财务报告的期末存货和销售成本应是多少？
第3章	我们的产品和服务盈利水平是怎样的？
第5章	销售价格、销售数量和销售成本改变将给盈利水平带来怎样的变化？
第6章	利润表应如何列示？
第7章	我将如何为下一年度制订财务计划？
第8章	我的计划完成得怎样？
第9章	以何种方式进行绩效评估能够确保我们完成了战略目标？
第10章	我如何比较几种方案的利润变化？
第11章	如何做长期投资决策？
第12章	现金流量如何解释现金余额的变化？
第13章	如何通过财务报表更好地理解我们的绩效？

P.3.1 道德视角

合乎道德的行为是保证经济运行的润滑剂。没有了这种润滑剂，经济的运转就会极其缺乏效率——供消费者选择的产品会更少，其质量会更差，而其价格则会更高。换句话说，没有了对商业活动诚实性的基本信任，经济将处在低效运行水平上。因此，对于包括营利性企业在内的每一个人或组织来讲，在一个能够建立和维护信任、合乎道德的框架下行事是极其重要的。

管理会计师的行为准则

美国管理会计师协会采用的道德规范性文件被称为《执业道德守则》(*the Statement of Ethical Professional Practice*)，该守则详细规定了管理会计师的道德责任。虽然这些标准是专为管理会计师设定的，但它也适用于更广泛的领域。

表P-5给出了美国管理会计师协会《执业道德守则》的全文。该守则分为两个部分：第一部分规定了合乎道德的行为的一般性指导方针。简单地讲，管理会计师的道德责任包括四大方面：一是保证高水平的专业技能（professional competence）；二是谨慎处理涉及机密的事项 （matters with confidentiality）；三是保证个人的诚实正直(personal integrity)；四是保证可靠性（credibility）。守则的第二部分规定了从业者发现道德上不当行为的证据时应采取的行动。

本道德守则向管理会计师和管理人员提出了明确、实用的忠告。本道德守则中的绝大多数规则都是非常切合实际的——在经营管理实践中，如果不能遵守这些规则，整个经济体系和我们中的每一个人都会受到伤害。试考虑下面这些没有遵守上述守则的具体规则的结果：

• 假使企业的雇员是不值得信赖的，保密信息就不能托付给他们，那么，高层管理者就不愿意在本企业内传递这些信息，而结果则是企业的决策只能建立在不完全信息之上，企业的运转也必然会受影响。

• 假使企业的雇员收受供应商的贿赂，那么那些行贿最多的供应商就更可能得到合同，而那些最具实力的供应商却反而拿不到合同。你愿意搭乘由行贿最多的转包商制造的飞机吗？你还会像以往那样频繁地乘飞机旅行吗？如果按合同购入的零部件和按合同进行组装的劣质工艺把飞行安全记录搞得一塌糊涂，航空业将会怎样呢？

• 假使总经理们只是例行公事地对本公司的年报和财务报表造假，如果投资者们对公司财务报表的真实性缺乏基本的信任，那么他们的投资决策就几乎没有什么信息基础。出于对最糟情况的顾虑，理性的投资者对此类公司所发行的证券就只肯出很低的价钱，甚至根本不予投资。这样，面对前景看好的投资，企业很可能无能为力——这会引发经济的缓慢增长、市场上产品与服务的供应不足以及较高的物价。

合乎道德的行为不仅是经济的润滑剂，也是管理会计的基础。只有管理者赖以计划、控制、决策的财务数据是真实的、完整的、客观的，这一切才有意义。在你的职业生涯开端，你不可避免地会面临道德考验。在做出决定之前，请按照以下步骤考虑。首先，明确你可选的行为方案。其次，明确会被你的行为决定影响的所有人。最后，明确你的所有可选方案将对他方造成的有利和不利影响。一旦你彻底地理解了这些行为后果，也许会需要外部指导如IMA《执业道德守则》，通过拨打IMA帮助热线（800）245-1383，也可以找到一位值得信赖的挚友。在你付诸行动前，问自己最后一个问题——如果《华尔街日报》头版刊登了我现在所选的行为及其所带来的结果，我能够坦然接受吗？

表 P-5　　美国管理会计师协会的《执业道德守则》

美国管理会计师协会所有成员的行为必须符合道德规范。管理会计师执业过程中应遵守的道德规范包括表明我们价值的最高准则和指导我们行动的执业标准。

最高准则

美国管理会计师协会的最高道德准则包括：诚实（honesty）、公正（fairness）、客观（objectivity）和责任（responsibility）。所有成员的行为必须遵循这些准则，并须鼓励本机构内其他人员遵循上述准则。

执业标准

不能遵循以下执业标准的成员需接受培训。

I.技能（competence）

每一位成员都有责任：

1.通过持续不断地学习知识和技能以保持适当的专业技术水平。

2.履行职业职责中应遵守的相关法律、规范与技术标准。

3.为制定决策提供准确、清晰、简明、及时的信息资料和对策建议。

4.能够识别和传达职业的局限或其他可能阻碍合理判断或某一活动成功实施的局限条件。

II.保密（confidentiality）

每一位成员都有责任：

1.除权威部门要求披露或依法要求披露之外，应对客户信息资料严格保密。

2.对客户信息资料的适当使用应通知相关的当事人。监督下属的行动以确保其履行保密责任。

3.禁止以客户的机密信息资料谋取违反道德的或非法的利益。

III.正直（integrity）

每一位成员都有责任：

1.减少实际的利益冲突，与业务伙伴进行经常性的沟通以避免明显的利益冲突。将任何潜在的冲突告知所有的利益相关方。

2.禁止参与任何可能有损合乎道德规范地执行职责的冲突。

3.避免从事或协助任何可能损害职业声誉的活动。

IV.可靠性（credibility）

每一位成员都有责任：

1.公平、客观地传达信息。

2.披露所有预计可能影响潜在使用者对报告、分析或建议理解的相关信息。

3.披露符合组织政策和/或法律的信息、时间安排、业务处理或内部控制的延迟与遗漏。

道德冲突的解决

在使用本执业道德守则的过程中，你可能会遇到如何识别不道德行为或如何解决道德冲突等问题。面对上述问题时，你可以沿用你所在的机构业已制定的解决此类问题的政策。如果这些政策不能解决道德冲突，你应该考虑以下做法：

1.除非你的直接上级明显地牵涉其中，你应与其讨论这一问题。如果你的直接上级确实牵涉其中，则应将问题交给你直接上级的上级。如果仍不能得到满意的解决，应将问题提交给更高一级的管理层。

如果你的直接上级就是首席执行官或与该职级相当的人，则行使这一职权的应该是审计委员会、执行委员会、董事会、理事会或所有者之类的团队。与你的直接上级以上层级的管理层取得联系只能从对其进行了解开始，应确认他或她并不牵涉其中。与非被本机构雇用或指定的权威部门或个人交流上述问题被认为是不合适的，除非你相信其确有明显违犯法律之处。

2.为澄清相关的道德问题，应通过与美国管理会计师协会的道德顾问或其他公正的咨询人员进行保密前提下的商讨，以获得对可能做法的更好理解。

3.涉及道德冲突的法律责任与权利事项应咨询你的律师。

[本执业道德守则可参阅 http://www.imanet.org/about_ethics_statement.asp 或 http://www.imanet.org/pdf/981.pdf——译者注。]

商业实践

丰田汽车遭遇重大问题

当丰田汽车公司（Toyota Motor Corporation）未能实现其利润目标时，该公司却制定了一个更加激进的目标，即减少汽车零部件30%的成本。这最终导致公司生产汽车的质量和安全性能严重下降，分析师估计在召回、诉讼和营销公关上将花费超过50亿美元。公司总裁丰田章男（Akio Toyoda）将公司的这次重大失误归咎于过度关注利润和市场份额。同样，Jim Press，丰田美国前首席执行官认为，问题源于"如海盗般只以经济利益为导向，没有坚持顾客至上的原则"。

资料来源：Yoshio Takahashi，"Toyota Accelerates Its Cost-Cutting Efforts，" *The Wall Street Journal*，December 23，2009，p.B4；Mariko Sanchanta and Yoshio Takahashi，"Toyota's Recall May Top $5 Billion，" *The Wall Street Journal*，March 10，2010，p. B2；and Norihiko Shirouzu，"Toyoda Rues Excessive Profit Focus，" *The Wall Street Journal*，March 2，2010，p.B3.

P.3.2 战略管理视角

企业的成功并不靠纯粹的运气，相反，它们需要制定策略来确定如何在市场上取得成功。战略（strategy）是指能使本公司有别于其竞争者从而吸引客户的"策略"(game plan)。企业战略的焦点应该是其目标客户。一家企业只有在为其客户创造出一个选择它而不是其竞争者的充分理由的情况下才会获得成功。这样的理由，或者更正式地称其为客户价值主张（customer value propositions），才是战略的精髓。

客户价值主张可以分成三种更为宽泛的类别——客户亲近（customer intimacy）、卓越运作（operational excellence）与产品领先（product leadership）。从本质上说，那些采用客户亲近价值主张的企业是在对其客户讲，"各位之所以选择本公司是因为我们比我们的竞争者更为了解各位的个人需求并能对您的需求做出更为恰当的反应"。Ritz-Carlton、Nordstrom和Virtuoso（一个提供优质服务的旅行社）等公司之所以能取得最初的成功，就在于它们采取的是客户亲近价值主张。而那些采取第二类客户价值主张，即卓越运作的企业是在对其目标客户讲，"各位之所以选择本公司是因为我们比我们的竞争者以更为低廉的价格更快捷、更便利地为各位提供产品和服务"。Southwest Airlines、Wal-Mart和Google等公司成功的首要秘诀即在于其卓越的运作。至于那些追求第三类客户价值主张，即产品领先的企业是在对其目标客户讲，"各位之所以选择本公司是因为我们向各位提供了比我们的竞争者更高质量的产品"。Apple、Cisco Systems和W.L. Gore（Gore-Tex布料的发明者）等公司正是实施产品领先战略的成功范例。虽然一家公司向其客户提供的可能是上述客户价值主张的某个组合，但是就其重要性来讲，某一种主张往往要超过其他类型的主张。

计划经理指出，他们想要控制的变量、他们所做的决定都受到其公司战略的影响。例如，Wal-Mart不会计划建造高端昂贵的服装专卖店，因为这些计划会与公司卓越运作价值主张和"天天低价"战略冲突。苹果不会寻求专注于削减成本的绩效控制措施，因为这些措施与其产品领先价值主张冲突。又如，即使财务分析表明采用较低的价格可能会提高短期利润，Rolex也不可能实施大幅降价政策。Rolex一定反对这一方案，因为它会降低奢侈品牌价值，而其品牌价值正是其产品领先价值主张的基础。

商业实践

Vanilla Bicycles一份4年未发货的顾客订单

Sacha White 2001年在俄勒冈的波特兰创建了Vanilla Bicycles。经过8年的经营，他有一份积压了4年未发货的顾客订单。他将自己的年产量限制在40单位，平均每单位售价为50美元。他使用的是一种成本是铜的20倍（这是行业标准）的银合金，并将其与钛管连接用以制作自行车车架。他需要花费3个小时按照购买者个体情况确定自行车车架的准确维度。他拒绝扩大生产，因为这会破坏他基于产品领先和卓越运作价值主张的战略理念。正如他自己所说，“如果我牺牲掉使得Vanilla Bicycles卓尔不群的东西而扩大生产，这是不值得的”。

资料来源：Christopher Steiner，“Heaven on Wheels，” *Forbes*，April 13，2009，p.75.

P.3.3 企业风险管理视角

每一个战略、计划、决策都包含着风险。企业风险管理（enterprise risk management）是企业用来预先识别并且逐步应对此类风险以确保满足其利益相关者预期的过程。表P-6的左栏给出了企业风险的12个例子。这些风险关乎天气、电脑黑客、遵纪守法、雇员偷窃行为、产品威胁、顾客安全等各个方面。对应表P-6左栏列示的企业风险例子，该表的右栏分别给出了有助于降低风险的控制范例[①]。尽管控制不能完全消除风险，但它们使企业能够主动管理自己的风险，而不是被动地对已经发生的不幸事件做出反应。

在管理会计中，公司使用控制来抑制它们的计划将无法实现的风险。例如，如果一家公司计划在一个一定预算和时间范围内建立一个新工厂，它将建立和监控一系列控制措施以确保该项目能够在既定的时间和预算内完成。

风险管理也是进行决策的重要方面。例如，当一家公司想要计算通过增加海外劳动来节约人工成本的数额时，它应该进行相应的财务分析并谨慎评估所伴随的风险，比如，国外制造商会使用童工吗？由此会导致产品的质量下降，从而导致更多的保修维修费用、客户投诉和法律诉讼吗？从顾客下订单到派送所用时间会大大延长吗？会削弱公司本土员工的士气，增加社会危害吗？这些都是应该纳入管理者决策过程的问题。

---

① 除了使用控制来降低风险，公司还可以选择其他的风险应对措施，如接受或避免风险。

表P-6 企业风险的识别与控制

企业风险例子	控制以降低企业风险的范例
• 电子计算机存储文件中的智力资产被盗	• 设立阻止电脑黑客破坏或盗取知识产品的防火墙
• 产品伤害了消费者	• 规定正式而严格的新产品检验程序
• 由于不可预见的竞争对手行动而丢掉市场份额	• 设立正式的途径以合法地收集关于竞争对手商业计划与经营管理运作实践的信息
• 恶劣的天气使生产突然中止	• 为克服任何由天气造成的生产中断制订相应计划
• 网络故障	• 在所有业务依托国际互联网（internet）之前预先制定好引导测试程序
• 工人罢工中止了供货商的原料供应	• 与两个有能力提供本公司必要原料的供货商建立业务关系
• 奖励制度使得雇员做出低质量的决策	• 创建激发雇员做出企业预想行为的业绩测度均衡集（balanced set）
• 财务报表不能客观地报告存货价值	• 实地盘点库存物料量以确保其与会计记录相符
• 雇员偷窃公司的财产	• 建立岗位职责分离制度以使同一位雇员不能既保管某项财产又能为该项财产登记账目
• 雇员接触未经许可的企业资料	• 建立受密码保护的屏障以阻止雇员获取与其工作无关的资料
• 不准确的预算使得生产过多或不足	• 执行严格的预算审查程序
• 未能遵守《美国平等就业机会法》（Equal Employment Opportunity Laws）	• 建立追踪本公司是否依法行事的报告制度

商业实践

停电的风险管理

2010年1月至4月，美国共发生35次大停电。对生意人来说，停电可能代价高昂。举个例子，纽约一家名为“烟雾爵士和超级俱乐部”（Smoke Jazz and Supper Club）的夜总会，因为停电在线预订系统被迫关闭，这一次停电导致损失了大约1500美元的收入。在亚利桑那州的梅萨，Great Embroidery LLC的老板George Pauli估计他的公司平均每年遭遇6次停电。由于缝纫机在其启动时不能再复位，所以每次突然停电都造成120美元的库存损失。Pauli因此决定购买价值700美元的电池，以保证缝纫机在停电时仍能够正常作业。这些电池不到1年就可以回本。

资料来源：Sarah E. Needleman, “Lights Out Means Lost Sales,” *The Wall Street Journal*, July 22, 2010, p. B8.

P.3.4 企业社会责任视角

企业对其所做出的战略负责，这些战略的创造和实施又必须产生能够令股东满意的财务数据。然而，其同样承担着企业社会责任，服务于其他利益相关者，如客户、员工、供应商、社区、环境和人权的倡导者——他们的利益与公司的业绩息息相关。企业社会责任（corporate social responsibility，CSR）指一个组织在决策时应考虑所有利益相关者的需求。企业社会责任不仅是说其行为要符合法律规范，其还应做出符合利益相关者期望的自觉行为。许多企业例如 Procter & Gamble，3M，Eli Lilly and Company，Starbucks，Microsoft，Genentech，Johnson & Johnson，Baxter International，Abbott Laboratories，KPMG，PNC Bank，Deloitte，Southwest Airlines 和 Caterpillar，在其公司主页上突出描述了企业社会工作业绩。

表 P-7 列示了关乎六个利益相关群体的企业社会责任的例子。[①]如果企业不能够满足这六个利益相关者群体的要求，将挫伤其财务表现。例如，如果一个公司污染环境或不能为员工提供安全且人道的工作条件，环境和人权主义者的负面宣传会使得顾客抵制其产品，或者潜在的优秀求职者将转投其他企业，这都将挫伤其财务表现。这解释了为什么在管理会计中管理者必须在考虑对所有利益相关者的影响的前提下，建立计划，实施控制并做出决策。

表 P-7　　企业社会责任例子

企业应当提供给员工:	企业应提供给客户:
• 安全和人道的工作环境 • 一视同仁的待遇和向组织提出意见的权利 • 合理的报酬 • 培训、升职和个人发展的机会	• 安全、高质量且价格合理的产品 • 有能力、有礼貌和快速交付的产品和服务 • 充分披露产品的相关风险 • 便于使用的购物和追踪订单的信息系统
企业应提供给社区:	企业应提供给供应商:
• 合理的税负 • 如实提供信息，如工厂关闭计划 • 公益、学校、公民活动的资源 • 允许媒体合理采访	• 公平的合同条款和及时的付款 • 准备订单的合理时间 • 及时接受整单派送 • 合作而不是单边行动
企业应提供给环境和人权组织:	企业应提供给股东:
• 温室气体排放数据 • 循环使用和资源节约数据 • 接受无童工检查的透明度 • 充分披露位于发展中国家的供应商	• 能胜任的管理 • 查看完整准确的财务信息 • 充分披露企业风险 • 如实回答相关问题

① 表 P-7 的例子多取自于 Terry Leap and Misty L. Loughry, "The Stakeholder-Friendly Firm," *Business Horizons*, March/April 2004, pp. 27-32.

P.3.5 过程管理视角

大多数公司是由职能部门组成的，如市场营销部、研发部和财务部门。这些部门通过行政管理系统（chain of command）指定上级和下属的关系。然而，管理者明白，企业运作过程不局限于职能部门，其还服务于对于公司而言最重要的利益相关者——客户。企业运作过程（business process）是指企业在完成某些生产经营任务时的一系列步骤的总称。这些步骤往往跨越部门界限，因此需要管理者间进行跨部门的合作。价值链（value chain）通常用来描述一个组织的职能部门间如何相互作用以形成企业运作过程。如图P-2所示，价值链是由能够增加企业产品与服务价值的主要生产经营运作活动组成的。

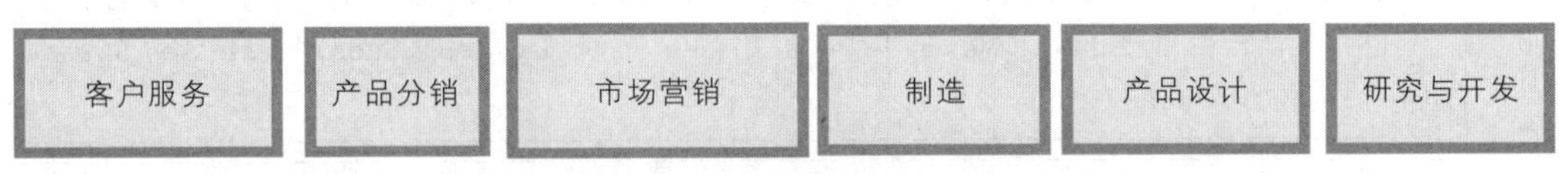

图P-2　企业生产经营过程构成的价值链

管理层需要在计划、控制、决策基础之上理解价值链的有效性。例如，如果一个公司的工程师计划设计一款新产品，他们必须与生产部门沟通以确保产品可以生产，营销部门要确保客户会购买产品，分销部门要确保大宗产品可以节省成本的方式运送到客户手中，财务部门应确保产品会增加企业利润。从控制和决策的角度来看，管理者需要专注于过程的优化，而不是职能部门的单独绩效。举个例子，如果采购部门只专注于最大限度地减少所购买材料的成本，这种狭隘的降低成本的尝试可能会造成制造部门更多的产品报废和返工，客户服务部门接到更多的投诉，以及对此不满的客户将他们的注意力转向其他竞争对手，从而使营销部门面临着更大的挑战。

管理者经常使用一种被称为“精益思考模式”（lean thinking model）的过程管理方法，其又称为精益生产的制造方法。精益生产（lean production）是一种以客户订单为基础，围绕生产运作流程组织企业的人员和机器设备等资源进行生产的管理方法。它通常被称为适时制（just-in-time，JIT）生产，因为在适时制下只有接到客户订单才开始生产，并且产品能够及时完成并被准时运达客户手中。精益思考模式不同于传统的制造方法，传统制造方法使得各部门作业分散并鼓励各部门追求各自的最大产出，有时产量甚至超过客户的需求而导致存货积压。由于精益思考模式下只在收到客户订单后才开始生产，生产数量往往等于销售数量，从而可以保持最少的库存。较之传统的生产方法，精益生产方法会带来更少的缺陷、更少被浪费的努力和更快的客户反应。

商业实践

绿色和平组织利用社交媒体的力量

当雀巢（Nestlé）从印度尼西亚供应商处购买棕榈油生产奇巧糖果时，国际绿色和平组织（Greenpeace International）使用社交媒体来表达不满。该组织声称印度尼西亚供应商破坏了雨林来建立自己的棕榈油生产基地，因此Nestlé的行为导致了全球变暖并危及了猩猩的生存。绿色和平组织发布了YouTube视频，还在Nestlé的Facebook页面上发表评论并发送Twitter微博与其支持者沟通。Nestlé的Facebook页面上的粉丝数量一度增加到95 000人，其中大部分是抗议者。Nestlé终止了其与供应商的合作，该供应商的供应量占Nestlé棕榈油总需求的1.25%。Nestlé的一个发言人表示，应对社交媒体的难点是“要表明我们在聆听，而不是参与对呛”。

资料来源：Emily Steel，“Nestlé Takes a Beating on Social-Media Sites，” *The Wall Street Journal，March* 29，2010，p.B5.

商业实践

路易威登的精益生产

路易威登（Louis Vuitton），总部设在法国巴黎，通过精益生产而不是建立一个新的工厂来提高其产品制造能力。它制定了由10名工人组成一个团队的U形的工作安排，从而为其工厂腾出了超过10%的空间，使得该公司在没有增加任何面积的情况下能够多雇佣300名工人。路易威登也使用机器人和计算机程序来减少完成特定的任务时所需的皮革和时间。

资料来源：Christina Passariello，“At Vuitton，Growth in Small Batches，” *The Wall Street Journal，June* 27，2011，pp.B1 and B10.

P.3.6 领导力视角

企业的员工会给工作地带来多样化需求、信念和目标。因此，领导者的一个重要作用是协调下属员工的行为，使之围绕两个主题：追求战略目标，做出最优决策。为了实现这一责任，领导者需要了解内在动机、外在激励和认知偏差如何影响下属员工的行为。

内在动机

内在动机是指源于我们内心的动机。停下来想一下你目前为止最大的成就。问自己，是什么动机促使你实现这一目标？你完成它多半是由于你自己想完成，而不是别人想。也就是说，你被内因激励了。同样，当员工受内在动机的驱使时，其追求企业利益更可能促使企业获得成功。一个被员工信任并尊重其价值的组织领导者，可以内在地激励员工使其追求公司战略目标。在你的职业生涯中，若想被视为一个可信的领导者，你需要拥有三个能力：专业技术能力（贯穿整个价值链）、个人诚信（在职业道德和诚信方面）和较强的沟通能力（包括口头表达能力和写作能力）。若想被视为一个尊重同事价值的组织领导者，你还需要具备如下能力：较强的指导能力（帮助别人挖掘他们的潜力）、较强的倾听能力（向你的同事学习和回应他们的需求）和为人谦和（在对组织有所贡献的所有员工面前保持低调）。如果你拥有这六个能力，那么你就有可能成为一个能够鼓励他人欣然并积极地为实现组织目标而努力的领导者。

外在激励

许多组织使用外在激励来突出重要的目标，并激励员工实现它们。举个例子，假设公司建立了一个减少执行任务所需20%时间的目标。同时假设公司同意若员工3个月内达到目标便支付奖金。在这个例子中，公司使用的是奖金这种外在激励，以突出特定的目标并激励员工实现它。虽然外在激励的支持者们断言，这些奖励可以对员工行为产生巨大的影响，许多批评者却警告说，它们也可以产生不良后果。例如，假设上面提到的员工在3个月内达到减少20%时间耗用的目标并获得了他们的奖金。可是，让我们再假定在这3个月内，员工产出的质量下降了，这又为公司的维修成本、产品退回和客户流失留下了隐患。在这种情况下，外在激励凑效吗？答案既是肯定的，又是否定的。奖金制度激励员工达到了减少时间成本的目标，然而，它也造成了员工忽视产品质量的后果，从而增加了维修成本，导致产品退回和客户流失。换言之，似乎是一个出于好意的外在激励实际上却为公司带来了不良的结果。这个例子突出了一个重要的领导力挑战，某天你可能会遇到——出于公平地奖励员工努力的目的设计的经济补偿制度，反而无意中成为了他们损害公司利益的外在激励。

认知偏差

领导者需要意识到所有的人（包括自己）都会有认知偏差，或扭曲的思维过程，这会对计划、控制和决策产生不利影响。为了说明认知偏差是如何起作用的，让我们想象一下“电视购物”的场景，如果有人以19.99美元的价格叫卖一个宣称价值200美元的产品，那么观众在接下来的30分钟内一定会打电话进来。你为什么认为商家叫卖的产品具有200美元的价值?商家是依靠称为锚定偏误的一种认知偏差使得观众相信180美元的折扣实在太划算了。“锚定”是指对该产品实际价值200美元的一种错误判断。如果观众误信了这个虚假的价格信息，他们歪曲的分析可能会导致他们把19.99美元花在一个真实价值远远低于此的产品上。

虽然认知偏差无法消除，精明的领导者应该采取两个步骤以减少其负面影响。首先，他们应该承认自己容易受认知偏差的影响。比如，一个领导者的判断易受乐观偏见的蒙蔽（在评估未来的结果时可能过于乐观）或自我膨胀（高估了自己的优势和低估了劣势）的影响。其次，他们应该在他人出现认知偏差时给予提醒并通过提供一些指导以减少其不良后果。例如，为了减少确认偏差风险（是指人们对符合其预想的信息给予更多的关注，而对与其相悖的信息进行贬低的偏差）或群体思维偏差（是指一些小组成员支持某一方案仅仅是因为其他成员这么做而产生的偏差），领导者可以定期委任独立员工小组对其他个人和团体提出的建议做出评估。

本章小结

本序言定义了管理会计，并对为何它与商科和会计专业相关做出了解释。本章还讨论了六个主题：道德、战略管理、企业风险管理、企业社会责任、过程管理和领导力——这六个主题定义了应用于管理会计的可量化方面。本序言最重要的目的是帮助你理解不管你的专业是什么，管理会计都关乎你未来的职业发展。会计是商业语言，你需要学会使用它并有效地与其他管理者沟通。

词汇表

在每一章的结尾，我们将给出一个词汇表供读者查阅，每一条术语还将附上其定义。仔细研读这些术语以确保你深刻理解其含义。本序言的词汇表如下：

预算（budget）是对管理者制订的未来计划正式的定量化表达。

生产经营过程（business process）是企业完成某些生产经营任务时一系列步骤的总称。

控制（controlling）主要是收集反馈信息以确认计划如实实施或根据环境的改变而修正计划。

企业社会责任（corporate social responsibility，CSR）指一个组织在决策时考虑所有利益相关者的需求而提出的概念。企业社会责任不仅要符合法律规范，其还包括符合利益相关者期望的自觉行为。

决策（decision making）是指从备选方案中抉择的一系列行为。

企业风险管理（enterprise risk management）企业用来识别和应对其所面临的风险以确保其有效达到经营管理目标的过程。

财务会计（finance accounting）意在满足于组织外部的信息使用者的需求。

精益生产（lean production）是一种以客户订单为基础，围绕生产运作流程组织企业的人员和机器设备等资源进行生产的管理方法。

管理会计（managerial accounting）主要为受雇于公司内部的管理层提供服务。

绩效报告（performance report）通过比较预算数据和实际数据来学习产生良好绩效的经验或识别、分析出产生令人不满意的绩效的原因。

计划（planning）主要包括制定目标及如何实现目标。

分部（segment）是指企业管理者获得成本、收入和利润信息的一个部门或一项经营活动。

战略（strategy）能使一家公司区别于其竞争者从而吸引客户的“策略”。

价值链（value chain）通常用来描述一个组织的职能部门如何相互作用以形成企业运作过程。

思考题

P-1 管理会计与财务会计有何区别？

P-2 选择任意一家主流电视网络，并描述其管理人员可能会进行的一些规划和控制活动。

P-3 如果你必须决定是否继续自产组件还是开始从海外供应商那购买组件，哪些定量和定性因素会影响你的决策？

P-4 为什么公司要制定预算？

P-5 为什么管理会计与商科专业及商科专业学生未来的职业生涯有关？

P-6 为什么管理会计与会计专业及会计专业学生未来的职业生涯有关？

P-7选任意一家大型公司，用在序言中介绍的框架描述其战略。

P-8为什么管理会计师需要了解他们公司的战略？

P-9选择任意一家大型公司，阐述它所面临的三个风险以及它如何应对这些风险。

P-10举出三个例子说明一个公司的风险会怎样影响其计划、控制、决策活动。

P-11选择任意一家大型公司，解释划分公司业绩的三种方法。

P-12访问任意一家发布企业社会责任报告（也被称为可持续发展报告）的公司的网站，列举报告内的三个非财务绩效的度量方法。你认为该公司为什么发布这份报告？

P-13为什么实施精益生产的公司往往有最少的库存？

P-14为什么领导能力对管理者很重要？

P-15为什么道德行为对企业有重要的影响？

多项选择题见 *Connect Library*。

练习

更多信息请查找 McGraw-Hill 的 *Connect Accounting*。

练习 P-1　计划和控制

许多公司制定预算主要有三个目的：第一，利用预算计划如何部署资源以便更好地服务客户；第二，利用预算建立具有挑战性的目标，或提高目标以激励员工取得优异的成绩；第三，利用预算来评估和奖励员工。

假设你是一个销售经理，此刻你正与你的老板商议如何制定明年的销售预算。一旦制定了销售预算，它将影响公司内其他部门管理人员如何部署他们的资源。例如，制造部经理将计划生产足够的产品，以满足预算计划的销售需要。销售预算也将为你的加薪、晋升和发放奖金助力。如果实际销售额超过销售预算额，它将有助于你的事业。如果实际销售额低于预算销售额，则将减少你的薪资和影响你的晋升。

要求：

1.你认为你的老板在没有你参与的情况下，直接进行销售预算合适吗？为什么？

2.你认为让你制定销售预算而没有你老板的参与，这样合适吗？为什么？

3.假设公司制定销售预算的目的只有一个，即部署资源以便更好地服务客户，什么会影响你和你的老板对未来销售的估计？

4.假设公司制定销售预算的目的只有一个，即激励员工取得优异的成绩，什么会影响你和你的老板对未来销售的估计？

5.假设公司制定销售预算的目的只有一个，即据此决定是否提高薪资，给予晋升和发放奖金，什么会影响你和你的老板对未来销售的估计？

6.假设公司制定销售预算有着上述3～5题提出的三个目的，描述可能会出现的冲突或困境。

练习 P-2　控制

假设你在一家航空公司做从飞机上卸载行李的工作。每架飞机平均装载100件行李。此外，你的老板认为你应当在10分钟内从飞机上卸下这100件行李。今天，一架飞机运载了150件行李，你在13分钟内把所有的行李卸完。在整理完150件行李后，你的老板因你从飞机上卸下行李超过10分钟而对你发火。

要求：

因在13分钟内卸下150件行李而被指责，你作何感受？这种情况下，其实涉及到公司如何设计控制系统这个更大的问题，为什么？

练习P-3　决策

表P-1根据公司经常面临的12种决策提出了12个问题。在序言中，这12种决策是假设公司是营利组织讨论的。然而，它们也同样适用于非营利组织。为了说明这一点，假设你是一个大学的高层管理者，如主席、教务长或院长之类。

要求：

请就表P-1中12种决策的每一种举出一个例子，说说这些决策为何同样适用于大学这种非营利组织。

练习P-4　道德与管理层

Richmond，Inc.是一家有着44家连锁店的百货公司。两年前，其董事会批准了一项大规模重塑门店的项目，目的是吸引更高端的客户。

在完成这项计划前，两家店进行了试点。助理董事Linda Perlman被要求监督这些试点商店的财务报告。她和其他管理人员的奖金都是与这些商店的销售增长和盈利能力挂钩的。在看完财务报告后，Linda Perlman发现了一个数额巨大的过期存货，该商品应该被打折销售或退给制造商。她就此问题与她的上层领导讨论，得出的结论是放弃向上级汇报过期库存的事情，原因是这样会减少他们的奖金。

要求：

1.根据IMA的职业道德准则，Linda Perlman不报告过期商品的行为是合乎道德的吗？

2.在这种情况下，Linda Perlman做出合乎道德的行为容易被其他同事接受吗？

练习P-5　战略

下面的表格包含了6家公司的名字。

要求：

对于每一个公司，将其战略类型按客户亲近、卓越运作和产品领先进行分类。如果你想提高对其中每个公司的客户价值观的理解，在完成练习之前，可查阅这些公司最新年度报告。要获得这些信息的电子版，在搜索互联网时，在每个公司的名字后面加上“年度报告”这个词。

公司名称		战略
1.	Deere	?
2.	FedEx	?
3.	State Farm Insurance	?
4.	BMW	?
5.	Amazon.com	?
6.	Charles Schwab	?

练习P-6　企业风险管理

下面的表格涉及7个行业。

要求：

对于每一个行业，识别出在此行业中参与竞争的企业所面临的一个重要的风险，并设计出有关你所识别出的风险的控制活动。

行业	风险种类	降低风险的措施
1.航空业（如Delta Airlines）		
2.医药业（如Merck）		
3.包装配送业（如United Parcel Service）		
4.银行业（如Bank of America）		
5.石油天然气业（如ExxonMobil））		
6.电子商务业（如eBay）		
7.汽车制造业（如Toyota）		

练习P-7　商界的道德

来自40多个州的消费者和检察长指责一家著名的全国连锁汽车维修店的误导客户行为，认为其销售不必要的零件和服务。Lynn Sharpe Paine将上述情况以“组织的诚信管理”为题，在《哈佛商业评论》第72卷第3期中做了报道：

面对收入下降、市场份额萎缩和竞争日益激烈的市场，管理层试图激励汽车中心销售人员的士气。给汽车服务顾问们增加了特定产品的销售任务额，诸如弹簧、减震器，或制动器等，并在销售业绩的基础上支付佣金。未完成任务额可能导致下一期压力的增加或工作时间的减少。一些员工谈到了销售带来的“压力、压力、压力”。

在这种如同压力锅一般的气氛条件下，员工们认为满足高层管理人员要求唯一的方式就是销售更多的产品和服务给客户，尽管客户们并不需要。

假设所有的汽车维修企业都试图出售客户不需要的零件和服务。

要求：

1.这种行为会如何影响客户？客户如何保护自己免受这种行为的困扰？

2.这种行为会如何影响汽车服务业的利润和就业？

练习P-8　认知偏差

在20世纪70年代，100万名大学生参与了有关调查，并要求同他们的同龄人的相关数据进行对比。调查的一些主要结果如下：

A.70%的学生认为自己在领导能力方面高于平均水平，而只有2%的学生认为自己在这方面低于平均水平

B.就运动技能方面，60%的学生认为他们的技能在中位数以上水平，只有6%的学生认为自己低于中位数

C.60%的学生认为自己在与别人相处的能力方面属于人群中前10%的佼佼者，而25%的学生感到在交际能力方面自己属于最顶尖的1%的人群

要求：

上面提到的数据揭示了什么类型的认知偏差？这种认知偏差如何影响管理者的计

划、控制和决策活动？管理者可以采取什么步骤来减少这种会给他们的行动产生不利影响的认知偏差？

资料来源：Dan Lovallo and Daniel Kahneman，"Delusions of Success：How Optimism Undermines Executives' Decisions，" *Harvard Business Review*，July 2003，pp. 56-63.

练习P-9　道德与决策

假设你是会计系主任。你们系会计学教授Candler10年间一直被同学们评价为糟糕的老师。其他会计学教授在观察其课堂和教学方式后，也认为他的教学能力很差。然而，其在12年前就获得了能够给他提供工作保障的终身职位。

令你感到吃惊的是，今天你接到了来自Oregon Coastal University的一名会计学教授的电话。他通知你，该大学正在考虑聘用Candler。与此同时，你所在的会计系需要你帮助评估Candler在Mountain State University的教学能力。

要求：

你会如何回复Oregon Coastal University打来电话的教授？对于Candler的教学能力，你会怎样评价？你会公正、客观、合乎职业道德地评价他的教学能力吗？为什么？

练习P-10　企业社会责任

经济学家Milton Friedman在他的著作《资本主义与自由》的133页写道："企业的社会责任有且只有一个，那就是整合其资源和经营活动，努力增加利润，只要它自由竞争，不欺骗或欺诈即可。"

要求：

你同意或不同意这句话？为什么？

练习P-11　内在动机和外在激励

在一篇名为《为什么激励计划不奏效》的文章中（*Harvard Business Review*，71卷，5期）作者Alfie Kohn说："研究表明，奖励成功只能确保一件事：临时性服从。"当涉及到产生持久的态度和行为的变化时，奖励、惩罚都是无效的。一旦奖励用完了，人们就会恢复他们从前的行为。

激励，被心理学家称作外在动机，并不能改变决定我们行为的态度。激励并不能对任何价值或行动做出持久的承诺；相反，激励只是暂时改变我们的行为。

要求：

1.你同意这句话吗？为什么？

2.作为一个经理，你会如何激励你的员工？

3.作为一个管理者，你会用财务激励来补偿你的员工吗？如果是这样的话，有效地使用它的关键点有哪些？如果没有，那么你会如何补偿你的员工？

练习P-12　认知偏差和决策

在第二次世界大战期间，美国军方正在研究用于实战演习的战斗机，以确定最容易受到敌人炮火攻击的飞机的零部件。这项研究的目的是确定每个飞机最脆弱的部分，然后采取步骤以加强这些部分来提高飞行员的安全性和飞机耐用性。由美国军方收集的数据显示，这些战斗机的某些部分始终比其他部分更易于被击中。

要求：

1.你会建议加强飞机最易于被炮火击中的部分，还是加强那些不易于被击中的部分？为什么？

2.你认为认知偏差有可能影响美国军方加强其战斗机性能的决策吗？

资料来源：Jerker Denrell，“Selection Bias and the Perils of Benchmarking，” *Harvard Business Review*，Volume 83，Issue 4，pp.114-119.

练习P-13 道德与决策

假设12月份你结束了一次到美国赌场的周末旅行。在你的旅行中，你赢了10 000美元。当与赌场交换你的筹码现金时，他们没有记录任何个人信息，如你的驾驶执照号码或社会保险号码。4个月后在准备上年度报税时，国税局要求你依照表格1040的要求如实填写赌博收入，此时你陷入了犹豫。

要求：

你会如实向国税局报告会使你增加所缴所得税的赌博收入吗？你认为你的行为是合乎道德的吗？为什么？

第1章 管理会计与成本概念介绍

前章回顾

序言部分对管理会计进行了定义，并且解释了为什么管理会计对商科学生的职业生涯很重要。序言也解释了，管理会计不仅仅是关乎数量计算的有关会计知识的学科。

本章简介

本章定义了许多有关成本的专业名词，它们将在本书中使用。本章也阐述了在管理会计中，管理需求下的成本专业名词会以很多不同的方式被应用。

下章简介

第2、3、4章将详细讲述用于计算产品成本的成本计算法。其中，第2章描述分批成本计算法；第3章为作业成本计算法，它是对分批成本计算法的详细描述；第4章则是分步成本计算法。

本章概要

分配成本到成本对象所需的成本分类

□ 直接成本

□ 间接成本

生产制造企业的成本分类

□ 制造成本

□ 非制造成本

财务报表上的成本分类

□ 产品成本

□ 期间成本

□ 主要成本和加工成本

预测成本性态所需的成本分类

□ 变动成本

□ 固定成本

□ 线性假设与相关范围

□ 混合成本

分析混合成本

□ 判定成本性态的散点图法

□ 高低点法

□ 最小二乘回归法

传统式和贡献式利润表

□ 传统式利润表

□ 贡献式利润表

基于决策需要的成本分类

□ 差量成本与差量收入

□ 机会成本和沉没成本

学习目标

学习了本章之后，你应该能够：

目标1：理解成本分类，将成本按类型分配到成本目标中：直接成本和间接成本。

目标2：识别三种基本制造成本的类型，并对三者举例。

目标3：理解成本分类以编制包含产品成本和期间成本的利润表。

目标4：理解成本分类以用于预测成本性态和混合成本。

目标5：使用散点图法和高低点法分析混合成本。

目标6：为采购公司准备传统式和贡献式利润表。

目标7：定义用于决策的成本分类——差量成本、机会成本及沉没成本，并举例。

决策专栏：降低医疗成本并提高病人的护理水平

普罗维登斯地区医疗中心（Providence Regional Medical Center）的“单独”病房是为了降低医疗成本并提高病人护理水平而设的，而不是在医院里转移术后患者的固定配置，其“单独”房间为固定患者配备了需要的所有仪器。例如，“实施心脏手术后病人在其治疗期内待在一个房间里并配备工具和医护人员。为使病人病情稳定，会增加护理机器和物理治疗设备”。这种配置使人印象深刻。病人的满意度迅速提高，并且病人滞留在医院的平均时长也缩短了一天以上。

资料来源：Catherine Arnst, “Radical Surgery,” *Bloomberg Businessweek*, January 18, 2010, pp.40–45。

本章解释了在管理会计中，成本名词应用广泛的原因。这是因为存在很多种成本的类型，并且这些成本依据管理直接需求被分成不同类别。例如，管理者或许想要成本数据来编制外部财务报表，以准备计划预算或者用来做决策。根据成本数据的不同使用需要，给出了不同成本分类和定义。例如，无论决策的制定是否需要预测未来成本，外部财务报表的准备都需要使用历史成本数据。不同成本的概念是管理会计中格外重要的概念。

表1-1总结了将在本章中出现的成本分类，成本分类（1）为根据成本对象分类；成本分类（2）为商业企业分类；成本分类（3）为编制财务报表分类；成本分类（4）为预测成本性态分类；成本分类（5）为做决策分类。当我们开始定义与这些成本分类有关的成本术语时，请回去参照这个表格以帮助你增强对整个章节结构的理解。

表1-1 总结成本分类

成本分类的目的	成本分类
分配成本到成本目标	1.直接成本（容易追溯） 2.间接成本（不易追溯）
制造公司的成本账目	1.制造成本 （1）直接材料 （2）直接人工 （3）制造费用 2.非制造成本 （1）销售成本 （2）管理成本
准备财务报表	1.产品成本（可列入存货的） 2.阶段成本（消费）
预测成本性态以对活动的变化做出回应	1.变动成本（成正比的活动） 2.固定成本（总恒定数） 3.混合成本（拥有固定和变动元素）
做决策	1.差量成本（之间的不同选择） 2.沉没成本（应该被忽视） 3.机会成本（先前的好处）

1.1 分配成本到成本对象所需的分类

目标1：理解成本分类，将成本按类型分配到成本目标中：直接成本和间接成本。

把成本分配到成本对象的不同原因包括定价、分析获利能力以及控制支出。成本对象（cost object）是任何需要成本数据的事物，包括产品、生产线、顾客、批次，以及组织部门。为了分配成本至成本对象，可以将成本划为直接成本和间接成本。

1.1.1 直接成本

直接成本（direct cost）是可以简易、便利地追溯到特定成本对象的成本。例如，如果Reebok分配成本至不同地区及国家的销售中心，那么东京销售经理的工资就是东京销售中心的直接成本。如果一个印刷公司制作10 000本手册给特定的顾客，这些被制成手册的纸的成本将会是顾客的直接成本。

1.1.2 间接成本

间接成本（indirect cost）是无法简易、便利地追溯至特定成本对象的成本。例如，Campbell Soup工厂可能制造数打不同的罐装浓汤，工厂经理的工资对于特定的罐装浓汤（如鸡肉面条浓汤）而言是间接成本。原因是工厂经理的工资并不是由于任何罐装浓汤产生的，而是由于整个工厂的营运而产生的。为了追溯至成本对象，如特定产品，这项成本必须是由该特定成本对象所产生的。工厂经理的工资是工厂制造不同产品的共同成本（common cost），共同成本是用于支持数个成本对象，但不能追溯至个别成本对象的成本，共同成本是间接成本的特殊类型。

特定成本依据成本对象的不同，可能是直接或是间接成本，Campbell Soup工厂经理的工资是制造鸡肉面条浓汤的间接成本，也是制造部门的直接成本。前者的成本对象是鸡肉面条浓汤产品；后者的成本对象是整个制造部门。

1.2 生产制造企业的成本分类

生产制造企业例如德州仪器（Texas Instruments）、福特（Ford）和杜邦（DuPont），将它们的成本分成两个宽泛的种类——制造成本和非制造成本。

目标2：识别三种基本制造成本的类型，并对三者举例。

1.2.1 制造成本

大多数制造业公司将制造成本主要分为三种：直接材料、直接人工、制造费用。每种成本分类将在下面进行讨论。

直接材料（direct materials）

用来制造产成品的材料称为原材料（raw materials），这个名词具有误导性，因为它听起来是指未加工的天然资源，就像木质纸浆或铁矿。实际上，原材料指的是任何用于制造产成品的材料，而一家公司的产成品，可以是另一家公司的原材料。例如，由Du Pont生产的塑料原材料被 Hewlett-Packard用于个人电脑的生产。

原材料包括直接材料和间接材料。直接材料是组成产成品的材料，其成本可以方便地追溯至产成品。例如，空中客车公司从转包商购入的商业飞机的座位，以及苹果公司在其iPhone上面使用的电子配件。

有时追溯不重要材料的成本至产成品并不经济，这些不重要的材料包括Sony用于电视电路连结的焊料，或是Ethan Allen用于组装椅子的黏着剂。诸如焊料及黏着剂等材料称为间接材料（indirect materials），包含在制造费用中，将会在之后的段落中讨论。

直接人工（direct labor）

直接人工是指可以简单地（物理的、便利的）追溯至个别产品单位的人工成本。直接人工有时又称为接触人工（touch labor），因为当制造产品时，直接人工会接触产品。例如，丰田装配线的员工、住房建筑商KB Home的木匠和庞巴迪·利尔（Bombardier Learjet）在飞机上安装设备的电工都是直接人工。

不能以物理的方法追溯至产品生产过程，或是要花费许多成本而且以不便利的方式才能追溯的人工成本，称为间接人工（indirect labor）。间接人工与间接材料都是制造费用的一部分。间接人工包括警卫、监工、材料管理员与夜间保安人员的人工成本。虽然这些员工的工作对生产是不可或缺的，但是这些人工成本无法实际地或不可能正确地追溯到特定的产品单位。因此，这些人工成本被视为间接人工。

制造费用（manufacturing overhead）

制造费用是制造成本的第三个要素，包括除了直接材料与直接人工以外所有的制造成本。制造费用包含间接材料、间接人工、生产设备维修费用以及电费、财产税、折旧费用与制造设备的保险费。公司的销售与管理职能也会发生电费、财产税、保险费、折旧费用，但是这些成本并不包括在制造费用中，只有与工厂营运有关的成本才属于制造费用的范畴。大多数制造业公司，制造费用占销售收入的16%。

制造费用有许多不同的名称，如间接制造成本、工厂费用以及工厂负担，这些名称的意义与制造费用都相同。

商业实践

餐厅的食品价格创下新高

直接材料成本对于连锁快餐店和饭店来讲很重要。在最近几年里，一些食物的成本创下新高。例如，未预测的低温在美国西南部引起了生菜价格的上涨，其上涨了290%。相似的，青椒、西红柿、黄瓜的成本上涨了145%、85%和30%。赛百味连锁快餐店能够承受这些价格的上涨，因为它有着强大的购买力和长期合同。

资料来源：Anne VanderMey，"Food For Thought，" *Fortune*，May 9，2011，p.12.

1.2.2 非制造成本

非制造成本可以分为两类：（1）销售费用；（2）管理费用。

销售费用（selling costs）

销售费用包括为取得顾客订单以及将产成品送至顾客手中的所有成本。这些成本通常又称为取得订单与履行订单成本。销售费用的例子包括广告费、运费、销售差旅费、销售佣金、销售工资，以及产成品仓储成本。销售费用既可以是直接成本，也可以是间接成本。例如，一场针对一个特定产品的广告战役的成本是产品的直接成本，然而负责销售大量产品的销售经理的工资是关于单独产品的一个间接成本。

管理费用（administrative costs）

管理费用包括所有与组织一般管理有关的行政、组织与记录的成本，而不是与制造或销售有关的成本。管理费用的例子包括行政支出，一般会计、秘书、公关和其他类似成本，及整个组织的管理成本。管理费用既可以是直接成本，也可以是间接成本。例如，一个负责在东部地区催收应收账款的会计经理的工资是公司在那个地区的直接成本，然而负责监督公司所有地区财务状况的首席财务官的工资是关于单独产品的一个间接成本。

非制造成本也被称为销售和管理成本。

商业实践

沃尔玛看起来要降低运输成本

沃尔玛希望降低运输成本，这样便能实现"每日低价"。在过去的几年里，供应商愿意运输它们的商品到沃尔玛分销中心，沃尔玛也愿意用它自己的卡车队从沃尔玛分销中心运输商品到零售商店。然而，现在的沃尔玛拟控制从沃尔玛分销中心到零售商店的运输环节。沃尔玛相信以将每辆卡车装载更多的商品以及获得大宗燃料折扣的方式能够降低它们的运输成本。通过自控运输环节的形式，沃尔玛希望从供应商处寻求低价格的商品从而直接让利于客户。

资料来源：Chris Burritt，Carol Wolf，and Matthew Boyle，"Why Wal-Mart Wants to Take the Driver′s Seat，" *Bloomberg Businessweek*，May 31 June 6，2010，pp.17-18.

1.3 财务报表上的成本分类

目标3：理解成本分类以编制包含产品成本和期间成本的利润表。

在准备资产负债表和利润表时，公司需要区分产品成本和期间成本。为了了解产品成本与期间成本的差异，我们必须先复习财务会计中的配比原则。

一般而言，成本是在该成本产生利益的期间在利润表上确认为费用。例如，如果公司事先支付两年保险费，在支付当年不能将所有金额都视为费用，而是每年确认一半成本为费用，原因是保险支付产生的利益涉及两年，而不是只在第一年，未费用化的保险支付部分在资产负债表中作为资产处理，称为预付保险费。

配比原则以应计概念为基础，并且规定为产生特定收入而发生的成本，应在收入确认的相同期间确认为费用。这表示如果为取得或制造某个最终出售的东西而发生的成本，应该等到收入产生时（也就是当利益发生时）才能确认为费用，这种成本称为产品成本。

1.3.1 产品成本

财务会计认为产品成本（product costs）包括取得或制造产品的所有成本，在制造产品时，这些成本包含直接材料、直接人工与制造费用。与产品产量相关的产品成本通常是由采购活动或制造活动而产生的，而且当产品变成存货等待出售时，产品成本仍以产品单位计量，最终产品成本被分配到资产负债表的存货账户。当产品销售时，产品成本才从存货变成费用（通常称为销售成本），并且与销售收入相配比，由于产品成本最初被分配到存货，因此又称为存货成本（inventoriable costs）。

我们想要强调的是，产品成本在发生的期间不一定会被视为费用。如同前面的解释，产品成本是在相关的产品出售期间才被视为费用，这表示产品成本，如直接材料或直接人工可能在某个期间发生，但却没有被确认为费用，直到下个期间出售产成品时才会将其作为费用确认。

1.3.2 期间成本

期间成本（period costs）是不包括产品成本的所有其他成本。销售佣金与办公室租金就是期间成本的例子。期间成本不包含在产品采购或制造成本之中，而是在发生当期在利润表中确认为费用，你应该已经在财务会计课上学到了这种应计会计的一般规则。牢记成本发生的期间不一定是现金支出发生的期间，就像前面提到过的，保险费成本体现在保险费的受益期间，而不是保险费的支出期间。

1.3.3 主要成本和加工成本

在制造成本讨论中，经常使用另外两种成本分类——主要成本和加工成本。这两个概念界定起来容易一些。主要成本是直接材料成本和直接人工成本之和。加工成本是直接人工成本和制造费用之和。加工成本概念用于表述直接人工和制造费用发生在将材料转变为完工产品的过程中。

为了加深你对这些定义的理解，考虑下面的情境：一个公司已经提供了最近月份

的成本和费用：

直接材料	$69 000
直接人工	$35 000
制造费用	$14 000
销售费用	$29 000
管理费用	$50 000

这些成本和费用能够以很多种方式分类，包括生产成本、期间成本、加工成本和主要成本：

生产成本=直接材料+直接人工+制造费用
=$69 000+$35 000+$14 000
=$118 000

期间成本=销售费用+管理费用
=$29 000+$50 000
=$79 000

加工成本=直接人工+制造费用
=$35 000+$14 000
=$49 000

主要成本=直接材料+直接人工
=$69 000+$35 000
=$104 000

概念检查

1.下列哪种表述是正确的?（可以选择多个）

a.产品成本在发生期间列示在利润表上

b.直接人工是制造成本和产品成本

c.加工成本包括直接材料和直接人工

d.非制造成本被作为期间成本

2.下列哪种表述是正确的?（可以选择多个）

a.间接材料和间接人工包括在制造费用中

b.销售成本包括销售佣金、广告费、运输费、储存完工商品的仓库的成本

c.从财务会计角度，产品成本包括直接材料、直接人工、制造费用

d.从财务会计角度，期间成本指的是库存商品成本

1.4 预测成本性态所需的成本分类

目标4：理解成本分类以用于预测成本性态和混合成本。

我们经常要预测某种成本如何随着作业的改变而变动。例如，Qwest的管理者可能想估计当长途电话增加5%时，其对公司总通信账单的影响。成本性态（cost behavior）是成本对企业作业水平改变的回应或反应方式，当作业水平提高或降低时，

特定成本可能提高、降低，也可能维持不变。出于计划的目的，管理者必须预测成本是否变动，如果预期成本会改变，管理者必须知道成本的变化程度。为了便于区别，成本通常分为变动成本和固定成本。相关的组织中每一种成本的组成被称为成本结构（cost structure）。例如，一个组织或许会有许多固定成本，但是有很少的变动成本或混合成本。另外，它或许也有很多变动成本或混合成本。

1.4.1 变动成本

变动成本（variable cost）是总成本与作业水平呈正比例变动的成本。变动成本的普遍例子包括制造公司的已完工成本、直接材料、直接人工、制造费用的各种组成元素（例如间接材料、供应品、电力）、销售和管理费用变动元素（例如手续费和运输成本）。[①]

一个成本如果是变动的，那么它必须随着某些东西一起变化。那个“东西”就是动因。动因（activity base）是衡量可变成本的发生原因。动因可以是直接劳动时间、机器运行时间、单位产量和单位销量。动因（成本动因）的其他例子包括销售人员行驶的英里数、由酒店洗衣房清洗衣物的磅数、软件公司技术支持部客服接的电话数、医院中病床的使用数量。然而在组织中存在各类的动因，除非另有声明，在本书中，动因是指涉及组织所提供的商品和服务的全部动因。当某种动因只是某个东西而不涉及总产出时，我们会予以区分。

举一个变动成本的例子，Nooksack Expeditions公司是一家位于北喀斯喀特山脉，提供漂流服务及湖泊旅行服务的小公司。该公司提供所有必要设施和富有经验的导游，并为客人提供美食。美食需要从筹备人处购买，每人30美元。这个变动成本的性态数据如下：

客户人数	每人每餐成本	总成本
250	$30	$7 500
500	$30	$15 000
750	$30	$22 500
1 000	$30	$30 000

作业水平变化引起总变动成本的变化，值得注意的是单位变动成本是恒定的。例如，尽管食物的总成本随着活动在增加或减少，但每餐成本恒定在30美元。图1-1的左手边显示了总变动成本随着作业水平的上升或下降而同向变动。在250名客人的情况下，食物的总成本是7 500美元。在1 000名客人的情况下，食物的总成本为30 000美元。

---

① 因为各种各样原因，直接劳动成本经常可以被变动成本混合替代。例如，在一些国家，像是法国、德国和日本，劳动法规和文化基准限制了管理的能力以调整劳动力回应活动中的变化。在本书中，除你被明确告知的特殊情况外，我们通常假设直接人工是可变成本。

商业实践

豪华酒店的食物成本

Sporthotel Theresa（http：//www.theresa.at/）由Egger家族拥有并经营，这是一家四星级的酒店，坐落在澳大利亚的Zell im Zillertal。酒店的特色是拥有便利的滑雪、滑冰、骑单车条件以及在Ziller alps开展的其他活动，除此之外还有特色的设施和温泉。支付的酒店房间费用包含每日三餐费用。早餐和午餐提供的是自助餐，而晚饭更加正式，并多达6种菜式。主厨Stefan Egger，相信食物成本与酒店入住的人数成正比，这就是变动成本。他必须提前两三天从供应商处订购食材，并根据目前酒店的客流量和他们的消费模式调整购买量。除此之外，客人们可以提前在晚餐菜单上点菜，这有助于Stefan计划晚餐应该选择的食材。这样的话，他能够在浪费最小化的情况下准备足够的食物以满足所有客人的需要。

1.4.2 固定成本

固定成本（fixed cost），即不管作业水平如何变动，其总成本仍维持不变的成本。例如固定成本包括直线折旧、保险、财产税、租金、监督工资以及广告费。不像变动成本，固定成本不会受变动成本影响。因此，随着作业水平的上升或下降，除非受外力影响，总固定成本保持不变，比如房东会增加你的月租金。继续看Nooksack Expeditions这个例子，假设公司融资租人一个设备每月租金为500美元，租金总额是相同的，不考虑在一个固定月份中客人的数量。固定成本的概念在图1-1右手边的图中有所体现。

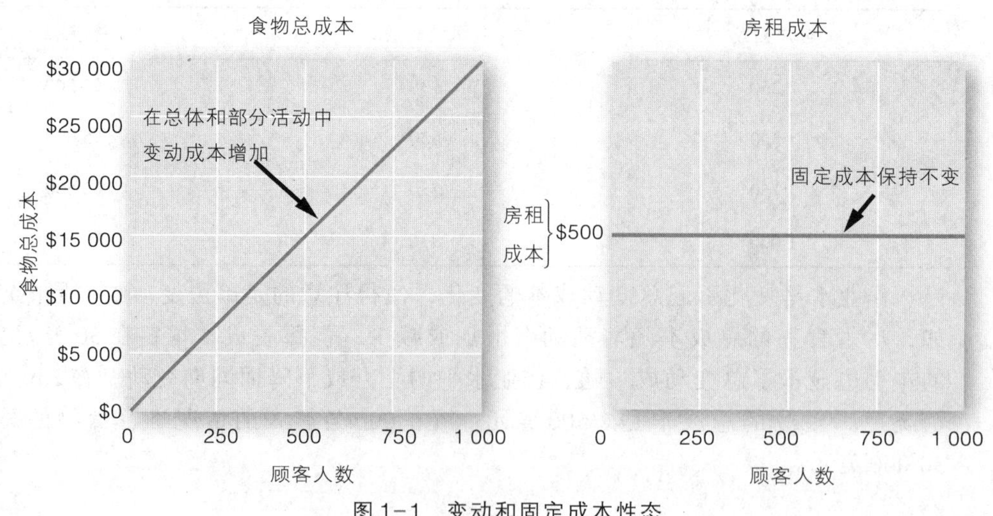

图1-1 变动和固定成本性态

因为随着作业水平大幅变化，总的固定成本保持不变，每单位的平均固定成本随着作业水平的提高而逐渐变小。如果Nooksack Expeditions每月只有250位客人，500美元的固定租金相当于每人2美元；如果Nooksack Expeditions每月有1 000位客人，固定租金相当于每人只有0.5美元。下表展示了固定成本性态这个方面的信息。注意随着客人数量的增加，每位客人的平均固定成本在下降。

月租金成本	客人人数	每位客人平均成本
$500………	250	$2.00
$500………	500	$1.00
$500………	750	$0.67
$500………	1 000	$0.50

作为一条通用的法则，我们需要小心披露基于内部报表的单位固定成本，因为它给我们造成了错觉，看似变动成本和总固定成本随着作业水平的变化而变化。

出于计划的目的，固定成本能够被视作是约束的或是可支配的。约束性固定成本（committed fixed costs）代表了组织的长期投资在一个很长的年度范围内不会显著下降，并且短期内没有发生根本性变化。例如对工厂和设备的投资，以及房产税、保险费、高级管理人员的工资。即使是经营暂停或者削减，约束性固定成本在短期内也保持不变，因为维持远比短期修复容易实现。酌量性固定成本（discretionary fixed costs）（通常指管理固定成本）通常会因年度管理决策中某些固定成本项目的增加而增长。例如，可支配固定成本包括广告费用、研发费用、公关费用、发展计划费用、为学生提供实习的项目费用。为了实现组织长期目标，酌量性固定成本在短期内可被削减。

小贴士

同学们常常会把固定成本当成变动成本，用每单位的概念来描述。这是不对的！如果100单位某产品的平均单位固定成本为5美元，那意味着固定成本总额为500美元。如果产量增加为101单位，并不意味着固定成本增加了5美元，固定成本总额在相关范围内维持在500美元不变。

1.4.3 线性假设与相关范围

管理会计通常假设成本具有严格的线性特征，就是说，成本与作业的关系是线性的。然而经济学家指出许多成本实质上是曲线的，这意味着成本和作业的关系图是弧形的。不管怎么说，即使成本不具有严格的线性特征，它也近似地在相关范围内呈小幅波动的线性特征。相关范围（relevant range）是指在成本性态严格遵循线性假设的条件下的作业范围。

相关范围之外，固定成本或许不再是严格固定的，变动成本也不再是严格可变的。管理者应该记住在相关范围外的成本性态假设是无效的。

相关范围的概念对于理解固定成本是非常重要的。例如，假设Mayo Clinic租入了每月20 000美元的设备用于检测是否存在白血病细胞的血液样本。并且，假设白血病的检测设备的测试数量是每月3 000次。假设这个设备每月20 000美元的租金只在每月测试次数在0～3000次的相关范围内有效。如果Mayo Clinic每月需要测试5 000份血液样本，那么它将需要额外付每月20 000美元再租入一台设备。租入一半的诊断设备很困难，图1-2中展示的阶梯图代表了这类成本。由图可见，在测试次数在每月

0～3 000次的范围内时，固定租赁费用是20 000美元。如果进行测试次数的相关范围为每月3 001～6 000次，则固定租赁费用将上涨到40 000美元。固定租赁费用以非连续的形式或者以3 000次测试的增量的方式上涨，而不是呈线性增长。

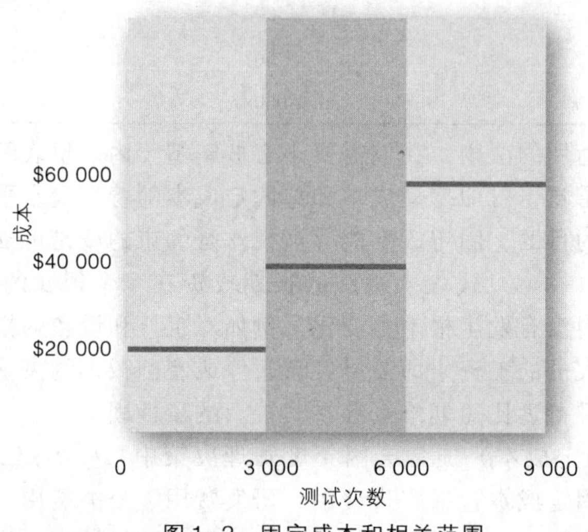

图1-2　固定成本和相关范围

这种阶梯式成本性态图也能够用来描述其他成本，比如一些人力成本。例如带薪员工费用就可以用阶梯式成本性态图来描述。带薪员工能得到如每年40 000美元的定量报酬，提供大约每周40至50小时的服务（相当于每年2 000小时）。在本例中，带薪员工总费用在工作时间为0～2 000小时的相关范围内是40 000美元。如果工作时间延伸为2 001～4 000小时的相关范围，则带薪员工总费用增长到80 000美元（或者两个员工）。带薪员工工资费用经常被叫作半变动成本。半变动成本经常随着条件的变化而变化。此外，跨度对于变动成本来讲通常是很小的，小到以至于在某些管理需要的条件下被视作变动成本。另一方面，跨度对于固定成本来讲是如此大，以至于这些成本在相关范围内应完全被视为固定成本。

表1-2总结了四个与变动和固定成本相关的主要概念。读后面内容前，先认真学习一下。

表1-2　　变动成本与固定成本总结

成本	成本性态（相关范围内）总额	单位
变动成本	总变动成本增加，与作业水平的变化成比例	单位变动成本保持不变
固定成本	总固定成本不受相对范围的作业水平变化的影响	单位固定成本随着作业水平的上升而下降，并且随着作业水平的下降而增加

商业实践

有几个导游？

Majestic Ocean Kayaking是不列颠哥伦比亚省优格列特的一个公司，它由Tracy Morben-Eeftink拥有并经营。这家公司提供多种服务：短至3小时Ucluelet岛的皮划艇短途旅行，长至6天Clayoquot Sound的皮划艇和野营旅行。公司的旅行项目之一是为期4天环太平洋群岛国家公园的皮划艇和野营旅行。该公园里对旅行团有着特殊规定：要求每位职业导游必须带领5人或5人以下的游客团。举个例子，10位游客的旅行团至少要有2名职业导游。导游们的工资不是按月支付的，而是按天支付。因此，旅行项目中公司的导游人工成本是阶梯式成本，而不是固定成本，也不是严格的变动成本。一个导游可带领1～5名游客，两个导游可带领6～10名游客。

1.4.4 混合成本

混合成本（mixed cost）包含了变动和固定成本两部分。混合成本也被视作半变动成本。继续看Nooksack Expeditions这个例子，公司发生了叫作支付给国家的费用的混合成本。它包含每年25 000美元的执照费加上支付给国家自然资源局的每次漂流费用3美元。如果公司今年漂流次数是1 000次，那么总费用将是28 000美元，由25 000美元的固定成本和3 000美元的变动成本组成。图1-3描述了混合成本的性态。

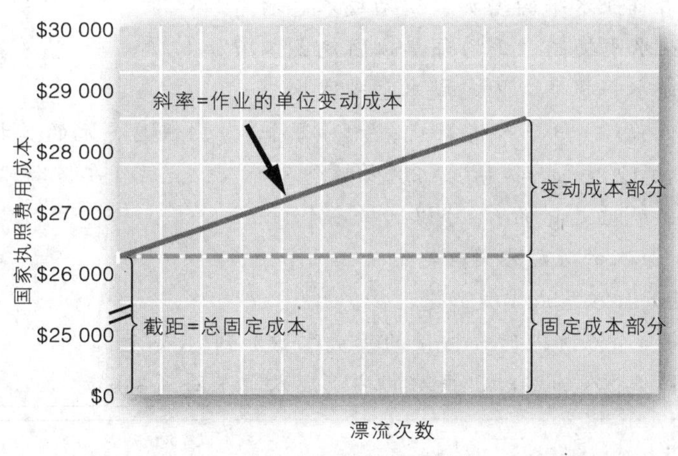

图1-3 混合成本性态

即使Nooksack Expeditions没能吸引到任何客户，公司仍然需支付执照费25 000美元。这就是图1-3中的成本线纵坐标轴起始于25 000美元这一点的原因。对于公司组织的漂流来说，总成本每次将会增长3美元。因此，总成本线的斜率3作为其变动成本，需要加到每年25 000美元的固定成本中。

因为图1-3中的混合成本是一条直线，对于直线来讲，下面的等式可以被用来表示混合成本和作业水平之间的关系：

$Y=a+bX$

其中：

Y=总混合成本；

a=总固定成本（截距）；

b=单位变动成本（斜率）；

X=作业水平。

因为每个单位变动成本等于直线的斜率，坡度越陡，单位变动成本越高。

在Nooksack Expeditions支付的国家费用案例中，上述等式也可写作：

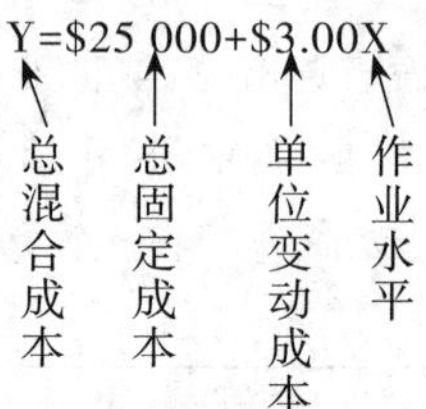

这个等式使得计算相关范围内任何作业水平下的混合成本总额变得简单。例如，假设公司预计在下一年度进行800次漂流，总费用计算如下：

Y=$25 000+（每次漂流单价$3×800次）

=$27 400

概念检查

3.下列各有关成本性态的假设，哪些是正确的？（可以选择多个）

a.如果以每单位表示，变动成本是固定的

b.随着作业水平的增加，变动成本总额增加

c.作业水平提高，平均每单位固定成本增加

d.作业水平提高，固定成本总额减少

4.假设：（1）3个人去饭店；（2）每个人点1瓶2美元的苏打水，并且3人一组定一个大的12美元的披萨；（3）第4个人加入，点了1瓶苏打水并被邀吃披萨。下列句子中，哪些是错的？（可以选择多个）

a.第4个人的苏打水是2美元

b.4瓶苏打水总成本是8美元

c.当第4个人加入时，披萨的总成本增加到16美元

d.当第4个人加入时，平均“披萨成本”下降到3美元

小贴士

每单位的混合成本随着作业水平的提高而逐步减少，你知道为什么吗？尽管混合成本中单位变动成本部分保持不变，但固定成本部分随着作业水平的提高而逐渐降低，这是因为固定成本随着作业水平的提高而被稀释。

1.5　分析混合成本

混合成本是非常常见的。举个例子，哈佛医学院（Harvard Medical School Hospital）为患者提供X射线服务的总成本就是混合成本。设备的成本折旧额和放射线研究

者及技术人员的工资是固定的，但是X射线片、耗电、其他材料成本是可变的。在西南航空公司（Southwest Airlines），维修成本是混合成本。公司发生的租赁成本、维修设备成本和机械师的工资成本是固定的，但是零件替换成本、润滑油成本、轮胎成本等都是随着公司飞机航班的次数和里程数变动的。

混合成本的固定成本部分描述的是进行服务准备的最小成本。变动成本部分代表的是服务实际发生时所耗费的成本，因此它随提供服务的数量按比例变化。

管理者可以使用各种各样的方法去估计混合成本的固定和变动部分，例如账目分析法、工程法、高低点法、最小二乘回归法。在账目分析法（account analysis）下，一个账目既是变动也是固定的，这是基于分析者对成本在会计账户中的性态分析。例如，根据成本特点，直接材料将被分类为变动成本，建造租赁成本将被分类为固定成本。工程法（engineering approach）包括对成本性态的细节分析，其是基于工业工程师角度对生产方法、材料规格、人力需求、设备用法、生产效率、能量功耗等进行的分析。

高低点法和最小二乘回归法是通过分析过去成本和作业数据来估计混合成本中的固定和变动因素。我们将使用Brentline医院的例子去解释高低点法的计算过程，并且比较高低点法与最小二乘回归法的分析结果。

1.5.1 判定成本性态的散点图法

目标5：使用散点图法和高低点法分析混合成本。

假设Brentline医院为了预算需要对未来每月维修成本进行预测。管理层认为维修成本是一个混合成本，并且成本的可变部分是由日患者数量决定的。1天时间内在医院的每一位患者被计入每天的患者量。医院的首席财务官汇集了该医院最近7个月的如下数据：

月份	作业水平：日患者量	发生的维护成本
1月	5 600	$7 900
2月	7 100	$8 500
3月	5 000	$7 400
4月	6 500	$8 200
5月	7 300	$9 100
6月	8 000	$9 800
7月	6 200	$7 800

应用高低点法或最小二乘回归法的第一步是用散点图去判定成本性态。Brentline医院的维护成本的散点图如图1-4所示。以下两个项目应该在图中标注：

1.纵轴表示维护成本Y。成本被看作因变量（dependent variable），因为发生在一个周期的成本数量依赖于一段时间内的作业水平。（就是说，随着作业水平的提高，总成本也将普遍上升。）

2.横轴表示作业X（本例中的日患者量）。作业被认为是自变量（independent variable），因为它是成本中的可变量。

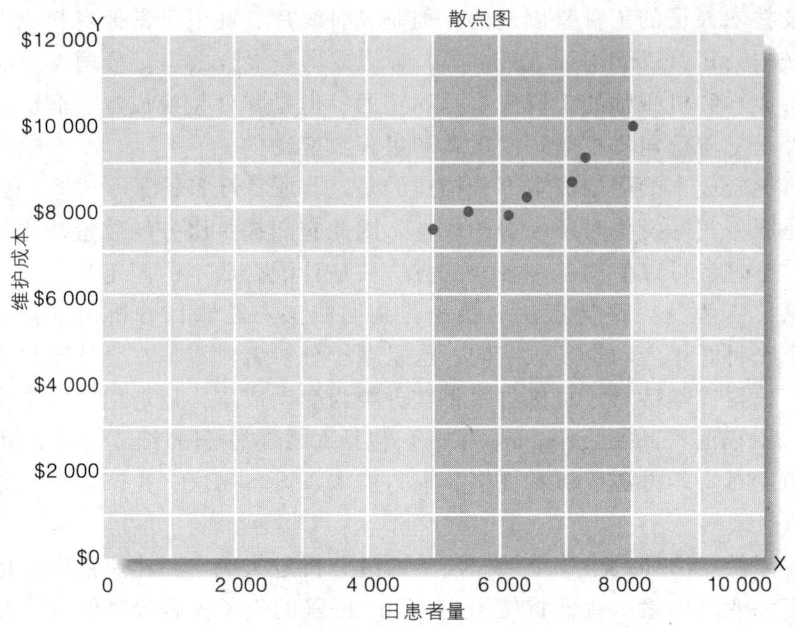

图 1-4　散点图法的成本分析

从绘制的散点图可以看出，很显然，维护成本确实以近似线性的规律随着日患者量增长而增长。换句话说，点的连线大致是直线，且向右边倾斜。当成本和作业量的关系近似一条直线时，成本性态被视作是线性的（linear）。

在使用高低点法和最小二乘回归法时，在散点图上绘制出数据是必要的判定步骤。如果散点图显示了线性的成本性态特点，那么这意味着采用高低点法和最小二乘回归法将混合成本分成变动和固定部分是有意义的。如果散点图不能描绘线性，那么继续使用这两种方法是没有意义的。

1.5.2　高低点法

假设散点图表明成本和作业之间呈线性关系，那么混合成本的固定和变动成本部分能够使用高低点法或最小二乘回归法估计。高低点法是根据上升运动原理得出具有斜率的直线的方法。正如先前讨论的，如果成本和作业的关系可以用直线来表示，那么斜率等于作业的单位变动成本。下面的公式能够被用来估计变动成本：

$$\text{变动成本}=\text{直线斜率}=\frac{\text{纵轴增加数}}{\text{横轴增加数}}=\frac{Y_2-Y_1}{X_2-X_1}$$

用高低点法（high-low method）分析混合成本时，首先需要找到周期内的最低作业水平和最高作业水平。在上面的公式里，最低作业水平被选择作为第一个点，最高作业水平被选择作为第二个点。结果，公式变成了：

$$\text{变动成本}=\frac{\text{纵轴增加数}}{\text{横轴增加数}}=\frac{\text{最高作业水平点成本}-\text{最低作业水平点成本}}{\text{最高作业量}-\text{最低作业量}}$$

或者

$$变动成本=\frac{成本变动量}{作业变动量}$$

因此，当使用高低点法时，变动成本通过在最高作业水平和最低作业水平两点间成本变动量与作业变动量来计算。

回到Brentline医院使用高低点方法的例子，我们首先找到了最高作业量和最低作业量的点，本例中是6月和3月。我们接着使用这两个月份作业和成本数据估计的如下变动成本部分：

	日患者量	发生的维护成本
最高作业水平	8 000	$9 800
最低作业水平	5 000	7 400
变动量	3 000	$2 400

$$变动成本=\frac{成本变动量}{作业变动量}=\frac{\$2\,400}{3\,000患者-天}=\$0.80/患者-天$$

已经确定了变动维护成本是每患者每天80美分，我们现在能够决定固定成本金额。通过用最高作业水平点或最低作业水平点上总成本数额减去变动成本部分得到。在下面的计算中，最高作业水平的总成本被用于计算固定成本：

固定成本=总成本-变动成本

=$9 800-（$0.80/患者-天×8 000患者-天）

=$3 400

变动成本和固定成本是各自独立的。维护成本被表示为每月3 400美元加上每日每患者80美分，或者是：

$$Y = \$3\,400 + \$0.80X$$

↑维护成本　　↑日患者量

这个案例数据如图1-5所示。注意一条直线穿过了最高作业水平和最低作业水平这两个点。实际上，这就是高低点法的做法——通过这两个点画了条直线。

有时，高作业水平和低作业水平并不与高成本和低成本相对应。比如说，有时高作业水平并不代表着高昂的成本。然而，使用高低点法分析混合成本总是使用最高作业水平和最低作业水平，这是由于分析者通常会使用反映作业中最大变化的数据点。

高低点法的应用是很简单的，但是它的主要缺点在于它仅利用了两个数据点。通常来说，两个数据点不足以产生精确结果。除此之外，最高作业水平点和最低作业水平点并不具有数据的代表性。使用这些特殊时期的数据进行成本性态分析或许会偏离真实的成本性态。这种失真在图1-5中很明显。如果采用更多的数据点，结果可能会更加呈现真实的成本性态。综上所述，使用最小二乘回归法会比使用高低点法更加准确。

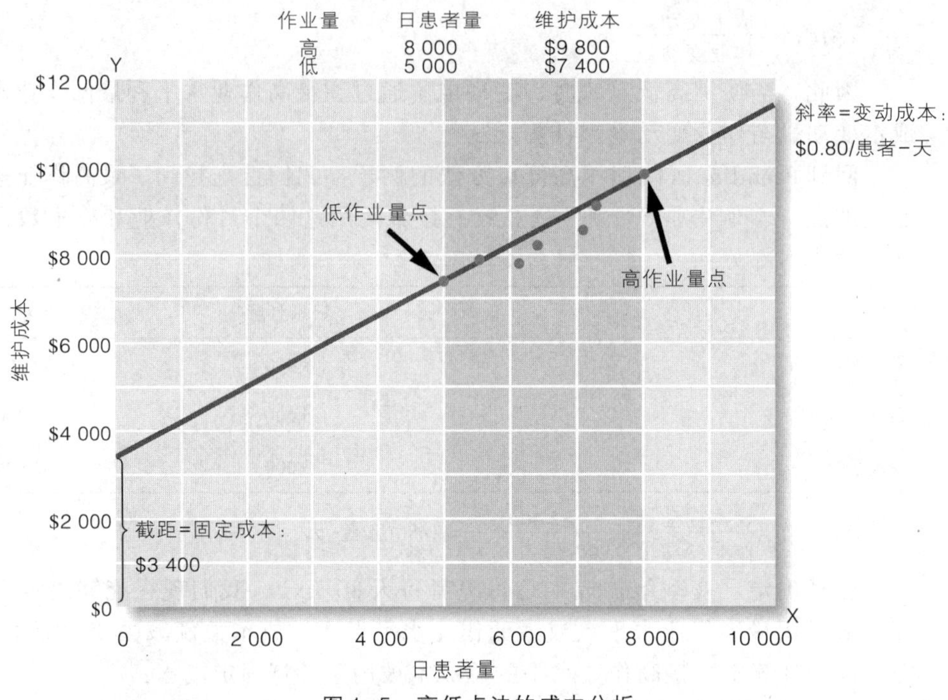

图 1–5 高低点法的成本分析

> **小贴士**
>
> 使用下面五个步骤演练高低点法的计算方法：
>
> 1.选择最高作业水平和最低作业水平。
>
> 2.计算两点的成本和作业量的变化量。
>
> 3.用成本的变化量除以作业量的变化量得出单位变动成本。
>
> 4.用最高点或最低点的作业量乘以单位变动成本，并用最高点或最低点的总成本减去上述结果，得出固定成本。
>
> 5.使用 $Y=a+bx$ 公式计算在相关范围内任意一个作业量下的总成本。

1.5.3 最小二乘回归法

不像高低点法，最小二乘回归法（least-squares regression method）使用所有数据把混合成本分成固定成本和变动成本。回归直线的形式是 $Y=a+bX$，其中a代表总固定成本，b代表单位变动成本。在图1–6中使用假设数据具体说明了最小二乘回归法的原理。注意图中回归直线与绘制的点的标准差。这些标准差被叫作回归偏误。最小二乘回归法并没有什么神秘的地方。它简单地得出了使得回归偏误之和最小化的回归直线。公式是相当复杂的，并且包含许多计算，但是原理很简单。

幸运的是，计算机使得最小二乘回归法的计算变得简单。录入X和Y观测值数据信息，交由软件去完成剩下的工作。在本案例中，根据Brentline医院的维护成本数据，电脑中统计软件包能够使用最小二乘回归法估计总成本（a）和单位变动成本（b）：

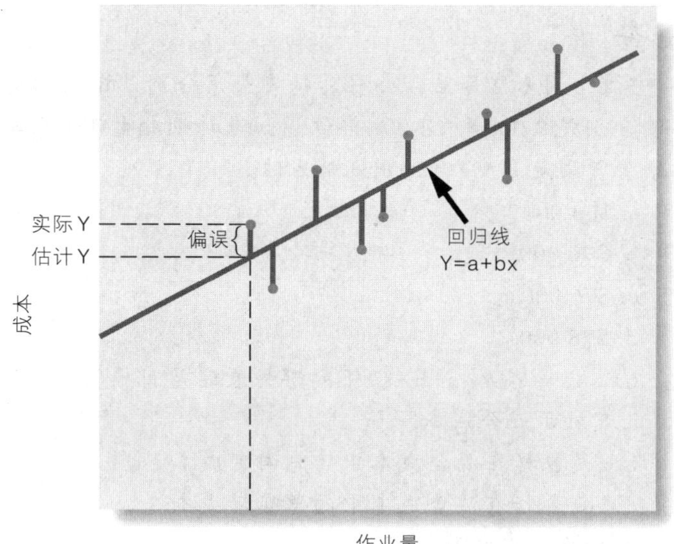

图 1-6　最小二乘回归法的概念

a=$3 431

b=$0.759

因此，使用最小二乘回归法，固定成本是每月 3 431 美元，并且变动成本为每位患者每日 75.9 美分。

依照直线等式 *Y=a+bX*，混合成本可被写成下面的形式（单位：美元）：

Y=$3 431+$0.759X

这里的作业量（X）描述的是日患者量。

最小二乘回归法通常能比高低点法提供更精确的成本，因为它不仅仅局限于依赖两个数据点，它使用所有的数据点并使得其平方差之和最小。下表中比较了用高低点法和最小二乘回归法计算的 Brentline 医院维护成本：

	高低点法	最小二乘回归法
每位患者每日变动成本估计值	$0.800	$0.759
每月固定成本估计值	$3 400	$3 431

当 Brentline 医院使用最小二乘回归法时，得出的固定成本比使用高低点法高 31 美元。同时直线的斜率也降低了，这意味着更低的变动成本——每位患者每日 0.759 美元，而不是高低点法下的每位患者每日 0.80 美元。

商业实践

Zipcar来到大学校园

Zipcar是一个位于马萨诸塞州剑桥的汽车共享服务中心。其为13个城市和120所大学提供服务。会员每年支付50美元的固定费用并加上每小时7美元租车费用。他们能够使用手机去租车，锁定最近的Zipcar停车场的一辆车，使用进入码来解锁并把车开走。这种混合成本的安排对于那些需要车并希望获得廉价租车的客户是很有吸引力的。

资料来源：Jefferson Graham，"An iPhone Gets Zipcar Drivers on Their Way，" *USA Today*，September 30，2009，p.3B.

概念检查

5.在1月和2月里，公司总销售费用分别是64 000美元和80 000美元，销售量分别是8 000和12 000单位。如果计划销售11000单位的产品，公司3月的销售费用是多少？（使用高低点法）

a. $66 000

b. $70 000

c. $76 000

d. $78 000

6.依据等式Y=a+bX，下列哪种表述是正确的？（可以选择多个）

a. Y表示混合成本

b. a是包括在混合成本中的总固定成本

c. b是包括在混合成本中的总变动成本

d. X是作业水平

1.6 传统式和贡献式利润表

目标6：为采购公司准备传统式和贡献式利润表。

本章节中，我们讨论了如何准备商业企业的传统式和贡献式利润表。商业企业本身并不生产卖给客户的产品。举个例子，Lowe's和Home Depot是商业企业，因为它们从供应商手中购买完工产品并且将它们销售给最终消费者。

1.6.1 传统式利润表

传统式利润表最先是出于对外报告的目的而编制的。表1-3的左手边列示了商业企业传统式利润表。这种类型的利润表把成本分为两种类型——销售成本、销售及管理费用。销售收入减去销售成本等于毛利。毛利减去销售及管理费用等于净营业收入。

表1-3　　比较商业企业传统式利润表和贡献式利润表

传统式利润表			贡献式利润表		
销售收入		$12 000	销售收入		$12 000
销售成本*		6 000	变动成本：		
毛利		6 000	销售成本	$6 000	
销售及管理费用：			变动销售费用	600	
销售费用	$3 100		变动管理费用	400	7 000
管理费用	1 900	5 000	贡献边际		5 000
净营业收入		$1 000	固定成本：		
			固定销售费用	2 500	
			固定管理费用	1 500	4 000
			净营业收入		$1 000

*对于商业企业来说，销售成本包括一些变动成本，例如直接材料、直接人工，也包括一些变动期间费用，还包括一些固定成本，如固定制造费用。工业企业的利润表将在后面的章节中详细介绍。

销售成本体现了一个周期内商业企业售出的产品成本。销售及管理费用体现了一个周期内的所有期间成本，商业企业的销售成本能用销售量乘以单位销售成本直接计算或使用下面公式间接计算：

销售成本=期初存货+本期采购存货-期末存货

举个例子，我们假设如表1-3中的描述，公司一个营业周期内采购了3 000美元的存货，并且期初存货和期末存货分别为7 000美元和4 000美元。上述等式能够被用于计算销售成本：

销售成本=期初存货+本期采购存货-期末存货
=\$7 000+\$3 000-\$4 000
=\$6 000

尽管传统式利润表具有向外部报告的作用，但是用于内部管理时却有重大缺陷，即它不能对固定成本和变动成本予以区分。举例来说，在“销售及管理费用”科目下，变动管理费用400美元及固定管理费用1 500美元被绑定在一起以1 900美元列示。从内部管理角度来看，管理层需要基于成本性态分析下的成本数据，用以进行计划、控制和决策活动。于是，贡献式利润表应运而生。

1.6.2 贡献式利润表

固定成本和变动成本的差别是采用贡献法编制利润表的核心。贡献法（contribution approach）唯一的特点是它提供给管理层能够清楚地区分固定成本和变动成本的利润表，以此助力计划、控制和决策活动。表1-3的右手边就是商业企业贡献式利润表。贡献法将成本划分成固定成本和变动成本，首先从销售额中扣除了变动成本得到贡献边际。对商业企业来说，销售成本是一种变动成本，包含在贡献式利润表的“变动费用”项目中。贡献边际（contribution margin）是销售额扣除变动成本后的余额。这个贡献边际包含了该期间的固定成本和净营业收入。

贡献式利润表被用作计划和决策的工具。它强调了成本性态，加入了本-量-利分析（如我们应该在随后的章节中所做的）、管理绩效评估和预算。此外，贡献法能够帮助管理层整理相关数据进行决策分析，如产品线分析、定价、配置稀有资源、自制或购买决策制定。这些知识点将在以后的章节中涉及。

概念检查

7. 下列哪种表述是正确的？（可以选择多个）

a. 传统式利润表在计算毛利时包括管理费用

b. 贡献式利润表在计算毛利时不包括变动销售费用

c. 传统式利润表在计算毛利时不包括固定销售费用

d. 贡献式利润表在计算毛利时不包括固定费用

1.7 基于决策需要的成本分类

目标7：定义用于决策的成本分类——差量成本、机会成本及沉没成本，并举例。

成本对许多企业决策而言是重要的，制定决策时，公司必须了解差量成本、机会成本及沉没成本的概念。

1.7.1 差量成本与差量收入

决策就是在多种方案中进行选择。企业决策时，每个方案都有特定的成本收益，必须要和其他可行方案的成本与收益比较，任意两个方案间成本的差异称为差量成本（differential cost）。任意两个方案间收入的差异称为差量收入（differential revenue）。

差量成本又称为增量成本（incremental cost），虽然增量成本应该是指一个方案较另一个方案增加的成本，故成本减少应称为减量成本，但差量成本范围较广，包含方案之间的成本增加（增量成本）与成本减少（减量成本）。

会计学差量成本的概念可以和经济学边际成本的概念进行比较。谈到成本与收入的变动时，经济学使用边际成本与边际收入概念，来自于多销售一单位产品的收入称为边际收入，而多制造一个单位产品的成本称为边际成本。经济学的边际概念基本上与会计学运用于单一产出单位的差异概念相同。

差量成本可以是固定或变动成本。为了解释这个问题，假设Natural Cosmetics, Inc.想要改变营销方法，从通过零售商分销改为通过邻域销售代表网络分销，下表比较了其目前成本、收入与新方案的成本、收入：

	零售商分销（目前）	销售代表网络分销（新方案）	差量成本与收入
收入（V）…………	$700 000	$800 000	$100 000
销售成本（V）……	350 000	400 000	50 000
广告（F）…………	80 000	45 000	（35 000）
佣金（V）…………	0	40 000	40 000
仓库折旧（F）……	50 000	80 000	30 000
其他费用（F）……	60 000	60 000	0
总额………………	540 000	625 000	85 000
净利………………	$160 000	$175 000	$15 000

注：V=变动；F=固定。

根据上表分析，差量收入为100 000美元，而差量成本总数为85 000美元，新方案有正的净利15 000美元。

一般而言，只有方案间的差异与决策相关，那些所有方案都相同的成本或收入项目并不会影响决策，应该予以忽略。例如，上述Nature Cosmetics，Inc.的例子中，“其他费用”部分在两方案中都是60 000美元，对决策没有影响，因此可以忽略。如果将“其他费用”从计算过程中移开，新方案仍然有净利15 000美元的优势。这是管理会计中相当重要的原则，我们将在以后的章节继续讨论。

1.7.2 机会成本和沉没成本

机会成本（opportunity cost）是当选择一个方案时，放弃另一个方案而丧失的潜在利益。例如：假设你上大学时有个兼职工作，每星期可赚200美元。放假时你想去海滩度假一星期，而且你的雇主也同意放你假，但是这段期间不给工资。失去的工资200美元就是到海滩度假一星期的机会成本。机会成本通常不记录在组织的账上，但它是管理者制定每个决策时都要考虑的。事实上，每个方案都有一些附属的机会成本。

沉没成本（sunk cost）是已经发生，而且现在或未来决策所不能改变的成本。由于沉没成本不会因任何决策而改变，所以就不是差量成本。只有差量成本与决策相关，所以制定决策时应该忽略沉没成本。

为了解释沉没成本，假设公司多年前支付50 000美元购买特殊用途的机器，这个机器制造的产品现在已经过时不再出售。即使事后知道购买机器可能是不明智的，但当初购买机器支付的50 000美元已经发生，无法改变。继续制造过时产品并试图“摊平”机器的最初成本是愚蠢的。总之，当初购买机器支付的50 000美元是沉没成本，决策时应予以忽略。

概念检查

8.下列哪种表述是正确的？（可以选择多个）

a.共同成本是一种直接成本

b.沉没成本通常是差量成本

c.机会成本通常不会在组织的账上记录

d.特殊成本是直接成本还是间接成本取决于成本对象

你的决策

上课的决策

当你在某天上课时，与这个决策相关的决策成本都有什么？

本章小结

目标1：理解用于分配成本到成本对象所需的成本分类：直接成本和间接成本。

直接成本（direct cost）是可以简易、便利地追溯到特定成本对象的成本。间接成本（indirect cost）是无法简易、便利地追溯至特定成本对象的成本。例如，医院管理人员的工资是一个特殊患者服务成本中的间接成本。

目标2：辨认三种基本的制造成本种类并对三者举例。

制造成本包括两种，一种可以便利、直接追溯到产品单位——直接材料与直接人工；另一种不能便利地追溯到产品单位——制造费用。

目标3：理解成本分类以编制包含产品成本和期间成本的利润表。

为了衡量资产负债表的存货及确定利润表的费用，将成本分为产品成本和期间成本。产品成本分配到存货并将其视为资产，直到产品销售。产品成本只有当产品销售时，才变成费用——销售成本。相反的，期间成本在发生当期直接在利润表上列为费用。

在商品流通企业，产品成本是公司购买商品支付的金额。制造业公司的外部财务报告中，产品成本包括所有制造成本。这两种公司的销售与管理费用都被视为期间成本，在发生时确认为费用。

目标4：理解成本分类以用于预测成本性态：变动成本、固定成本和混合成本。

为了预测成本将如何对作业水平变化做出反应，成本被分为三种类型——变动成本、固定成本、混合成本。变动成本（variable cost）是总成本与作业水平呈正比例变动的成本。每单位的变动成本是恒定的。固定成本（Fixed Cost）不管作业水平如何变动，总成本仍维持不变。平均每单位的固定成本随着作业水平的下降而上升。混合成本（mixed cost）包含了变动和固定成本两部分，并且可以由等式Y=a+bX表示，其中X是作业水平，Y是总的混合成本，a是总的固定成本，b是单位变动成本。

目标5：使用散点图法和高低点法分析混合成本。

作业量在横轴上用X表示，总成本在纵轴上用Y表示。如果成本与作业量之间的关系可以表示成一条直线，那么混合成本中变动成本和固定成本部分就可以用高低点法或者最小二乘回归法估算。

使用高低点法时，首先找出最高作业水平点和最低作业水平点。接着，用这两点的总成本差额除以作业量差额估算变动成本部分。最后，用最高作业水平点或最低作业水平点总成本减去其变动成本的部分得出相应的固定成本。

高低点法只是依靠两个特殊的数据点，而不是所有的可获得数据，因此或许会得出偏离实际情况的变动成本和固定成本。

目标6：编制商业企业传统式和贡献式利润表。

传统式利润表的编制是出于对外报告的目的。它将成本分为产品成本和期间成本两类。贡献式利润表有助于决策制定，因为它将成本分为变动成本和固定成本。贡献边际（contribution margin）是用销售收入减去变动成本后得出的余额。贡献边际包括固定成本和该周期的净营业收入。

目标7：理解用于决策的成本分类：差量成本、机会成本及沉没成本，并举例。

差量成本与差量收入、机会成本及沉没成本的概念，对决策而言是非常重要的。差量成本与差量收入是方案间成本与收入项目的差异。机会成本是当选择一个方案时，放弃另一个方案所丧失的潜在利益。沉没成本是过去发生且无法改变的成本，沉没成本通常与决策无关，应该予以忽略。

本章所讨论的不同成本分类是以不同的方式看待成本的。特定成本，如Taco Bell提供taco内的干酪成本，同时可以是制造成本、产品成本、变动成本、直接成本以及差量成本。Taco Bell可以视为速食产品的制造商，taco的干酪成本可视为制造成本，同样也是产品成本。此外，干酪成本从提供taco的数量来看，可以视为变动成本，也是提供taco的直接成本。最后，taco的干酪成本可视为taco的差量成本。

你的决策（上课的决策）参考答案

每一个备选方案都包含机会成本。考虑一下如果不去参加培训课你会做什么。

- 你可以做个兼职。机会成本就是你做钟点工的小时工资乘以你为上课做准备和在课堂的时间。

• 你可以用这些时间参加其他课。机会成本是参加其他课增加的学分和学识上的提升。

• 你也可以睡觉或休息。这取决于你的睡眠需求，它的机会成本可能是无价的。

概念检查参考答案

1.选择b和d。产品成本与产量相关，在利润表中的销售成本列示。加工成本不包括直接材料。

2.选择a，b和c。产品成本（而不是期间成本）指的是存货成本。

3.选择a和b。作业水平增加，产品分担的单位固定成本减少，而不是增加。总固定成本不会随着作业水平的减少而改变（在相关范围内）。

4.选择c。当第4个人加入时，披萨的总成本固定在12美元不变。

5.选择c。16 000美元的成本变动量除以4 000个单位作业变动量，由此得出单位变动成本是4美元。使用最低作业水平点，64 000美元=a+每单位4美元×8 000单位，得出固定成本a为32 000美元。在作业量为11 000单位时，Y=32 000+每单位4美元×11 000单位。由此解出Y为76 000美元。

6.选择a，b和d。b等于单位变动成本，而不是变动成本总额。

7.选择c和d。传统式利润表下，计算边际利润时不包括管理费用。贡献式利润表下，在计算贡献边际时包括变动销售费用。

8.选择c和d。共同成本是一种间接成本，而不是直接成本。沉没成本不是差量成本。

问题回顾1：成本名词

本章介绍了许多新的成本名词，你可能要花一些时间学习每个名词的含义，以及如何适当地归类组织中的成本。考虑下列的例子：Porter公司制造家具，包括桌子。其选择了下列成本：

1.桌子以木材制造，每张桌子的木材成本为100美元。

2.桌子由人工组装，每张桌子的工资成本为40美元。

3.工厂监工监督员工组装桌子，公司每年支付监工38 000美元。

4.电费是每机器工时2美元，制造一张桌子需要4机器工时。

5.用来制造桌子的机器折旧是每年10 000美元。机器没有转售价值，不会因使用而磨损。

6.Porter公司总经理的工资是每年100 000美元。

7.Porter公司每年的广告费用为250 000美元。

8.售货员每销售一张桌子，公司会支付佣金30美元。

9.如果不制造桌子而是将其出租，租金收入是每年50 000美元。

要求：

以本章介绍的成本名词归类这些成本，仔细地学习每个成本的分类，如果你不懂特定成本的分类，重新阅读本章关于特定成本的部分。变动成本与固定成本是指成本如何随着每年制造的桌子数量变动。

问题回顾 1 的解答：

	变动成本	固定成本	期间（销售与管理）成本	产品成本			沉没成本	机会成本
				直接材料	直接人工	制造费用		
1. 用于桌子的木材（每张桌子$100）	×			×				
2. 组装桌子的人工成本（每张桌子$40）	×				×			
3. 工厂监工的工资（每年$38 000）		×				×		
4. 制造桌子的电费（每机器工时$2）	×					×		
5. 用来制造桌子的机器折旧（每年$10 000）		×				×	×*	
6. 公司总经理的工资每年$100 000）		×	×					
7. 广告费（每年$250 000）		×	×					
8. 支付售货员的佣金（每销售一张桌子$30）	×		×					
9. 工厂空间放弃的租金收入（每年$50 000）								×+

*是沉没成本，因为设备支出发生在前期。

+是机会成本，因为它代表由于生产桌子所放弃或损失的潜在收益。机会成本是成本的特殊类别，一般不会在组织会计账户中记录。为了避免与其他成本混淆，除了机会成本，我们不以其他方式对其进行分类。

问题回顾 2：高低点法

Azalea Hills 医院的管理层想要计算一个月内的住院人数与相关管理费用，近八个月住院处成本与住院人数等相关数据列示如下：

月份	住院人数	住院部成本
五月	1 800	$14 700
六月	1 900	$15 200
七月	1 700	$13 700
八月	1 600	$14 000
九月	1 500	$14 300
十月	1 300	$13 100
十一月	1 100	$12 800
十二月	1 500	$14 600

要求：

1. 使用高低点法估算住院费用的固定成本和变动成本。

2. 用公式 Y=a+bX 求出住院费的固定成本和变动成本。

问题回顾 2 的解答：

1. 使用高低点法的第一步是找出最高作业水平和最低作业水平点。这两点分别是

11月（1 100位入院患者）和6月（1 900位入院患者）。

第二步是用这两个点的数据计算变动成本：

	入院患者数	入院部成本
最高作业水平（6月）	1 900	\$15 200
最低作业水平（11月）	1 100	12 800
变动量	800	\$2 400

$$\text{变动成本}=\frac{\text{成本变动量}}{\text{作业变动量}}=\frac{\$2\,400}{800\text{位患者}}=\$3/\text{位患者}$$

第三步是用最高作业成本水平或最低成本水平的总成本减去其总变动成本，得出固定成本：

固定成本=总成本–总变动成本

=\$15 200–（\$3/位患者×1 900位患者）

=\$9 500

2. 固定公式是Y=\$9 500+\$3X。

词汇表

账目分析（account analysis）一个账目既是变动也是固定的，是基于分析者对成本在会计账户中的性态分析。

动因（activity base）是衡量可变成本的发生原因。动因可以是直接劳动时间、机器运行时间、单位产量和单位销量。举个例子，医院X光的总成本随着X光的拍摄数量增长，因此，X光的拍摄数量是解释X光总成本的动因。

管理费用（administrative costs）所有与组织一般管理有关的行政、组织与记录的成本，而不是与制造、销售有关的成本。

约束性固定成本（committed fixed costs）代表了组织的长期投资在一个很长的年度范围内不会显著下降，并且短期内没有根本性变化。

共同成本（common cost）是服务于多个成本对象，但不能追溯到个别成本对象的成本。例如，747客机驾驶员的工资成本是所有机上乘客的共同成本，如果没有驾驶员就不会有航班与乘客，但是驾驶员的工资并不是由搭乘飞机的任何一位乘客产生的。

贡献法（contribution approach）唯一的特点是它提供给管理层能够清楚地区分固定成本和变动成本的利润表，以此助力计划、控制和决策活动。

贡献边际（contribution margin）是销售收入减去变动成本的余额。

加工成本（conversion cost）是产品的直接人工和制造费用之和。

成本性态（cost behavior）是成本对企业作业水平改变的回应或反应的方式。

成本对象（cost object）是任何想要有成本数据的事物，成本对象包括产品、生产线、顾客、批次，以及组织部门。

成本结构（cost structure）企业变动成本、固定成本和混合成本的关系。

因变量（dependent variable）由其他变动因素导致发生变化的变量，如总成本就是因变量，在等式Y=a+bX中用Y表示。

差量成本（differential cost）两个方案间成本的差异，请参考增量成本。

差量收入（differential revenue）两个方案间收入的差异。

直接成本（direct cost）可以直接地追溯到特定成本对象的成本。

直接人工（direct labor）可以直接地追溯到个别产品单位的人工成本，又称为“接触性劳动成本”。

直接材料（direct materials）构成产成品的一部分，其成本可直接追溯到产成品中。

酌量性固定成本（discretionary fixed costs）（通常指管理固定成本）通常会因年度管理决策中某些固定成本项目的增加而增长。如广告费和研发费用。

工程法（engineering approach）是基于工业工程师的角度对投入项目及投入成本进行成本性态的详尽分析。

固定成本（fixed cost）指在相关范围内，成本总额不随作业量的变动而变动的成本。单位产品的固定成本随作业量呈反比例变化。

高低点法（high-low method）通过分析最高作业水平和最低作业水平点将混合成本分为固定成本和变动成本的一种方法。

增量成本（incremental cost）是指两个备选方案的成本增加量（又见差量成本）。

自变量（independent variable）由自身变动因素导致发生变化的变量，在等式Y=a+bX中用X表示。

间接人工（indirect labor）生产部门看门人的人工成本、生产管理者的人工成本、材料处理的人工成本和其他工厂员工的人工成本，不能够直接追溯到特定产品上的人工成本。

间接成本（indirect cost）是不能够方便、快捷地追溯到特定成本对象上的成本。

存货成本（inventoriable costs）是产品成本。

最小二乘回归法（least-squares regression method）通过使得回归线上的点平方差之和最小将混合成本分为固定成本和变动成本的一种方法。

间接材料（indirect materials）是可以构成产品实体，但不能直接追溯到特定成本对象的材料成本，如胶水和钉子等生产用零材料的成本。

线性成本性态（linear cost behaviour）当成本与作业水平的关系近似一条直线时的成本性态。

制造费用（manufacturing overhead）是指除直接人工和直接材料以外的所有制造成本。

混合成本（mixed cost）包含了变动和固定成本两部分。

机会成本（opportunity cost）是指选取某个方案所丧失的选择其他方案可能获得的潜在利益。

期间成本（period costs）是当期发生，并直接计入利润表的费用。

主要成本（prime cost）是直接材料成本和直接人工成本之和。

产品成本（product costs）是取得或制造产品过程中发生的全部成本。在制造产品的情况下，产品成本一般包括直接材料成本、直接人工成本和制造费用。产品成本与可盘存产品成本的含义相同。

原材料（raw materials）是生产最终产品过程中所耗费的材料。

相关范围（relevant range）是能使变动成本和固定成本性态假设有效的作业量范围。

销售费用（selling costs）是为满足客户需求，在将产品和服务交付给客户的过程中发生的费用总和。

沉没成本（sunk cost）是指已经发生，并且现在或未来的任何决策均无法改变其数额的成本。

变动成本（variable cost）是指在相关范围内，成本总额随作业量呈正比例变动的成本。

思考题

1-1 商业企业产品成本的三个主要元素是什么？

1-2 定义下列名词：（a）直接材料；（b）间接材料；（c）直接人工；（d）间接人工；（e）制造费用。

1-3 解释产品成本和期间成本的差异。

1-4 区别下列名词：（a）变动成本；（b）固定成本；（c）混合成本。

1-5 下列因素的增加将会产生什么影响？

a.单位固定成本

b.单位变动成本

c.总固定成本

d.总变动成本

1-6 定义下列项目：（a）成本性态；（b）相关范围。

1-7 当计算变动成本时，动因的含义是什么？列出一些动因的例子。

1-8 管理者经常假设成本和数量关系遵循着严格的线性关系。事实上，许多成本与数量的关系是曲线，这又作何解释？

1-9 区分酌量性固定成本和约束性固定成本。

1-10 相关范围的概念适用于固定成本吗？请解释。

1-11 高低点法的主要缺点是什么？

1-12 给出一个混合成本的常见公式。哪个项目代表的是变动成本？哪个项目代表的是固定成本？

1-13 最小二乘回归法是什么？

1-14 贡献式利润表和传统式利润表的差别是什么？

1-15 贡献边际是什么？

1-16 定义下面的名词：差量成本、机会成本和沉没成本。

1-17 只有变动成本才会是差量成本，你同意这个说法吗？请解释。

基础练习十五问

Martinez公司的产品相关范围是7 500至12 500个。该企业生产并销售10 000个产品时，产品成本如下：

	每单位金额
直接材料…………	\$6.00
直接人工…………	\$3.50
变动制造费用……	\$1.50
固定制造费用……	\$4.00
固定销售费用……	\$3.00
固定管理费用……	\$2.00
销售佣金…………	\$1.00
变动管理费用……	\$0.50

要求：

1.出于财务目的，制造10 000个产品的总产品成本是多少？

2.出于财务目的，制造10 000个产品的总期间成本是多少？

3.如果销售8 000个产品，售出商品单位变动成本是多少？

4.如果销售12 500个产品，售出商品单位变动成本是多少？

5.如果销售8 000个产品，售出商品变动成本总额是多少？

6.如果销售12 500个产品，售出商品的变动成本总额是多少？

7.如果生产8 000个产品，产成品的单位固定制造成本是多少？

8.如果生产12 500个产品，产成品的单位固定制造成本是多少？

9.如果生产8 000个产品，维持这种生产量的固定制造成本总额是多少？

10.如果生产12 500个产品，维持这种生产量的固定制造成本总额是多少？

11.如果生产8 000个产品，维持这种生产量的制造成本总额是多少？单位制造费用是多少？

12.如果生产12 500个产品，维持这种生产量的制造成本总额是多少？单位制造费用是多少？

13.如果销售单价是22美元，那么单位产品贡献边际是多少？

14.如果生产11 000个产品，维持这种生产量产生的直接和间接制造成本总额是多少？

15.如果Martinez将产量从10 000个增加到10 001个，那么发生的增量成本总额是多少？

练习

练习1-1　区别直接和间接成本（学习目标1）

Northwest医院是一家提供全方位服务的医院，提供大型手术到门诊急救护理等所有治疗服务。

要求：

对于Northwest医院发生的每笔成本，判断最可能是直接成本还是间接成本，在适当的栏中填入X。

成本	成本对象	直接成本	间接成本
例如：提供给病人的饮食	特定患者	×	
1.儿科护士工资	儿科部门		
2.处方药	特定患者		
3.医院供暖	儿科部门		
4.儿科负责人工资	儿科部门		
5.儿科负责人工资	特定儿科患者		
6.医院牧师薪水	特定患者		
7.外部承包商实验测试	特定患者		
8.外部承包商实验测试	特定部门		

练习1-2　区分制造成本（学习目标2）

PC Works公司由不同的制造商供应零件来组装电脑。这家公司很小，而且它的组装商店和零售商店都在同一个地方，即位于华盛顿工业园区的雷德蒙德。下面是这家公司发生的一些成本。

要求：

将下列成本划分为直接人工、直接材料、制造费用、销售费用和管理费用。

1.电脑硬盘驱动的成本。

2.《普吉特海湾计算机用户》报纸上的广告成本。

3.组装电脑的员工工资。

4.支付给公司销售人员的佣金。

5.组装商店管理人员的工资。

6.公司会计人员的工资。

7.用于测试组装电脑的设备折旧。

8.工业园区的设备的租金。

练习1-3　产品成本和期间成本的分类（学习目标3）

假设Issac Aircams公司为你提供了一份暑期实习工作，这个公司是生产精密间谍照相机的，目的是远程控制军事侦察机。该公司属于私企，正在与一家银行洽谈融资。在通过这项贷款之前，银行需要公司的财务报表。要求你帮助编制财务报表，已给出下列成本：

1.销售人员用车的折旧费用。

2.工厂使用的设备租金。

3.工厂设备维护的润滑剂成本。

4.完工产品的人员工资。

5.船上从事终端工作的员工使用肥皂和纸的成本。

6.工厂管理人员的工资。

7.工厂消耗的暖气、水和电力的成本。

8.海外交货用于包装产品的材料费（产品不是常规盒包装）。

9.广告费用。

10.工厂员工的工伤保险。

11.工厂食堂的桌椅折旧费。

12.管理办公室的接待员工资。

13.公司高管使用商务飞机的租赁成本。

14.为年度销售会议而租用佛罗里达度假酒店房间的费用。

15.公司产品成本。

要求：

为了给银行编制财务报表，请将上述费用分为产品成本和期间成本。

练习1-4　固定和变动成本性态（学习目标4）

Espresso Express在繁华的城市商店中经营了大量的意大利浓缩咖啡店。咖啡店每周固定费用是1 200美元，变动成本是每杯0.22美元。

要求：

1.估计总成本和每杯咖啡成本并填写下表。(保留到整十美分数)

	一周提供咖啡杯数		
	2 000	2 100	2 200
固定成本	?	?	?
变动成本	?	?	?
总成本	?	?	?
每杯咖啡的平均成本	?	?	?

2.每杯咖啡的单位成本会随着每周贩售的咖啡数量同步变化吗？解释一下。

(若每周固定费用为1 000美元，变动成本为0.3美元，练习1-4问题的答案会是什么？)

练习1-5　高低点法（学习目标5）

位于蒙大拿州Big Sky的Cheyenne Hotel记录了酒店的耗电成本以及上个年度的入住时长。入住日代表今天客房在租。酒店经营具有季节性的特点，高峰期是滑雪季和夏季。

月份	入住天数	耗电成本
一月	1 736	$4 127
二月	1 904	$4 207
三月	2 356	$5 083
四月	960	$2 857
五月	360	$1 871
六月	744	$2 696
七月	2 108	$4 670
八月	2 406	$5 148
九月	840	$2 691
十月	124	$1 588
十一月	720	$2 454
十二月	1 364	$3 529

要求：

1.使用高低点法，估算耗电的固定成本及变动成本。(保留到整美分数)

2.除了入住时长，找出有可能影响耗电成本的另一个变动因素。

(若十月份的电费是2 135美元，入住时长是580天，练习1-5问题答案会是什么?)

练习1-6　传统式和贡献式利润表（学习目标6）

Cherokee公司是一家商业企业，提供了下列信息：

	数量
销售数量	20 000
单位销售价格	$30
单位变动销售成本	$4
单位变动管理费用	$2
固定销售费用总额	$40 000
固定管理费用总额	$30 000
期初存货数	$24 000
期末存货数	$44 000
本期采购额	$180 000

要求：

1.编制传统式利润表。

2.编制贡献式利润表。

(若销售数量为24 000件，本期采购额为212 000美元，练习1-6问题答案会是什么?)

练习1-7　成本分配（学习目标2、学习目标3、学习目标4、学习目标7）

10年前，位于澳大利亚New South Wales的Wollogong Group公司为生产厂购买了附近的一栋小型建筑物以备以后扩张需要。由于公司近期不需要使用这幢建筑物，将建筑物出租，取得的年租金为每年30 000美元。承租人的租赁期下个月结束，并且不再续租，该公司决定将建筑物用于生产新产品。

新产品的直接材料成本为每单位80美元。工厂运营需要占据整栋建筑物的空间，所以有必要在附近租赁仓库以存放产成品。租金为每月500美元。租赁新设备生产新产品，新设备每月租赁费为4 000美元，生产新的产品需要雇用工人，每单位产品的直接人工成本为60美元。公司将继续像以前一样采用直线法计提折旧，建筑物每年的折旧费为8 000美元。

新产品的广告成本为每年50 000美元。有必要雇用主管监督生产，她的工资为每个月1 500美元。运行机器的电费为每单位1.2美元。将新产品运输给客户的成本为每单位9美元。

为了购买原材料、支付工资等筹集资金，公司需要出售一些短期投资。投资每年产生收益3 000美元。

要求：

编制以下面栏目为标题的答案表：

成本名称	变动成本	固定成本	产品成本			期间成本（销售及管理费用）	机会成本	沉没成本
			直接材料	直接人工	制造费用			

在最左栏内列出有关新产品的成本（在成本名称下方），然后在每一个描述成本的栏目内填入X。单一成本可以在多个栏目填入X。（例如，一个成本可以是固定成本、期间成本和沉没成本。你可以在每个相对应的栏目中填入X。）

第2章　分批成本计算法

前章回顾

第1章对企业成本的专业词语进行了定义，在第2章中会使用这些名词，现在是测试你对第1章术语理解程度的好时机。

本章简介

第2章将深入研究分批成本计算法。首先，描述直接材料与直接人工成本如何累计至批次；其次，说明制造费用与必须分配至批次的间接成本；最后，将运用分录更进一步地介绍公司会计系统的成本流转。

下章简介

第3章继续讨论制造费用的分配，显示这些费用如何以作业成本计算法更准确地进行分配，我们将在第4章介绍分步成本计算法。

本章概要

分批成本计算法——概述

分批成本计算法——案例

□ 直接材料成本的计量

□ 分批成本计算单

□ 直接人工成本的计量

□ 计算预计制造费用分配率

□ 制造费用的分配

□ 制造费用——深入研究

□ 预计制造费用分配率的必要性

□ 选择制造费用的分配基础

□ 计算单位产品成本

分批成本计算法——成本流转

□ 材料的购买及发放

□ 人工成本

□ 制造费用

□ 制造费用的分配

□ 非制造成本

□ 完工产品成本

□ 销售成本

完工产品成本计算单和销售成本表

多分配和少分配制造费用——深入研究

□ 计算多分配和少分配的制造费用

□ 多分配和少分配制造费用余额的处理
□ 产品成本流转的一般模式
□ 多种预计制造费用分配率

服务业的分批成本计算法

学习目标

学习了第2章之后，你应该能够：

目标1：计算预计制造费用分配率。

目标2：运用预计制造费用分配率将制造费用分配到在产品中。

目标3：计算总成本和单位产品成本。

目标4：理解分批成本计算法中的成本流转以及编制分录以记录分批成本计算法下的成本。

目标5：编制T字账以显示分批成本计算法下的成本流转。

目标6：编制产成品和销售产品成本计划以及利润表。

目标7：计算多分配或少分配的制造费用，并准备分录将此制造费用结转至适当的账户。

决策专栏：University Tees：为世界150所学校提供订单

University Tees是一个成立于2003年2月的小公司，由两位迈阿密大学的高年级学生创立。该公司主要为校园联谊会和学生组织提供印刷、刺绣和促销产品。如今，这个总部坐落于俄亥俄州克利夫兰的公司，在美国多达150个学校里每个学校都招聘了4个校园大使。

准确计算特定顾客订单的成本对于University Tees是最重要的一个步骤，因为公司需要确保每个报价超过订单的最低成本。该成本因素包括T恤衫本身的成本、印制成本（这取决于衬衫的质量和印制时使用颜色的数量）、印花成本（这也取决于设计时使用颜色的数量）、运输成本和设计需要的工艺成本。除了使用成本信息，在决定报价时，公司也要参考竞争者的报价策略。

考虑到该公司在大学校园的成功，University Tees又创办了一家姐妹公司——On Print Promos，为营利公司和非营利组织提供服务。

对于公司管理层，理解如何计算产品和服务的成本是非常重要的，因为决定计算成本的方法对企业利润和关键的管理决策制定有重大影响。

任何一套成本管理系统的最终目的都是提供成本信息，以协助管理者进行计划、控制、指引和决策制定。外部财务及税务报告的需求常影响管理报告上成本累积和汇总的方法，这也是产品成本计算法的真实情况。在本章中，我们将采用完全成本计算法来确定产品成本。在完全成本计算法（absorption costing）下，所有的制造成本，包含固定及变动的，都将分配到产品的单位成本中——单位成本将吸收所有的制造成本。

在大多数的国家，包括美国，都需要使用完全成本计算法来编制外部的财务报表或税务报表。此外，世界上大部分的公司都使用完全成本计算法作为其管理报告的方法，这是因为完全成本计算法是目前最普遍的成本计算法。因此，我们先在本章中讨论完全成本计算法，接下来其他章节再讨论其他的成本计算法。

2.1 分批成本计算法——概述

在完全成本计算法下，产品成本包括所有的制造费用。许多制造费用可以直接分配到特定产品上，像直接材料。比如，丰田佳美车载的安全气袋的成本很容易被分配到特定的车型中。但是像工厂租金这类的制造费用呢？这种成本不会随着时间改变，然而工厂生产的产品的数量和种类各月变化很大。因为无论生产何种产品，这些成本在各月保持不变，这类成本很明显不是因为特定产品所产生，也不能分配到特定产品的成本中。因此，这种成本通过时间和产品两个维度被平均分摊到产品和服务中。生产流程的种类影响平均分配的方法。

分批成本计算法（job-order costing system）主要适用于企业在一段期间内生产多种不同的产品。例如，Levi Strauss的成衣工厂会在1个月内，同时生产不同款式的男式或女式牛仔裤。一个特殊订单，内容为1 000条耐洗型的男式蓝色牛仔裤，牛仔裤型号为A312。这1 000条牛仔裤的订单被称为一批（job）。在分批成本计算法下，成本被追溯、分配到各个批次中，然后再将该批次所摊得的成本平均分配给该批次所产出的产品。

其他还有一些适用分批成本计算法的例子，如Bechtel International中一些大型的建设计划、波音（Boeing）公司生产的商用客机、Hallmark所设计生产的贺卡、LSG Sky Chefs所准备的航空餐点等。上述的例子都有一个共同的特征，即它们的产出都是不同且多样的。例如，每个Bechtel的计划都是独一无二的，Bechtel可能在萨伊建筑水坝，同时在印尼建筑桥梁。相同的，LSG Sky Chefs也必须针对不同的航线提供不同的餐点服务。

分批成本计算法在服务业也被广泛地应用。例如，医院、律师事务所、电影院、会计师事务所、广告公司以及维修业等行业都是利用分批成本计算法来累积成本。虽然下文中所提到的分批成本计算法的应用都是有制造业方面的，但同样的概念和程序也可以应用于服务业。

商业实践

这真的是一个批次吗？

佛蒙特州布里斯托尔的VBT Bicycling Vacations在美国、加拿大、欧洲和世界其他国家和地区提供奢华的骑车度假游。比如，公司提供一个意大利普利亚地区的10日游。此次旅游费用包含国际机票费用、10日住宿和餐费、使用自行车的费用和必要的地面交通运输费用。每次旅游至少由2名当地导游带领，其中一个导游会和游客一起完成整条旅游线路的骑行。另一个导游会驾驶后备车，车中承载水、零食和自行车修理工具，并且可以载游客回酒店或者上山。后备车也会运送旅客的行李。

每一个特定的旅游可以视为一个批次。Guiliano Astore和Debora Trippetti两个普利亚地区当地人在4月末带领了一个17人的超过10天的骑行团。在旅游结束时，Guiliano上交了一份类似批次成本单的报告给VBT总部。这个报告详细记录了在这次特定旅游中所发生的费用，包括货车的油费和运营成本、旅客的住宿成本和用餐成本、零食成本、雇用额外的地面交通工具的成本以及导游的工资。除了这些成本，还有些成本直接由在佛蒙特州的VBT支付给供应商。在这次旅程中，从旅客处收取的收入扣除发生的所有成本即为该旅程的总利润。

2.2 分批成本计算法——案例

为了介绍分批成本计算法，我们将在Yost Precision机器公司的制造流程中追踪一个特定的批次。Loops Unlimited是一家设计和制造云霄飞车的公司，从Yost Precision机器公司订购了两个实验性的连接器。该批次就是生产这两个连接器。这种连接器用来连接云霄飞车的关键部分，其会影响云霄飞车运行的性能和安全。在开始这两个连接器的成本讨论之前，我们先回顾在前一章中提到的概念。公司通常将成本区分为三个类别：（1）直接材料成本；（2）直接人工成本；（3）制造费用。当我们在研究分批成本计算法的运用时，我们将学习如何去记录、累积这三种成本。

Yost Precision机器公司是一家专业制作精密金属部件的小型公司，从深海探测器到汽车安全气囊的惯性触发装置都能使用这一部件。公司高层每天早晨8点会在办公室开会讨论每日计划。参加会议的人员包括：Jean Yost，董事长；David Cheung，市场部经理；Debbie Turner，生产经理；Marc White，财务总监。

Jean：生产计划显示我们今天会开始生产批次2B47。David，这批是不是生产实验性连接器的特殊订单？

David：是的。那个是Loops Unlimited的订单，是它们新云霄飞车的两个连接器。

Debbie：为什么只有两个？它们不是每一个云霄飞车都需要一个连接器吗？

David：是的。但是这是一个全新的云霄飞车。与现有云霄飞车比，新的运行得更快，有更多的旋转、拐弯、骤降和循环。为了承载这些压力，Loops Unlimited的工程师重新设计了云霄飞车和连接器。他们想让我们生产两个实验的连接器用于测试。如果设计有效，我们会跟踪订单为整个云霄飞车提供连接器。

Jean：我们同意承担这个初始订单的成本从而获得更长远的利润。Marc，在记录成本上有没有问题？

Marc：没有问题。和Loops的合同规定，它们应该付我们销售成本。利用分批成本计算法，我可以告诉你每日完工批次的成本。

Jean：太好了。现在还有什么别的关于这批次生产需要我们讨论的吗？没有？那我们进入下一个项目的讨论。

2.2.1 直接材料成本的计量

Loops Unlimited提交的蓝图表明每个实验性的连接器需要三部分直接材料：2

个G7的接头以及1个M46的机器支撑套。每个连接器需要两个接头和一个机器支撑套，所以生产两个连接器需要4个接头和2个机器支撑套。这是第一次生产的定制产品，没有材料清单。假如这是标准的产品，会建立相应的材料清单（bill of materials）。材料清单是一种文件，上面列示了完成一单位产品所需要的材料种类及数量。

当订单的数量、价格及送货日期经顾客确认同意后，就发出生产订单。接着，生产部门将会编制领料单，如图2-1所示。领料单（materials requisition form）是一种详细的原始文件，上面主要列示了需要自仓库领出的材料种类及数量，并且需要确认该批次所需的材料成本。这份表单的主要目的在于控制生产过程中的材料流向，以及编制会计记录所需的分录。

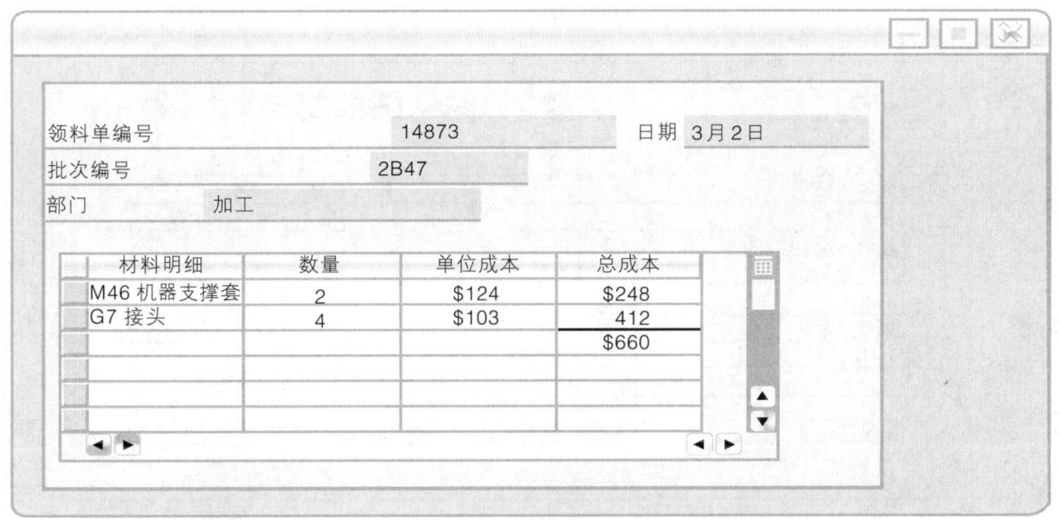
领料单编号 14873　日期 3月2日
批次编号 2B47
部门 加工

材料明细	数量	单位成本	总成本
M46 机器支撑套	2	$124	$248
G7 接头	4	$103	412
			$660

图2-1　领料单

图2-1是Yost Precision机器公司的领料单。图上显示，公司的制造部门制造2B47批次，需要2个M46机器支撑套以及4个G7接头。

2.2.2　分批成本计算单

生产订单发出后，会计部门会编制分批成本计算单（job cost sheet），如同图2-2。设计分批成本计算单的目的是记录个别批次所耗用的材料、人工和制造费用。

在直接材料发出后，这些材料成本被直接记录到分批成本计算单上。以图2-2为例，660美元的直接材料是从先前的领料单上抄录过来的，在分批成本计算单上列为2B47批次的直接材料。这份领料单的编号14873会记录在分批成本计算单上，以方便之后有关直接材料的原始文件追踪。除了便于追踪批次成本外，分批成本计算单构成了在产品的明细分类账，它列示了某一批次在生产过程中发生的详细成本，并汇总至在产品账户。

分批成本计算单

批次编号	2B47	开工日期	3月2日
部门	加工	完工日期:	
项目	特殊的连接器订单	完工数量	
目前存量			

直接材料		直接人工			制造费用		
领料单编号	金额	计工单编号	小时数	金额	小时数	比率	金额
14873	$660	843	5	$45			

成本明细		转出数量		
		日期	编号	余额
直接材料	$			
直接人工	$			
制造费用	$			
总成本	$			
单位成本	$			

图2-2　分批成本计算单

商业实践

供给和需求影响木材价格

当房地产市场在2005年到2009年逐步崩溃时，木材厂的产量降低了45%。然而，在2010年，许多房地产商决定扩张建设，因为它们认为即将到期的政府税收抵免能够诱使更多顾客购买新房。供给锐减和需求上升的结果是可以预测的——木材价格达到每千板英尺279美元，因此一个新家的成本要增加大约1 000美元。Pulte Homes告诉投资者，它正试图通过降低人工成本来抵消直接材料价格的增加。

房地产商运用分批成本计算法积累每新盖一个住房的成本。当材料和人工成本波动时，使用分批成本计算法能够测量它们对于每个客户新房建筑成本的影响。

资料来源：Liam Pleven and Lester Aldrich，"Builder Nailed by Lumber Prices，" *The Wall Street Journal*，February 16，2010，pp. C1 and C4.

2.2.3 直接人工成本的计量

直接人工成本代表的是，生产过程中可直接归属于特定批次的人工成本。反之，不能直接归属于特定批次的人工成本则被列为制造费用。如同我们在前面章节中所提到的，这种无法直接分配的人工成本，我们称为间接人工，它包含了维修、管理及清洁方面的人工成本。

大部分公司依赖于电算化系统记录员工的计工单（time ticket）。一份完整的计工单以小时为单位，记录工人每天的实际作业时间。一种电脑化的方法是利用条形码（bar codes）将基本的资料输入电脑。每一个员工和批次都有一个不同的条形码，当员工开始进行某一批次的工作时，他（她）会利用一种手动的扫描装置输入三个条形码，这种扫描装置类似于便利商店内的条码机。第一个条形码代表某一批次的工作已经开始进行，第二个条形码代表员工的身份，第三个条形码则代表该批次。关于时间及其他相关的工作资料将会自动地通过区域网络的系统汇集至电脑中。当批次工作完成时，员工将会输入代表工作已完成的条形码，并输入自己的身份条形码以及该工作批次的条形码。此时，关于工作时间的资料会被再一次记录至电脑中，最后电脑便会根据这些资料自动编制出计工单，比如图 2-3 就是自动生成的。由于所有的原始资料都储存于电脑档案中，人工成本将会自动记录至分批成本计算单上（或其他相似的电子档中）。比如，图 2-3 所显示的 45 美元的直接人工分配到 2B47 批次。这个金额会被自动分配至图 2-2 的分批成本计算单中。在图 2-3 的计工单中显示的 9 美元是间接人工成本——维修费。这种成本被列为制造费用，并不分配到分批成本计算单中。

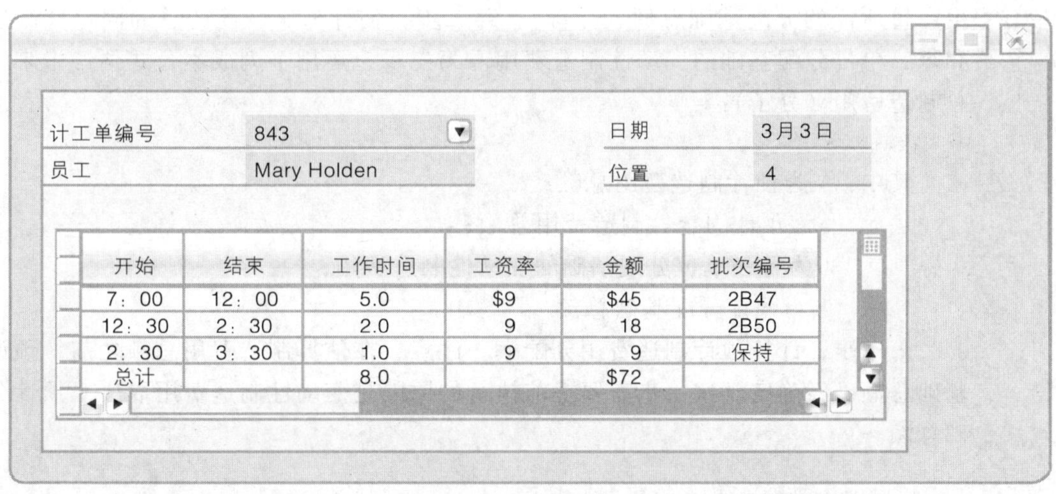

计工单编号	843	日期	3月3日
员工	Mary Holden	位置	4

开始	结束	工作时间	工资率	金额	批次编号
7：00	12：00	5.0	$9	$45	2B47
12：30	2：30	2.0	9	18	2B50
2：30	3：30	1.0	9	9	保持
总计		8.0		$72	

图 2-3　工人计工单

2.2.4 计算预计制造费用分配率

目标 1：计算预计制造费用分配率。

制造费用与直接材料及直接人工一样，都需要包含在分批成本计算单中，因为制造费用也是制造成本的一部分。然而，将制造费用分配到特定批次的产品中并不是一件容易的事，主要原因有以下三点：

1.制造费用是一种间接成本，这意味着它不仅不容易，甚至不可能被分配到特定产品或批次中。

2.制造费用中包含许多不同的项目，包括从机器用的润滑剂到生产主管的年薪。这些成本中的一部分是变动性间接成本，它们会随生产量变动而变动（比如：间接材料、间接物资和间接能源）。还有一部分是固定性间接成本，因为它们不随产量波动而变化（比如：光、热消耗，房产税和保险）。

3.虽然产量会波动，但由于固定性制造费用的存在，所以总的制造费用通常会维持基本稳定。

由于上述所面临的问题，通常有一种分配制造费用的方法。制造费用的分配需先选定分配基础（allocation base），分配基础必须适用于公司所有的产品及服务。分配基础是一种衡量单位，作用是将制造费用分配到产品或服务中，如直接人工工时（DLH）或机器工时（MH）。最常使用的分配基础有三种——直接人工工时、直接人工成本和机器工时。在一些情况下，也会使用产品的生产数量，如当公司只生产一种产品时。

将制造费用分配到产品通常使用预计制造费用分配率。预计制造费用分配率（predetermined overhead rate）是用预计制造费用总额除以预计分配基础总额，计算公式如下：

$$预计制造费用分配率=\frac{预计制造费用总额}{预计分配基础总额}$$

预计制造费用分配率还可以运用以下四个步骤进行计算。第一步，估计下期预计生产量所需的分配基础总额（分母）。第二步，估计未来一期的总的固定性制造费用和每一单位分配基础的变动性制造费用。第三步，运用下列成本公式估计未来一期的总制造费用（分子）：

$$Y=a+bX$$

其中：Y为预计制造费用总额；

a为预计固定性制造费用总额；

b为每一单位分配基础的变动性制造费用；

X为预计分配基础总额。

第四步，计算预计制造费用分配率。注意，在估算制造费用总额之前，预计分配基础总额已经确定。这一步需要提前执行的原因是变动性制造费用取决于预计分配基础总额。

2.2.5 制造费用的分配

目标2：运用预计制造费用分配率将制造费用分配到在产品中。

预计制造费用分配率是在生产期间开始前就计算出来的，而且预计制造费用分配率的主要目的是将制造费用分配给所有在本期内生产的批次。而这种将制造费用分配给生产批次的程序被称为制造费用分配（overhead application）。下面的公式决定了应分配到特定批次的制造费用金额：

分配到特定批次的制造费用金额=预计制造费用分配率×特定批次所耗用的分配基础数额

举例来说，假设预计制造费用分配率是直接人工每小时8美元，则工作批次每耗用一个直接人工小时，就会分配8美元的制造费用。因此，当以直接人工工时作为分配基础时，公式将变成：

分配到特定批次的制造费用金额=预计制造费用分配率×特定批次所耗用的直接人工工时数

2.2.6 制造费用——深入研究

在下面的例子中，我们将介绍如何计算及使用预计制造费用分配率。我们回到前面 Yost Precision 机器公司的例子并做出如下假设。第一步，公司估计为了完成下一年计划的产量，需要直接人工工时 40 000 小时。第二步，公司估计下一年总的固定性制造费用为 220 000 美元，每直接人工工时的变动性制造费用为 2.5 美元。基于这些假设，第三步，公司利用成本计算公式估计制造费用总额。计算公式如下：

Y=a+bX

Y=\$220 000+（\$2.50/直接人工工时×40 000 直接人工工时）

Y=\$220 000+\$100 000

Y=\$320 000

第四步，Yost Precision 机器公司计算出它的预计制造费用分配率为 8 美元/直接人工工时：

$$\text{预计制造费用分配率}=\frac{\text{预计制造费用总额}}{\text{预计分配基础总额}}$$

$$=\frac{\$320\,000}{40\,000\text{直接人工工时}}=\$8/\text{直接人工工时}$$

在图 2-4 的分批成本计算单中，有 27 个直接人工工时分配到批次 2B47 中，因此总共有 216 美元的制造费用分配到批次 2B47 中。

$$\text{分配至批次2B47的制造费用金额}=\text{预计制造费用分配率}\times\text{批次2B47所耗用的直接人工工时数}$$

$$=\$8/\text{直接人工工时}\times 27\text{直接人工工时}$$

$$=\$216$$

这些制造费用的分配额将会记录在图 2-4 的分批成本计算单中。注意，这并不是批次 2B47 实际耗用的制造费用。并没有方法可以得知批次 2B47 实际耗用的制造费用，因为能够分配至该批次所耗用的成本是直接成本，而非制造费用。分配到该批次的制造费用只是我们期初估计的一部分。当公司利用上述方法（实际的作业时间×预计制造费用分配率）将制造费用分配到批次成本中时，我们称此种方法为一般成本计算法（normal cost system）。

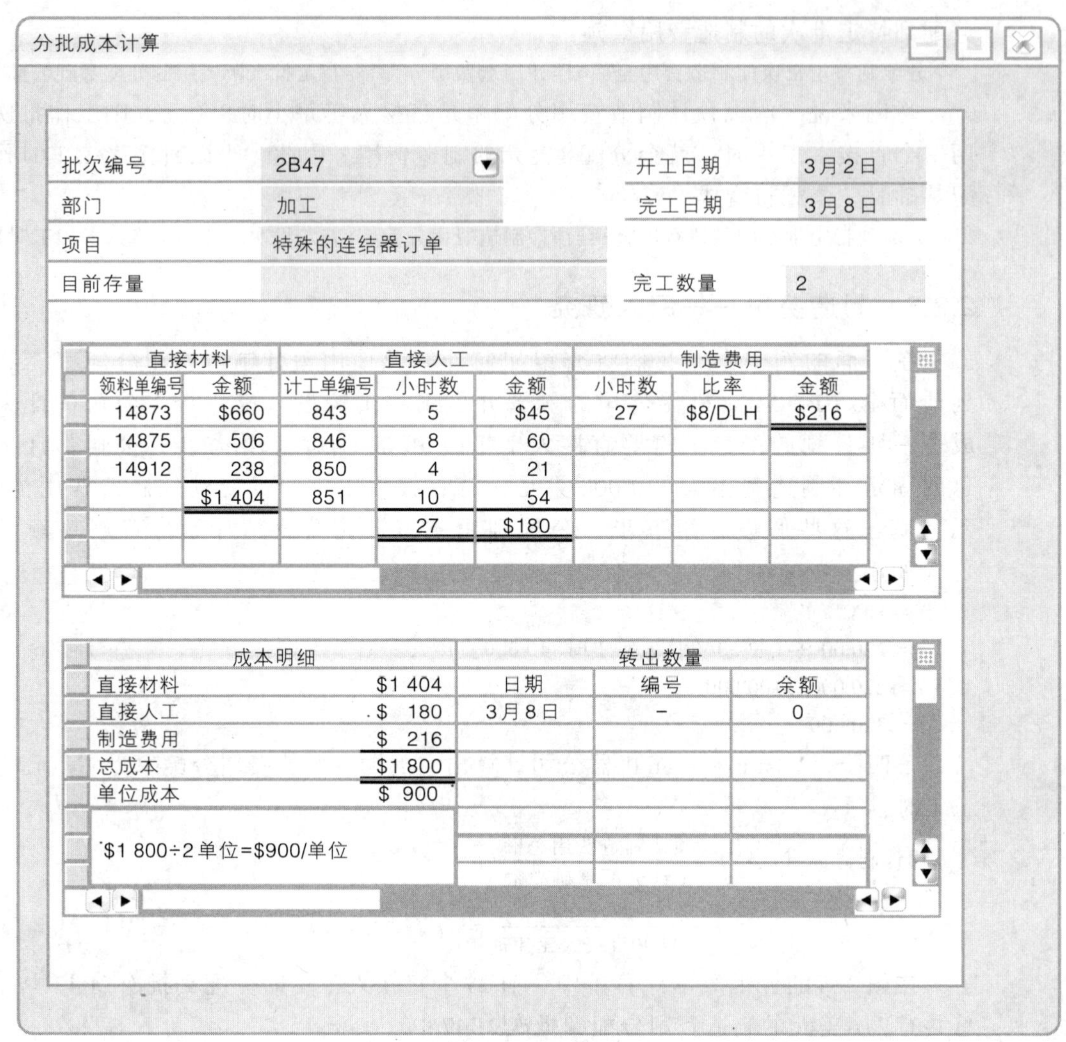
分批成本计算

批次编号	2B47	开工日期	3月2日
部门	加工	完工日期	3月8日
项目	特殊的连结器订单		
目前存量		完工数量	2

直接材料		直接人工			制造费用		
领料单编号	金额	计工单编号	小时数	金额	小时数	比率	金额
14873	$660	843	5	$45	27	$8/DLH	$216
14875	506	846	8	60			
14912	238	850	4	21			
	$1 404	851	10	54			
			27	$180			

成本明细		转出数量		
直接材料	$1 404	日期	编号	余额
直接人工	$ 180	3月8日	–	0
制造费用	$ 216			
总成本	$1 800			
单位成本	$ 900			
$1 800÷2单位=$900/单位				

图2-4 分批成本计算单

小贴士

这个章节基于一般成本计算法。一般成本计算法将实际的直接成本和直接人工分配至批次。然而，它并没有将实际的制造费用分配至批次。预计制造费用分配率用于将制造费用分配至批次。预计制造费用分配率乘以某个批次消耗的实际分配基础数额从而将制造费用分配到该批次。许多公司使用一般成本计算法，然而，公司也可以使用其他种类的成本方法，比如实际成本法和标准成本法，在以后章节会介绍。

2.2.7 预计制造费用分配率的必要性

使用预计制造费用分配率，为什么不采用实际的制造费用总额和发生在月度、季度和年度的实际的分配基础总额呢？假如计算月度、季度的实际制造费用分配率，则制造费用或分配基础的季节性因素将会造成预计制造费用分配率的波动。例如，伊利诺伊州加热和冷却生产设备的成本在冬季和夏季是最高的，春季和秋季最低。如果制造费用分配率每个月末或每季末依照实际成本和活动计算一次，预计制造费用分配率在冬季和夏季就会上升，而春季和秋季就会下降。因此，如果制造费用是每月或每季度计算一次，同样的两个批次，一个冬天完工，一个春天完工，分配到该批次的制造费用就是不同的。管理者通常认为分配率或成本的波动是没有价值的，甚至可能给人们造成误导。为了避免这种波动，实际制造费用分配率会以年度或者频率没有那么高的基础进行计算。然而，如果制造费用分配率基于当年的实际成本和活动每年进行计算，制造费用被分配到哪个批次只有年末才能知道。比如，Yost Precision机器公司2B47批次的成本到期末才能计算，即使该批次已经完成并且在3月就移交给客户。由于以上原因，大部分公司在成本会计体系中采用预计制造费用分配率而不是实际制造费用分配率。

2.2.8 选择制造费用的分配基础

的确，分配基础应该是制造费用的作业计量基础。作业动因（cost driver）是一种要素，例如机器工时、病床使用率、电脑运行时间和飞行时数等，是使制造费用产生的要素。假如选择制造费用分配率的分配基础不是制造费用发生的动因，那将会得出错误的分配率从而扭曲产品的成本。举例来说，假如分配基础为直接人工工时，但实际上制造费用和人工工时之间并没有什么关系，则耗用较多人工工时的产品，其分配到的制造费用将会被高估。

大部分的公司都使用直接人工工时或直接人工成本作为其制造费用分配的基础。在过去，直接人工成本占产品成本将近60%，制造费用往往只占一小部分；但现在情况已发生改变，主要有下列两个原因：首先，精致的自动化机器已逐渐取代直接人工，由于机器的购置及维修成本被归类为制造费用，因此当直接人工成本下降时，制造费用就上升了；其次，产品本身也变得更精致、更复杂并经常变化，这增加了对高技术间接人工，如工程师的需求。由于上述两项原因，直接人工和产品成本间的关系越来越小。

在许多公司中，直接人工和制造费用是呈反向变动的关系，这将难以解释直接人工是制造费用的动因。因此，近年来，许多公司的管理者都采用作业成本计算法，来改造公司的成本会计制度。作业成本计算法是一种成本记录的技巧，它被用来正确反映产品、顾客及其他成本对象对制造费用的需求。作业成本计算法将在第3章中进行详细的讨论。

在某些企业中，直接人工或许不是适当的分配基础，但在其他企业中，它仍然是制造费用的主要作业计量基础。实际上，大多数的美国制造业公司一直使用直接人工作为制造费用的首要或次要分配基础。这里要强调的是，分配基础必须是该企业制造费用的真正动因，而直接人工不一定是适当的分配基础。

2.2.9 计算单位产品成本

目标3：计算总成本和单位产品成本。

当Yost Precision机器公司216美元的制造费用被分配到图2-4的分批成本计算单

时，分批成本计算单已经快完成了。最后还有两个步骤：首先，所有的直接材料、直接人工及制造费用成本都将汇总于分批成本计算单内的成本明细栏内，将所有的成本加总后得出该批次的总生产成本；然后，总生产成本（1 800美元）将除以生产的单位数（2），得出产品的单位成本（900美元）。单位产品成本信息可以用来估计期末未销售的存货和已销售的存货。如同前面提到的，单位成本是一种平均成本，它不能用于解释为生产一个单位产品所实际发生的成本。即使多生产一单位的产品，大部分的制造费用仍不会改变，因此，每多生产一单位产品的增量成本，应该低于900美元。

在3月9日早上8点的例会上，公司总裁Jean Yost再一次提到2B47批次的实验性连结器。

Jean：我发现2B47批次已经完工。我们可以将这些连接器交给Loops Unlimited，这样它们可以进行测试。Marc，这两个零件我们应该收Loops公司多少钱？

Marc：因为我们同意以成本价销售这两个实验性的连接器，所以我们的售价是900美元/只。

Jean：好吧。希望这批连接器能够试验成功，这样我们之后可以获得更大的订单。

概念检查

1. 下列哪种表述是错误的？（可以选择多个）

a. 完全成本计算法将固定和变动制造费用分配到产品成本中

b. 当公司生产多种产品时，应使用分批成本计算法

c. 一般成本计算法用实际制造费用分配率乘以实际的分配基础数额来分配成本

d. 单位产品成本表示每一单位产品生产时所发生的额外成本

2. 假设公司下一年度预计固定性制造费用为100 000美元，预计变动性制造费用为每直接人工工时3美元。如果公司预计下一年度会工作50 000直接人工工时，以直接人工工时为分配基础，预计制造费用分配率是多少？

a.2 美元

b.3 美元

c.4 美元

d.5 美元

3. 下列哪种表述是正确的？（可以选择多个）

a. 制造费用属于间接成本

b. 由于制造费用包含固定成本，因此预计制造费用率随时间变化将趋于稳定

c. 理论上，预计制造费用分配率的分配基础应该是成本的动因

d. 单位产品成本包括三种成本类型：直接材料、直接人工和制造费用

商业实践

独一无二的杰作

在分批成本计算法下，每个批次都是独一无二的。比如，Purdey每年生产80～90支猎枪，每支猎枪都是特殊制作的、独一无二的杰作。由于每支猎枪都由一个经验丰富的工人负责雕刻、组装和抛光，都是量身定做的，因此每支猎枪的价格都在110 000美元以上。手工雕刻过程需要花费数月才能完成，因此需要加价100 000美元。这种猎枪射击准，它们的价值会随着时间和大量使用而增加。一个Purdey猎枪收藏者说："当我用Purdey猎枪射击的时候，我就好像一个交响乐家在挥舞着指挥棒。"

资料来源：Eric Arnold，"Aim High，" *Forbes*，December 28，2009，p.86.

2.3 分批成本计算法——成本流转

目标4：理解分批成本计算法中的成本流转以及编制分录以记录分批成本计算法下的成本。

接下来，将讨论分批成本计算法下的成本流转。图2-5是成本流转的概念性流程图。它强调产品成本从资产负债表中的存货流转到利润表中的销售成本的过程。原材料（raw materials）是购买计入存货的原材料科目。原材料包括生产最终产品的所有材料。当原材料用于生产时，这些成本转移到存货中的在产品科目作为直接材料。在产品（work in process）包含部分生产完工的产品和在销售给客户之前仍需要深加工的产品。注意：直接人工成本直接计入在产品中，并不随原材料科目流转。制造费用通过预计制造费用分配率乘以实际消耗在每个批次的分配基础获得，分配到在产品成本中。当产品完工时，成本从在产品转到完工产品。完工产品（finished goods）即为尚未销售的完工产品。从在产品转移到完工产品的金额就是产品制造成本。完工产品成本（cost of goods manufactured）包括与该期间生产完工产品相关的制造费用。当销售产品时，成本从完工产品成本科目流转至销售成本科目。各种生产产品所发生的成本被列为费用。在销售产品之前，产品成本被记录在资产负债表的存货科目中。期间费用（管理、销售费用）并不记入资产负债表的存货中，而是在发生的期间记入利润表的费用科目。

接下来，我们将通过公司的会计系统进一步了解成本的实际流程。举例来说，我们将考虑Ruger公司某一个月的作业情况，Ruger公司的主要产品是金制及银制的纪念性徽章。4月，Ruger公司有两批次的订单，该月为公司会计年度开始的第一个月。批次A是生产1 000枚纪念电影发明的金制徽章，该批次在3月时开始生产，到3月底时，该批次已经发生30 000美元的制造成本。批次B是生产10 000枚纪念柏林围墙倒塌的银制徽章，该批次是在4月份开始生产。

2.3.1 材料的购买及发放

在4月1日，Ruger公司有7 000美元的库存原材料，4月份，公司又另外购买60 000美元的原材料。购买时的分录如下：

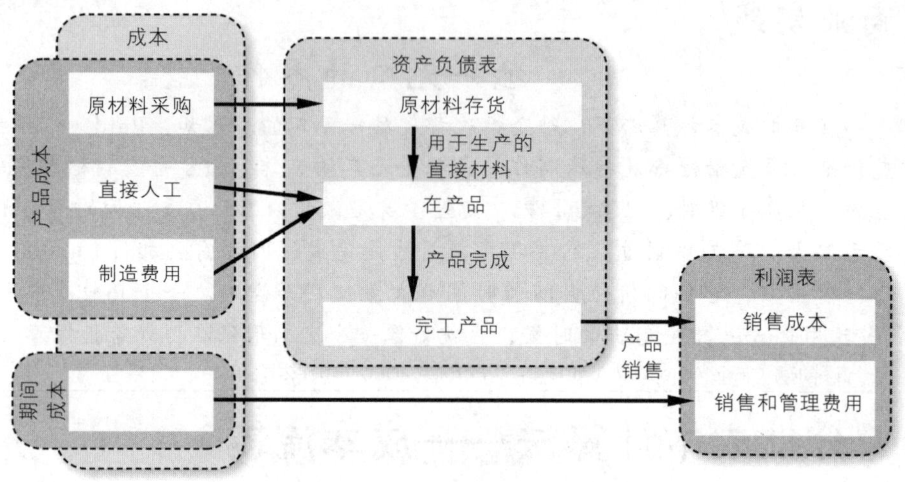

图2-5　分批成本计算法——成本流转

（1）

原材料	60 000	
应付账款		60 000

原材料是一种资产科目，因此，当购买原材料时，应该记录为资产，而不是费用。

直接及间接材料的发放

在4月份时，从仓库部门领用52 000美元的原材料用于生产。这些原材料包括50 000美元的直接材料和2 000美元的间接材料。分录（2）表示发放材料至生产部门：

（2）

在产品	50 000	
制造费用	2 000	
原材料		52 000

材料结转至在产品账户时，表示该材料是某批次的直接材料，也会被同时记录至适当的分批成本计算单中。例如图2-6，50 000美元的直接材料中有28 000美元会结转至批次A的分批成本计算单中，另外的22 000美元则会结转至批次B的分批成本计算单中。（在这个例子中，所有的数据都显示在明细账中，分批成本表是简略版。）

分录（2）中的2 000美元为制造费用，是4月生产使用的间接材料。制造费用的账户和在产品账户是分开的。设置制造费用的账户，是用来累积生产期间内发生的所有制造费用。

在结束图2-6之前，我们必须强调另外一件事，即图中批次A包含30 000美元的期初余额。这是我们之前提到的，在3月底已经发生并结转到4月的成本。而且注意到在产品账户中也有相同的期初余额。这30 000美元要分别放在两个账户的理由如下，在产品账户是一种汇总账户，而分批成本计算单则是一种明细账。因此，在产品账户的余额代表在某一时点，所有仍在进行中的批次所发生的成本。因为在4月初时，公司有批次A仍在进行中，所以在产品账户的余额会等于批次A分批成本计算单上的余额30 000美元。

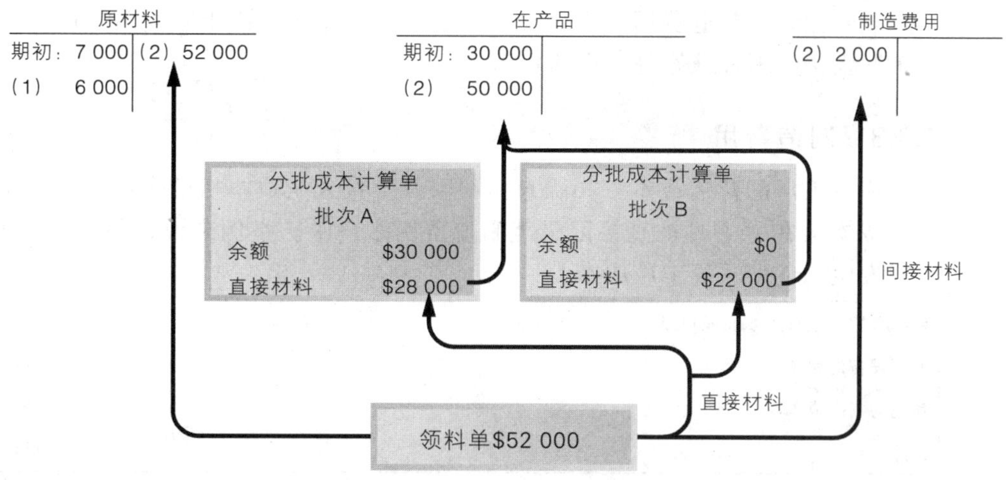

图2-6　原材料成本流转

2.3.2　人工成本

4月，60 000美元被记录为直接人工，15 000美元为间接人工。下面的分录总结了这些发生额：

（3）

在产品	60 000	
制造费用	15 000	
应付工资		75 000

只有60 000美元直接人工成本会记录至在产品账户中。当直接人工成本被记录至在产品账户时，其也会被同时记录至个别的批次成本中，例如图2-7。在4月份期间，有40 000美元的直接人工被记录至批次A中，剩下的20 000美元则被记录至批次B中。

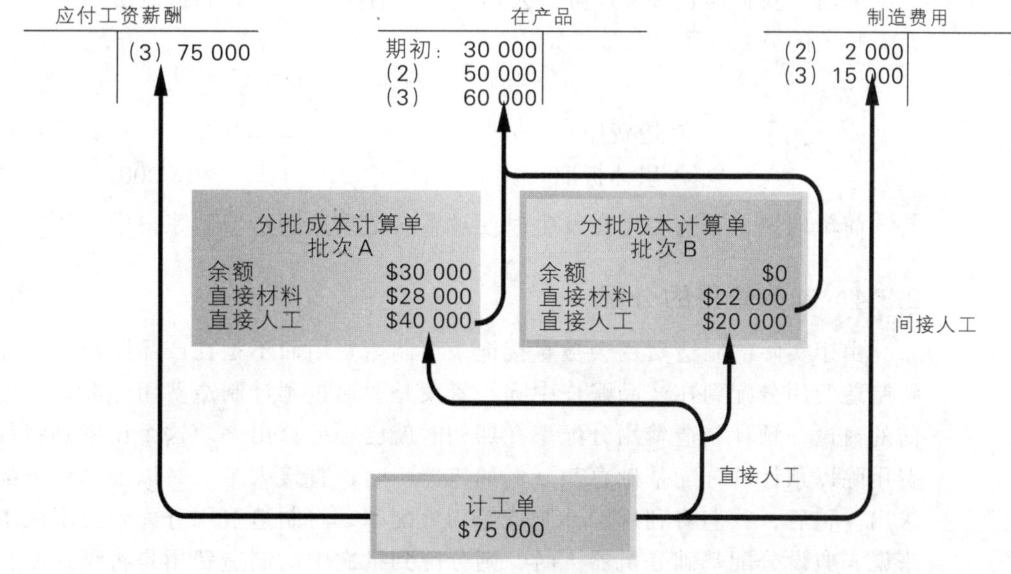

图2-7　人工成本的流转

至于记录至制造费用的部分（15 000美元）则是这期间内发生的间接人工，例如监工、大楼管理及维修等工作的费用。

2.3.3 制造费用

所有工厂的营运成本，扣除直接材料及直接人工成本后的余额，就是制造费用。这些成本会在发生时被直接记录至制造费用账户中。举例来说，假设在4月份Ruger公司发生了下列一般工厂成本：

杂项费用（暖气、水费及电费）	$21 000
工厂设备的租金	16 000
其他的工厂成本	3 000
合计	$40 000

上述成本发生时的分录如下：

（4）

制造费用	40 000	
应付账款		40 000

除此之外，我们假设在4月份Ruger公司确认了13 000美元的应付财产税，以及7 000美元的预付保险费，该保险费是由工厂建筑物及设备产生的。相关的分录如下：

（5）

制造费用	20 000	
应付财产税		13 000
预付保险费		7 000

最后，我们假设在4月份，公司确认了有关工厂机器的折旧费用，一共18 000美元。相关的分录如下：

（6）

制造费用	18 000	
累计折旧		18 000

简单地说，制造费用在发生时便被直接记录至制造费用账户中。

2.3.4 制造费用的分配

由于实际的制造费用会被直接记录至制造费用而不是在产品账户中，那么，如何将制造费用分配到在产品账户中呢？答案是要通过预计制造费用分配率。回想我们先前的讨论，预计制造费用分配率在期初时就已经计算出来。这个比率是将预计总制造费用除以预计的分配基础总额（例如机器工时、直接人工工时以及其他分配基础）后求出。稍后，我们将利用预计制造费用分配率，将制造费用分配到批次成本中。举例来说，假设分配基础是机器工时，则分配到批次中的制造费用是将预计制造费用分配率乘以分配到该批次的机器工时。

例如，假设Ruger公司利用机器工时作为分配基础，预计制造费用分配率为每机器工时6美元。我们接着假设，在4月份中，批次A耗费了10 000个机器工时，而批次B则耗费了5 000个机器工时（总计耗费15 000个机器工时）。因此，有90 000美元（15 000机器工时×$6/机器工时）的制造费用分配到在产品账户中。将制造费用分配到在产品的相关分录如下：

（7）

在产品	90 000	
制造费用		90 000

图2-8中显示了有关制造费用的成本流转。分录（2）至（6）是将实际发生的制造费用记录到制造费用账户中。仔细观察，分录（2）至（6）是记录实际发生的制造费用，而分录（7）是分配制造费用至在产品账户中，这是两个完全不同的程序。

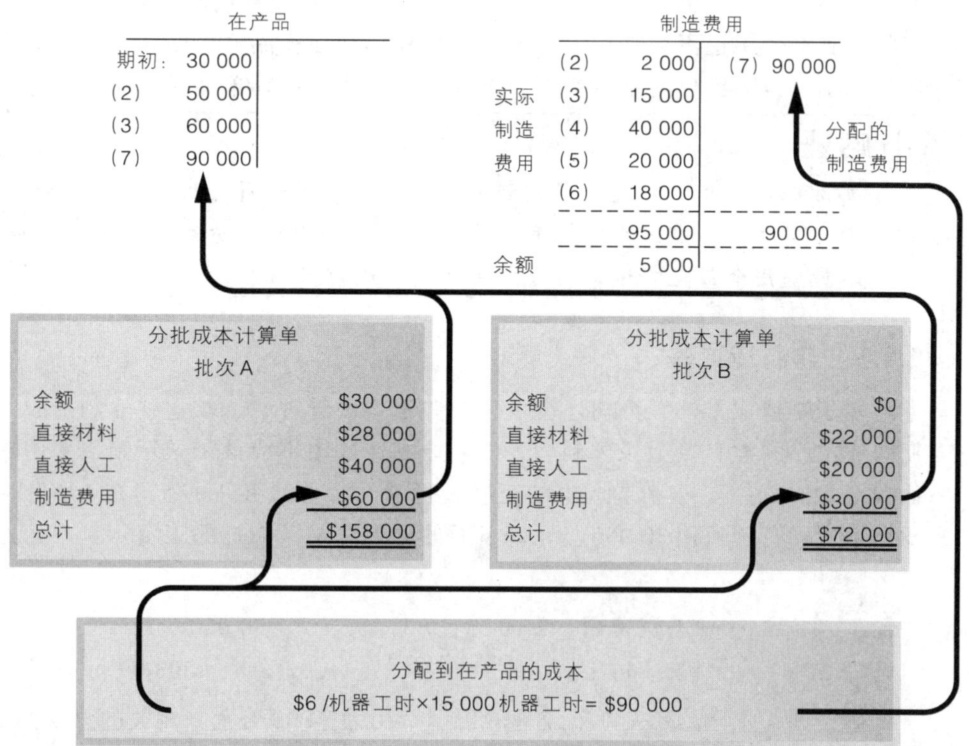

图2-8　制造费用分配的实际流程

过渡账户的概念

制造费用账户是一种过渡账户，如同我们前面所提到的，实际的制造费用须随着发生被记录至制造费用账户中，制造费用会于年中某一段时间，通常是某批次完工时，通过预计制造费用分配率分配到批次，借记在产品账户，贷记制造费用账户。这个分配的程序如下：

制造费用账户（过渡账户）	
实际的制造费用须随着每天费用的发生记录至制造费用账户中	通过预计制造费用分配率分配到在产品账户中

如同我们先前所强调的，预计制造费用分配率是基于我们所预期的估计值的制造费用数额，而且分配率是在期初时就计算出来的。因此，年度中制造费用的分配额，常常会多于或少于实际发生的制造费用。举例来说，图2-8中Ruger公司实际发生的制造费用，比分配到在产品中的制造费用多出了5 000美元，结果使制造费用账户产生5 000美元的借方余额。我们将会在下一个主题（制造费用分配面临的问题）中讨论这5 000美元的处理。

到了这里我们可以做个总结，由图2-8可知，一个完工批次的制造成本包含三个主要成本：批次的实际直接材料成本、批次的实际直接人工成本、分配到批次的制造费用。请注意以下简短但是重要的观点：实际的制造费用不会被分配到批次成本中，实际的制造费用也不会出现在分批成本计算单和在产品账户中，只有依据预计制造费用分配率求得的已分配制造费用会出现在分批成本计算单和在产品账户中。

小贴士

实际制造费用记入制造费用科目借方，而利用预计分配率计算的分配到所有批次的制造费用记入制造费用科目贷方。在一定期间内，分配到所有分批成本计算单中的制造费用金额与制造费用贷方金额是一致的。

2.3.5 非制造成本

除了制造成本外，公司还会发生一些销售和管理费用。这些非制造成本将被视为期间成本，并被直接记录到利润表中。非制造成本不应该记录至制造费用账户中。下面的范例，列举了非制造成本的正确处理方法，假设Ruger公司在4月份时，发生了下列销售和管理费用30 000美元。下面的分录总结了应计的工资：

（8）

工资费用	30 000	
应付工资		30 000

假设在4月份，有关办公设备的折旧费用为7 000美元。相关的分录如下：

（9）

折旧费用	7 000	
累计折旧		7 000

特别注意分录（9）与分录（6）记录工厂设备折旧两者间的差别：在分录（6）中，工厂设备的折旧费用直接借记到制造费用账户中，因此它是制造成本；而在分录（9）中，办公设备的折旧费用被认为是期间成本，而不是产品成本。

最后，我们假设在4月中，发生了广告费用42 000美元，发生了销售和管理费用8 000美元。相关分录的处理如下：

（10）

广告费用	42 000	
其他销售和管理费用	8 000	
应付账款		50 000

由于上述分录（8）至（10）的金额会被直接记录至费用账户，因此它们将不会影响Ruger公司4月份的产品成本。这一原则也适用于4月份期间所有的销售及管理费用，包含销售佣金、销售设备的折旧费用、办公设备的租金、办公设备的保险费以及其他相关的成本。

2.3.6 完工产品成本

当批次完工时，完工的产品将会从制造部门转移至储存产成品的仓库中。同时，会计部门会将直接材料成本、直接人工成本以及用于预计制造费用分配率的制造费用记录至批次中，上述成本结转程序必须和产品实体的流程同步进行。完工产品成本应从在产品账户结转至产成品账户。在这两个账户中结转的数量总额代表当期完工产品的成本。

在Ruger公司的例子中，我们假设批次A已于4月份完工，下面的分录表示将批次A的成本从在产品账户结转至产成品账户中：

（11）

产成品	158 000	
在产品		158 000

这158 000美元代表批次A所耗费的成本，如同图2-8分批成本计算单中的金额一样。由于批次A是Ruger公司在4月份唯一完工的批次，因此158 000美元也代表当月发生的完工产品成本。

批次B在4月底时并未完工，因此它的成本将会保留在在产品账户中，并会被结转至下一个月份。假如在4月底需编制资产负债表，则批次B中已累积的成本应被列于资产——“在产品存货”项下。

2.3.7 销售成本

当产成品被送交至客户手中时，产品的成本必须从产成品账户中转至销售成本账户中。假如销售的是整批完工的批次，只要将分批成本表上整批次的成本结转至销售成本账户中就可以了。然而，在大多数情形下，特定的批次中只有一部分的产品会马上出售。在这种情形下，就必须利用单位成本计算出应从产成品账户中结转出的数额以确定销售成本。

以Ruger公司为例，我们假设到4月底为止，批次A的1 000枚金制的徽章中有750枚已销售给客户，总销售金额为225 000美元。由于批次A的产出单位为1 000，分批成本表上的总生产成本为158 000美元，因此单位成本为158美元。相关的分录如下：

（12）

应收账款	225 000	
销售收入		225 000

（13）

销售成本	118 500	
产成品		118 500

（$158/单位×750单位=$118 500）

到分录（13）为止，整个分批成本计算法的成本流转已完成。让我们将整个Ruger公司所发生的分录汇总起来，表2-1汇总了分录（1）至分录（13），而图2-9则是整个成本流转的T字账户。

目标5：编制T字账以显示分批成本计算法下的成本流转。

表2-1　Ruger公司分录的汇总

分录	科目	借方	贷方
（1）	原材料	60 000	
	应付账款		60 000
（2）	在产品	50 000	
	制造费用	2 000	
	原材料		52 000
（3）	在产品	60 000	
	制造费用	15 000	
	应付工资		75 000
（4）	制造费用	40 000	
	应付账款		40 000
（5）	制造费用	20 000	
	应付财产税		13 000
	预付保险费		7 000
（6）	制造费用	18 000	
	累计折旧		18 000
（7）	在产品	90 000	
	制造费用		90 000
（8）	工资费用	30 000	
	应付工资		30 000
（9）	折旧费	7 000	
	累计折旧		7 000

(10)

广告费用	42 000	
其他销售和管理费用	8 000	
应付账款		50 000

(11)

产成品	158 000	
在产品		158 000

(12)

应收账款	225 000	
销售收入		225 000

(13)

销售成本	118 500	
产成品		118 500

应收账款

期初：	XX		
(12)	225 000		

预付保险费

期初：	XX	(5)	7 000

原材料

期初：	7 000	(2)	52 000
(1)	60 000		
余额：	15 000		

在产品

期初：	30 000	(11)	158 000
(2)	50 000		
(3)	60 000		
(7)	90 000		
余额：	72 000		

产成品

期初：	10 000	(13)	118 500
(11)	158 000		
余额：	49 500		

应付账款

		期初：	XX
		(1)	60 000
		(4)	40 000
		(10)	50 000

应付工资

		期初：	XX
		(3)	75 000
		(8)	30 000

应付财产税

		期初：	XX
		(5)	13 000

累计折旧

		期初：	XX
		(6)	18 000
		(9)	7 000

销售收入

		(12)	225 000

销售成本

(13)	118 500		

工资费用

(8)	30 000		

折旧费用

(9)	7 000		

广告费用

(10)	42 000		

其他销售、管理费用

(10)	8 000		

制造费用

(2)	2 000	(7)	90 000
(3)	15 000		
(4)	40 000		
(5)	20 000		
(6)	18 000		
	95 000		90 000
余额：	5 000		

上述分录解释如下：

(1) 购买原材料。

(2) 分配直接材料和间接材料。

(3) 发生直接人工和间接人工成本。

(4) 发生设备和厂房成本。

(5) 支付房产税和保险费用。

(6) 厂房资产的折旧。

(7) 将制造费用分配至在产品。

(8) 发生管理人员工资。

(9) 办公室设备折旧。

(10) 发生广告和其他销售、管理费用。

(11) 将完工产品成本转至产成品科目。

(12) 销售批次A产品。

(13) 记录批次A产品的成本。

图2-9　Ruger公司成本流转的汇总

概念检查

4.下列哪种表述是正确的?(可以选择多个)

a.直接人工成本借记在产品科目,间接人工成本借记制造费用科目

b.原材料采购借记原材料科目,记录在利润表中作为一项费用

c.管理费用借记制造费用过渡科目

d.假设公司向顾客赊销产成品,价值200美元。公司应该做如下分录:

借:应收账款	200	
贷:产成品		200

5.下列关于制造费用这个过渡科目的表述,正确的有?(可以选择多个)

a.实际发生的制造费用应该借记制造费用

b.分配的制造费用应该贷记制造费用

c.如果在期末制造费用有借方余额,则意味着制造费用被多分配了

d.如果在期末制造费用有借方余额,那么该科目的结账分录会降低净营业利润

2.4 完工产品成本计算单和销售成本表

目标6:编制产成品和销售产品成本计划以及利润表。

这部分将利用Ruger公司作为案例,解释如何制作完工产品成本计算单和销售成本表。完工产品成本计算单(schedule of cost of goods manufactured)包括三类产品成本:直接材料成本、直接人工成本和制造费用。完工产品成本计算单将期末在产品成本和从在产品结转至产成品的成本加总。销售成本表(schedule of cost of goods sold)也包括三类产品成本:直接材料成本、直接人工成本和制造费用。它将产成品期末余额和从产成品结转至销售成本的金额加总。

表2-2是Ruger公司的完工产品成本计算单及销售成本表。注意,下列三个公式列示在完工产品成本计算单中。首先,计算用于生产的原材料的公式如下:

用于生产的原材料=期初原材料余额+购买原材料金额-期末原材料余额

对于Ruger公司,期初原材料7 000美元加上购买原材料耗费的60 000美元减去期末原材料15 000美元,得到用于生产的原材料金额为52 000美元。下面的公式显示如何计算制造费用总额:

制造费用总额=直接材料成本+直接人工成本+分配至在产品的制造费用

对于Ruger公司,50 000美元的直接材料成本加上60 000美元的直接人工成本,加上90 000美元被分配到在产品中的制造费用,得到制造费用总额200 000美元。需要注意的是,制造费用总额应该包括用于生产的直接材料成本(50 000美元),而不是采购原材料的金额(60 000美元)。当原材料余额发生变化或者从原材料中取出间接材料时,用于生产的直接材料不等于采购原材料的金额。值得注意的是,这个公式中分配到在产品的制造费用不是实际制造费用。对于Ruger公司,6美元每机器工时的预计分配率乘以实际所有批次消耗的分配基础(15 000机器工时),得到分配至在产品的制造费用90 000美元。在生产期间发生的实际制造费用并不结转至在产品账户。

表 2-2　　完工产品成本计算单及销售成本表

完工产品成本		
直接原材料		
原材料存货——期初	$7 000	
加：购入的原材料	60 000	
可供投入的原材料	67 000	
减：原材料存货——期末	15 000	
投入生产的原材料	52 000	
减：包含在制造费用中的间接原材料	2 000	$50 000
直接人工		60 000
分配到在产品账户中的制造费用		90 000
总制造成本		200 000
加：期初在产品存货		30 000
		230 000
减：期末在产品存货		72 000
完工产品成本		$158 000
销售成本表		
期初产成品存货		$10 000
加：完工产品成本		158 000
可供销售的商品		168 000
减：期末产成品存货		49 500
调整前的销售成本		118 500
加：少分配的制造费用		5 000
调整后的销售成本		$123 500

*注意，上述少分配的制造费用会增加销售成本的余额，若是多分配了制造费用，则会减少销售成本的余额。

第三个在完工产品成本计算单中列示的公式与计算完工产品成本有关：

完工产品成本=制造费用总额+期初在产品余额-期末在产品余额

对于Ruger，制造费用总额200 000美元，加上期初在产品余额30 000美元，减去期末在产品余额72 000美元，得到完工产品成本158 000美元。完工产品成本记录本期生产完工的产品成本和从在产品科目结转到产成品科目的成本。

销售成本表，即表2-2利用下列公式计算未调整销售收入：

未调整销售收入=期初产成品余额+完工产品成本-期末产成品余额

期初产成品科目余额（10 000美元）加上完工产品成本（158 000美元）等于可供销售产品成本（168 000美元）。可供销售产品成本（168 000美元）减去期末在产品余额（49 500美元）得到未调整销售成本（118 500美元）。最终，用未调整销售成本（118 500美元）加上少分配的制造费用（5 000美元）得到调整后的销售成本123 500美元。本章接下来即深入研究为什么对于销售成本而言，需要调整少分配或者多分配的制造费用。

表2-3为Ruger公司4月的利润表。观察利润表中从表2-2中取得的销售成本。销售和管理费用（共87 000美元）并没有随完工产品成本计算单和销售计算单结转。分录（8）-分录（10）表明这些费用一旦发生就记入费用账户，而不是记入存货账户。

表2-3　　利润表

Ruger公司
利润表
4月1日至4月30日

销售收入		$225 000
减：销售成本（$118 500 + $5 000）		123 500
毛利		101 500
减：销售及管理费用		
工资费用	$30 000	
折旧费用	7 000	
广告费用	42 000	
其他费用	8 000	87 000
净利		$14 500

概念检查

6.下列关于完工产品成本计算单的表述，错误的有？（可以选择多个）

a.期初原材料加购买的原材料减期末原材料余额等于生产用原材料

b.完工产品成本计算单中包括直接人工成本和实际制造费用成本

c.完工产品成本表示在会计期间内借记销售成本的金额

d.如果在会计期间内，产成品增加，则会减少完工产品成本

2.5　多分配和少分配制造费用——深入研究

目标7：计算多分配或少分配的制造费用，并准备分录将此制造费用结转至适当的账户。

这部分解释如何计算多分配和少分配的制造费用，以及如何处理制造费用的期末余额。

2.5.1　计算多分配和少分配的制造费用

因为预计制造费用分配率是在期初计算出来的，而且其计算的依据是估计资料，因此，通常分配到在产品账户中的制造费用和实际发生的制造费用之间会存在差异。我们以Ruger公司为例，公司的预计制造费用分配率是6美元/小时，所以分配到在产品账户中的制造费用为90 000美元，而4月份实际发生的制造费用为95 000美元（参考图2-8），因此，分配到在产品账户中的制造费用和实际发生的制造费用两者间的差异不是少分配的制造费用（underapplied overhead），就是多分配的制造费用（overapplied overhead）。以Ruger公司为例，制造费用是少分配了，因为分配的制造费用是90 000美元，比实际发生的制造费用（95 000美元）少了5 000美元。假如Ruger公司当期分配的制造费用是95 000美元，而实际发生的制造费用是90 000美元，则制造费用是多分配了。

是什么原因导致制造费用的少分配或多分配呢？最主要是因为我们利用预计制造费用分配率来分配制造费用，并假设在相应期间，实际发生的制造费用和分配基准间呈等比例变动。举例来说，预计制造费用分配率是每机器工时6美元，即假设本期间实际发生的制造费用为每机器工时6美元，下面至少有两个理由可以证明上述叙述是错误的：首先，制造费用中常包含许多固定成本，而固定成本并不会随着机器工时的耗用而增加。其次，这些产生制造费用的项目可能不在控制中，假设负责制造费用的人员表现良好，则产生的成本可能比期初预期得还少；相反的，如果负责制造费用的人员表现不好，则产生的成本可能比期初预期得还多。

以下就举出两个实际的例子来加以说明，假设以下是Turbo Crafters及Black & Howell公司期初预期的本年度资料：

	Turbo Crafters公司	Black & Howell公司
预计制造费用分配率的计算基础	机器工时	直接材料成本
预计制造费用（a）	\$300 000	\$120 000
预计分配基础总额（b）	75 000机器工时	\$80 000直接材料成本
预计制造费用分配率（a）÷（b）	\$4/机器工时	直接材料成本的150%

注意，如果分配以美元为基础——如Black & Howel公司的直接材料成本——则预计制造费用分配率用分配基准的百分比表示，因为用美元除以美元，结果就是百分比形式。

假设，公司制造费用及产品的需求产生未预期的变动，本年度实际发生的制造费用及耗用的作业量如下：

	Turbo Crafters公司	Black & Howell公司
实际的制造费用	\$290 000	\$130 000
实际分配基础单位总额	68 000机器工时	\$90 000直接材料成本

注意，每个公司实际发生的成本及分配基础都与预计的制造费用不同，于是产生了以下多分配或少分配的制造费用：

	Turbo Crafters公司	Black & Howell公司
实际的制造费用成本	\$290 000	\$130 000
本年度分配到在产品账户中的制造费用：		
预计制造费用分配率（a）	\$4/机器工时	150%的直接材料成本
实际的分配基础总额（b）	68 000机器工时	\$90 000直接材料成本
分配制造费用（a）×（b）	\$272 000	\$135 000
少分配（多分配）的制造费用	\$18 000	\$（5 000）

以Turbo Crafters公司为例，本期分配到在产品的制造费用金额是272 000美元，少于实际发生的制造费用（290 000美元），因此产生少分配的制造费用。

以Black & Howell公司为例，本期分配的制造费用是135 000美元，多于实际发生的制造费用（130 000美元），因此产生多分配的制造费用。

图2-10是有关制造费用概念的小结。

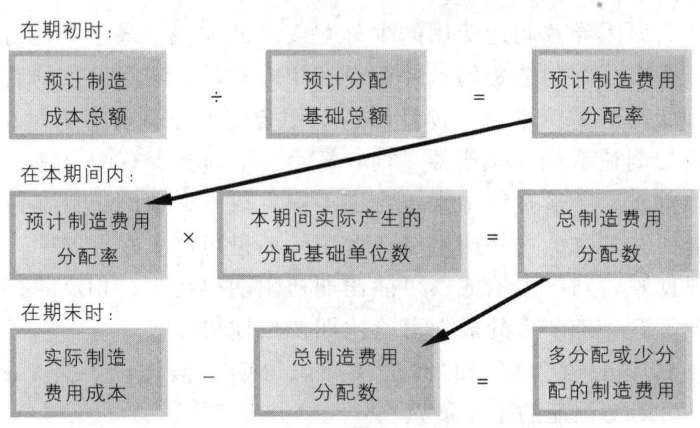

图2-10　制造费用概念小结

2.5.2　多分配和少分配制造费用余额的处理

回到前面的范例Ruger公司，发现图2-9制造费用的T型账户借方余额为5 000美元。制造费用账户的借方记录发生的实际制造费用，贷方记录分配到批次的制造费用。在案例中，实际制造费用超过分配的制造费用5 000美元，因此借方余额为5 000美元。类似的，在以前的部分，制造费用（95 000美元）超过分配的制造费用（90 000美元），两者的差异即为少分配的制造费用。如果制造费用借方余额为X美元，则制造费用少分配X美元。相反，如果制造费用贷方余额为Y美元，则制造费用多分配Y美元。

期末多分配和少分配的制造费用仍保留在制造费用科目中，该如何处理？最简单的方法是，将科目余额结转至销售成本。为了解释这种简单的方法，回顾Ruger公司少分配的制造费用5 000美元。下面的分录会将少分配的制造费用结转至销售成本中：

(14)

销售成本	5 000	
制造费用		5 000

注意当制造费用账户产生的是借方余额时，则结转的分录要将制造费用放在贷方。上述转销分配的制造费用会使4月份的销售成本上升至123 500美元：

调整前的销售成本（分录13）	$118 500
加：少分配的制造费用（分录14）	5 000
调整后的销售成本	$123 500

完成上述调整后，Ruger公司4月份的利润表如同先前的表2-3。

需要注意的是，调整是有必要的。调整前销售成本是以分配至批次的制造费用为基础，而不是以实际发生的制造费用为基础。因为制造费用少分配，没有足够的成本分配至各个批次中，因此，销售成本被低估。将销售成本加上少分配的制造费用能够修正这种情况。

2.5.3 产品成本流转的一般模式

图 2-11 显示了产品成本系统中成本的T形账户模式。详细研读这个模式，将有助于了解成本如何进入成本系统，如何在系统中流转，最后结转至利润表的销售成本中。

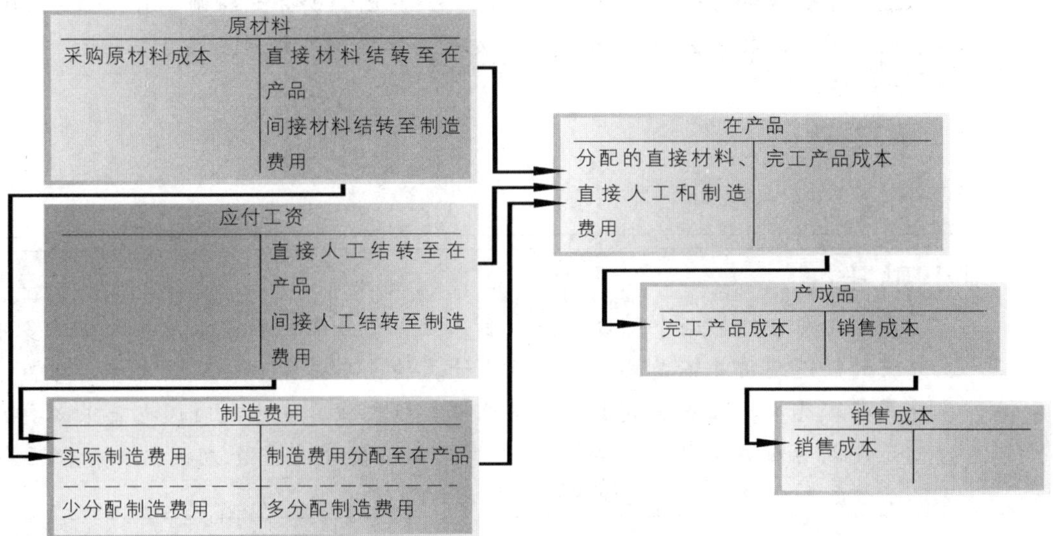

图 2-11 产品成本流转的一般模式

2.5.4 多种预计制造费用分配率

我们在前面的章节中提到，一个工厂只有一个预计制造费用分配率，我们称之为全厂统一的预计制造费用分配率（plantwide overhead rate）。事实上，这在实践中较常使用，特别是一些小型的公司。但在大公司中，通常会采用多种预计制造费用分配率（multiple predetermined overhead rate）。在多种预计制造费用分配率的系统下，每个生产部门都会有不同的预计制造费用分配率，这种系统虽然较为复杂，但制造费用的分配却比较精确，因为它能反映不同部门间制造费用使用的差异。举例来说，假如某部门制造费用的分配是依据直接人工工时，那就表示该部门制造费用的发生与人工较为相关。而若某部门制造费用的分配依据是机器工时，那就表示该部门制造费用的发生和机器的使用较为相关。当公司使用多种预计制造费用分配率时，则某批次产品在哪一个部门生产就必须使用该部门的分配率来分配制造费用。

概念检查

7.预计制造费用总额为$200 000。预计分配基础为40 000直接人工小时。当期实际发生的制造费用总额为$220 000，所有批次消耗的实际直接人工小时为41 000小时。当期少分配（多分配）的制造费用为多少？

a.少分配$20 000

b.多分配$20 000

c.少分配$15 000

d.多分配$15 000

8.预计制造费用分配率为每机器工时50美元，少分配的制造费用为5 000美元，实际的机器工时数为2 000小时。当期发生的实际制造费用总额是多少？

a.$105 000

b.$95 000

c.$150 000

d.$110 000

小贴士

学生们应该理解两个关键概念：多分配和少分配的制造费用。首先，多分配和少分配的制造费用并不是按照单一批次计算的，而是按照公司或者部门作为一个整体计算的。其次，在一般成本核算系统中，抓住核算发生的时间也是很必要的。预计制造费用分配率是在期初计算产生的。制造费用在整个期间内被分配至各个批次。多分配和少分配的制造费用是在期末计算的。

2.6 服务业的分批成本计算法

分批成本计算法除了适用于制造业外，同样可以应用于服务业，例如律师事务所、电影制片公司、医院以及维修商店等。以律师事务所为例，每一个客户都代表一个批次，当事务所为客户提供服务时，相关的批次成本会每天累计并被记录在分批成本计算单中。法律文件的表格和一些相似的投入属于直接材料成本；律师花费的为客户辩护的时间是直接人工成本；而诸如秘书和书记人员的工资、租金以及折旧费用等，则属于制造费用。

在电影公司中，例如哥伦比亚制片公司（Columbia Pictures），每部影片的拍摄都代表一个批次，直接材料（戏服、支援器材和拍摄用的底片等）和直接人工（演员、导演以及临时演员等），将被直接记录至每部电影的分批成本计算单中。而工作室制造费用，例如杂项费用、设备折旧以及维修人员的工资等，也被分配记录到各个批次中。

总而言之，分批成本计算法是一种多元化且被广泛使用的成本系统，它可应用于任何组织，组织可以拥有多种产品及服务。

你的决策：班级聚会的财务决策人

由你做高中同学聚会的财务安排。你给举行聚会的饭店打电话，并且记录了重要的信息。餐费（包括饮料）为$30/人加15%的小费。另外，有舞池的宴会厅需要额外支付$200，邀请乐队需要支付$500。另一个聚会成员通知你班费足够支付打印和邮寄的费用。他说400人的班级有至少一半的人会参加聚会，他想知道在起草邀请函时，是否将15%的小费加到30美元的餐费中。当同学回复邀请函时，需要将费用交齐。

你应该如何回应？你需要收取多少费用支付各类成本？在做出你的决策后，你将运用本章学过的管理会计术语给出答案。最终，指出需要进行更多调查的地方。

商业实践

计算Fast Wrap的批次成本

在2007年，Michael Enos创立了Fast Wrap公司，该公司利用收缩胶膜包装所有的东西，从喷气式滑雪板、水上摩托到整栋建筑。今天，公司在美国有64个营业点，每年销售额超过600万美元。公司的收入远超过它的直接材料成本和直接人工成本。比如，Fast Wrap收取客户400美元的费用以包装20英尺的船，它的成本包括25美元的塑料费用和30美元的人工费。更大的批次就有更多的利润。比如，Fast Wrap签订250 000美元的合同塑包244 000平方英尺的医院，该医院正在建设中，位于Fontana。该批次的材料成本和人工成本只有44 000美元。

资料来源：Susan Adams，"It's a Wrap，" *Forbes*，March 15，2010，pp. 36 38.

本章小结

目标1：计算预计制造费用分配率。

制造费用运用预计制造费用分配率分配到批次。这个比率在期初决定，这样就能在期间计算批次成本，而不必等到期末。预计制造费用分配率是用估计的当期总制造费用，除以当期估计的总分配基础得出的。

目标2：运用预计的分配率将制造费用分配于在产品中。

将制造费用分配到批次的金额是：预计制造费用分配率乘以批次实际分配基础数量。

目标3：计算某一批次的总成本和单位产品成本。

某一批次的总成本包括分配至该批次的实际直接材料成本、直接人工成本和分配的制造费用。某一批次的单位产品成本是用批次总成本除以该批次的产品数量得出。值得注意的是，单位产品成本不是表示每产生一个新产品所发生的额外成本。

目标4：理解分批成本计算法中的成本流转，编制适当分录记录成本流转。

将直接材料用于生产时，将直接材料成本结转，借记在产品；直接人工成本发生时，借记在产品；实际制造费用发生时，借记制造费用账户。制造费用使用预计费用分配率分配到在产品账户中，分录是借记在产品，贷记制造费用账户。

目标5：使用T型账户显示分批成本计算法的成本流转。

见图2-9和图2-11中T型账户中的成本流转汇总。

目标6：编制完工产品成本计算单和销售成本表。

见表2-2和表2-3中的例子。

目标7：计算多分配或少分配的制造费用，编制分录将制造费用账户的余额结转到适合的账户。

当期实际发生的制造费用与分配到产品成本的制造费用金额的差异称为少分配或多分配的制造费用。少分配或多分配的制造费用应结转至销售成本。当少分配制造费用时，制造费用账户的余额要借记销售成本。这对销售成本而言有增加的效果，因为实际分配到产品的成本较少。当多分配制造费用时，制造费用账户余额应贷记销售成本，对销售成本产生减少的影响，因为实际分配到产品的成本较多。

你的决策（班级聚会的财务决策人）参考答案

你应当向每人收取38美元才能涵盖所有的成本，计算如下：

餐费成本	$30.00	直接材料成本
小费	4.50	直接人工成本
订房成本	1.00	制造费用
乐队	2.50	制造费用
总成本	$38.00	

如果仅有200位同学参加聚会，收到7 600美元（200×38美元）能弥补支出7 600美元（餐费成本6 000美元（或200×30美元）加上小费成本900美元（6 000美元×0.15）加上200美元的订房费用和500美元的乐队费用）。如果参加人数少于200人，聚会委员会就会出现金额不足的情况，金额等于200位预计参加者人数乘以3.50美元（每个人一般费用总额）与实际参加者人数乘以3.50美元的差额。因此，你应当与组织聚会的其他人员商讨以确保：（1）预测是合理的；（2）有应付任何资金短缺的计划。另外，如果多于200位参加者，聚会收取的钱就会超过支出，金额等于实际参加者人数乘以3.50美元与200位预计参加者人数乘以3.50美元的差额。

概念检查参考答案

1.选择cd。在一般成本计算法中，运用预计制造费用率而不是实际制造费用分配率。单位产品成本并不表示边际成本。

2.选择d。作业产生50 000直接人工工时，Y=$100 000+$3×50 000=$250 000，得到预计制造费用总额为$250 000。用制造费用总额（$250 000）除以估计的直接人工工时总额（50 000）得到预计制造费用分配率为$5/直接人工工时。

3.选择acd。因为制造费用包括固定成本，预计制造费用在期间内趋向于波动。

4.选择a。原材料在购买时并不消耗。管理费用属于期间费用。因此，它们不计入制造费用账户。应收账款借方为200美元，销售收入贷方为200美元。

5.选择abd。如果制造费用在会计期末有借方余额，代表少分配的制造费用。

6.选择bcd。分配制造费用应该记录在完工产品成本计算表中。完工产品成本意味着会计期间产成品借方发生额。产成品余额变化对完工产品成本没有影响。

7.选择c。实际制造费用220 000美元减分配的制造费用205 000美元（$200 000/40 000直接人工工时×41 000实际工时）等于15 000美元少分配的制造费用。

8.选择a。制造费用分配到产品的金额为2 000小时乘以预计制造费用率50美元，或100 000美元。如果制造费用被少分配5 000美元，实际制造费用金额是100 000美元加上5 000美元或105 000美元。

问题回顾：分批成本计算法

Hogle Company是一家使用分批成本计算法的制造公司，1月1日是财务年度的期初，公司的存货余额如下：

原材料	$20 000
在产品	$15 000
产成品	$30 000

公司以机器作业工时为基础分配制造成本到批次，今年公司估计将有75 000个机器工时，产生制造成本450 000美元，今年记录了以下交易：

a.赊购原材料410 000美元。

b.购买的原材料中，380 000美元（360 000美元直接材料与20 000美元间接材料）用于生产。

c.员工服务产生下列成本：直接人工75 000美元，间接人工110 000美元，销售佣金90 000美元以及管理工资200 000美元。

d.发生销售差旅成本17 000美元。

e.工厂发生水电费43 000美元。

f.发生广告费180 000美元。

g.当年记录折旧350 000美元（80%与工厂营运有关，20%与销售及管理活动有关）。

h.当年保险金额10 000美元（70%与工厂营运有关，30%与销售及管理活动有关）。

i.制造费用分配到生产，由于产品需求比预期大，公司当年运行了80 000个机器工时。

j.根据分批成本计算单，当年已完工商品制造成本900 000美元。

k.当年商品赊销给顾客的总销售金额是1 500 000美元，根据分批成本计算单，商品制造成本为870 000美元。

要求：

1.编制分录以记录上述交易。

2.将分录（1）过到T字账上（别忘记填入存货账户期初余额）。

3.当年制造费用是少分配还是多分配？编制分录以结转制造费用账户的余额至销售成本。

4.编制当年利润表。

问题回顾的解答：

1.

a.		
原材料	410 000	
应付账款		410 000
b.		
在产品	360 000	
制造费用	20 000	
原材料		380 000
c.		
在产品	75 000	
制造费用	110 000	
销售佣金费用	90 000	
管理工资费用	200 000	
应付工资		475 000
d.		
销售差旅费用	17 000	
应付账款		17 000
e.		
制造费用	43 000	
应付账款		43 000
f.		
广告费用	180 000	
应付账款		180 000
g.		
制造费用	280 000	
折旧费用	70 000	
累计折旧		350 000
h.		
制造费用	7 000	
保险费用	3 000	
预付保险费		10 000

i. 当年预计制造费用分配率计算如下：

预计制造费用分配率 = 预计制造费用成本总额/预计分配基础总额

$$= \frac{\$450\,000}{\text{估计机器工时}75\,000}$$

= \$6/机器工时

基于今年实际作业80 000个机器工时，公司将分配480 000美元的制造费用至生产程序：80 000机器工时×\$6/机器工时=\$480 000。以下分录记录制造费用的分配：

在产品	480 000	
制造费用		480 000
j.		
产成品	900 000	
在产品		900 000
k.		
应收账款	1 500 000	
销售收入		1 500 000
销售成本	870 000	
产成品		870 000

2.

应收账款

借		贷	
(k)	1 500 000		

预付保险费

借		贷	
		(h)	10 000

原材料

借		贷	
期初:	20 000	(b)	380 000
(a)	410 000		
余额:	5 000		

在产品

借		贷	
期初:	15 000		
(b)	360 000	(j)	900 000
(c)	75 000		
(i)	480 000		
余额:	30 000		

产成品

借		贷	
期初:	30 000		
(j)	900 000	(k)	870 000
余额:	60 000		

制造费用

借		贷	
(b)	2 000	(i)	480 000
(c)	110 000		
(e)	43 000		
(g)	280 000		
(h)	7 000		
	460 000		480 000
		余额:	20 000

应付账款

借		贷	
		(a)	410 000
		(d)	17 000
		(e)	43 000
		(f)	180 000

累计折旧

借		贷	
		(g)	350 000

销售收入

借		贷	
		(k)	1 500 000

销售成本

借		贷	
(k)	870 000		

销售佣金费用

借		贷	
(c)	90 000		

折旧费用

借		贷	
(g)	70 000		

广告费用

借		贷	
(f)	180 000		

管理工资费用

借		贷	
(c)	200 000		

销售差旅费用

借		贷	
(d)	17 000		

保险费用

借		贷	
(h)	3 000		

3.当年制造费用多分配了。用分录将其结转至销售成本:

制造费用	20 000	
销售成本		20 000

4.

Hogle公司
利润表
到12月31日止

销售收入		$1 500 000
销售成本($870 000−$20 000)		850 000
毛利		650 000
销售和管理费用		
销售佣金支出	$90 000	
管理工资支出	200 000	
销售差旅费用	17 000	
广告费支出	180 000	
折旧费支出	70 000	
保险费支出	3 000	560 000
净经营利润		$90 000

词汇表

完全成本计算法（absorption costing）是将全部制造成本（包括直接人工成本、直接材料成本、变动性制造费用和固定性制造费用）均计入产品成本中的一种成本计算方法。

分配基础（allocation base）是将成本分配到成本对象的作业计量尺度，如直接人工时间、机器使用时间等。

用料单（bill of materials）是标明生产某一产品所使用的各种直接材料数量的清单。

成本动因（cost driver）是引起制造费用发生的因素，如机器使用时间、机床占用时间、电脑占用时间和航空旅行时间等。

完工产品成本（cost of goods manufactured）是指在当期与产成品相关的成本。

产成品（finished goods）是已经完成生产但没有销售的产品。

分批成本计算单（job cost sheet）是记录为生产某一批产品发生的直接材料成本、直接人工成本和制造费用而编制的计算表。

分批成本计算法（job-order costing）是在每个会计期间生产不同产品、批次或服务所使用的一种成本计算法。

领料单（materials requisition form）是向仓库领取材料时所开具的详细标明原材料的种类、数量以及分配这些原材料成本的产品批次的原始凭证。

多种预计制造费用分配率（multiple predetermined overhead rates）是拥有多个成本库，并且每个成本库都有各自的预计制造费用分配率，而不是整个公司只采用单一预计制造费用分配率的成本计算方法。一般来说，每个生产车间都视为一个独立的制造费用成本库。

一般成本计算系统（normal cost system）是通过将预计制造费用分配率乘以生产某一批产品实际发生的业务量来计算该批产品所承担制造费用的一种成本计算系统。

多分配制造费用（overapplied overhead）是在某一会计期间，分配到在产品账户中的制造费用超过了该期在产品实际应分配的数额，制造费用账户出现了贷方余额。

制造费用分配（overhead application）是将制造费用归集到各批次，并计入在产品账户的过程。

工厂范围的制造费用分配率（plantwide overhead rate）是用于整个工厂范围内的单一预计制造费用分配率。

预计制造费用分配率（predetermined overhead rate）是在每个会计期间预先确定的将制造费用分配到各个批次产品上所使用的分配率。它是由会计期间的预计制造费用总额与该期间的作业分配基准相除计算得到。

原材料（raw materials）是指用于生产产成品的所有材料。

完工产品成本计算单（schedule of cost of goods manufactured）包含三种成本：直接材料成本、直接人工成本和制造费用。它将期末在产品的成本和从在产品转出至产成品账户的成本加总。

销售成本表（schedule of cost of goods sold）包含三种成本：直接材料成本、直接人工成本和制造费用。它将期末产成品的成本和从产成品转出至销售成本账户的成本加总。

计工单（time ticket）是详细记录员工在各种作业活动中工作时间的原始凭证。

少分配制造费用（underapplied overhead）是在某一会计期间，实际发生的制造费用金额超过当期分配到在产品账户中制造费用的金额，制造费用账户出现了借方余额。

在产品（work in process）指部分完成的产品，在准备销售给顾客之前需要深加工。

思考题

2-1为什么不将实际的间接费用像直接材料成本和直接人工成本那样追溯到批次？

2-2解释计算预计制造费用分配率的四步过程。

2-3在分批成本计算法中，分批成本计算单的作用是什么？

2-4为什么产品成本需要通过分配过程分配至各个产品？

2-5为什么公司采用预计制造费用分配率而不是实际制造费用分配率将制造费用分配到各个批次？

2-6选择分配制造费用的基础时应该考虑的因素是什么？

2-7如果公司将所有的制造费用都分配到批次，能保证公司盈利吗？

2-8将制造费用分配到在产品时，应贷记什么账户？你预计当期分配金额会等于当期的实际制造费用吗？为什么？

2-9什么是少分配制造费用？什么是多分配制造费用？期末时应该如何处理这些金额？

2-10给出两个理由说明为什么在特定年份的制造费用可能少分配？

2-11少分配制造费用应如何调整完工产品成本计算单？多分配又应该如何调整？

2-12什么是工厂范围的制造费用分配率？为什么有些公司使用多种制造费用分配率，而非工厂范围的制造费用分配率？

2-13当自动化设备取代直接人工时，基于直接人工的制造费用分配率会发生什么变化？

基础练习十五问（学习目标1—学习目标7）

Sweeten公司在3月初没有任何批次，也没有期初存货。在3月，该公司生产两个批次：批次P和批次Q。批次P已经完工并且在3月底销售，批次Q在3月底仍没有完工。公司运用以直接人工小时为分配基础的全厂预计制造费用分配率。下列资料可以用于全公司及批次P和Q（所有数据和问题只与3月有关）：

预计固定性制造费用	\$10 000
预计变动性制造费用（每直接人工工时）	\$1.00
预计总直接人工工时	2 000
实际发生制造费用总额	\$12 500

	批次P	批次Q
直接材料	$13 000	$8 000
直接人工	$21 000	$7 500
实际直接人工工时	1 400	500

1.该公司预计制造费用分配率是多少？

2.分配到批次P和批次Q的制造费用是多少？

3.求直接人工工时工资率。

4.如果批次P生产20个产品，单位产品成本是多少？在3月末分配至批次Q的制造费用总额为多少？

5.假设期末原材料为1 000美元，公司不使用间接材料。试编写购买原材料和领用原材料生产的分录。

6.假设公司不适用间接人工。试编写记录用于生产的直接人工的分录。

7.编写分配制造费用的分录。

8.假设期末原材料为1 000美元，公司不使用任何间接材料。试编写完工产品成本计算单。

9.编制从在产品结转成本至产成品的分录。

10.编写在产品的T型账户，包括期初、期末余额和所有该科目的借贷方发生额。

11.编制销售成本表。(只需计算未调整销售成本)

12.编制从产成品结转成本至销售成本的分录。

13.求多分配或者少分配的制造费用。

14.编制将多分配或少分配就制造费用结转至销售成本的分录。

15.假设批次P生产20单位产品，每个产品售价3 000美元。公司3月的销售、管理费用为14 000美元。编制3月完全成本计算法下的利润表。

练习

练习2-1　计算预计制造费用分配率（学习目标1）

Harris Fabrics以直接人工工时为基础计算每年的预计制造费用分配率。在年初，该公司预计完成当期生产需要20 000直接人工工时。公司估计当年固定性制造费用为$94 000，变动性制造费用为$2/直接人工工时。Harris的实际制造费用为$123 900，实际直接人工工时为21 000小时。

要求：

计算该公司当年预计制造费用分配率。

练习2-2　分配制造费用（学习目标2）

Luthan公司的预计制造费用分配率为$23.40/直接人工工时。该预计制造费用率利用预计制造费用总额$257 400除以预计直接人工工时11 000计算求得。

公司当期发生的实际制造费用总额为$249 000，实际直接人工工时为10 800小时。

要求：

确定当期分配到所有批次的制造费用总额。

练习2-3　计算批次成本（学习目标3）

Mickley公司的预计制造费用分配率为$14/直接人工工时，它的直接人工工资率为$12/小时。下列是关于批次A-500的信息：

直接材料	$230
直接人工	$108

要求：

1.分配至批次A-500的制造费用总额为多少？

2.如果批次A-500生产40单位产品，该批次单位产品的成本是多少？

练习2-4　编制分录（学习目标4）

Larned公司上个月的交易记录如下：

a.采购原材料80 000美元。

b.领出原材料71 000美元用于生产用途，其中61 000美元为直接材料，其余为间接材料。

c.发生人工成本总额为112 000美元，其中101 000美元是直接人工成本，其余是间接人工成本。

d.发生额外制造费用175 000美元。

要求：

编制上述交易分录。

练习2-5　编制T型账户（学习目标5、学习目标7）

Jurvin公司上月交易记录如下。公司存货没有期初余额。

a.现金采购原材料94 000美元。

b.领出原材料89 000美元用于生产用途，其中78 000美元为直接材料，其余为间接材料。

c.发生并支付的人工成本总额为132 000美元，其中112 000美元是直接人工成本，其余是间接人工成本。

d.发生并支付的额外制造费用为143 000美元。

e.利用公司预计制造费用分配率分配制造费用152 000美元至各个批次。

f.所有在生产的批次于月末完工并且移交客户。

g.多分配或少分配的制造费用结转至销售成本科目。

要求：

1.将上述交易制作T型账户。

2.决定当期销售成本。

练习2-6　完工产品成本计算单和销售成本表（学习目标6）

Primare公司提供上个月与生产相关的如下数据：

购买原材料		$30 000
制造费用中的间接材料		$5 000
直接人工		$58 000
分配至在产品的制造费用		$87 000
少分配的制造费用		$4 000

存货	期初	期末
原材料	$12 000	$18 000
在产品	$56 000	$65 000
产成品	$35 000	$42 000

要求：

1.编制当月完工产品成本计算单。

2.编制当月销售成本表。

第3章　作业成本计算法

前章回顾

回顾在第2章中所介绍的分批成本计算法，在分批成本计算法下，直接材料及直接人工成本是直接累计到各批次中，制造费用分配到产品时使用预计制造费用分配率。

本章简介

第3章里，我们将继续讨论制造费用的分配方法。作业成本计算法使用一系列的分配基础将制造费用分配到产品。

下章简介

在比较分批成本计算法及分步成本计算法之后，第4章中我们将进一步学习分步成本计算法的详细过程。

本章概要

将制造费用分配到产品

□ 工厂范围的制造费用分配率

□ 部门制造费用分配率

□ 作业成本计算法

设计作业成本计算法

□ 作业层级

□ 作业成本计算法设计案例

运用作业成本计算法

□ Comtek公司的基本资料

□ 以直接人工工时为基础

□ 计算作业分配率

□ 计算产品成本

□ 转移制造费用

目标程序改善

评估作业成本计算法

□ 作业成本计算法的优势

□ 作业成本计算法的局限性

□ 作业成本计算法与服务业

学习目标

在学习了第3章之后，你应该能够：

目标1：了解作业成本计算法的基本方法及其与传统成本计算法的不同。

目标2：为作业成本计算法计算作业分配率。

目标3：利用作业成本计算法计算产品成本。

目标4：比较作业成本计算法及传统成本计算法下的产品成本。

决策专栏：管理产品的复杂性

管理者们通常明白，增加他们产品中各种原料的投入会增加成本。例如，General Mills研究了50种Hamburger Helper，并得出结论它可以通过停止一半没有重要客户的人的工作从而降低成本。Seagate研究了7个品种的电脑硬盘，发现只有2%的部分可以由多个硬盘驱动器共享。工程师固定的问题可以通过重新设计的硬盘，从而使用更多的通用部件来解决。由于不再使用61种类型的螺钉制造硬盘驱动器，工程师减少了19个螺丝钉的数量。最终所有的Seagate产品都是这样设计的，因此，其75%的组件可与其他产品线共享。

作业成本法量化了成本的增加，如由低效率的产品设计和其他因素造成的采购成本、材料处理成本和装配成本。

如同前面章节所讨论的，直接材料和直接人工成本都能直接追溯到产品成本，但是，制造费用却不能直接追溯到产品成本。为了编制财务报表或其他目的，企业可以选择其他方法将成本分配到产品中。在之前的章节，企业主要使用工厂范围的预计制造费用分配率将制造费用分配给产品成本。这个方法相对于在本章节中所介绍的用来分配制造费用的成本计算法来说是比较简单的，但是使用这个方法也有一定的成本。工厂范围的预计制造费用分配率最常使用直接人工工时作为分配基础，而这将会导致使用较多直接人工工时的产品被分配较多的制造费用；相反的，当产品使用较少的直接人工工时时，则将被分配较少的制造费用。然而，如果制造费用的发生与直接人工工时并没有太大的关联，这种分配方式将会造成产品成本扭曲。而在本章中介绍的作业成本计算法，将能够更准确地将制造费用分配到产品中。

3.1 将制造费用分配到产品

目标1：了解作业成本计算法的基本方法及其与传统成本计算法的不同。

一般企业最常利用三种方法来将制造费用分配到产品成本。最简单的一种方法是使用工厂制造费用分配率，另一种则是使用部门制造费用分配率，最复杂的一种方法就是所谓的作业成本计算法，但它也是三种方法中最精确地分配制造费用的方法。

3.1.1 工厂范围的制造费用分配率

在前面的章节中所讨论的都是工厂范围使用的单一的制造费用分配率，我们称作工厂范围的制造费用分配率。然而这个简单的方法将会使得产品的单位成本被扭曲。

成本会计制度发展于18世纪，当时成本和作业数据都需要手工收集，所有的计算都需要用纸和笔。结果，为了简便，公司会为第2章中描述的整个工厂或部门建立一个单一的制造费用成本库。这时直接人工很明显可以作为分配制造费用的基础，记录直接人工工时的目的是确定工资。当时生产过程是劳动密集型的，直接人工成本占了产品成本的大部分。同时经理人也相信直接人工和制造费用之间存在着高度的正向关系（两个变量，如直接人工和制造费用成本，如果它们同向变动，它们就是高度正相关的）。由于大多数公司生产有限种类的相似产品，所以，将制造费用分配到不同产品的差异是很小的。

现在情况改变了，很多公司销售多种产品，每种产品所耗费的制造费用也有很大差异，导致将基本相同的制造费用分配到每种产品的成本系统不再适用。此外，人工成本以外的其他因素也会影响到制造费用。

从经济的角度来看，长久以来直接人工和制造费用两者呈正比例变动。但在产品总成本中，直接人工的比例开始逐渐下降，而制造费用的比例却逐渐上升，过去许多以人工为主的工作，现在则都由自动化的机器来代替。尤其自产品开始变得多样化以来，公司以前所未有的速度创造新的产品及服务。而为了管理及维持产品的多样化，则必须使用更多的制造资源，如生产流程表及产品设计工程师，而类似的这些制造资源，都与直接人工没有直接的联系。最终，计算机、读卡器和其他技术减少了数据收集和处理的成本——使得更复杂的成本系统如作业成本计算法的建设和维护的成本更加低廉。

不过，在许多公司里仍以直接人工作为制造费用的分配基础——特别是在编制外部报告时。在某些公司里制造费用和直接人工两者间仍然是高度正相关的。而在全球范围内大部分的公司仍继续使用直接人工或机器工时作为分配制造费用的基础。不管怎样，如果工厂范围的制造费用成本不与工厂范围的直接人工和机器工时直接相关，产品成本就会发生扭曲。

3.1.2 部门制造费用分配率

相对于工厂制造费用分配率，许多企业使用部门的制造费用分配率，每个生产部门的分配基础依各部门所执行工作的性质而定。例如，机器部门的制造费用主要以机器工时作为分配基础；相对的，装配部门则可能使用直接人工工时作为分配基础。

不幸的是，即使是使用部门制造费用分配率仍可能不正确地将制造费用分配到产品成本中，尤其是当企业制造多样化的产品及有复杂的制造费用时。主要原因在于部门制造费用分配率通常以数量作为作业计量基础将制造费用分配到产品中。例如，如果机器部门以机器工时作为分配基础，其主要假设该部门制造费用的发生是由机器工时引起的，并且与机器工时正相关。然而，部门制造费用分配率可能更复杂，由各种不同的因素引起，包括部门处理的产品范围、需要建立的批次数量以及产品的复杂程度等。企业需要更加复杂的方法如作业成本法来处理这些复杂的因素。

小贴士

传统的成本系统在计算工厂范围和部门的制造费用分配率时具有一定的局限性。其向高产量产品分配过多的制造费用，而向低产量的产品分配的制造费用过少。这种扭曲是由于传统成本系统依赖于单一的分配基础，比如直接人工工时和机器工时，这些和产量之间有高度相关性。重新关注本章的主题——作业成本法下低（高）产量产品成本比传统成本法下记录得多（少）。

3.1.3 作业成本计算法

作业成本计算法（activity-based costing，ABC）和之前的方法相比能够更精确地分配制造费用。作业成本计算法的基本概念如图3-1所示。当客户下订单时将引发各种不同的作业。例如，如果Nordstrom向Calvin Klein下了一系列女士裙子的订单，一个生产订单即可产生作业：采购布料、设计样式、布料依照样式裁剪及缝制，到最后完成的产品将被包装运送。而这些作业将消耗掉许多资源，例如，为采购适合的布料，采购人员花费了许多的时间并消耗资源。在作业成本计算法中，将试图将这些成本追踪到产品上。

相对于单一的分配基础，例如以直接人工工时或机器工时为分配基础，作业成本计算法下的公司必须使用多种不同的分配基础将成本分配给产品。在作业成本系统中，每一个分配基础都可以表现出导致制造费用发生的主要作业。作业成本计算法中所指的作业（activity），即是一个会导致制造资源被消耗掉的事件。不同的组织中包含了各种不同的作业，例如：

- 机器整备
- 准许患者进入医院
- 生产安排
- 在诊所执行血液检验
- 客户计费
- 维修机器
- 订购材料或供应
- 将栈板存放在仓库
- 在律师事务所与客户会面
- 准备运货
- 验收材料
- 开立银行账户

作业成本计算法主要关注这些作业。每一项主要的作业会有制造费用成本库（即作业成本库），有它自己的作业衡量方法和预计制造费用分配率（即作业分配率）。而一个作业成本库（activity cost pool）就像一个“成本篮”，与这个特定作业的相关成本将被累积在里面。而作业计量基础（activity measure）则可以显示出发生了多少个作业及将制造费用分配到产品或服务的基础。例如，“就诊人数”可作为作业“准许患者进入”的作业计量基础。在作业成本计算法中，作业分配率（activity rate）即是一种预计制造费用分配率。每一项作业都拥有属于自己的作业分配率将制造费用分配到成本目标。

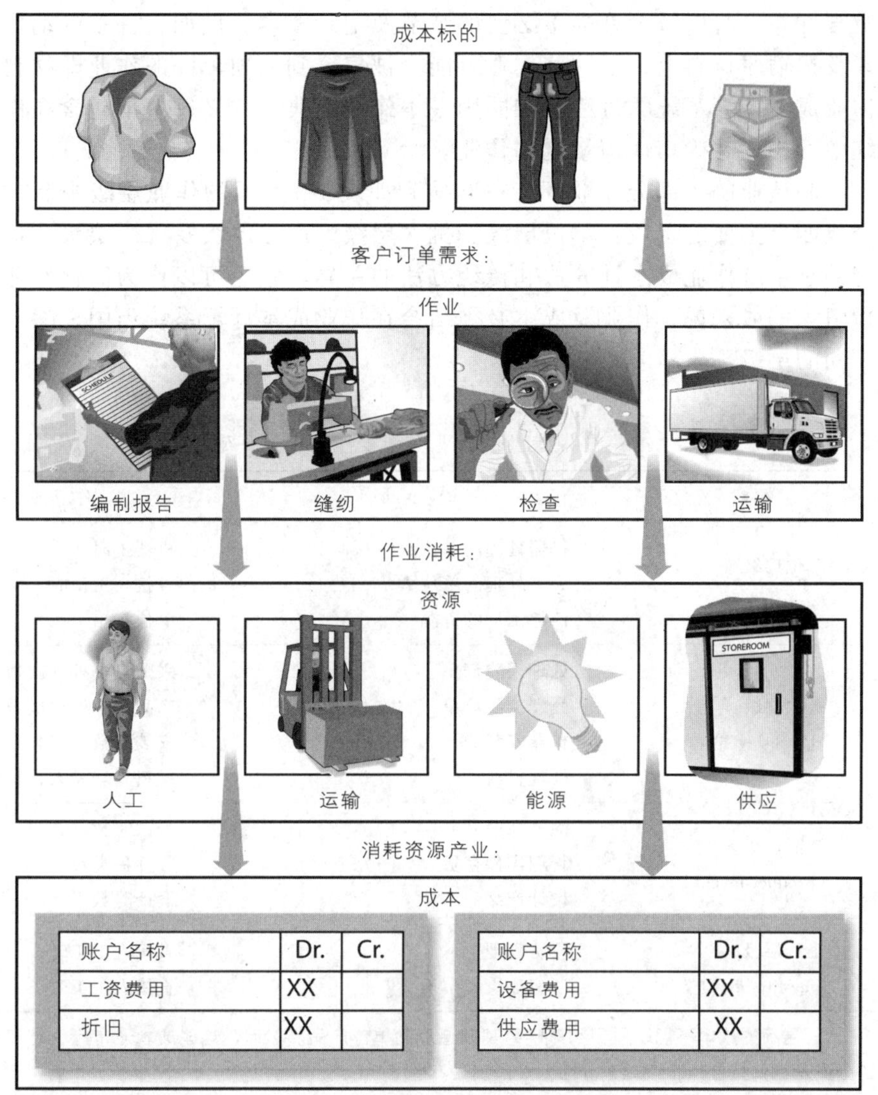

图 3-1　作业成本计算法的模型

3.2　设计作业成本计算法

在设计作业成本计算系统时，须考虑哪项作业应被包括在成本计算法中，以及应如何衡量这些作业。在大部分的企业中，制造费用包含了上百个或上千个不同的作业计量基础，这些作业包含从接到客户订单到训练新的员工。在一个复杂的成本计算法中，去汇总所有的整备和维修作业的费用将会是非常昂贵的。因此，在设计作业成本计算法时，最大的挑战就是合理地分辨各项作业，这些作业解释了制造成本变量的大小。而这项工作通常是由经理完成的，他会观察整个组织，以找出其认为重要且耗费了大部分管理资源的作业。这个过程通常会使一个很长的潜在作业清单包含在作业成本计算法中，而且这个清单最后将由最高管理阶层来筛选及删除。相关的作业通常会被合并在一起以减少许多不必要的细节及记录成本。例如，许多的动作可能包含在处理及运输原材料上，但这些作业可能会被集合到一项单一的作业即材料处理中。设计作业成本计算系统的过程就如同用一本作业字典去定义每一项包含在作业成本计算系统中的作业并确切地衡量这些作业。

制造业的大部分作业都能被归属到如表3-1所示的作业层级中。在表中，作业被分成四个主要的层级：单位层级、批次层级、产品层级及工厂层级，这个成本层级将有助于了解作业成本计算法和传统方法的差异。它还可以作为简化作业成本计算法的指引。一般来说，作业及成本必须结合在作业成本计算系统当中，除非这些作业属于不同的层级。

表3-1　　制造业的作业及衡量作业计量基础的案例

层级	作业活动	作业计量基础
单位层级 (unit-level)	机器处理的单位数 人工处理的单位数 消耗工厂的资源	机器工时 直接人工工时 单位产出
批次层级 (batch-level)	处理采购订单 处理产品订单 机器安装 处理材料	采购订单处理次数 产品订单处理次数 安装次数；安装时数 材料处理磅数；材料移动次数
产品层级 (product-level)	测试新产品 管理零件存货 设计产品	测试时数 零件种类数 设计时数
工厂层级 (facility-level)	厂房管理 厂房建筑和土地	直接人工工时* 直接人工工时*

*工厂层级的成本不能以原因和影响为基础追溯到单位产品。然而，这些成本通常为了外部报告使用一些主观的分配基础如直接人工工时，分配到产品。

3.2.1　作业层级

单位层级作业（unit-level activities）是指所生产每一单位都必须做的一种作业。单位层级作业应当与生产单位数成比例。例如，提供动力让机器运作应属于单位层级作业，因为耗费愈多的动力，产出数量也愈高。

批次层级作业（batch-level activities）是指这项工作与处理的批数有关，如处理采购订单、机器整备、包装运送至客户及处理材料等。批次层级成本的发生主要与处理批次的批数而不是生产的数量有关。例如，无论订单数量是多少，处理进货订单的成本都是一样的。

产品层级作业（product-level activities）（亦称为产品支援作业）即与特定产品有关的作业事项，而不论生产多少批次或产品。产品层级包括为维持特定产品所持有的零件存货、下达工程变更指令以符合客户的要求及开发特殊的方法检验第一次生产的商品等。

工厂层级作业（facility-level activities）（亦称为组织支援作业）即作业的发生与生产哪种产品、产品生产的数量、处理的批次数都没有太大的关联。而工厂层级所发生的成本包括工厂管理人员的工资、保险、财产税及建筑折旧等。由于要编制外部财务报表，必须将工厂层级的成本分配到产品成本中。工厂层级作业所发生的成本通常被汇集到一个单一的成本库，并使用一个较主观的基础如直接人工工时等作为分配基础，将其成本分配到产品成本中。在之后的章节中我们会知道，分配此类性质的成本会产生错误的资料进而导致错误的决策。

小贴士

学生们应该了解单位层级、批次层级和产品层级的作业。假设一个教授负责给一个35人的班级讲授管理会计，并给一个25人的班级讲授财务会计。在这个例子中，两个课程表示两个单独的产品。作业“准备教学大纲”应该是一个产品层级的作业，因为无论当期的教学课程和每个课程的参与人数是多少，他都需要每个课程准备一次。作业“准备一个课程计划”是一个批次层级作业，因为他需要每节课准备一次，不考虑参与课程的人数。而“需要打分的考试”则是单位层级作业，因为需要对每个上课的学生都执行一次。

商业实践

在峡谷里吃饭

Western River Expeditions（www.westernriver.com）在科罗拉多河、格林河和鲑鱼河提供河流漂流旅行。最受欢迎的就是沿大峡谷的6天旅行，它经过水晶瀑布、熔岩瀑布，旅行者还能看到只能从大峡谷底部才能看到的漂亮景色。公司用一两个木筏完成漂流，一个木筏每次搭两个导游和18个游客。公司提供旅行中的所有餐饮，这些都由导游准备。

鉴于作业等级，一个游客可被认为是一个单位，一个木筏是一个批次。这样，支付给导游的工资就是批次级的成本，不管木筏上有多少个游客，每个木筏需要两个导游。公司会给每个游客一个马克杯，在旅途中使用，旅游结束后还可以作为纪念品带回家。马克杯的成本是单位产品层级成本，因为马克杯的数量是与游客数量成正比的。游客和导游的食物成本是单位层级成本、批次层级成本、产品层级成本，还是组织维持成本？乍一看，食物成本可能被看作单位层级成本——游客人数越多，食物成本越高。然而，这并不完全正确。旅游团每天都有标准菜单。例如，第一个晚上的菜单是鸡尾虾、牛排、玉米面包、沙拉、奶酪蛋糕。在旅行团出发的前一天，需要的所有食品都在中央仓库中准备好并且装在组装箱里。为团里实际游客数量调整食品数量是不太现实的——大多数的食物都是事先大量包好的。例如鸡尾虾，每个木筏上就需要准备两大袋子的冻鸡尾虾，还有很多东西无论团里有多少人都需要打包放到木筏上。食品成本不会随着旅行团的实际旅客数变动，所以也不是单位层级成本，而是批次成本。

3.2.2 作业成本计算法设计案例

一个复杂的作业成本计算系统因企业组织的不同而不同。对于有些公司来说，作业成本计算法的构架在单位、批次或产品层级可能只有一个或两个作业成本库。但对于另外一些公司来说，这个构架可能是更为复杂的。

在作业成本计算法中，在图3-2最上方的制造费用，通过两个阶段分配到产品。在第一阶段，制造费用会分配到各个作业成本库；第二阶段，作业成本库中的成本使用作业分配率及作业计量基础将制造费用分配到产品。例如，在第一阶段分配成本时，各种制造费用成本会被分配到生产订单成本库。这些成本包括为单个订单改装产品的工程师工资、安排和监控订单的成本及公司接受和处理大量不同订单发生的成本。这里我们将不详细地描述第一阶段的这些成本是如何分配的。在本书所有的案例及练习题中，第一阶段的成本分配都是已经完成的。一旦知道了产品订单作业成本库的成本额，就可以遵循第2章的程序进行分配。产品订单成本库的作业分配率等于产品订单作业成本库总成本除以下一年的预计订单数。例如，在作业成本库的总成本为450 000美元及公司预计处理订单数为1 200次时，作业分配率将为每张订单375美元。每张订单的产品订单成本为375美元，这与第2章分配制造费用到产品的方式并没有差异，但在这里我们所使用的分配基础为订单数而不是直接人工工时。

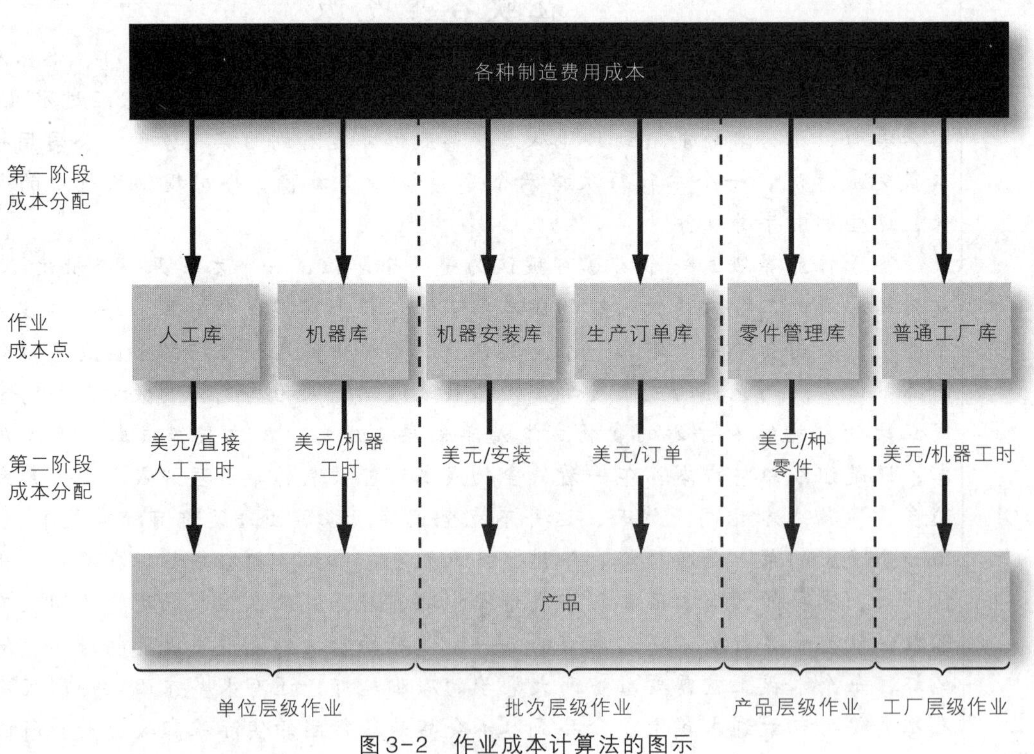

图3-2 作业成本计算法的图示

概念检查

1. 下列哪种表述是错误的？（可以选择多个）

a. 最近几年，大多数公司都经历了与直接人工成本相关的制造费用增加的情况

b. 批次层级的成本并不取决于一个批次生产产品的数量

c. 工厂层级的成本不是由特定产品产生的

d. 大量产品的产品层级成本大于少量产品的产品层级成本

2. 下列哪种表述是正确的？（可以选择多个）

a. 单位层级的成本应该按产量分配

b. 单位层级作业应该每生产一单位产品执行一次

c. 安装设备是单位层级作业的例子

d. 作业成本法利用直接人工工时和机器工时分配单位层级成本

3.3 运用作业成本计算法

不同的产品对于资源有不同的需求。这些在不同资源上的需求在传统的成本计算法上是不被认可的，它假设制造费用的消耗与直接人工工时和机器工时是正相关的。但在接下来的例子里却可以发现，使用传统的成本计算法将导致产品成本的扭曲。

Comtek公司生产两种产品：GPS系统和电话系统。两种产品都是销售给汽车制造商以装配在新的车辆上的。最近，公司在GPS系统供应投标中失败，因为竞争者的投标价格比Comtek公司低。同时，公司赢得了一个电话系统的投标，公司管理层认为电话系统是公司的次要产品。市场经理抱怨说，在Comtek公司提供的竞标价格上，竞争者得到了公司大量的GPS系统生意，却将少量的电话系统生意留给了Comtek公司。然而，GPS系统竞争者的报价要比Comtek公司的制造成本低3%，Comtek公司使用的传统会计系统中，是根据直接人工工时将制造费用分配到产品。生产经理怀疑传统成本系统可能会扭曲GPS系统和电话系统的相对成本，电话系统生产比GPS系统生产占用更多的制造费用资源，而在传统成本系统中，他们的制造费用成本是相同的。经过公司会计部门的努力，成立了一个跨职能小组来开发作业成本计算法将制造费用更精确地分配到两种产品。

3.3.1 Comtek公司的基本资料

ABC小组马上开始汇集这两种产品成本的相关信息。以下是对这些信息的小结：就当年来说，公司预算提供并销售50 000个电话系统及200 000个GPS系统。这两种产品都需要2个直接人工工时完成，所以公司计划在这一年当中总共需要500 000个直接人工工时（DLHs），其计算如下：

电话：50 000个×2直接人工工时/个	100 000
GPS：200 000个×2直接人工工时/个	400 000
直接人工工时数合计	500 000

每单位产品所需直接材料及直接人工成本如下：

	电话系统	GPS系统
直接材料	$90	$50
直接人工（每直接人工工时$10)	$20	$20

公司预计当年制造费用为1 000万美元。ABC小组发现虽然两种产品需要使用相同的直接人工工时，更复杂的电话系统比GPS系统需要更多的机器工时、更多的设备整备及更多次测试。小组发现有必要以更小的批次生产电话系统，所以它需要比GPS系统更多的生产订单。

公司通常使用直接人工工时作为分配制造费用的基础。

利用这些资料，ABC小组开始设计新的成本计算法——作业成本计算法。但是首先，他们要使用公司现在的成本计算系统来计算每种产品的成本。

小贴士

继续阅读Comtek公司的案例，保持全局的观念。公司现在的成本系统和作业成本法系统都将1 000万美元的制造费用分配到两种产品中。也就是说，成本总额都被分配到GPS系统和电话系统中。然而，两种成本系统分配每种产品的比例不同。现有的成本系统将8 000 000美元的制造费用分配到高产量的GPS系统中，将2 000 000美元的制造费用分配到低产量的电话系统。作业成本法重新调整了这种不准确的做法，将5 110 000美元的制造费用分配到GPS系统中，将其余4 890 000美元的制造费用分配到电话系统中。两种系统分配的成本总额相同，只是比例不同。

3.3.2 以直接人工工时为基础

在公司目前的成本计算法下，公司的预计制造费用分配率为每直接人工工时20美元，分配率的计算如下：

$$\frac{\text{预计制造}}{\text{费用分配率}}=\frac{\text{预计总制造费用}}{\text{预计总直接人工工时(DLHs)}}=\frac{\$10\,000\,000}{500\,000\text{直接人工工时}}=\$20/\text{直接人工工时}$$

利用此分配率，ABC小组计算出产品的单位成本如下：

	电话系统	GPS系统
直接材料	$90	$50
直接人工	20	20
制造费用（2直接人工工时×$20/直接人工工时）	40	40
单位产品成本	$150	$110

目前，成本计算法的问题主要在于完全使用直接人工工时作为分配制造费用的基础，而没有考虑其他的影响因素——如整备及检验对公司制造费用的影响。即使这些因素表明两种产品对于制造费用的需求是不同的，在公司传统的成本计算法下，两种产品被分配的单位制造费用也是相同的，因为其需要等量的直接人工工时。

虽然这种计算成本的方式速度快而且简单，但只有当其他因素对制造费用的影响并不重要时，它才是准确的。而在Comtek公司的例子中，其他因素的影响是重要的。

3.3.3 计算作业分配率

目标2：为作业成本计算法计算作业分配率。

ABC小组开始分析公司的运营，同时确认包括在新的作业成本计算法中的6个主要作业（这6个作业与先前图3-2中所说明的相同）。成本及其他关于作业的信息如表3-2所示。表3-2显示了每个作业成本库的制造费用总额及当年的预计作业量。例如，机器安装作业成本库被分配1 600 000美元的制造费用。公司预计当年完成4 000次安装，其中电话系统安装3 000次，而GPS系统安装1 000次。表中也显示了其他作业的数据。

表3-2　　Comtek公司的作业成本计算法

基本资料				
作业及作业计量基础	预计制造费用	预计作业		
		电话系统数量	GPS系统数量	总额
人工类（直接人工工时）	$800 000	100 000	400 000	500 000
机器类（机器工时）	2 100 000	300 000	700 000	1 000 000
机器安装（安装次数）	1 600 000	3 000	1 000	4 000
生产订单（订单数）	3 150 000	800	400	1 200
零件管理（零件种类）	350 000	400	300	700
一般工厂费用（机器工时）	2 000 000	300 000	700 000	1 000 000
	$10 000 000			

计算作业分配率			
作业	(a) 预计制造费用	(b) 预计作业总数	(a) ÷ (b) 分配率
人工类	$800 000	500 000直接人工工时	$1.60/直接人工工时
机器类	$2 100 000	1 000 000机器工时	$2.10/机器工时
机器安装	$1 600 000	4 000整备次数	$400.00/次整备
生产订单	$3 150 000	1 200张订单	$2 625.00/张订单
零件管理	$350 000	700个零件种类	$500.00/种零件
一般工厂费用	$2 000 000	1 000 000机器工时	$2.00/机器工时

计算每单位产品制造成本				
作业及分配率	电话系统		GPS系统	
	预计作业数	金额	预计作业数	金额
人工类，每直接人工工时$1.60	100 000	$160 000	400 000	$640 000
机器类，每机器工时$2.10	300 000	630 000	700 000	1 470 000
机器安装，每次安装$400	3 000	1 200 000	1 000	400 000
生产订单，每张订单$2 625	800	2 100 000	400	1 050 000
零件管理，每种零件$500	400	200 000	300	150 000
一般工厂费用，每机器人工工时$2.00	300 000	600 000	700 000	1 400 000
分配制造费用合计（a）		$4 890 000		$5 110 000
生产数量（b）		50 000		200 000
每单位制造费用（a）÷（b）		$97.80		$25.55

ABC小组计算每个作业的作业分配率（见表3-2的中间行）。例如，用作业成本库中预计制造费用总额1 600 000美元除以预计作业量4 000次安装，得出每次机器安装400美元的作业分配率。这个过程将被重复，以计算在作业成本计算法中每一项作业的分配率。

小贴士

同学们经常会错误地计算每种产品的作业成本率。这是由于每个作业成本库只计算一种作业成本率。作业成本率乘以作业量等于每种产品分配到的制造费用。

3.3.4 计算产品成本

目标3：利用作业成本计算法计算产品成本。

当作业分配率被计算出来时，就可以简单地计算出每种产品所分配到的制造费用（见表3-2最下层的表格）。例如，分配到电话系统的机器安装成本为每次安装400美元的作业分配率乘以当年预计电话系统安装次数3 000次。因此将会有120万美元的机器安装成本被分配给电话系统产品。

由表中可以看出，利用作业成本计算法每单位电话系统被分配到的制造费用为97.80美元，而每单位GPS系统分配到的制造费用为25.55美元。ABC小组使用这些资料计算作业成本计算法下每单位产品成本，见表3-3。为了比较，表中也显示了以直接人工为基础将制造费用分配到产品时的单位产品成本。

表3-3　　比较单位产品成本

	作业成本计算法		以直接人工为基础的成本计算法	
	电话系统	GPS系统	电话系统	GPS系统
直接材料	$90.00	$50.00	$90.00	$50.00
直接人工	20.00	20.00	20.00	20.00
制造费用	97.80	25.55	40.00	40.00
每单位产品成本	$207.80	$95.55	$150.00	$110.00

ABC小组在小组报告中汇总结果如下：

在过去，公司对于两种产品都收取40美元的制造费用，但是在使用新的成本计算法后，发现应对每单位电话系统收取97.80美元，每单位GPS系统只需收取25.55美元制造费用。所以，当以直接人工为基础来分配制造费用时，产品成本将发生严重的扭曲。公司不知道是因为电话系统产品的成本被严重低估而使得公司产生损失。因此，利用作业成本计算法能更准确地确认每种产品的制造成本。

尽管过去我们认为竞争对手以低于成本价对每单位GPS系统定价，但由于我们高估了成本，所以我们对每单位产品的定价高了。同样的，我们过去认为我们的竞争对手高估了电话系统价格，但我们现在明白由于电话系统成本被低估导致我们的定价过低。所以是我们而不是竞争者退步了。

在上表中，ABC小组所发现的成本扭曲情况在企业中是非常普遍的状况。类似的情况可能发生在任何一家使用直接人工工时或机器工时作为分配制造费用基础的企业中。

商业实践

一件行李的花费为多少？

异地托运一件行李约耗费航空公司15美元。"托运行李"作业包含多个子作业，如贴标签，整理行李，将行李放置在车上，将行李运输到飞机旁，装入飞机，将其运送到传送带并转机。

许多岗位的员工都需要投入他们的一部分劳动时间从事"行李运输"，包括地面人员、登记员、服务员、行李服务经理和维护工人。总的来说，人工成本为9美元/件。航空公司也花费数百万美元用于行李设备、分拣系统、车、拖拉机和输送机，以及用于支付与装袋室和办公室相关的租金成本。他们还需将放错的行李送还给客户和对客户丢失的行李进行赔偿。这些费用约每件4美元。与运输行李有关的最终费用是燃料成本，平均每件约2美元。

许多航空公司现在收取托运行李的费用。事实上，United Airlines预计每年将收取2.75亿美元的行李费。

资料来源：Scott McCartney，"What It Costs an Airline to Fly Your Luggage，" *The Wall Street Journal*，November 25，2008，pp.D1，D8.

3.3.5 转移制造费用

目标4：比较作业成本计算法及传统成本计算法下的产品成本。

当公司实施作业成本计算法后，制造费用已由高产量的产品转移至低产量的产品，结果导致低产量产品单位成本上升。通过以上的案例我们可以看出，低产量电话系统单位成本也由150美元上升至207.80美元。得到这个结果是因为存在着批别层级及产品层级的成本，其从高产量产品转移到低产量产品。例如，发出生产订单就属于批次层级的作业活动。如表3-2所示，Comtek公司每一次发出生产订单的成本为2 625美元。这个成本分配到生产订单并不是依据这个订单生产多少产品。我们必须了解电话系统产品（低产量产品）在每一次下达生产指令时所生产出的产品数量较GPS系统产品少：

	电话系统	GPS系统
每年生产数量（a）	50 000	200 000
每年发出生产订单数（b）	800	400
每个生产订单所生产产品数量（a）÷（b）	62.5	500

2 625美元为每次发出生产订单的成本，则每单位产品所负担的成本如下：

	电话系统	GPS系统
每一次发出生产订单的成本（a）	$2 625	$2 625
每个生产订单所生产的产品数量（b）	62.5	500
每单位产品生产订单成本（a）÷（b）	$42.00	$5.25

因此，对于电话系统（低产量产品）来说，每单位生产订单成本为42美元，它是GPS系统产品单位成本5.25美元的8倍。

产品层级成本（例如零件管理）也有类似的影响。在传统的成本计算法中，这些成本同样地被分配到所有生产出的产品中。在作业成本计算法中，这些成本将会被更恰当地分配到产品成本中。因为考虑生产的数量，产品层级的成本是固定的，每单位作业的平均成本例如零件管理成本是不变的，低生产数量的产品比高生产数量的产品具有更高的成本。

商业实践

建筑行业作业成本法的应用

来自美国和韩国的研究人员研究了韩国制造商分配供应钢筋到各种建设项目的间接成本。该公司的传统成本系统以钢筋吨位为分配基础将所有的间接成本分配至项目。作业成本法有10个作业，分配间接成本的作业测度有订单数量、表的数量、分配运行数量、生产运行数量和检查数量。

传统成本法和作业成本法分配制造费用到以下三个建设项目：商业、高层公寓、民用公寓：

	商业	高层公寓	民用公寓
传统成本法分配	$64 587	$50 310	$91 102
作业成本法分配	90 466	61 986	53 548
区别	$（25 879）	$（11 676）	$37 554

相对于作业成本法，传统成本法低估了商业和高层公寓的成本，高估了民用公寓的成本37 554美元。

资料来源：Yong-Woo Kim，Seungheon Han，Sungwon Shin，and Kunhee Choi，"A Case Study of Activity-Based Costing in Allocation Rebar Fabrication Costs to Projects，" *Construction Management and Economics*，May 2010，pp.449-461.

3.4 目标程序改善

作业成本计算法可以确认从流程改进中获益的作业活动。当然，这也是管理者看重作业成本计算法的原因之一①。当使用在管理上时，作业成本计算法通常被称为作

① Dan Swenson，"The Benefits of Activity-Based Cost Management to the Manufacturing Industry，"*Journal of Management Accounting Research*，pp.167-180.

业成本管理（activity-based management）。基本上，作业成本管理的焦点在于消除作业上的浪费，缩短处理时间及减少损坏品。作业成本管理适用于各种组织，如制造业企业、医院及美国的海军陆战队等。当“医院的经营有40%的成本主要用于保存、收集及移动信息”时，很明显，这里有很大的空间可以减少浪费[①]。

在任何改善计划中，第一步要做的即是决定什么需要改善。在序言中所讨论的约束理论对于寻找改善的目标是一种非常有效的工具，这一改善必须能产生很大的效益。作业成本管理则提供了另外一种方法，在作业成本计算法下作业分配率的计算对于减少组织中存在的浪费及提供机会提供了非常有价值的线索。例如，在表3-2的作业分配率中，Comtek公司的管理层会认为处理采购订单平均花费2 625美元的成本过高，公司似乎花费了大量的金钱在没有附加价值的作业上。所以，采购订单的处理作业活动要实现的是程序改善的目标，可以运用在序言中所讨论的六西格玛方法来改善作业活动。

标杆法（benchmarking）是作业分配率下取得信息的另一种方式，是一种系统地辨认有改善空间作业的方法。它的基础是比较公司内部、相似的部门的绩效。如果在组织内某个部门的绩效远远低于行业标准，经理人可以把这个部门视为程序需改进的对象。

3.5 评估作业成本计算法

作业成本计算法提供了更准确的产品成本信息，帮助管理者了解制造费用的性质，并通过标杆法等方法为管理层提供改善的目标，而这些好处将在本节中讨论。

3.5.1 作业成本计算法的优势

作业成本计算法在三方面提高了计算产品成本的准确性：第一，作业成本计算法使用数个作业成本库来累积制造费用，而传统成本计算法仅用单一的成本库或者利用部门成本库来累积制造费用。第二，作业成本库中成本的同质性较部门成本库高。原则上，每一个作业成本库的所有成本都是使用单一的分配率，而部门使用的分配率包括了不同作业的成本。第三，作业成本计算法使用了不同的作业分配基础将制造费用分配到产品，而传统成本计算法只用直接人工工时或其他分配基础来分配制造费用，管理层分配成本的基础在于产生制造费用的各项作业。

在传统成本计算法中，通常以直接人工工时作为分配制造费用的基础。因此，好像制造费用发生的原因主要在于直接人工工时。而在作业成本计算法中，经理人则认为整备次数、变更流程及其他的作业活动对于制造费用的影响将大于直接人工。管理者如果能多了解各项作业，将能制定出更好的决策并控制制造费用。

最后，作业成本计算法在组织中还可以用来改善作业流程。它可以对作业提供有价值的线索，有时候它的效益可能会比TQM、流程再造及其他改善方法更好。

---

① Kambiz Foroohar, "Rx: Software," *Forbes*, April 7, 1997, p.114.

商业实践

作业成本计算法仍然适用吗?

研究人员调查了348名管理人员，以确定公司正在使用的成本计算法。下面的表格显示了公司使用各种成本计算法将部门成本分配给产品等成本对象。

成本计算法	部门						
	研发	产品设计	生产	营销	分配	客户服务	共享服务
作业成本计算法	13.0%	14.7%	18.3%	17.3%	17.2%	21.8%	23.0%
标准成本法[1]	17.6%	20.7%	42.0%	18.1%	28.4%	18.5%	23.0%
普通成本法[2]	4.6%	8.6%	9.9%	7.9%	6.0%	8.1%	5.6%
实际成本法[3]	23.1%	25.0%	23.7%	23.6%	26.7%	16.9%	15.9%
其他方法	1.9%	0.9%	0.0%	0.8%	0.9%	1.6%	2.4%
不分配	39.8%	30.2%	6.1%	32.3%	20.7%	33.1%	30.2%

[1]标准成本法用于差异计算，见第8章。

[2]普通成本法为分批法，见第2章。

[3]实际成本法被用于计算完全成本和编制变动成本利润表，见第6章。

结果表明，18.3%的受访者使用作业成本计算法来分配生产成本到成本对象，42%的受访者使用标准成本法。使用作业成本计算法的公司中，至少有13%的受访者在整个价值链的各个职能部门。许多公司不将成本费用分配到成本对象。

资料来源：William O.Stratton，Denis Desroches，Raef Lawson，and Toby Hatch，“Activity-Based Costing：Is It Still Relevant?” *Management Accounting Quarterly*，2009，pp.31-40.

3.5.2 作业成本计算法的局限性

如果在讨论作业成本计算法时没有说明它应注意的问题，则这个讨论将会是不完全的。第一，执行及维持作业成本计算法的成本可能大于效益。第二，在制定决策时，勿认为利用作业成本计算法提供产品成本是适宜甚至是万灵的。以下我们将一一讨论这些限制。

执行作业成本计算法的成本

执行作业成本计算法时必须付出非常大的努力。第一，作业成本计算法必须被完美地设计，而为了设计作业成本计算法，许多的员工必须将他的工作由原本的计划转移到设计作业成本计算法。第二，作业成本计算法所使用的资料必须可以收集及辨认。在一些例子里，需要收集的资料可能是之前从没有收集过的。总之，执行及维持作业成本计算法对企业来说是一个非常巨大的挑战，此时管理层必须估计这个成本计算法的预期效益是否大于其成本。不过，必须记住的是，由于条形码及其他技术的发展，这些收集及处理资料的成本预期会持续地下降。

作业成本计算法的效益是否会大于其成本？可由使用作业成本计算法得到效益的公司必须有以下的特性：

1.所要求的产品在数量、批次大小及各种作业上有很大的差异。

2.因为已经建立了现有的成本计算法，所以环境必须做出重大的改变。

3.制造费用较高及持续地增加，却没有人了解为什么。

4.管理层不信任目前的成本计算法及在制定决策时忽略了许多成本资料。

ABC模式的限制

作业成本计算法的模型主要依据几个重要的假设[①]。事实上，这些重要的假设包括每一个作业成本库与作业计量基础之间必须有很高的相关性。然而一些实证指出制造费用与作业之间并未存在很高的相关性。在实践中，这个代表了在制定决策时产品成本可能被高估。作业成本计算法下计算出的产品成本较传统成本计算法下所计算出的产品成本更为准确。管理层必须谨慎地选择用来分配工厂层级成本的基础。在本书后面的章节里将可以看出，这种类型的产品成本很容易让管理者做出错误的决策。

你的决策

面包房所有者

你是一个面包房的所有者，为零售和批发市场生产面包、点心、蛋糕和馅饼。一位刚结束作业成本计算法研究的暑期实习生总结说，在所有的项目中，你的面包房最大的循环作业中有一项是亏损的。本地一家豪华酒店每周都为周末的早午自助餐订购同样的饭后餐点组合，价格固定为每周975美元。酒店对面包房提供的餐点质量感到很满意，但如果涨价，酒店就会向本地的其他面包店寻求报价。

暑期实习生做的作业成本计算法研究表明，面包店供给酒店的餐点成本为每周1 034美元，这样就导致每周损失59美元，每年损失3 000美元。仔细审查实习生的报告，你会发现每周1 034美元的成本包括工厂范围的成本329美元。这些工厂范围成本包括部分面包房建筑物的租金、你的工资和办公室个人电脑的折旧等。工厂范围成本以直接人工工时为基础分配到周末早午餐作业中。

你是否决定将供给酒店的餐点价格增加到1 034美元？如果不涨价，你是否会退出协议停止供应餐点？

修正的ABC模式

本章讨论作业成本计算法的目的是为外部报表提供更准确的产品成本信息。如果产品成本是用来给管理者制定内部的决策的，则必须要做部分修改。例如，为了制定决策，去区分制造成本、销售费用及一般管理费用应该是不重要的。管理层必须知道产品成本发生的原因，而不管这些成本是在制造过程中所发生的成本，还是为了销售及管理所发生的费用。总之，在制定决策时，部分的销售及管理费用也应该像分配制造费用一样分配给产品。相反的，在制定决策时，工厂层级的成本则应该从产品成本中扣除。为了更完整地了解如何使用作业成本计算法来制定决策，可参考本书以后的章节。

3.5.3　作业成本计算法与服务业

虽然最初在开发这个方法时是为了制造业，但作业成本计算法也开始在服务业中

---

① Eric Noreen, "Conditons under Which Activity-Based Cost Systems Provide Relevant Costs," *Journal of Management Accounting Research*, 1991, pp.159-168.

使用。一个成功的作业成本计算法必须能确认产生成本的关键作业及组织内提供每一项服务所发生的作业总数。现在，作业成本计算法已经被广泛地使用于各种不同服务业企业，如铁路公司、医院、银行及信息服务公司。

概念检查

3.下列表述中，能够正确解释作业成本计算法如何提升产品成本准确性的是？(可以选择多个答案。)

a.作业成本计算法与传统成本法比，利用更多的成本库

b.作业成本计算法与传统成本法比，利用更多的同质成本库

c.作业成本计算法利用工厂范围的制造费用分配率，而传统成本法不用

d.作业成本计算法利用一系列成本测度分配制造费用，一些与产量相关，一些无关

4.下面哪种表述是正确的？(可以选择多个答案。)

a.作业成本计算法系统通常将成本从低产量产品转移到高产量产品

b.标杆法可以用于确认有改进潜力的作业

c.作业成本计算法对于产量、批次和复杂性较小的制造产品公司更有价值

d.作业成本计算法的假设是每个作业成本库中的成本与作业成本库的作业计量基础呈比例变动

商业实践

泰国作业成本计算法的实施

APS家具厂，位于泰国南部的宋卡省，雇用超过250名工人，生产100多种类型的家具。该公司的传统成本计算法根据每个产品的总销售额将间接成本分配到产品。作业成本计算法依赖于与各种产量相关的和非相关的作业测度标准，如直接人工工时、安装数量和旅行次数，从而分配制造费用。

该公司使用传统成本计算法和作业成本计算法分配计算每单位生产成本，其五款最畅销的产品的成本计算情况如下：

	产品				
	瓷桌	扶椅	电话桌	树槽	电脑桌
传统成本计算法分配	$7.08	$2.21	$3.53	$3.65	$4.53
作业成本计算法分配	2.18	1.13	1.32	1.80	6.07
差异	$4.90	$1.08	$2.21	$1.85	$（1.54）

鉴于这五个产品都有很好的销量，所以传统成本计算法高估其中四种产品的成本并不奇怪。

资料来源：Sakesun Suthummanon，Wanida Ratanamanee，Nirachara Boonyanuwat，and Pieanpon Saritprit，“Applying Activity-Based Costing（ABC）to a Parawood Furniture Factory，” *The Engineering Economist*，Volume 56（2011），pp.80-93.

本章小结

目标1：了解作业成本计算法及其与传统成本计算法的不同。

开发作业成本计算法主要是为了能更准确地将制造费用分配到产品中。作业成本计算法与第2章中所描述的传统成本计算法主要有两方面的不同：第一，在作业成本计算法中，每一项主要的作业都拥有属于其作业的成本库及作业分配率；反之，在第2章中只使用单一的成本库及单一的预计制造费用分配率。第二，在作业成本计算法中有多种不同的分配基础（或作业计量基础）。除了直接人工工时及机器工时外，还可能包括机器整备、采购订单、变更设计等。

目标2：为作业计算作业分配率。

在作业成本计算法中，每一项作业都有属于自己的成本库及作业计量基础。而特定作业的作业分配率是用成本库的总成本除以作业发生总数量得出。

目标3：利用作业成本计算法计算产品成本。

作业成本计算法下计算出的产品成本，如同传统的成本计算法，都是由直接材料成本、直接人工成本及制造费用组成的。在两种制度中，将制造费用分配到产品都是使用预计的制造费用分配率。在作业成本计算法里，每一项作业都拥有自己的预计制造费用分配率（如作业分配率）。利用每项作业的预计作业分配率乘以该项作业在每种产品上预计发生的次数即可计算产品成本。

目标4：比较作业成本计算法及传统成本计算法下的产品成本。

传统的成本计算法下，制造费用是以与数量有关的基础如直接人工工时或机器工时分配给产品的。而这可能使得大部分的制造费用被分配到有高生产数量的产品中。而作业成本计算法下，制造费用的分配基础是批别层级或产品层级的作业。分配基础的改变将使得制造费用由高产量产品转移至低产量产品。于是在作业成本计算法下，高产量的产品成本会低于传统成本计算法下所计算出的产品成本，而低产量的产品成本则会较高。

你的决策（面包房所有者）参考答案

面包房在豪华酒店每周的餐点订单上没有损失。从概念来看，工厂范围成本不受个人产品和作业的影响——即使放弃周末订单成本也不会发生变化。回顾第1章中关于决策制定的讨论，只有不同选择存在不同的成本和收益，其才是决策的相关成本。因为无论餐点订单是保留还是放弃，工厂范围成本都是一样的，它在决策中是不相关且可以忽略的。因此，批次的实际成本是705美元（\$1 034-\$329），这也表明这一作业每周实际收益为270美元（\$975-\$705），而不是带来损失。

概念检查参考答案

1.选择d。产品层级成本与生产产品的数量没有关系。

2.选择abd。安装设备属于批次层级作业。

3.选择abd。传统方法取决于全场范围制造费用分配率。

4.选择ac。作业成本计算法系统通常将成本从高产量产品转移到低产量产品。作业成本计算法对于产品具有多样性的公司比具有相似性产品的公司更有价值。

问题回顾：作业成本计算法

Aerodec公司制造及销售两种形式的木制躺椅：高级型及简单型。其年度的销售量、单位直接人工工时及总直接人工工时的相关资料如下：

高级型：2 000张×5直接人工工时/张	10 000
简单型：10 000张×4直接人工工时/张	40 000
总直接人工工时	50 000

单位材料及人工成本如下：

	高级型	简单型
直接材料	$25	$17
直接人工（$12/直接人工工时）	$60	$48

每年总制造费用为800 000美元。公司六项作业成本库的成本资料如下，括号内为作业计量基础。

作业及作业计量基础	预计制造费用	预计作业总数		
		合计	高级型	简单型
人工类（直接人工工时）	$80 000	10 000	40 000	50 000
机器安装（安装次数）	150 000	3 000	2 000	5 000
零件管理（零件种类）	160 000	50	30	80
生产指令（指令次数）	70 000	100	300	400
材料点收（点收次数）	90 000	150	600	750
一般工厂费用（机器工时）	250 000	12 000	28 000	40 000
	$800 000			

要求：

1.分析Aerodec公司的每项作业是属于单位层级、批次层级、产品层级还是工厂层级。

2.假设公司使用直接人工工时为基础将制造费用分配到产品成本。

a.计算预计制造费用分配率。

b.计算每单位产品的单位成本，使用在2（a）中所计算出的预计制造费用分配率。

3.假设公司使用作业成本计算法来计算制造费用分配率。

a.计算6项作业中心的作业分配率（例如：预计制造费用分配率）。

b.使用在3（a）中所计算出的作业分配率，计算制造费用分配到每种产品的金额。

c.计算每单位产品成本并与2（b）中所计算出的产品成本作比较。

问题回顾的解答：

1.

作业成本库	作业层级
人工类	单位层级
机器安装	批次层级
零件管理	产品层级
生产指令	批次层级
材料点收	批次层级
一般工厂费用	工厂层级

2.a. 预计制造费用分配率=预计制造费用÷估计总直接人工工时（DLHs）

=\$800 000÷50 000DLHs

=\$16/直接人工工时

b.

	高级型	简单型
直接材料	\$25	\$17
直接人工（\$12/直接人工工时）	60	48
分配制造费用：		
高级型：5直接人工工时×\$16/直接人工工时	80	
简单型：4直接人工工时×\$16/直接人工工时		64
每单位产品成本	\$165	\$129

3.a.

作业	(a) 预计制造费用	(b) 预计作业总数	(c) 作业分配率
人工类	\$80 000	50 000直接人工工时	\$1.60/直接人工工时
机器安装	\$150 000	5 000次安装	\$30.00/次安装
零件管理	\$160 000	80种零件	\$2 000.00/种零件
生产指令	\$70 000	400次指令	\$175.00/次指令
材料点收	\$90 000	750次点收	\$120.00/次点收
一般工厂费用	\$250 000	40 000机器工时	\$6.25/机器工时

b.

作业及作业分配率	高级型		简单型	
	预计作业总数	金额	预计作业总数	金额
人工类，$1.60/直接人工工时	10 000	$16 000	40 000	$64 000
机器安装，$30/次安装	3 000	90 000	2 000	60 000
零件管理，$2 000/种零件	50	100 000	30	60 000
生产指令，$175/次指令	100	17 500	300	52 500
材料点收，$120/次点收	150	18 000	600	72 000
一般工厂费用，$6.25/机器工时	12 000	75 000	28 000	175 000
已分配总制造费用（a）		$316 500		$483 500
生产数量（b）		2 000		10 000
每单位制造费用（a）÷（b）		$158.25		$48.35

c.

	高级型	简单型
直接材料	$25	$17
直接人工（$12/直接人工工时）	60	48
制造费用	158.25	48.35
每单位产品成本	$243.25	$113.35

在作业成本计算法下，高级型躺椅的单位产品成本会高于在2（b）中计算出的产品成本，而简单型躺椅的单位产品成本则较2（b）中所计算出的产品成本低。在2（b）中分配制造费用主要是以数量为分配基础（直接人工工时），从而使得高级型躺椅（低生产数量产品）分配了较少的制造费用，而简单型躺椅（高生产数量产品）则分配了太多的制造费用。

词汇表

作业（activity）是企业中引起资源消耗发生的活动。

作业成本计算法（activity-based costing，ABC）是以作业为基础，为企业战略和其他决策（影响企业生产规模，进而影响变动和固定成本的决策）提供成本信息的一种成本计算方法。

作业管理（activity-based management）是着眼于管理作业活动，以不断消除浪费，减少延误和次品的一种管理方法。

作业成本库（activity cost pool）是在作业成本计算法下，将各种资源耗费项目按同一作业动因（不同于单一作业计量）归集在一起的成本类别。

作业计量基础（activity measure）是在作业成本计算法下进行费用分配的基础。

在理想情况下，一个作业成本库只有一个作业计量基础。

作业分配率（activity rate）作业成本计算法的预计制造费用分配率。每一个作业成本库拥有自己的作业分配率，并使用此分配率将制造费用分配到产品及服务。

批次层级作业（batch-level activities）是指这种作业活动消耗的资源并不取决于产品数量，而是取决于批数，无论该批产品的数量是多少，都能够在本批次中处理或加工的作业。

标杆法（benchmarking）是通过不断寻找潜在作业空间以改进作业的系统化管理方法。

工厂层级作业（facility-level activities）与所有的生产作业有关，而无法追溯到特定品。成本的发生与整厂一般制造程序有关。

产品层级作业（product-level activities）是与销售多少产品，生产多少批次或生产多少产品无关，只与生产特定产品的种类有关的作业。

单位层级作业（unit-level activities）是指生产每个产品时都会实施的作业。

思考题

3-1 将制造费用分配到产品的三种一般方式是什么？

3-2 为什么作业成本计算法变得越来越流行？

3-3 为什么有时使用部门制造费用分配率计算的产品成本不准确？

3-4 本章中讨论的4个层级结构是什么？

3-5 为什么作业成本计算法又叫两阶段成本法？

3-6 当公司从使用传统成本方法转为使用作业成本计算法时，为什么制造费用会从大批量产品转到小批量产品？

3-7 作业成本计算法改善产品成本准确率的三个主要方法是什么？

3-8 作业成本计算法的主要局限是什么？

基础练习十五问

Greenwood公司生产两种产品——14 000单位的产品Y和6 000单位的产品Z。公司利用直接人工工时为分配基础设定工厂制造费用分配率，并考虑使用作业成本计算法分配其制造费用到四个成本库。下列信息为公司提供的数据以及产品Y和Z的信息：

作业成本库	作业计量基础	预计制造费用	期望作业
机器	机器工时	$200 000	10 000MHs
机器安装	安装数量	$100 000	200次安装
生产设计	产品数量	$84 000	2件产品
普通工厂	直接人工工时	$300 000	12 000DLHs

作业计量基础	产品Y	产品Z
机器	8 000	2 000
机器安装	40	160
生产设计	1	1
直接人工工时	9 000	3 000

1.公司工厂范围的制造费用分配率是多少?

2.利用工厂范围的制造费用分配率，分配到产品Y和Z的制造费用为多少?

3.机器作业成本库的作业分配率是多少?

4.机器安装作业成本库的作业分配率是多少?

5.产品设备作业成本库的作业分配率是多少?

6.普通工厂作业成本库的作业分配率是多少?

7.四种作业中的哪种属于批次层级的作业？为什么?

8.四种作业中的哪种属于产品层级的作业？为什么?

9.利用作业成本法，多少制造费用应该被分到产品Y?

10.利用作业成本法，多少制造费用应该被分到产品Z?

11.利用作业成本法分配率，多少百分比的制造费用总额应该被分配到产品Y和Z?

12.作业成本计算法下，多少百分比的机器成本分配到产品Y和Z？百分比和题目11相同吗?

13.作业成本计算法下，多少百分比的机器安装成本分配到产品Y和Z？百分比和题目11相同吗?

14.作业成本计算法下，多少百分比的产品设计成本分配到产品Y和Z？百分比和题目11相同吗?

15.作业成本计算法下，多少百分比的普通工厂成本分配到产品Y和Z？百分比和题目11相同吗?

练习

练习3-1　作业成本计算法的层级（学习目标1）

Greenwich公司制造多种产品，下面是该公司的作业活动：

a.不同的人管理不同的存货。

b.工厂的职员为每个批次发出购货订单。

c.人事部门培训新的生产工人。

d.工厂总经理与其他部门主管见面协调工作计划。

e.直接员工组装产品。

f.工程师设计新产品。

g.材料保管员发出原材料用于产品生产。

h.维修部门定期维护、维修一般使用的设备。

要求：

将上述作业划分为单位层级、批次层级、产品层级或工厂层级作业。

练习3-2　计算作业分配率（学习目标2）

Rustafson公司是多样化日用消费品生产商。公司的作业成本计算法有下列7个作业成本库：

作业成本库	预计制造费用	预计作业总数
人工类	$52 000	8 000直接人工工时
机器类	$15 000	20 000机器工时
机器安装	$42 000	1 000次安装
生产订单	$18 000	500张订单
产品测试	$48 000	2 000次测试
包装	$75 000	5 000次包装
一般工厂费用	$108 800	8 000直接人工工时

要求：

1.计算每个作业成本库的作业分配率。

2.计算公司的预计制造费用分配率，假设公司使用的单一工厂范围制造费用分配率的计算基础是直接人工工时。

练习3-3　计算作业成本计算法下的产品成本（学习目标3）

Larner公司是多种工业品生产商。公司采用的作业成本计算系统包括下面6个作业成本库和作业分配率：

作业成本库	作业分配率
人工类	7美元/直接人工工时
机器类	3美元/机器工时
机器安装	40美元/次安装
产品订单	160美元/张订单
装船	120美元/船
一般工厂费用	4美元/直接人工工时

下面是产品的成本和作业数据：

	J78	B52
单位直接材料成本	$6.50	$31.00
单位直接人工成本	$3.75	$6.00
每年生产的产品数量	4 000	100

	预计作业总数	
	J78	B52
直接人工工时	1 000	40
机器工时	3 200	30
机器安装	5	1
产品订单	5	1
装船	10	1

要求：

计算上面产品的单位产品成本。

练习3-4　比较作业成本计算法和传统成本计算方法（学习目标4）

Pacifica工业产品公司生产两种产品，产品H和产品L。产品H明年预计销售40 000单位，产品L明年预计销售8 000单位。生产每单位任一产品需要0.4直接人工工时。

预计公司当年总制造费用为1 632 000美元。

要求：

1.公司最近将直接人工工时作为将制造费用分配到产品的基础。如果采用这一方法，分配到每种产品的制造费用是多少？计算单位产品的制造费用及分配到每种产品的制造费用总额。（即计算分配到单位H产品的制造费用、分配到单位L产品的制造费用、分配到H产品的制造费用总额及分配到L产品的制造费用总额。）

2.管理者考虑使用作业成本计算法，想知道这种方式对产品成本有何影响。为了讨论，建议将所有制造费用看作产品层级成本。总的制造费用平均分到两种产品，产品H是816 000美元，产品L是816 000美元。如果遵循这一建议，分配到单位产品的制造费用是多少？

3.请解释转换成本计算方法对单位产品成本的影响。

练习3-5　作业成本计算法的成本流转（学习目标2、学习目标3）

Sultan公司为了编制外部财务报告使用作业成本计算法计算产品成本。

年初，公司对5个作业成本库的成本和作业做出下列估计：

作业成本库	作业计量基础	预计制造费用	预计作业总数
人工类	直接人工工时	$156 000	26 000直接人工工时
采购订单	订单数量	$11 000	220张订单
零件管理	零件种类	$80 000	100种零件
木板蚀刻	木板数量	$90 000	2 000片
一般工厂费用	机器工时	$180 000	20 000机器工时

要求：

1.计算每个作业成本库的作业分配率（即预计制造费用分配率）。

2.公司的四种产品发生的作业总数如下：

	实际作业			
作业成本库	产品A	产品B	产品C	产品D
人工类（直接人工工时）	6 000	10 000	4 000	5 000
采购订单	60	30	40	90
零件管理	30	15	40	15
木板蚀刻	500	900	600	0
一般工厂费用（机器工时）	3 000	8 000	3 000	6 000

计算当年分配到每种产品的制造费用金额。

练习3-6　成本层级和作业计量基础（学习目标1）

巴西的制造业公司Companhia de Textils，S.A.的多种作业列示如下，公司在圣保罗城外的工厂生产多种产品：

a.一般生产设备的预防维护。

b.产品手工安装。

c.在正常工作时间外，保安需要对公司进行巡逻。

d.根据生产用材料发出采购订单。

e.修正产品设计。

f.人事部门雇用新的员工。

g.不同产品批次机器设备不同。

h.部分存货保存在仓库里（每种产品有专用的零部件）。

i.工厂设备发生的保险费用。

要求：

1.将不同的作业区分为单位层级、批次层级、产品层级或设备层级作业。

2.如果可以，举出一个或多个可以将作业成本分配到产品或客户的作业计量基础。

练习3-7　对比作业成本计算法和传统产品成本计算法（学习目标2、学习目标3、学习目标4）

Kunkel公司生产两种产品，使用传统成本计算方式，基于直接人工工时计算工厂范围的制造费用分配率。下列为明年有关两种产品的数据：

	Mercon	Wurcon
单位直接材料成本	\$10.00	\$8.00
单位直接人工成本	\$3.00	\$3.75
单位直接人工工时	0.20	0.25
生产产品数量	10 000	40 000

这些产品是为特别客户定制的。

要求：

1.预计公司当年的制造费用为336 000美元。使用公司传统成本计算法，计算两种产品的单位产品成本。

2.管理者考虑使用作业成本计算法，这样一半的制造费用可以继续以直接人工工时为基础进行分配，另一半制造费用以工程设计时间为基础进行分配。明年预计分配方式如下：

	Mercon	Wurcon	合计
工程设计时间（小时）	4 000	4 000	8 000

使用计划的作业成本计算法计算两种产品的单位产品成本。

3.请解释为什么两种方法下产品成本不同。

第4章　分步成本计算法

前章回顾

我们在第2章中已经描述了基本的分批成本计算法，它是使用单一的工厂制造费用分配率来计算制造费用。而在第3章中我们也描述了一种较为复杂的方法——作业成本计算法，其主要特点是将各项作业作为将制造费用分配到产品成本的基础。

本章简介

在第4章中，我们将继续讨论产品成本计算法的另一个选择——分步成本计算法。在分步成本计算法中，部门成本被统一分配到当期部门处理的产品中。

下章简介

第5章将介绍本量利分析的基础知识。本量利分析是能够帮助管理者理解成本、产量和利润之间关系的工具。

本章概要

比较分批成本计算法与分步成本计算法

☐ 分批成本计算法与分步成本计算法的相似处

☐ 分批成本计算法与分步成本计算法的差异处

分步成本计算法中的成本流转

☐ 生产部门

☐ 材料成本、人工成本及制造费用的流转

☐ 材料成本、人工成本及制造费用的会计分录

产品约当产量

☐ 加权平均法

成本的计算和分配

☐ 单位约当产量成本——加权平均法

☐ 成本分配——加权平均法

☐ 成本调节报告

学习目标

目标1：在分步成本计算法下编制材料、人工及制造费用的会计分录。

目标2：使用加权平均法计算约当产量。

目标3：使用加权平均法计算单位约当产量成本。

目标4：使用加权平均法分配成本。

目标5：编制成本调节报告。

决策专栏：为纸巾分配成本

如果你曾经洒过牛奶，那你可以使用Bounty纸巾来擦污渍。宝洁主要在两个主要的生产部门生产Bounty纸巾——纸巾制作部门和纸巾加工部门。在纸巾制作部门，木浆被制成纸巾，然后被卷成2 000磅的纸卷储存起来作为加工部门的原材料；在纸巾加工部门，两个2 000磅的纸卷被同时散开放入机器进行装饰、打眼、雕刻出纹理、加工成两层的纸卷。从这一程序产出的大薄片纸绕着8英尺长的圆筒型硬纸板打包。一旦缠够了就将8英尺的纸卷切割成Bounty纸巾，然后传输到输送带上卷起，包装后再运输。

在这种制造环境下，成本无法很容易地追溯到单个Bounty纸巾。然而，考虑到产品的同质性，制造部门发生的总成本可以统一地分配到产出的2 000磅纸卷上。同样，在纸巾加工部门，制造特殊型号Bounty纸巾时发生的总成本（包括从制造部门传过来的2 000磅纸卷的成本）可以统一分配到这个型号的纸卷上。

宝洁对很多产品使用特殊的成本分配方式，如汰渍洗衣液、佳洁士牙膏和品客薯片。

分批成本计算法及分步成本计算法是确定产品成本的两种基本方式。第2章中的分批成本计算法通常适用于各期间制造不同的工作批次或产品的企业。使用分批成本计算法的典型产业包括家具制造业、承接特殊订单的印刷业、造船业及其他许多不同类型的服务业。

相对的，分步成本计算法（process costing）最常被使用于那些将基本材料转换成同质性产品的公司，如制砖业企业、玉米薄片生产企业或造纸业企业。使用分步成本计算法的公司有Reynolds Consumer Products（生产铝锭）、Scott Paper（制造卫生纸）、General Mills（生产面粉）、ExxonMobil（生产汽油及润滑油）、Coppertone（制造防晒油）及Kellogg's（制造壳类早餐）。另外，分步成本计算法通常被使用于具有集体操作性质的公司。分步成本计算法也可以使用于公用事业单位，如生产瓦斯、自来水及电力的公用事业单位。

本章的目的就是解释在分步成本计算法下产品成本如何运作。

4.1 比较分批成本计算法与分步成本计算法

从某些方面而言，分步成本计算法与分批成本计算法非常相似，但从其他方面而言却又不尽相同。在本节中，我们将比较它们的相似处及差异处，作为以后讨论分步成本计算法的基础。

4.1.1 分批成本计算法与分步成本计算法的相似处

分批成本计算法中成本计算及成本的流转大部分与我们在本章中学习到的相同。也就是说，我们并不需要将先前所学习的成本计算法全部丢弃，再重新学习新的成本计算方法。分批成本计算法与分步成本计算法的相似点汇总如下：

1.两种方法的基本目的相同，即将材料成本、人工成本及制造费用分配到产品中并提供计算每单位产品成本的方法。

2.两种方法所使用的基本会计科目相同，包括制造费用、原材料、在产品及产成品。

3.两种方法在账户间的成本流转基本相同。

如同以上所述，大部分我们知道的关于成本计算的知识都适用于分步成本计算法，而我们目前的工作则是简单地将这方面的知识提升及扩展到分步成本计算法。

4.1.2 分批成本计算法与分步成本计算法的差异处

分批成本计算法与分步成本计算法的差异处主要表现在如下三方面：第一，分步成本计算法适用于公司连续生产无差异产品，分批成本计算法适用于公司生产有特定生产要求的很多不同批次的产品。第二，在分步成本计算法下，试图为某个客户的特别订单去辨认材料成本、人工成本及制造费用（如同在分批成本计算法中）是没有必要的，因为每一个订单下的产品只是在一个持续运转的生产线上生产的许多相同单位产品中的一部分而已。相对于分批成本计算法，在分步成本计算法下我们是依部门来累计成本，并在一定期间内将成本一致地分配到当期经过流程的所有产品上。第三，分步成本计算法通过部门计算单位成本，这与分批成本计算法不同，在分批成本计算法下，单位成本通过分批成本计算单上的批次计算。表4-1总结了两者的区别。

表4-1　　分批成本计算法及分步成本计算法的差异处

分批成本计算法	分步成本计算法
1.每一期生产许多不同的批次，且每一批次有不同的生产规格	1.连续生产或长时间生产单一产品，所有产品是相同的
2.按个别的批次累计成本	2.按部门累计成本
3.在分批成本计算单上，依每一批次来计算单位成本	3.依部门来计算单位成本

4.2 分步成本计算法中的成本流转

在详细介绍分步成本计算法的案例前，我们先介绍分步成本计算法下的成本流转。

4.2.1 生产部门

生产部门（processing department）是一种组织单元，在部门里从事产品的制造，并将材料成本、人工成本或制造费用分配到产品中。例如，由Nalley经营的洋芋片制造工厂可能会有三个生产部门——包括准备马铃薯、烹饪以及检验和包装部门。一个专门制造砖块的工厂可能会有两个生产部门——包括将泥土混合、制模及烧制部门。

某些产品可能需要经过多个生产部门来完成，而其他产品则可能只需经过一个或两个部门而已。不管有多少个部门，所有的生产部门都有两个必要的特性：第一，产品经过每个部门所执行的作业都是相同的；第二，生产部门生产出的产品必须是同质的，即所有产品都是相同的。

例如洋芋片，通过连续生产，每个生产单位依次从一个部门到另外一个部门，如图4-1所示。

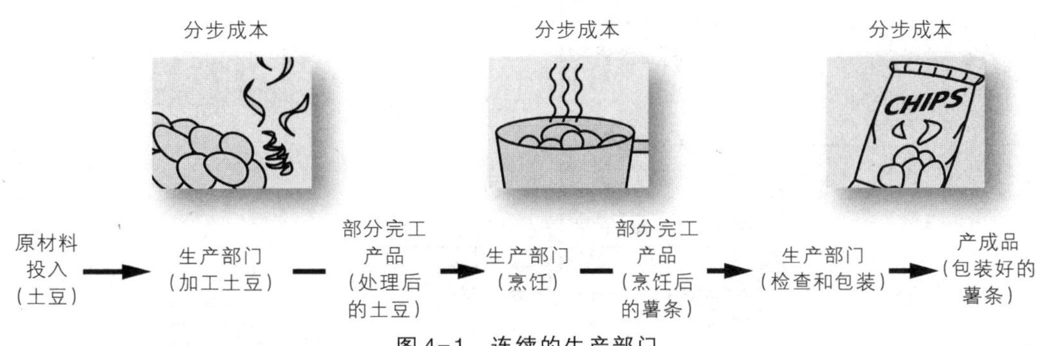

图4-1　连续的生产部门

4.2.2　材料成本、人工成本及制造费用的流转

相对于分批成本计算法，成本的累计在分步成本计算法下较为简单。分步成本计算法不需要将成本追溯到成百上千个批次，而只须追溯到几个不同的生产部门。

> **商业实践**
>
> **僧人以销售啤酒为生**
>
> 位于比利时的圣西克斯修道院的特拉普派僧侣自1839年以来一直在酿造啤酒。客户必须与修道院预约购买，且每月最多能购买48瓶啤酒。这种稀缺和高度好评使得每瓶价值11盎司的啤酒售价超过15美元。
>
> 和尚的酿酒原料包括水、麦芽、啤酒花、糖和酵母。啤酒酿造的步骤包括研磨和粉碎麦芽谷物，将水添加至粉碎麦芽的酝酿过程中，过滤分离液体（从不溶解的麦芽中得到麦芽汁），煮沸消毒麦芽汁（包括添加糖增加麦芽汁浓度），发酵（通过添加酵母将糖转化为酒精和二氧化碳），存储（啤酒至少储存3个星期），罐装（在两周的罐装过程中，更多的糖和酵母被添加至酒中进行发酵）。
>
> 与成长型营利性公司不同，自1946年以来修道院没有扩大生产能力，只是销售足够多的啤酒以维持僧侣的生活。
>
> 资料来源：John W.Miller，“Trappist Command：Thou Shalt Not Buy Too Much of Our Beer，” *The Wall Street Journal*，2007，pp.A1，A14.

在分步成本计算法下，材料成本、人工成本及制造费用的T字账模式如图4-2所示。在这个图中要注意几点：第一，每个生产部门分别有一个在产品账户，而在分批成本计算法下全公司可能只有一个在产品账户。第二，第一个部门（如图中的A部门）的完成品将被转移至第二个部门（B部门）的在产品账户。第二个部门的作业完成后，完成品将被转移至产成品（在图4-2中，我们只列出了两个生产部门，但在一家公司里可能会有许多个不同的部门）。

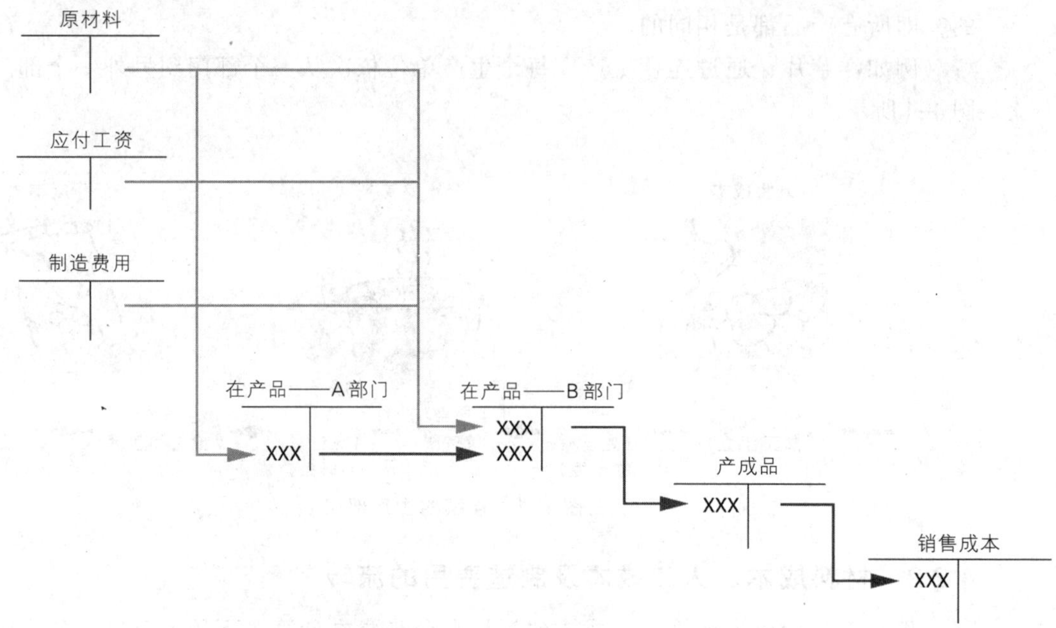

图4-2 分步成本流转的T字账模式

最后，材料成本、人工成本及制造费用将被分配至任何一个生产部门，而不只是第一个部门。B部门的在产品成本账户表示发生在B部门的材料成本、人工成本及制造费用等成本，再加上由A部门转来的成本，称为“转入成本”(transferred-in costs)。

4.2.3 材料成本、人工成本及制造费用的会计分录

目标1：在分步成本计算法下编制材料、人工及制造费用的会计分录。

为了更完整地了解分步成本计算法的成本流转，本节将列示Megan's Classic Cream Soda公司的材料成本、人工成本及制造费用的相关分录，公司有两个生产部门——制造部门和罐装部门。在制造部门中，检验原料的质量并将其混合，然后注入二氧化碳以产生大量的奶油苏打。在罐装部门，检查瓶子是否有瑕疵，装入奶油苏打，加盖，然后再检查是否有问题，如果合格就打包运输。

材料成本

在分步成本计算法下，如同在分批成本计算法下，使用原材料领料单从仓库中领取原材料。材料可以投入于任何一个处理部门，但通常情况下都是在第一个部门投入原材料，而在之后的部门仅投入人工及制造费用，然后产出半成品直到全部完工。

在Megan's Classic Cream Soda公司，一些材料（如水、调味料、糖和二氧化碳）在制造部门加入，而其他材料（如瓶子、盖子和打包材料）将在罐装部门加入。在制造部门记录原材料使用的分录如下：

在产品——制作部门	XXX	
原材料		XXX

在罐装部门记录原材料投入的分录如下：

在产品——罐装部门 XXX

　原材料 XXX

人工成本

在分步成本计算法中，人工成本并不需要追溯到特定批次，而只需将人工成本追溯到每一个发生人工成本的部门。人工成本投入制造部门的相关分录如下：

在产品——制造部门 XXX

　应付工资 XXX

类似的分录可以用来记录罐装部门发生的人工成本。

制造费用

在分步成本计算法下，如同在分批成本计算法中，通常是使用预计制造费用分配率来将制造费用分配到产品中。产品经过各部门将制造费用分配到个别产品，将制造费用分配到制造部门的分录如下：

在产品——制造部门 XXX

　制造费用 XXX

类似的分录可以用来记录罐装部门的制造费用。

全部的成本流转

在此部门的处理程序完成后，产品将被转移到下一部门以便进行更进一步的加工，如图4-2所示。将部分完工的产品由制造部门转移到罐装部门的相关会计分录如下：

在产品——罐装部门 XXX

　在产品——制造部门 XXX

当在罐装部门的处理程序完成后，产成品的成本将被转移到产成品存货账户：

产成品 XXX

　在产品——罐装部门 XXX

最后，当接到客户订单及产品被销售之后，产品成本会被转移到销售成本账户：

销售成本 XXX

　产成品 XXX

在分步成本计算法下，各个会计账户间的成本流转和在分批成本计算法下是相同的。唯一的不同只是分步成本计算法下每个部门都有独立的在产品账户。

我们现在研究Double Diamond Skis公司，该公司制作优质滑雪板，并且使用分步成本计算法计算其单位产品成本。该公司生产过程如图4-3所示。雪橇生产要经历5个生产部门，从制模和研磨部门到完工配对部门。分步成本计算法的基本思想是将一段时期发生的所有成本加总，将成本平均地分配至生产该产品的部门中。由此可见，采用这种简便的方法会有一些问题。

概念检查

1.以下表述中，哪些是正确的？（多选）

a.分批成本计算法和分步成本计算法就算法而言使用相同的基本账户，包括制造费用、原材料、在产品和产成品

b.当公司生产一系列相同的产品时，应该采用分步成本计算法

c.分步成本计算法通过客户订单而不是部门来累计成本

d.分批成本计算法和分步成本计算法都是计算单位产品成本的一种机制

4.3 产品约当产量

在某一部门完成材料成本、人工成本和制造费用的累计后，该部门的产出一旦确定，即可以计算单位产品成本。复杂的是，每个部门通常都有一些部分完工的期末存货。然而当计算部门产出时，将这些部分完工的产品与已完工的产品一样处理，也是不合理的。因此，在分步成本计算法下，必须将这些部分完工的单位转换成约当产量。在分步成本计算法下，计算约当产量可以使用以下公式：

约当产量=部分完工单位产量×完工百分比

按照以上的公式，约当产量（equivalent units）被定义为部分完工的产品数量及这些单位的完工比例。约当产量是指相对于已完工的产品而言，部分完工单位所投入的材料及加工的比例。

例如，假设Double Diamond Skis的铸造部门在期末有500单位已完工60%的在产品存货。这500个部分完工的单位约等于300（500×60%）个全部完工的单位。因此，期末在产品存货可以说有300个约当产量。这些约当产量将会被加入已全部完工的单位中以确定这个部门在这段期间的产出。

一段期间的约当产量可以使用不同的方法计算。我们在本章中将使用加权平均法。在第4章的补充资料部分，将讨论先进先出法。在先进先出法（FIFO）下，约当产量和单位成本只与当期完成的工作有关；而加权平均法（weighted-average method）则是混合了当期和前期的数量与成本。在加权平均法下，一个部门的约当产量（equivalent units of prodution）即是转移至下一个部门的数量（或产成品数量）再加上该部门期末在产品存货的约当产量。

小贴士

你需要在每个生产成本分类下进行生产约当产量的计算，比如材料成本和加工成本。当用加权平均法计算一个成本类别的约当产量时，你应该忽略期初存货产品的完成比例。这些转移到下一个部门的产量加上期末在产品的数量乘以完工百分比相当于产品的约当产量。

4.3.1 加权平均法

目标2：使用加权平均法计算约当产量。

在加权平均法下，一个部门约当产量的计算公式如下：

约当产量=转移至下一个部门或产成品的数量＋期末在产品存货的约当产量

注意，产品的约当产量等于部门期末存货的约当产量加上部门转出的产量。我们不需要计算转移至下一个部门的约当产量。在这里我们假设除非已经100%完工，不然产品不会被转移到下一个部门。也就是说，部门转出的每单位产品都是一个约当产量。

Double Diamond Skis公司的制模和研磨部门，主要是利用电脑辅助研磨机器将芯材切割并连同金属片一起做成滑雪板的骨架（可参考图4-3中Double Diamond Skis公司的生产程序）。

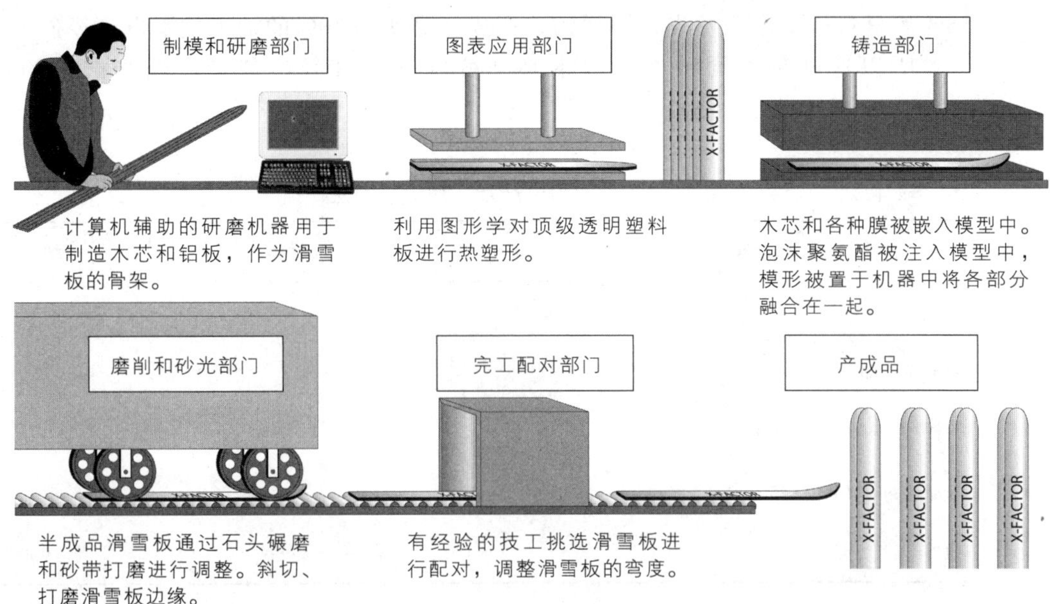

图 4-3 Double Diamond Skis*的生产程序

资料来源：Bill Gout，Jesse James Doquilo，and Studio M D，“Capped Crusaders，” *Skiing*，1993，pp.138-144.

下面是5月份发生在该部门的作业：

制模和研磨部门	数量	完工百分比	
		材料	加工
期初在产品	200	55%	30%
本期开始投入	5 000		
完工转入下一部门	4 800	100%*	100%*
期末在产品	400	40%	25%

*通常假设某部门转出的产品已全部完成该部门的生产程序。

首先要注意在制模和研磨部门的作业是进行部门产品的流转。该部门期初为200单位在产品存货。在5月，5 000单位产品投入生产。因此，总共为5 200单位产品。其中，4 800单位产品是5月完工并且转入下一部门的，其余400单位产品在月末留存在该部门的在产品科目中。总的来说，期初在产品数量加投入生产的数量等于期末在产品数量加上完工转出的产品数量。公式如下：

期初在产品数量+投入或转入生产的数量=期末在产品数量+完工转出的产品数量

注意，前一页表格中所使用的名词“加工”。如同前面章节所定义的，加工成本（conversion cost）是指直接人工成本加上制造费用。在分步成本计算法中，加工成本通常是产品成本的唯一要素。

期初在产品存货材料已完工55%，加工成本已完工30%。这表示完成产品所需55%的材料成本已经发生；同样的，完成产品所需30%的加工成本也已经投入。

所以这两种不同种类的成本必须分别计算其约当产量。约当产量的计算见表4-2。

表4-2　　约当产量：加权平均法

制模和研磨部门	材料	加工
完工转入下一部门	4 800	4 800
期末在产品		
材料：400单位×40%	160	
加工：400单位×25%		100
约当产量	4 960	4 900

由表4-2的计算可看出，它忽视了期初在产品存货是部分完工的。例如，200单位的期初在产品存货的加工成本已完成30%。在加权平均法下，约当产量为4 900单位包括期末在产品的单位及转入下一个部门的单位——在此方法下，并不考虑期初存货也是部分完工的。也就是说，用加权平均法计算的4 900单位的约当产量包括前期完成的工作。这是加权平均法的关键点，却容易被忽视。

图4-4提供了看待约当产量计算的另一种方式。该图描述了加工成本的约当产量计算方法。在继续阅读前，请仔细阅读此图。

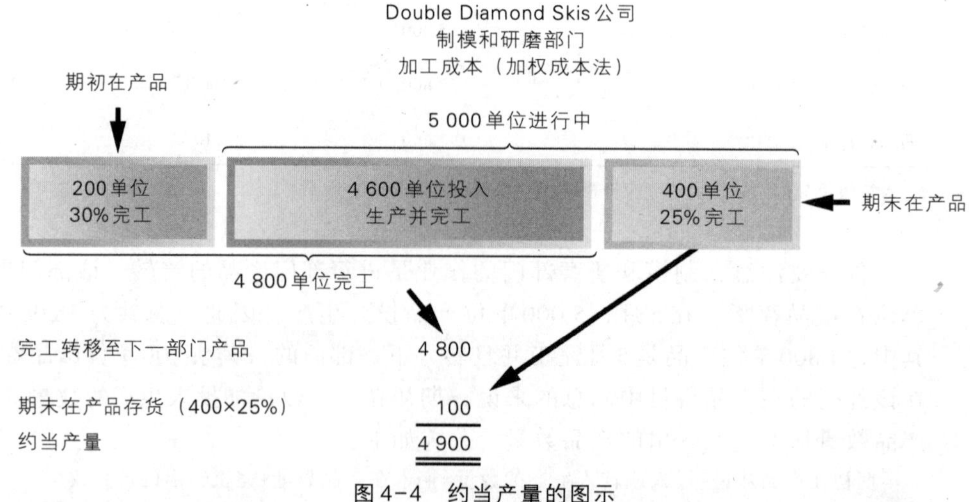

图4-4　约当产量的图示

商业实践

在经济低迷的时期，类似糖和棉花等原材料的价格会上涨，很多公司意识到不能将这些原材料上升的成本通过提高售价转嫁给顾客。相反，公司应对这种情况会采用保持价格不变，但是减少产品供给的方法。比如，当棉花的价格上涨时，Georgia-Pacific就将其厕纸的规格从4.27英寸减至4英寸。公司也会减少纸抽的抽纸数量，从352抽减到300抽。相同地，宝洁也减少其纸抽的抽纸数量，从200抽减至176抽。

这些产品规格的下降不仅降低了原材料成本，也降低了运输成本。Gloria-Pacific估计它降低厕纸规格会使得每卡车多装12%到17%的产品，因此每年能够节省345 000加仑的汽油。

你的决策　学期报告的作者

假设你的教授让你在同一截止日提交4份5页的报告。你交了两个完成的报告和两个没有完成的报告——其中一个两页，另一个3页。假设每页都要耗费同样的时间和精力，花同样的时间和精力你能完成多少页的报告？

4.4　成本的计算和分配

目标3：使用加权平均法计算单位约当产量成本。

上一节中，我们计算了Double Diamond Skis公司材料和加工的约当产量，本节我们将计算材料和加工的单位约当产量成本，并用这些成本衡量期末在产品和产成品的存货价值。表4-3显示了5月份制模和研磨部门需要完成工作的所有经营数据。

表4-3　　制模及研磨部门5月份经营数据

期初在产品：	
在产品数量	200
材料完工比例	55%
加工成本完工比例	30%
期初在产品成本：	
材料成本	$9 600
加工成本	5 575
期初存货总成本	$15 175
5月份投入生产数	5 000
完工单位及转出数	4 800
5月份投入成本：	
材料成本	$368 600
加工成本	350 900
本期投入成本	$719 500
期末在产品：	
在产品数量	400
材料完工比例	40%
加工成本完工比例	25%

4.4.1 单位约当产量成本——加权平均法

在加权平均法下，单位约当产量成本的计算如下：

单位约当产量成本=（期初在产品存货成本+当期投入成本）/约当产量

注意，分子是期初在产品存货成本与当期投入成本之和。因此，加权平均法将前期和当期成本加在一起，这也是它被称为加权平均法的原因。它将前期与当期的成本和数量加在一起进行平均。

制模及研磨部门5月份材料和加工的单位约当产量成本计算如下：

制模及研磨部门 单位约当产量成本		
	材料	加工
期初在产品存货成本	$9 600	$5 575
当期投入成本	368 600	350 900
总成本（a）	$378 200	$356 475
约当生产量（见表4-2）（b）	4 960	4 900
单位约当产量成本（a）÷（b）	$76.25	$72.75

4.4.2 成本分配——加权平均法

目标4：使用加权平均法分配成本。

单位约当产量成本用于衡量期末存货的价值和转入下一部门存货的价值。例如，图4-3描述的从Double Diamond Skis公司的制模和研磨部门转出进入图表应用部门的单位成本为149美元（76.25美元材料成本和72.75美元的加工成本）。因为5月转入下一部门4 800单位产品，分配到这些产品的总成本为715 200美元（4 800单位×149美元/单位）。

期末在产品存货及转入下一部门存货成本的完整记录如下：

制模及研磨部门 期末在产品存货成本和转出存货成本			
	材料	加工	总计
期末在产品存货：			
约当产量（材料：400单位×40%的完工比例；加工：400单位×25%的完工比例）（a）	160	100	
单位约当产量成本（见图4-3）（b）	$76.25	$72.75	
期末在产品存货成本（a）×（b）	$12 200	$7 275	$19 475
完工并转出：			
转入下一部门的数量（a）	4 800	4 800	
单位约当产量成本（见图4-3）（b）	$76.25	$72.75	
转出产品成本（a）×（b）	$366 000	$349 200	$715 200

在每个例子中，都是用约当产量乘以每单位约当产量成本来确定分配到产品的成

本。每种成本都是用这个方式计算，在本例中是材料和加工成本。完工并转出的约当产量大致等于转入下一部门的数量，因为除非完工，否则不可能转入下一部门。

概念检查

2. 下列哪种表述是错误的？（可以多项选择）

a. 对于所有的产品，在经过部门时生产部门进行的是无差别的活动

b. 生产部门的产出是异质的，即生产的所有产品是不同的

c. 约当产量用如下方法计算：部分完工的产品数量乘以完工百分比

d. 利用加权平均法计算单位约当产量成本，将当期和前期的成本和数量平均

4.4.3 成本调节报告

目标5：编制成本调节报告。

分配到期末在产品存货和转出存货的成本与表4-3中的成本调节如下：

制模及研磨部门

成本调节

应计成本：	
期初在产品存货成本（见表4-3）	$15 175
当期投入成本（见表4-3）	719 500
应计总成本	$734 675
成本计算如下：	
期末在产品存货成本	$19 475
转出存货成本	715 200
总成本	$734 675

转入图表应用部门的成本为715 200美元，被算作下一部门的“转入成本”。分步成本计算法中，它被看作类似材料或加工成本的另一类成本。唯一的区别在于转入成本是在图表应用部门100%完工的成本。成本以这种形式从一个部门转入另一个部门，直到最后一个生产部门，即完工配对部门。当最后一个部门产品完工后转入产成品。

小贴士

为了帮助理解成本调节表的逻辑，假设你拥有一个无利息的活期存款账户，3月1日的期初余额为200美元。假设在3月你获得1 000美元的薪水。在3月31日，你一共拥有1 200美元。在月末，你的1 200美元可能有如下两种流向。可能在3月31日仍保留在你的账户上，或者在当月被转移出去（可能给你的房东、超市或者储蓄账户）。你所检验的账户期末余额加上当月转移出去的现金总额一定是1 200美元。

相同的概念被运用到本章的成本调节报告中。在产品期初成本加上当期投入生产的成本加上转出产品的成本等于应计总成本。

概念检查

3. 期初在产品有400单位，加工完工20%，材料完工30%。期末在产品200单位，加工完工40%，材料完工50%。如果当期投产2 000单位，根据加权平均法计算当期的约当产量是多少？

a. 加工约当产量=2 280单位；材料约当产量=2 100单位

b. 加工约当产量=1 980单位；材料约当产量=2 080单位

c. 加工约当产量=2 480单位；材料约当产量=1 980单位

d. 加工约当产量=2 280单位；材料约当产量=2 300单位

4. 假设与题目3相同，同时假设期初存货中材料成本为9 900美元，加工成本为14 880美元，当期投入成本中，材料成本为180 080美元，加工成本为409 200美元，使用加权平均法计算单位约当产量成本。

a.268.60美元

b.267.85美元

c.280.00美元

d.265.00美元

本章小结

目标1：在分步成本计算法下编制材料成本、人工成本及制造费用的会计分录。

在分步成本计算法下，记录成本流转的分录基本上和分批成本计算法是相同的。当材料被投入生产时，直接材料成本将借记在产品科目。当发生直接人工成本时，亦借记在产品科目。制造费用被分配到在产品，也是借记在产品。分步成本计算法是以部门来累计成本，而分批成本计算法则是以批次来累计成本。

目标2：使用加权平均法计算约当产量。

为一个部门计算单位成本时，必须先决定部门产出的约当产量。在加权平均法下，约当产量将等于当期转移至下一个部门的单位数加上期末在产品的约当产量。

目标3：使用加权平均法计算单位约当产量成本。

部门中特定类别成本的单位约当产量成本等于期初在产品存货成本与当期投入成本之和除以当期的约当产量。

目标4：使用加权平均法分配成本。

单位约当产量成本用于衡量期末存货数量和转入下一部门的存货数量。分配到期末存货的成本等于单位约当产量成本乘以期末存货的约当产量。转入下一部门产品分配到的成本等于单位约当产量成本乘以转出存货数量。

目标5：编制成本调节报告。

应计成本等于期初在产品存货成本加上投入产品成本。这些成本等于期末在产品存货成本加上转出产品成本。

你的决策（学期报告作者）参考答案

每个完成的报告都有5页纸，假设每页需要同样的时间和精力。因此，1份2页和1份3页没有完成的报告用的时间和精力可以用于完成一份5页的报告。加上2份交上去的完成的报告，这样就会有3份完成的报告。

概念检查参考答案

1.选择abd。分步成本计算法按照部门累计成本。

2.选择b。生产部门的产出是同质的，即所有产品都是没有差异的。

3.选择d。材料约当产量是2 200单位，转入下一部门+期末在产品存货约当产量为100（200单位×50%）。加工约当产量为2 200单位，转入下一部门+期末在产品存货约当产量为80（200单位×40%）。

4.选择a。（189 980美元÷2 300约当产量）+（424 080美元÷2 280约当产量）=268.60美元。

问题回顾：分步成本流转与成本单位

Luxguard家庭油漆公司生产乳胶漆，每销售单位为1加仑。公司有两个处理部门：基础及完工部门。公司以白色油漆作为公司所有油漆的基础油漆，它在基础部门由未经加工的成分混合而成，然后将颜料加入到基础的白色油漆中，再利用压力将油漆注射到一瓶1加仑的容器中。在完工部门，这些容器将会被贴上标签并包装加以运送。公司在4月份与生产相关的资料如下：

a.原材料投入生产：基础部门851 000美元；完工部门629 000美元。

b.发生直接人工成本：基础部门330 000美元；完工部门270 000美元。

c.已分配制造费用：基础部门665 000美元；完工部门405 000美元。

d.由基础部门转移至完工部门的白色油漆成本为1 850 000美元。

e.由完工部门转移至产成品以准备销售的成本为3 200 000美元。

要求：

1.请记录由（a）到（e）的相关会计分录。

2.请将（1）的分录过入T字账。基础部门在4月1日的期初在产品余额为150 000美元；完工部门期初在产品的余额为70 000美元。在将分录过入T字账后，请计算每个部门期末的在产品存货余额。

3.确定4月份期末在产品存货成本及从基础部门转出产品的成本。下列为基础部门4月份的生产信息：

生产数据：	
在产品，4月1日：材料100%投入，人工及制造费用60%完工	30 000
本期投入生产	420 000
本期完工及转完工部门	370 000
在产品，4月30日：材料50%投入，人工及制造费用25%完工	80 000
成本资料：	
在产品存货，4月1日：	
材料成本	$92 000
人工成本	21 000
制造费用	37 000
总成本	$150 000
本期投入成本：	
材料成本	$851 000
人工成本	330 000
制造费用	665 000
总成本	$1 846 000

4.编制4月的成本调节表。

问题回顾的解答：

1.

	借方	贷方
a.		
在产品——基础部门	851 000	
在产品——完工部门	629 000	
原材料		1 480 000
b.		
在产品——基础部门	330 000	
在产品——完工部门	270 000	
应付工资		600 000
c.		
在产品——基础部门	665 000	
在产品——完工部门	405 000	
制造费用		1 070 000
d.		
在产品——完工部门	1 850 000	
在产品——基础部门		1 850 000
e.		
产成品	3 200 000	
在产品——完工部门		3 200 000

2.T字账

原材料

余额：XX	（a）1 480 000

应付工资

	（b）600 000

在产品——基础部门

余额：150 000	
（a）851 000	（d）1 850 000
（b）330 000	
（c）665 000	
余额：146 000	

制造费用

实际成本	（c）1 070 000

在产品——完工部门

余额：70 000	
（a）629 000	（e）3 200 000
（b）270 000	
（c）405 000	
（d）1 850 000	
余额：24 000	

产成品

余额：XX	
（e）3 200 000	

3.首先，我们必须计算每个成本分类的约当产量。

基础部门的约当产量

	材料成本	人工成本	制造费用
转入下一部门的产量	370 000	370 000	370 000
期末在产品存货			
（材料成本：80 000单位×50%完工；			
人工成本：80 000单位×25%完工；			
制造费用：80 000单位×25%完工）	40 000	20 000	20 000
约当生产量	410 000	390 000	390 000

然后，计算每种成本分类的单位约当产量成本。

基础部门单位约当产量成本

	材料成本	人工成本	制造费用
期初在产品存货成本	$92 000	$21 000	$37 000
当期投入成本	851 000	330 000	665 000
总成本	$943 000	$351 000	$702 000
约当产量	410 000	390 000	390 000
单位约当产量成本	$2.30	$0.90	$1.80

单位约当产量成本可以用于计算期末在产品存货和转出存货的成本：

基础部门期末在产品存货及转出存货成本

	材料成本	人工成本	制造费用	总额
期末在产品存货：				
在产品约当产量（a）	40 000	20 000	20 000	
单位约当产量成本（b）	$2.30	$0.90	$1.80	
期末在产品存货成本（a）×（b）	$92 000	$18 000	$36 000	$146 000
完工转出存货：				
转入下一部门存货	370 000	370 000	370 000	
单位约当产量成本（b）	$2.30	$0.90	$1.80	
完工及转出存货成本（a）×（b）	$851 000	$333 000	$666 000	$1 850 000

4.

基础部门 成本调节表	
应计成本：	
期初在产品存货成本	$150 000
当期投入成本	1 846 000
应计总成本	$1 996 000
成本计算如下：	
期末在产品存货成本	$146 000
转出存货成本	1 850 000
总成本	$1 996 000

词汇表

加工成本（conversion cost）是直接人工成本与制造费用之和。

约当产量（equivalent units）是将在产品数量按其完工程度折算为完工产品的数量。

约当生产量（equivalent units of production（weighted-average method））是在某一个会计期间内，输送到下一个生产工序或完工的产品数量与未完工产品的约当产量之和。

先进先出法（FIFO method）是在分步成本计算法下，假定约当产品和完工产品的成本只与本期完成的工作相关的成本流转会计方法。

分步成本计算法（process costing）是连续性、大量生产同一种（或基本相同）产品时所采用的成本计算方法。

生产部门（processing department）是指可以独立完成某项生产活动，并且可以将材料成本、人工成本和制造费用追溯到产品中的组织单位。

加权平均法（weighted-average method）是将当期和前期的产品和成本混合在一起计算的成本流转计价方法。

思考题

4-1 在什么样的情况下适合采用分步成本计算法？

4-2 在什么情况下分批成本计算法与分步成本计算法相似？

4-3 为什么在分步成本计算法下，成本累计要比在分批成本计算法下快？

4-4 若公司采用分步计算法，会涉及多少个在产品账户？

4-5 假设公司有两个生产部门——混合和烧制部门。如何编制会计分录显示混合部门转入烧制部门的完工产品？

4-6 假设公司有两个生产部门——混合和烧制部门。请解释当期烧制部门在产品账户发生的成本。

4-7 当使用加权平均计算法时，约当生产量的含义是什么？

4-8 Watkins Trophies公司生产大量金、银、青铜制的徽章。除了生产的材料，徽章是相同的。该公司应该采用何种成本计算方法？

基础练习十五问（学习目标1—学习目标5）

Clopack公司生产一种经过混合部门的产品。原材料在混合部门工作期初全部投入。公司采用加权平均法计算产量和成本。6月，混合部门在产品T字账如下（接下来的问题都只涉及6月份）：

在产品——混合部门

6月1日余额：	28 000	完工和转出的产成品	?
材料成本	120 000		
直接人工成本	79 500		
制造费用	97 000		
6月30日余额：	?		

6月1日，在产品5 000磅，包括16 000美元的材料和12 000美元的加工成本。6月1日的在产品材料100%完工，加工成本完成比例为50%。6月，37 500磅产品投入生产。6月30日，在产品存货8 000磅，材料100%完工，加工40%完工。

要求：

1. 编制投入原材料和发生直接人工的分录。
2. 编制分录记录制造费用分配至生产。
3. 当期完工并转移的产成品数量是多少？
4. 计算材料的约当产量。
5. 计算加工的约当产量。
6. 期初在产品成本加上当期原材料投入成本的金额是多少？
7. 期初在产品成本加上当期加工投入成本的金额是多少？
8. 求材料的单位约当产量成本。
9. 求加工的单位约当产量成本。
10. 求材料的期末在产品成本。
11. 求加工的期末在产品成本。
12. 求材料成本转移到产成品的成本。
13. 求加工成本转移到产成品的成本。
14. 编制转移成本从在产品至产成品的分录。
15. 应计总成本是多少？什么是应计总成本？

练习

练习4-1　编制分步计算法下的会计分录（学习目标1）

Quality Brick公司通过两个流程部门生产砖块——成型和烧制部门。3月，公司运营的相关信息如下：

a. 发出生产用原材料：成型部门23 000美元；烧制部门8 000美元。

b.发生的直接人工成本：成型部门12 000美元；烧制部门7 000美元。

c.分配的制造费用：成型部门25 000美元；烧制部门37 000美元。

d.成型而没有烧制的砖块从成型部门转到烧制部门。根据公司的分步成本计算法，已成型但没有烧制的砖块成本为57 000美元。

e.完工砖块从烧制部门转入产成品仓库。根据公司的分步成本计算法，产成品成本为103 000美元。

f.完工砖块要销售给顾客。根据公司的分步成本计算法，完工砖块销售价格为101 000美元。

要求：

编制分录记录从（a）到（f）的事项。

练习4-2　计算约当产量——加权平均法（学习目标2）

Clonex Labs公司运用分步成本计算法。下列是其10月一个部门的信息：

	单位	完工百分比	
		材料	加工
在产品，10月1日	30 000	65%	30%
在产品，10月31日	15 000	80%	40%

当月该部门有175 000单位材料投入生产，并向下一部门转移190 000单位产品。

要求：

计算其10月份的约当产量，假设公司使用加权平均计算法计算产量和成本。

练习4-3　约当产量单位成本——加权平均计算法（学习目标3）

Superior Micro Products公司在分步成本计算法下使用加权平均计算法。5月，其组装部门数据如下：

	材料成本	人工成本	制造费用
在产品，5月1日	$18 000	$5 500	$27 500
本期投入成本	$238 900	$80 300	$401 500
约当产量	35 000	33 000	33 000

要求：

1.分别为材料成本、人工成本及制造费用计算每单位约当产量成本。

2.计算每单位约当产量总成本。

练习4-4　将成本分配到单位——加权平均计算法（学习目标4）

公司的第一个流程部门，即准备部门使用分步成本计算法，下面是其近期的作业数据：

	材料	加工
期末在产品约当产量	2 000	800
每约当产量成本	$13.86	$4.43

当期有20 100单位产品完工并转移到下一流程部门。

要求：

计算当期转移到下一部门的成本和期末在产品存货成本。

练习4-5　成本调节表——加权平均计算法（学习目标5）

Maria Am点心制造公司运用分步成本计算法。烘焙部门是其生产部门之一。烘焙部门6月的期初在产品成本为3 570美元，期末在产品成本为2 860美元，投入生产的成本为43 120美元。

要求：

编制其烘焙部门6月份的成本调节表。

第5章　成本-数量-利润关系

前章回顾

前章介绍了成本计算方法，如第2章分批成本计算法、第3章作业成本计算法、第4章分步成本计算法。

本章简介

在第5章里，我们将介绍一种制定决策的重要工具——成本-数量-利润分析。成本-数量-利润分析可以帮助管理层了解成本、数量及利润三者之间的关系。

下章简介

在第6章，我们将比较变动成本法和完全成本法下工业企业利润表的差异，同时解释为何贡献收益可以衡量企业的盈利能力。

本章概要

成本-数量-利润分析的基础

□ 贡献边际

□ 本量利关系等式

□ 以图表表示的本量利关系

□ 贡献边际率

□ CVP概念的运用

保本点与目标利润分析

□ 保本分析

□ 目标利润分析

□ 安全边际

本量利分析与成本结构

□ 成本结构与获利稳定性

□ 经营杠杆

销售佣金结构

销售组合

□ 销售组合定义

□ 销售组合与保本点分析

学习目标

学习了第5章之后，你应该能够：

目标1：解释作业的改变如何影响贡献边际及净经营利润。

目标2：编制和理解本量利关系图。

目标3：使用贡献边际率（CMR）计算贡献边际的变化和销售量变化导致的净经

营利润的变化。

目标4：说明变动成本、固定成本、销售价格和数量变化对贡献边际的影响。

目标5：计算单位销售额和保本点。

目标6：计算达成必要目标利润所需的销售（作业）量。

目标7：计算安全边际并解释其重要性。

目标8：计算在特定销售水平下的经营杠杆系数，并说明如何运用经营杠杆系数来预测净利的改变。

目标9：计算多产品公司的保本点及销售组合的改变对贡献边际及保本点的影响。

决策专栏：Moreno扭转了Los Angeles Angels的颓势

2003年，Arturo Moreno收购美国职棒大联盟的Los Angeles Angels时，该队每年可吸引230万名球迷，但亏损550万美元。Moreno立即降低票价以吸引更多粉丝以增加利润。在第一次春季训练赛时，他将可选座的票价从12美元降低至6美元。Moreno明白，通过增加出席率他可以售出更多的食品和纪念品。他将啤酒的价格降低到2美元，并将棒球帽的价格从20美元降低到7美元。Los Angeles Angels现在每年保持340万名球迷。这一观赛人数的增长将球场的赞助收入提升到2 600万美元，是以前的两倍。与此同时，Fox Sports Network支付Los Angeles Angels 5亿美元，以直播其在未来10年的所有赛事。自从Moreno购买了Los Angeles Angels，该队年收入已经从1.27亿美元跃升至2.12亿美元，而该队曾经550万美元的经营亏损也已转化为1 030万美元的利润。

成本-数量-利润分析（cost-volume-profit，CVP）对管理阶层来说是一项非常有用的工具，它可以帮助他们了解成本、数量及利润三者间的关系，CVP分析关注下列5个因素如何影响利润：

1.销售价格

2.销售量

3.单位变动成本

4.总固定成本

5.产品销售组合

为了简化CVP的计算，管理层通常对一些因素进行如下假设[①]：

1.销售价格是固定的，假设产品或服务的销售价格不随着销售量而波动。

2.成本是线性的，可以准确地分为变动成本和固定成本。单位变动成本是恒定的。固定成本在一定时间内在总量上保持不变。

3.在多产品的公司，销售产品组合保持不变。

虽然在实践中这些假设可能被打破，但是本量利分析的结论往往还是相当有用的。当管理层所考虑的处于相关范围之外的销售量发生巨大变化时，依然依靠简单的本量利分析，也许有着最大的风险。然而即便如此，该模型亦可以据此进行调整，以考虑预期的变化，如销售价格、单位变动成本、总固定成本以及因销售量跌出相关范

① 用于制造企业的另一个假设是库存不变。生产数量等于销售数量。

围外而出现的销售组合。

为了帮助理解商业决策中CVP分析的角色，考虑Acoustic Concepts公司的例子。该公司由电器工程专业毕业生Prem Narayan组建，以销售他为汽车音响系统设计的新扩音器（扩音器也叫音速冲击波，使用先进的微处理器加大声音的放大程度）。Prem与中国台湾电器制造商签订合同生产扩音器。利用家里提供的创业资金，Prem向制造商下了一张订单并在汽车杂志上刊登了广告。

扩音器迅速取得了成功，销量迅速增长使得他有资本将公司总部从他的公寓里搬出来，他在附近的工业园里租了一个办公室，雇用了一位前台、一位会计、一位销售经理和一位将扩音器卖给零售商的销售职员。这位会计Bob Luchinni，曾经在一些小企业做过记账员和商业顾问。下面的对话发生在Bob Luchinni被雇佣后不久。

Prem：Bob，我有很多关于公司的财务问题，我希望你能给我答案。

Bob：我们现在境况很好。获得的借款，这几个月就能还清了。

Prem：我知道，但我担心扩大经营的风险。如果一个竞争对手进入市场，而我们的销售额又下滑，该怎么办？销售额最多降到什么程度，能保证我们不亏损？还有，我一直在试图解决的另一个问题是，我们的销售额将增加多少，才能证明销售人员正在推动的营销活动是有效的？

Bob：市场推广总是需要更多的钱去做广告。

Prem：他们总是要我降低扬声器的销售价格。我同意他们所说的，较低的价格能提高我们的销售量。但我不确定的是，增加的销售量是否能够将抵消由低价带来的收入损失。

Bob：听起来这些问题都或多或少地与我们的销售价格、成本和销售量有关。需要解决的不止是上述问题。

Prem：那我们过几天再见，看看那时你能提出什么问题。

Bob：行啊。到那时，我会给你一些初步的答案，并且给你一个可以回答未来类似问题的模型。

5.1 成本-数量-利润分析的基础

为了回答Prem Narayan提出的问题，Bob准备了贡献式利润表。贡献式利润表强调对成本的反映，因此它能够帮助公司管理者判断销售价格、成本或数量变化对利润的影响。Bob在上月的贡献式利润表的基础上进行了分析：

Acoustic Concepts，Inc.

贡献式利润表

6月

	总额	每单位
销售额（400个扩音器）	$100 000	$250
变动成本	60 000	150
贡献边际	40 000	$100
固定成本	35 000	
净经营利润	$5 000	

注意，这里的销售额、变动成本和贡献边际同时以单位额和总额表达。在下面回答Prem的问题时，单位数据是非常有用的。贡献式利润表仅提供给公司内部管理者使用，不作为对外报告提供给外部投资者。

小贴士

同学们经常因为未获得单位销售价格和单位变动成本而感到困惑。因此，请记住可用销售总额和变动成本总额除以出售商品的数量，来获得单位销售价格和单位变动成本。

5.1.1 贡献边际

目标1：解释作业的改变如何影响贡献边际及净经营利润。

贡献边际是指销售收入减去变动费用的部分。这个金额即是固定费用再加上可以提供本期利润的部分。贡献边际首先必须足够支付固定成本，剩余的才是本期获利的部分。如果贡献边际不足以支付固定成本，则本期将发生损失。在这个例子中，假设Acoustic Concepts公司在这个月只销售了1台扩音器。在这个销售量下，公司所显示的贡献式利润表如下：

贡献式利润表
1台扩音器

	合计	每单位
销售收入（1台扩音器）	$250	$250
减：变动成本	150	150
贡献边际	100	$100
减：固定成本	35 000	
净经营利润	$（34 900）	

当公司在这个月每多销售1台扩音器时，将会使得单位贡献边际增加100美元，贡献边际增加的部分将用来帮助支付固定成本。例如，如果第2台扩音器被出售，总贡献边际将增加100美元（即总贡献边际为200美元），则公司的损失将可以降低100美元，使得损失变为34 800美元。

贡献式利润表
2台扩音器

	合计	每单位
销售收入（2台扩音器）	$500	$250
减：变动费用	300	150
贡献边际	200	$100
减：固定费用	35 000	
净经营利润	$（34 800）	

如果能有足够的扩音器被销售以产生35 000美元的贡献边际，则所有的固定成本

都能得到补偿，使得公司在这个月能够保本——也就是没有利润，也没有损失。要达到保本点，鉴于每台扩音器的贡献边际为100美元，所以公司的销售量在每个月必须达到350台。

贡献式利润表

350台扩音器

	合计	每单位
销售收入（350台扩音器）	$87 500	$250
减：变动费用	52 500	150
贡献边际	35 000	$100
减：固定费用	35 000	
净经营利润	$0	

保本点的计算方式将在本章的后面讨论，而保本点（break-evenpoint）可以被定义为利润为零的销售量。

一旦达到保本点，每多销售1单位则单位贡献边际也会增加，从而净利润也会增加。例如，如果这个月的销售量为351台，则我们可以预期在本月会有100美元的净利，因为公司的销售量比保本的销售量多1个单位。

贡献式利润表

351台扩音器

	合计	每单位
销售收入（351台扩音器）	$87 750	$250
减：变动成本	52 650	150
贡献边际	35 100	$100
减：固定成本	35 000	
净经营利润	$100	

如果有352台扩音器被销售（较保本销售量多2个单位），则我们可以预期本月的净经营利润为200美元，如果销售353台扩音器（较保本销售量多3个单位），当月的净经营利润是300美元，以此类推。超过保本点销售量的净利润即当期的预计利润等于超过保本点的销售量乘以单位贡献边际。或者，要预计计划销售增加对利润的影响，可以用销售量的增加乘以单位贡献边际，预计结果会使利润增加。例如，如果Acoustic Concepts公司目前每个月的销售量为400台，并预期每个月的销售量将会增加至425台，则预期增加的净利如下：

增加销售的扩音器单位	25
每单位扩音器的贡献边际	×$100
净经营利润增加	$2 500

以上的计算可以用以下的方式来证明：

	销售数量		差异数（25个）	每单位
	400个	425个		
销售收入（每台扩音器250美元）	$100 000	$106 250	$6 250	$250
减：变动成本（每台扩音器150美元）	60 000	63 750	3 750	150
贡献边际	40 000	42 500	2 500	$100
减：固定成本	35 000	35 000	0	
净经营利润	$5 000	$7 500	$2 500	

汇总以上一连串的范例，如果公司没有任何的销售量，则公司的损失将会等于其固定费用。增加每单位销售所产生的贡献边际可以减少损失。一旦达到保本点，每增加销售一单位扩音器，公司利润的增加将等于每单位的贡献边际。

概念检查

1. 以下哪一个陈述是本量利分析的前提假设基础？（可多选）

a. 单位变动成本保持不变

b. 单位销售价格保持不变

c. 固定成本总额是恒定的

d. 变动成本总额随销售水平而波动

2. 一旦一家公司超过保本点，净营业收入将怎样？

a. 增加额等于单位销售价格乘以超过保本点的销售量

b. 增加额等于贡献边际率乘以超过保本点的销售量

c. 增加额等于单位贡献边际乘以超过保本点的销售量

d. 增加额等于单位变动成本乘以超过保本点的销售量

5.1.2 本量利关系等式

贡献式利润表可用如下公式表示：

利润=（销售收入-变动成本）-固定成本

为方便起见，我们用利润（profit）表示净经营利润（net operating income）。

当公司只生产单一的产品时，如 Acoustic Concepts公司，我们可以进一步完善公式：

销售收入=单位销售价格×销售量=P×Q

变动成本总额=单位变动成本×销售量=V×Q

利润=（单位销售价格×销售量-单位变动成本×销售量）-固定成本

前面所述所有计算，我们都可以用这个简单的公式来得出结果。例如，在上一案例中，我们计算出销售351台扩音器，净营业利润（利润）将是100美元，利用上述公式我们可以得出同样的结论：

利润=（单位销售价格×销售量-单位变动成本×销售量）-固定成本

利润=（$250×351-$150×351）-$35 000

=（$250-$150）×351-$35 000

=$100×351-$35 000

=$35 100-$35 000

=$100

单位贡献的计算也可以如此表示：

单位贡献=单位销售价格-单位变动成本=P-V

利润=（单位销售价格×销售量-单位变动成本×销售量）-固定成本

利润=（单位销售价格-单位变动成本）×销售量-固定成本

利润=单位贡献×销售量-固定成本

我们也可以用这个公式来确定销售的351台扩音器的利润：

利润=单位贡献×销售量-固定成本

=\$100×351-\$35 000

=\$35 100-\$35 000

=\$100

对于熟悉代数方法的人，解决本章问题最快和最简单的方法就是使用上述公式。

5.1.3 以图表表示的本量利关系

目标2：编制和理解本量利关系图。

收入、成本、利润和数量的之间的关系可以用本量利分析图（cost-volume-profit（CVP）graph）表示。本量利分析图强调大范围作业内的本量利关系。

为了向Prem Narayan解释分析结论，Bob Luchinni编制了Acoustic Concepts公司的本量利分析图。

绘制本量利分析图

在本量利分析图（也叫盈亏平衡图）中，单位数量画在X轴上，金额在Y轴上表示。编制如图5-1中的本量利分析图包括如下3步：

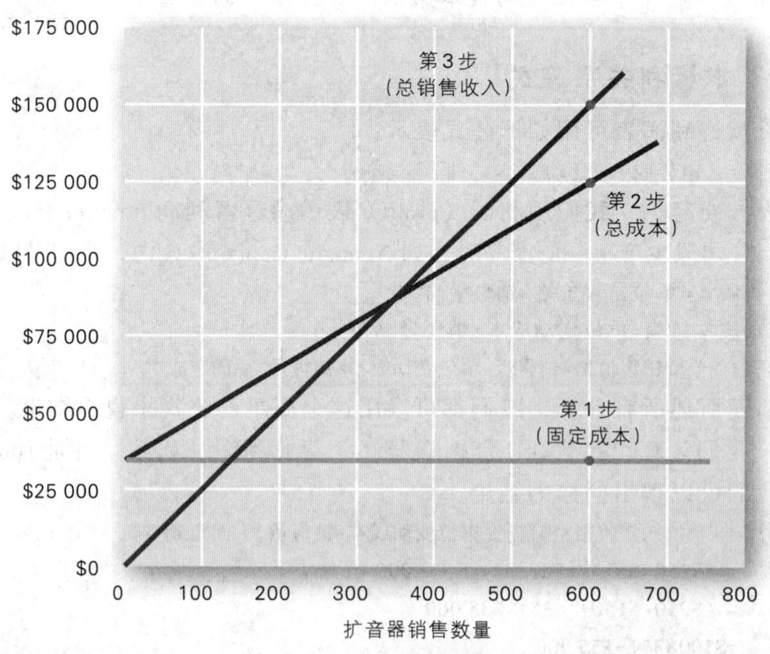

图5-1　绘制本量利分析图

1.绘制一条与数量轴（X轴）平行的直线表示总固定成本。以Acoustic Concepts公司为例，固定成本总额为35 000美元。

2.选择一些销售量和你选择的作业量对应的总成本（变动和固定）绘制在图上。在图5-1中，选择600台扩音器作业量，这些作业量的总费用如下：

固定成本	$35 000
变动成本（600台扩音器×$150/台扩音器）	90 000
总费用	$125 000

绘制完这个点后，画一条直线通过这一点和固定成本线在金额轴上的纵截距点(35 000美元点)。

3.然后再选择一些销售量和销售量对应的总销售金额。在图5-1中，选择600台扩音器，这一作业水平的销售额为150 000美元（600台扩音器×$250/台扩音器）。画一条直线连接这一点和原点。

完成的本量利分析图如图5-2所示。任何一个销售水平上的预期利润或损失通过总收入线（销售额）与总费用线（变动成本加上固定成本）的纵向距离衡量。

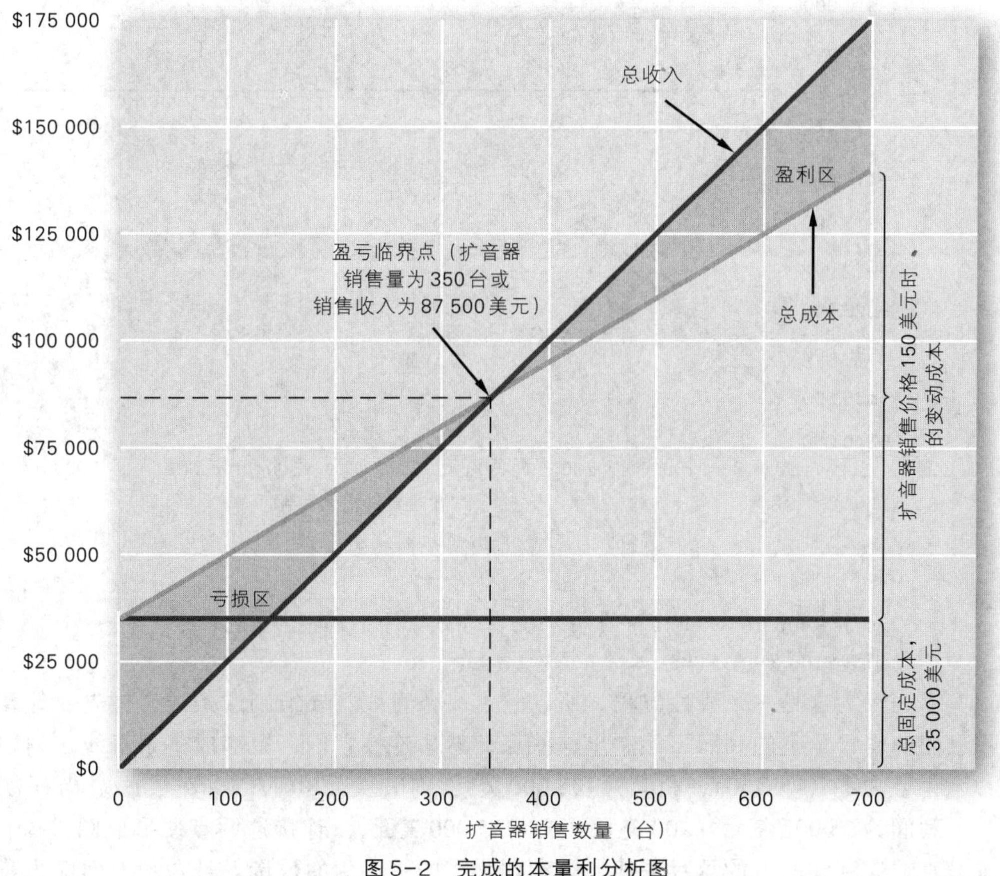

图5-2　完成的本量利分析图

总收入线和总费用线的交点是保本点。图5-2中的保本点是350台扩音器，与前面计算的保本点相同。

就像前面讨论过的，当销售额低于保本点时——本例的350台——公司就会有损失。销售额下降，损失（由总收入和总费用线间的纵向距离表示）增加；当销售额高于保本点时，公司就会取得利润，随着销售额增加，利润量（由总收入线和总费用线之间的纵向距离表示）也会增加。

还有一个形式更简单的图，我们称之为利润图，如图5-3所示。该图是基于以下公式：

利润=单位贡献×销售量-固定成本

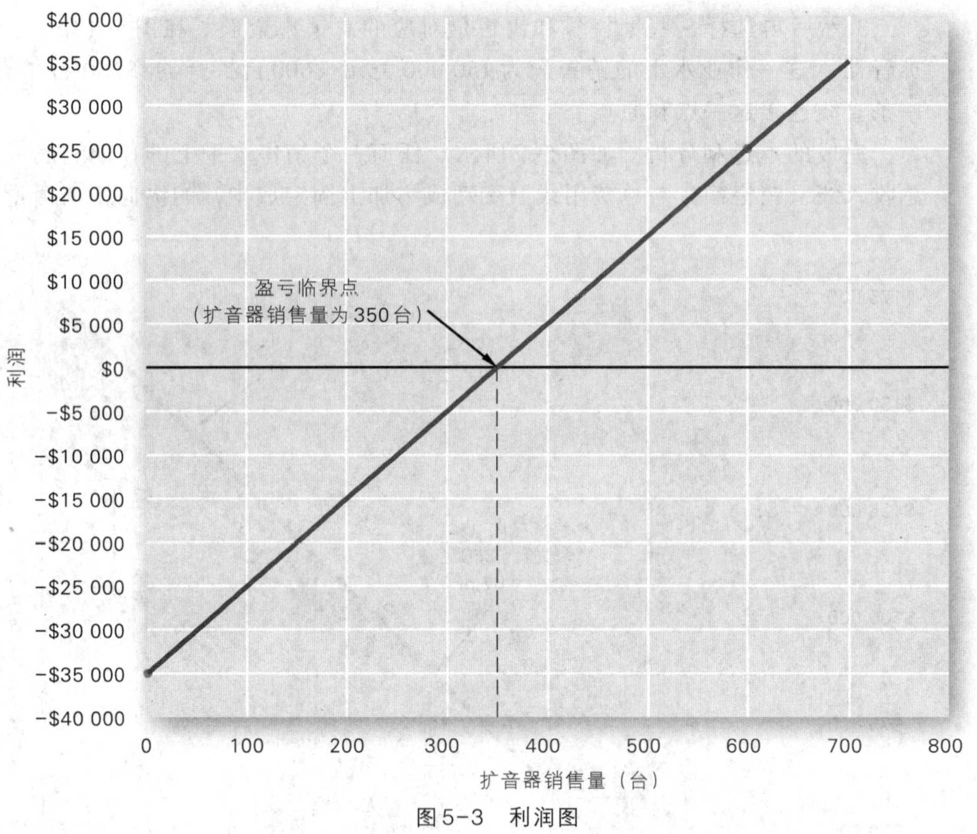

图5-3　利润图

对于Acoustic Concepts公司来说，等式如下（单位：美元）：

利润=$100×Q-$35 000

因为这是一个线性方程，所以它是一条直线。要绘制这条线，首先要计算两个不同的销售量下的利润，绘制出这些点，然后连接它们，便形成一条直线。例如，当销售量为零（即Q=0），利润为-35 000美元（100美元×0 - 35 000美元）。当Q为600时，利润为25 000美元（100美元×600 - 35 000美元）。连接这两点便形成图5-3中的这条直线。利润图上的盈亏平衡点是利润为零的销售额的数量，且在图上用虚线表示。请注意，盈亏平衡点的右侧，利润随着销售量增加而稳步上升；同理，在盈亏平衡点左侧，随着销售量下降，亏损程度逐步加大。

5.1.4 贡献边际率

目标3：使用贡献边际率（CMR）计算贡献边际的变化和销售量变化导致的净经营利润变动。

在前面的章节中，我们解释了本量利的关系。在这一部分中，我们将详细讲述本量利计算中如何使用贡献边际率。第一步，我们给Acoustic Concepts公司的贡献式利润表增加一栏，且销售收入、变动费用及贡献边际以销售额的百分比表示：

	合计	每单位	销售额百分比
销售收入（400台扩音器）	\$100 000	\$250	100%
减：变动费用	60 000	150	60%
贡献边际	40 000	\$100	40%
减：固定费用	35 000		
净利	\$5 000		

当贡献边际以其占销售额的百分比来表示时，我们称为贡献边际率（contribution margin ratio，CMR）。这个比率的计算公式如下：

贡献边际率=贡献边际/销售收入

Acoustic Concepts公司的贡献边际率计算如下：

$$\mathrm{CMR}=\frac{\text{总贡献边际}}{\text{总销货收入}}=\frac{\$40\,000}{\$100\,000}=40\%$$

如果一家公司只生产一种产品，像Acoustic Concepts公司，则贡献边际率也可以用以下的公式来计算：

$$\mathrm{CMR}=\frac{\text{单位贡献边际}}{\text{总销货收入}}=\frac{\$100}{\$250}=40\%$$

贡献边际率是一个非常有用的比率，因为它可以显示出总销售额的改变对贡献边际的影响。Acoustic Concepts公司的贡献边际率为40%，这表示公司每增加1美元的销售额，则总贡献边际将增加0.4美元（1美元×贡献边际率40%）。在固定成本没有变动的情况下，净营业利润也会增加0.4美元。一般来说，销售变化对贡献边际的影响以公式表示如下：

贡献边际变化额=贡献边际率×销售收入变化额

这个例子指出，总销售额的任何变化对净经营利润的影响都可以利用贡献边际率计算。例如，如果Acoustic Concepts公司计划下个月销售额增加30 000美元，则贡献边际增加12 000美元（销售额增加30 000美元×贡献边际率40%）。就像上面提到的，如果固定成本不变，则净经营利润增加12 000美元。下表可以证实：

	销售量			销售百分比
	现在	预计	增长	
销售额	$100 000	$130 000	$30 000	100%
变动费用	60 000	78 000*	18 000	60%
贡献边际	40 000	52 000	12 000	40%
固定费用	35 000	35 000	0	
净经营利润	$5 000	$17 000	$12 000	

*$130 000预计销售额÷$250/单位=520单位

520单位×$150/单位=$78 000

利润和贡献边际的关系可用下列公式表示：

利润=贡献边际率×销售额-固定成本[①]

利润=贡献边际率×销售额-固定成本

利润变化额=贡献边际率×销售变化额-固定成本变化额

例如，在销售额为130 000美元时，利润预计将为17 000美元，计算如下：

利润=贡献边际率×销售额-固定成本

=0.40×$130 000 - $35 000

=$52 000 - $35 000

=$17 000

再次说明，如果你对代数方法比较熟悉，这种方法往往比构建贡献式利润表更快、更容易。

当衡量哪种产品的销售额更多时，贡献边际特别有价值。在这种情况下，应当关注每单位销售额贡献边际最大的产品。

概念检查

3.边际贡献率总是随着（　　）而增加。（可多选）

a.销售额增加

b.固定成本下降

c.变动成本总额降低

d.变动成本随销售额的百分比减少

---

① 该等式可用基本利润公式和贡献边际率定义导出：

利润=（销售收入-变动成本）-固定成本

利润=贡献边际-固定成本

利润=$\frac{贡献边际}{销售额}$ × 销售额 - 固定成本

5.1.5 CVP概念的运用

目标4：说明变动成本、固定成本、销售价格和数量变化对贡献边际的影响。

Acoustic Concepts公司的会计员Bob Luchinni，试图向公司的董事长Prem Narayan解释前章所讲的概念在计划和决策中的应用，于是他收集了下列基础数据：

	每单位	销售额百分比
销售价格	\$250	100%
变动成本	150	60%
贡献边际	\$100	40%

每月固定成本为35 000美元，Bob Luchinni将利用这些数据演示在变动成本、固定成本、销售价格和销售数量变化的各种情况下其对公司盈利能力的影响。

在进行计算之前，我们要引入另一个概念——变动成本率，变动成本率是变动成本与销售额的比率。它可以用变动成本总额除以总销售额来计算，在进行单一产品分析时，也可以用单位变动成本除以单位销售价格来计算。在Acoustic Concepts公司的案例中，变动成本率为0.6，也就是变动成本是销售价格的60%。变动成本率计算公式如下：

$$变动成本率 = \frac{变动成本}{销售额}$$

因此，变动成本率和贡献边际率的关系如下：

$$贡献边际率 = \frac{贡献边际}{销售额}$$

$$贡献边际率 = \frac{销售额 - 变动成本}{销售额}$$

贡献边际=1-变动成本率

小贴士

餐厅的食品价格创下新高

下图可以强化你对学习目标4的理解，它强调了影响净经营收入的四个变量：销售量、单位销售价格、单位变动成本和固定成本。如果在下图方框内输入数据，遵循计算步骤便可以得出新净营业利润。第一步，用销售量乘以单位销售价格得出总销售额。第二步，用销售量乘以单位变动成本得出变动成本总额。第三步，用从总销售额中减掉变动成本总额得到贡献边际。第四步，用贡献边际减去固定成本得到新的净营业利润。

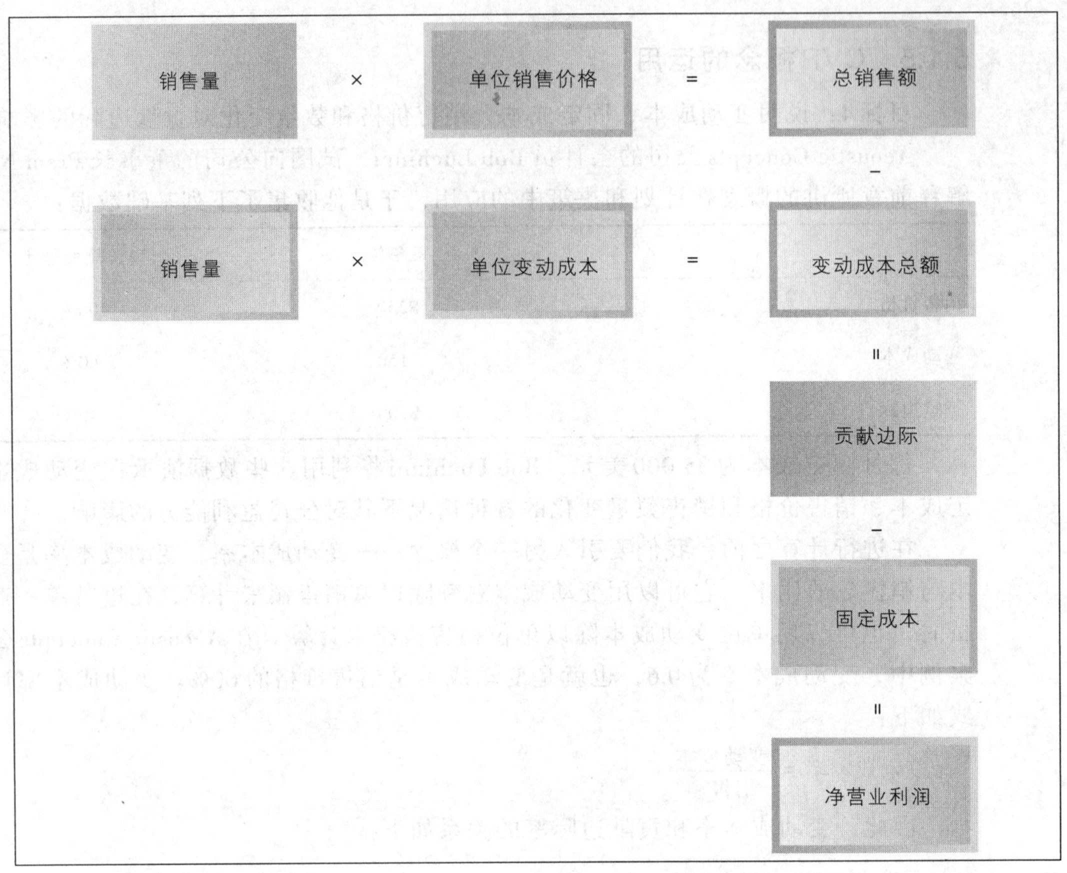

固定成本和销售量改变

Acoustic Concepts公司目前每个月扩音器的销售量为400台，每台扩音器的售价为250美元，销售额为100 000美元。销售经理认为如果每个月的广告预算可以增加10 000美元，每个月的销售量将增加至520台，增加的销售收入应为30 000美元。公司的广告预算应该增加吗？

以下的表格将显示出每月广告预算增加对公司的影响：

	目前的销售收入	增加广告预算后的销售收入	差异	占销售收入的%
销售收入	$100 000	$130 000	$30 000	100%
减：变动费用	60 000	78 000*	18 000	60%
贡献边际	40 000	52 000	12 000	40%
减：固定费用	35 000	45 000+	10 000	
净利	$5 000	$7 000	$2 000	

*520台×$150/台=$78 000

+$35 000+$10 000（每个月另外增加的广告预算）=$45 000

假设不考虑其他因素，通过了广告预算增加案，因为它可以使得公司的净利增加2 000美元。有两种方法可以解答这个问题。第一个方法如下：

解答一：

预期的总贡献边际：	
$130 000×40%（CM率）	$52 000
目前的总贡献边际：	
$100 000×40%（CM率）	40 000
增加的贡献边际	12 000
固定成本的改变：	
减：增加的广告费用	10 000
增加的净营业利润	$2 000

因为在本例中只有固定费用及销售数量的改变，则另外一种解答方法如下：

解答二：

增加的贡献边际：	
$30000×40%（CM率）	$12 000
减：增加的广告费用	10 000
增加的净营业利润	$2 000

注意，这个方法并不是基于之前的销售额。这两种解答方法都不需要编制公司的利润表。以上的解答方法使用了增量分析法（incremental analysis），它只考虑了在新的计划被执行后，销售额、成本及数量等因素对净利的影响。虽然在大部分案例中都需要编制新的利润表，但大部分管理层都较偏好使用增量分析法。在制定决策时，它是一种比较简单、直接且只将焦点放在特定项目上的方法。

变动成本与销售量改变

回看原始资料，Acoustic Concepts公司目前每个月扩音器的销售量为400台，公司打算使用品质较高的零件，而这将会使得每台扩音器的变动成本增加10美元（这将会减少贡献边际）。而销售经理预期这将会使得每月扩音器的销售量增加为480台。是否应该使用较高品质的零件？

每单位变动成本增加10美元，将会使得每单位贡献边际由100美元下降为90美元。

解答：

预期的总贡献边际——使用较高品质的零件	
480台扩音器×$90	$43 200
目前总贡献边际：	
400台扩音器×$100	40 000
增加的总贡献边际	$3 200

基于以上资料，应该使用品质较佳的零件。因为在固定成本没有变动的情况下，公司的净营业利润将增加3 200美元。

固定成本、售价与销售量改变

原始资料显示，Acoustic Concepts公司目前每个月扩音器的销售量为400台。为了增加销售量，销售经理想要将每台扩音器的价格调低20美元且每个月增加15 000美元的广告预算。销售经理指出如果这两个计划都被采用，则每个月的销售量将增加

50%，至600台扩音器。这两个计划应该采用吗？

每台扩音器售价减少20美元，将会使得每单位贡献边际由100美元降为80美元。

解答：

预期的总贡献边际——降低销售价格	
600台扩音器×$80	$48 000
目前总贡献边际：	
400台扩音器×$100	40 000
增加的贡献边际	8 000
固定费用的改变	
减：增加的广告费用	15 000
净营业利润减少	$（7 000）

基于以上的信息，这两个计划不应采用。相同的答案也可以利用编制以下的比较利润表来获得：

	目前每月销售量 400台扩音器		预计每月销售量 600台扩音器		
	总计	每单位	总计	每单位	差异
销售收入	$100 000	$250	$138 000	$230	$38 000
减：变动成本	60 000	150	90 000	150	30 000
贡献边际	40 000	$100	48 000	$80	8 000
减：固定成本	35 000		50 000*		15 000
净营业利润（损失）	$5 000		$（2 000）		$（7 000）

*$35 000+$15 000（每月增加的广告预算）=$50 000

变动成本、固定成本与销售量改变

原始资料显示，Acoustic Concepts公司目前每个月扩音器的销售量为400台。销售经理想要将原本销售人员的固定工资（目前每个月的工资为6000美元）改为每销售1台的扩音器将有15美元的佣金。销售经理预期将增加15%的销售量，每月扩音器销售量将上升为460台。这个改变应该执行吗？

解答：

将销售人员由原本的固定工资基础改为佣金制度，将同时影响变动及固定费用。固定费用将减少6000美元，由原本的35000美元降低至29000美元。变动费用将增加15美元，由原本的150美元上升至165美元，而每单位的贡献边际也会由100美元下降至85美元。

预期的总贡献边际——含销售人员的佣金	
460台扩音器×$85/台扩音器	$39 100
目前总贡献边际：	
400台扩音器×$100/台扩音器	40 000
增加的总贡献边际	（900）
固定成本的改变	
加：以佣金取代固定的工资	6 000
净营业利润增加	$5 100

基于以上信息，这个改变应该执行。同样，相同的答案可以通过编制比较的利润表来获得：

	目前每月销售量 400台扩音器		预计每月销售量 460台扩音器		
	总计	每单位	总计	每单位	差异
销售收入	$100 000	$250	$115 000	$250	$15 000
减：变动成本	60 000	150	75 900	165	15 900
贡献边际	40 000	$100	39 100	$85	900
减：固定成本	35 000		29 000		（6 000）*
净营业利润（损失）	$5 000		$10 100		$5 100

*注意：固定成本减少就会增加净经营利润。

销售价格改变

原始资料显示，Acoustic Concepts公司目前每个月扩音器的销售量为400台。公司现在如果将售价降低，则可以将150台的扩音器销售给经销商。而这个销售并不会影响公司正常销售，也不会影响公司的总固定费用。每台扩音器的销售价格应为多少(如果公司每个月想要增加3 000美元的净利)？

解答：

每单位变动成本	$150
预期每单位利润：	
$3 000÷150台	20
预计价格	$170

注意，在计算过程中并没有考虑固定成本。这是因为固定成本并不会影响整批的销售，所以所有的额外贡献边际都会增加利润。

商业实践

图书出版业的风险管理

位于得克萨斯州奥斯丁的一家名为Greenleaf Book Group的图书出版公司，吸引着大量愿意支付出版费用或愿意放弃预付稿费以换取更大发行量和提成收入的作者。例如，假设一个发行商印出10 000本某新书，每本售价为12.50美元。出版商向作者支付了20 000美元的预付稿费，然后投入60 000美元的费用用于编辑、印刷、推广这本书。若销售量达到8 000本以上，发行商另付作者每本20%的提成费（每本2.5美元）。在这种情况下，出版商必须卖出6 400本书（80 000美元的固定成本÷每本12.50美元）才能达到保本点。如果10 000本全部售出，作者的收入为25 000美元（预付稿费20 000美元+2 000本×提成费2.50美元），出版商的收入为40 000美元（125 000美元−60 000美元−20 000美元−5 000美元）。

Greenleaf Book Group图书出版公司改变了上述财务政策，提请作者们考虑销售不佳带来的风险。公司支付作者售出图书价格70%的提成费（即每本8.75美元），但作者要放弃20 000美元的预付稿费，并向公司支付60 000美元用于图书的编辑、印刷、推广。如果这本书失败了，作者无法收回其投资。如果10 000本全部售出，作者的收入为27 500美元（10 000本×8.75美元−60 000美元），Greenleaf Book Group图书出版公司赚37 500美元（10 000本×（12.50美元−8.75美元））。

资料来源：Christopher Steiner，"Book It，" *Forbes*，2009，p.58.

5.2 保本点与目标利润分析

管理者使用保本点和目标利润分析来回答这些问题：我们必须出售多少产品以避免蒙受损失，或我们要卖多少产品以保证每月10 000美元的利润？我们将通过目标利润分析讨论保本点。

目标5：计算保本点。

5.2.1 保本分析

在本章的前面，我们已经定义了保本点，其是指公司净利等于零的销售水平。保本点可以利用等式法（equation method）或公式法（formula method）来计算——这两种方法所计算出的结果是相同的。下面，我们用Acoustic Concepts公司的数据来解释这两种方法。

等式法

等式法依赖于本章前面所介绍的基本利润等式，由于Acoustic Concepts公司只有一个产品，我们将使用这个公式的贡献边际形式来做保本点的计算。

Acoustic Concepts公司的单位贡献边际为100美元，固定成本为35 000美元，公司的盈亏平衡点计算如下：

利润=单位边际贡献×销售量−固定成本

$0=$100×Q−$35 000

$100×Q=$0+$35 000

Q=$35 000÷$100

Q=350

因此，正如我们在本章前面所阐述的，扩音器月销售量为350台时，Acoustic Concepts公司将达到保本点（或赚取零利润）。

公式法

实际上，公式法只是之前等式法的简化版。这个方法的概念即是每单位产品销售所提供的贡献边际可以弥补固定成本的程度。在单一产品的情况下，用公式法计算保

本点：[①]

$$保本点销售量 = \frac{固定成本}{单位边际贡献}$$

在Acoustic Concepts公司的案例中，保本点计算如下：

保本点=固定成本/单位贡献边际

=\$35 000/\$100

=350

注意，我们使用等式法得到的答案相同也是350台。这是一定的，因为公式法和等式法在数学上是等价的。公式法只是在等式法的基础上简单地跳过了几个步骤。

概念检查

4.假设每单位销售价格为30美元，贡献边际率为40%，总固定成本为60 000美元。销售量的保本点是多少？

a.2 000

b.3 000

c.4 000

d.5 000

保本销售额

除了计算保本销售量外，我们也可以使用三种方法计算保本销售额。第一种方法，我们可以用公式法或等式法求出的保本销售量直接乘以单位销售价格，在Acoustic Concepts公司的案例中，保本销售额等于350台扩音器×单价250美元，即得到销售总额为87 500美元。

第二种方法，我们可以用等式法计算出保本销售额。Acoustic Concepts公司的贡献边际率为40%，固定成本是35 000美元，等式法计算的保本销售额如下：

利润=贡献边际率×销售额-固定成本

\$0=0.40×销售额-\$35 000

0.40×销售额=\$0+\$35 000

销售额=\$35 000÷0.40

销售额=\$87 500

第三种方法，我们可以用公式法计算保本销售额：[②]

---

① 公式是这样导出的：
利润=单位贡献边际×销售量-固定成本
\$0=单位贡献边际×销售量-固定成本
单位贡献边际×销售量=\$0+固定成本
销售量=固定成本÷单位贡献边际

② 公式是这样导出的：
利润=贡献边际率×销售额-固定成本
\$0=贡献边际率×销售额-固定成本
贡献边际率×销售额=\$0+固定成本
销售额=固定成本÷贡献边际率

$$保本销售额 = \frac{固定成本}{贡献边际率}$$

Acoustic Concepts公司的案例中，

保本销售额=固定成本/贡献边际率

=$35 000/0.40

=$87 500

值得再次注意的是，我们使用等式法得到的答案也是87 500美元。这是一定的，因为公式法和等式法在数学上是等价的。

5.2.2 目标利润分析

目标6：明确完成目标利润需要达到的销售量水平。

目标利润分析是本量利分析的主要应用之一。在目标利润分析中，我们分析实现特定的目标利润所需要的销售量。举个例子，在Acoustic Concepts公司的案例中，Prem Narayan想要实现每月40 000美元的目标利润，需确定实现目标利润的销售量和销售额，我们可以依靠同样的两种方法，即等式法或公式法。

等式法

为了计算达到目标利润40 000美元的销售量，Acoustic Concepts公司使用计算保本点时的利润等式。公司的单位贡献边际是100美元，固定成本是35 000美元，使用等式法计算如下：

利润=单位贡献边际×销售量-固定成本

$40 000=$100×销售量-$35 000

$100×销售量=$40 000+$35 000

销售量=$75 000÷$100

销售量=750

因此，目标利润可以通过每月销售750台扩音器来实现。注意：这个等式和保本点计算之间的唯一区别是利润的数额。在保本点计算中，利润是0美元；而在目标利润计算中，利润为40 000美元。

公式法

一般来说，在单一产品的情况下，我们可以使用下列公式计算达到特定目标利润所需的销售量：

$$取得目标利润的销售量 = \frac{目标利润 + 固定成本}{单位贡献边际}$$

在Acoustic Concepts公司的案例中，达到40 000美元的目标利润的计算方法如下：

取得目标利润的销售量=（目标利润+固定成本）/单位贡献边际

=（$40 000+$35 000）/$100

=750

目标利润的销售额

当实现目标利润所需的销售额，我们可以利用计算保本销售额所使用的三种方法。第一种方法，我们可以用公式法或等式法求出的目标利润所需销售量直接乘以单位销售价格，在Acoustic Concepts公司的案例中，目标利润所需销售额等于750台扩音器×单价250美元，即销售总额为187 500美元。

第二种方法，我们可以用等式法计算出实现目标利润的销售额。Acoustic Concepts公司的目标利润是40 000美元，贡献边际率为40%，固定成本是35 000美元，使用等式法计算的目标利润销售额如下：

利润=贡献边际率×销售额−固定成本

$40 000=0.40×销售额−$35 000

0.40×销售额=$40 000+$35 000

销售额=$75 000÷0.40

销售额=$187 500

第三种方法，我们可以用公式法计算目标利润销售额：

$$目标利润所需销售额 = \frac{目标利润 + 固定成本}{贡献边际率}$$

Acoustic Concepts公司的案例中，

保本销售额=（目标利润+固定成本）/贡献边际率

=（$40 000+$35 000）/0.40

=$187 500

值得再次注意的是，我们使用所有的方法得到答案都是一样的。因为所讨论的所有方法都只是到达相同目的地的不同路径。

商业实践

Snap Fitness在经济低迷时期的发展

当Bally's Total Fitness申请破产时，Snap Fitness已在美国扩张了900多家健身俱乐部，拥有400 000个会员。Snap Fitness成功的秘诀是其"廉价"的锻炼方法。每个俱乐部有5台跑步机、2辆动感单车、5台椭圆机和训练器械，精简掉了现场儿童护理、果汁酒吧和淋浴等设施。每个俱乐部通常只有每周25到40小时的员工在岗时间，会员费为每月35美元。

要开一个新的Snap Fitness分店，每个特许经营者需要投入初始资本120 000美元用于各类设备的购买和一次性许可费15 000美元的支出。特许经营者还需支付Snap（母公司）每月400美元加上每个会员0.50美元的提成费。Snap还收取每个新会员的"计费手续"，即一次性费用5美元以及发行的会员卡工本费每张5美元。如果一个新的分店吸引了275个会员，它3个月就可以达到保本点。你会Snap的保本点计算吗？

资料来源：Nicole Perlroth，"Survival of the Fittest，" *Forbes*，2009，pp.54–55.

5.2.3 安全边际

目标7：计算安全边际及解释其重要性。

安全边际（margin of safety）是指预计（或实际）销售额减去保本销售额的部分，即在损失尚未发生前销售额下降的金额可以有多少。安全边际越高，不保本和发生损失的风险越低。其计算方式如下：

安全边际=预计（或实际）销售额-保本销售额

安全边际也可以用百分比来表示，即为安全边际占总销售额的比重：

安全边际率=安全边际/销售额

Acoustic Concepts公司安全边际的计算如下：

销售额（目前扩音器销售量为400台）(a)	$100 000
保本销售额（350台扩音器）	87 500
安全边际（b）	$12 500
安全边际率（b）÷（a）	12.5%

这里的安全边际是指在目前的销售水平、售价及成本结构下，如果销售额减少12 500美元或者12.5%，将会使得公司只能保本。

在生产单一产品的公司像Acoustic Concepts，将安全边际除以每单位售价即可得到安全边际的销售量。在此案例中，安全边际销售量为50台（＄12 500÷＄250）扩音器。

你的决策

贷款专员

Steve Becker在北卡罗来纳州的雅顿拥有一个酿酒厂，叫Blue Ridge Brewery。他向每个分销商收取每箱100美元的费用。当销售给零售商时，分销商加价20%，零售商销售给顾客时加价30%。最近几年，Blue Ridge Brewery的营业收入是每年800万美元，它的净经营利润是70万美元，Becker对外报告说制造每箱世界级黑啤酒，需花费原材料32美元、人工20美元、装瓶和打包4美元、水电费12美元。

假设Becker向你的银行申请贷款。作为一个贷款专员，你需要考虑很多因素，包括公司的安全边际。假设Blue Ridge Brewery的其他财务信息也是良好的，你认为公司的安全边际能否支撑贷款？

Prem Narayan和Bob Luchinni开会讨论Bob的分析结果。

Prem：Bob，你向我展示的一切都很清楚。我可以看到销售经理的建议对我们的利润产生的影响。一些建议很好，一些效果不佳。我担心我们的安全边际量只有50个扩音器。我们能做什么来增加这个数字？

Bob：嗯，我们要增加总销量或降低保本点，或两种方法并行。

Prem：以降低保本点，我们必须减少我们的固定成本或增加我们的单位贡献边际，对吗？

Bob：正解。

Prem：为了提高我们的单位贡献边际，我们必须提高我们的销售价格或降低单位变动成本？

Bob：对的。

Prem：那么你有什么建议吗？

Bob：嗯，分析未说明具体应该怎么做，但它确实表明我们有潜在的问题。

Prem：如果你没有任何直接建议，我想下周召开一个大会讨论提高安全边际的方法。我想大家都会关心我们的销售量是多么的脆弱，即使那仅仅是一个小波动。

概念检查

5.假设公司生产的一种产品售价55美元，每单位变动成本35美元，固定成本10万美元。公司需要销售多少单位产品才能取得5万美元目标利润？

a.7 500

b.10 000

c.12 500

d.15 000

6.情况如上题，如果公司实现目标利润，销售额的安全边际是多少？

a.$110 000

b.$127 500

c.$137 500

d.$150 000

7.关于安全边际，下列哪个陈述是错误的？（可多选）

a.预计（或实际）销售总额减去保本点销售额等于安全边际销售额

b.安全边际销售额除以预算（或实际）销售总额等于安全边际率

c.在一个单一产品的公司，安全边际额除以变动成本等于单位安全边际

d.安全边际额可以是负数

5.3 本量利分析与成本结构

成本结构就是组织中固定及变动成本之间适当的关系。而组织也会在固定及变动成本间作适当的取舍。例如，对自动设备的固定投资会减少变动人工成本。在本节，将讨论成本结构的选择，我们将引入经营杠杆的概念。

5.3.1 成本结构与获利稳定性

哪一种成本结构更好，高变动成本和低固定成本，还是相反？其实并没有一个绝对的答案，因为不管是何种成本结构都有其优缺点。为了能表示出这些特定的情况，我们将利用以下两家蓝莓园的利润表来解释。Bogside Farm使用外来工人来采收蓝莓，而Sterling Farm则是投资采莓机器来采收。结果，Bogside Farm有较高的变动成本，而Sterling Farm则有较高的固定成本。

	Bogside Farm		Sterling Farm	
	金额	百分比	金额	百分比
销售额	$100 000	100%	$100 000	100%
减：变动成本	60 000	60%	30 000	30%
贡献边际	40 000	40%	70 000	70%
减：固定成本	30 000		60 000	
净经营利润	$10 000		$10 000	

哪一个蓝莓园有较佳的成本结构？这个问题必须视许多因素而定，包括长期的销售趋势、每年销售量的变动及园主所愿意承担的风险。如果在未来预计销售额会在100 000美元以上，则Sterling Farm可能会有较佳的成本结构。原因是它的贡献边际率比较高，即它的利润会随着销售额的增加而大幅上升。假设在固定成本不变的情况下，每一个蓝莓园预期销售会增加10%，则其新的利润表如下：

	Bogside Farm		Sterling Farm	
	金额	百分比	金额	百分比
销售额	$110 000	100%	$110 000	100%
减：变动成本	66 000	60%	33 000	30%
贡献边际	44 000	40%	77 000	70%
减：固定成本	30 000		60 000	
净经营利润	$14 000		$17 000	

虽然两家增加的销售额比率相同，但是由于Sterling Farm的贡献边际率较高，其净利的增加将会较多。

而如果销售额低于100 000美元，两家蓝莓园的保本点将会是多少？安全边际为多少？以下利用公式法来计算这些问题的答案：

	Bogside Farm	Sterling Farm
固定费用	$30 000	$60 000
贡献边际率	÷0.40	÷0.70
保本销售额	$75 000	$85 714
目前总销售额（a）	$100 000	$100 000
保本销售额	75 000	85 714
安全边际销售额（b）	$25 000	$14 286
安全边际率（b）÷（a）	25.0%	14.3%

Bogside Farm有较高的安全边际，并且其保本点比Sterling Farm低。因此，Bogside Farm损失的发生会比Sterling Farm晚。因为它的贡献边际率较低，当销售下降时，Bogside Farm损失的贡献边际不会像Sterling Farm下降得那样快。因此，Bogside Farm获利的稳定性较好。但当销售增加时，这将是个缺点，但它在销售下降时提供了更多的保护。因为保本点降低，在损失发生前Bogside Farm能够承受更大的销售额下降。

总之，由于未来经营环境是不可知的，所以，哪一个成本结构较佳也无从确定。两者各有优缺点。由于Sterling Farm有较高的固定成本及较低的变动成本，其净利会随着销售额变动而变动，因此，在销售情况好的年度将会有比较高的获利；但在销售状况不好的年度时其损失也会比较大。Bogside Farm有较低的固定成本及较高的变动成本，其获利的稳定性将会较好，在销售状况不好的年度也不会有太大的损失；但相对的，在销售情形较佳的年度其净利会较低。

5.3.2 经营杠杆

目标8：计算在特定销售水平下的经营杠杆系数，并说明如何运用经营杠杆系数来预测净利的改变。

杠杆是一项有乘数效应的工具。使用杠杆，只要使用适量的力即可以移动很大的目标。在企业里，经营杠杆即有类似的作用。经营杠杆（operating leverage）即是一种衡量销售增加一个百分比时净利如何变动的工具。经营杠杆具有乘数的效应。如果经营杠杆系数很高，则表示当销售增加很小的百分比时，净经营利润增加的百分比将高于销售增加的百分比。

经营杠杆也可以利用之前两家蓝莓园的资料来计算。就Sterling Farm来说，当销售额增加10%（从100 000美元增加至110 000美元）时，将会使得净经营利润增加70%（由10 000美元增加到17 000美元）；但就Bogside Farm来说，净经营利润却只增加40%（由10 000美元增加到14 000美元）。因此，销售额增加10%，Sterling Farm净经营利润增加的幅度大于Bogside Farm增加的幅度。所以，Sterling Farm的经营杠杆系数比Bogside Farm大。

不同的销售水平下，经营杠杆系数（degree of operating leverage）的计算公式如下：

经营杠杆系数=贡献边际/净经营利润

经营杠杆系数是衡量在既定的销售水平下，销售变动的百分比如何影响净利的工具。两家蓝莓园在销售额为100 000美元时的经营杠杆系数如下：

Bogside Farm：$40 000/$10 000=4

Sterling Farm：$70 000/$10 000=7

Bogside Farm的经营杠杆为4，代表其蓝莓园净利的成长为销售的4倍；而Sterling Farm则为7倍。因此，如果销售增加10%，则我们可以预期Bogside Farm的净利将增加4倍，即40%；而Sterling Farm的净利则会增加7倍，即70%。在一般情况下，销售额变动百分比和净利变动百分比的关系如下面的公式所示：

净利变动百分比=经营杠杆系数×销售额变动百分比

	(1) 销售额变动百分比	(2) 经营杠杆系数	(3) 净利变动百分比 (1)×(2)
Bogside Farm	10%	4	40%
Sterling Farm	10%	7	70%

是什么原因使Sterling Farm有比较高的经营杠杆呢？这两家蓝莓园唯一的不同在于它们的成本结构。如果两家蓝莓园有相同的总收入和相同的总费用，但却有不同的成本结构，则当公司成本结构中有较高比例的固定成本时，其将会有较高的经营杠杆。我们再回到之前的例子，当两家蓝莓园的总收入都是100 000美元，总费用都是90 000美元时，Bogside Farm的成本中有1/3为固定成本，但Sterling Farm则有2/3的

固定成本。结果，Sterling Farm的经营杠杆系数比Bogside Farm更高。

经营杠杆系数不是固定不变的，销售水平越接近保本点，销售下降及利润上升时，经营杠杆度将会越高。这可以通过以下的表格看出，Bogside Farm在不同的销售额下的经营杠杆系数如下。

销售额	$75 000	$80 000	$100 000	$150 000	$225 000
减：变动费用	45 000	48 000	60 000	90 000	135 000
贡献边际（a）	30 000	32 000	40 000	60 000	90 000
减：固定费用	30 000	30 000	30 000	30 000	30 000
净利（b）	$0	$2 000	$10 000	$30 000	$60 000
经营杠杆系数（a）÷（b）	∞	16	4	2	1.5

因此，当公司的销售额为225 000美元时，代表销售额增加10%时，其净利只增加15%（10%×1.5）；而当公司的销售额为100 000美元时，净利却可以增加40%。经营杠杆的系数随着公司销售额远离保本点而逐渐下降。在保本点时，经营杠杆系数将会无限大（$30 000贡献边际÷净利$0）。

管理人员可以利用经营杠杆系数估算销售百分比的改变对净利有什么影响，而不需要再去编制详细利润表。如同我们在案例中看到的，经营杠杆的影响变化很大。公司的销售额越接近保本点，即使销售只有很小百分比的改变对于净利也会有影响。这也解释了为什么管理层会为了增加一点销售量而非常努力地工作。因为如果经营杠杆系数是5，则当销售增加6%时，将会使得净利增加30%。

商业实践

高经营杠杆的危险性

近年来，计算机芯片制造商已经投入了超过750亿美元用来建立新的生产设施，以满足数字设备等日益增长的需求，如iPhone和黑莓。因为运行这些设施的成本的70%是固定成本，客户需求的急剧下降迫使这些公司不得不在以下两者中进行选择：降低生产水平并承担大量的闲置产能成本，或者在需求萎缩情况下继续生产大量的产品，并接受由此导致的大量产品充斥市场造成供应过剩，价格降低。除此之外，也可以在计算机芯片制造过时时选择回避投资。

资料来源：Bruce Einhorn，"Chipmakers on the Edge，" *BusinessWeek*，2009，pp.30-31.

5.4 销售佣金结构

一般而言，公司会根据销售的佣金、工资或两者结合来回馈销售人员。实行以销售额为基础的佣金制度将使公司的获利较低。举例来说，Pipeline Unlimited是一家生产冲浪设备的制造商。销售人员向北美及太平洋港湾的零售运动用品店销售公司的产品。公司生产的两款冲浪板的资料如下：

	类型	
	XR7	Turbo
销售价格	$695	$749
减：变动费用	344	410
贡献边际	$351	$339

如果佣金为销售收入的10%，则销售人员会更努力地推销哪一种类型的冲浪板？答案是Turbo，因为它有比较高的销售价格。另外，从公司的角度来看，如果销售人员建议客户购买XR7型的冲浪板，则公司的获利将会较高，因为它有比较高的贡献边际。

为了避免这种不合理的情况出现，有些公司采用贡献边际而非销售价格作为计算佣金的基础。当销售员的佣金以贡献边际为基础时，他们会自动地销售贡献边际最大的产品组合。由于固定成本不受销售组合的影响，因此，最大化贡献边际同样使得公司利润最大化（假定公司没有生产约束。如果有的话，应该对销售佣金进行修改）。实际上，当销售人员使自己得到最大报酬的同时，也使公司的利润最大化。

5.5 销售组合

目标9：计算多产品公司的保本点，解释销售组合的变化对贡献边际和保本点的影响。

结束本文对CVP的讨论之前，我们将考虑销售组合变动对公司利润的影响。

5.5.1 销售组合定义

销售组合（sales mix）是指在一家公司所销售的多种产品中，每种产品最适当的销售比例。公司通常通过组合或混合产品以产生最大金额的净利。大部分公司都有多种不同的产品，而且通常每种产品的获利性都不同。如果这是真的，公司的获利情形必须视公司产品的销售组合而定。当高贡献边际产品占销售额的比重较高时，公司将拥有较高的利润。

销售组合的改变会对公司的获利状况产生复杂的影响。当公司的销售组合由高贡献边际的项目转换到低贡献边际的项目时，可能会导致公司净利急速地下降，即使公司的销售额在增加。相对的，销售组合如果由低贡献边际的项目转移至高贡献边际的项目，则可能会出现完全相反的效果，即使总销售收入下降，净利也会增加。达到特定的销售量与组成最具获利性的销售组合是完全不同的。

商业实践

上网本市场抢夺计算机市场

当电脑厂商推出“上网本”时，它们希望其会作为消费者补充家庭和办公室的个人电脑（PC）空缺的一个第三类计算机，而不是取代它们。然而，当经济下滑，许多客户决定购买价格较低的上网本而不是个人电脑时，这反过来又影响了许多公司的财务绩效。例如，当Microsoft未能实现其销售目标时，公司将部分原因归咎于日益增长的上网本销量导致的PC销售下降。Microsoft上网本的Windows操作系统的售价为每台15美元到25美元，这不到其旗下最便宜个人电脑的Windows操作系统价格的一半。

资料来源：Olga Kharif，"Small，Cheap—and Frighteningly Popular，" *BusinessWeek*，December 8，2008，p.64.

5.5.2 销售组合与保本点分析

如果一家公司销售一种以上的产品，此时保本点的分析与前文相比将会更复杂。原因在于不同的产品可能会有不同的销售价格、不同的成本及不同的贡献边际。所以，保本点必须视各种产品的销售组合状况而定。例如，Virtual Journeys Unlimited是一家生产DVD的公司。目前公司销售两种DVD产品：Monuments DVD，美国最盛名的古迹旅行影像；以及Parks DVD，美国国家公园的影像。这些多媒体产品包括音响、照片、录影带剪辑及精密软件。公司9月的销售、费用及保本点的资料见表5-1。

表5-1　　多种产品下的保本分析

Virtual Journeys Unlimited

贡献式利润表

9月

	Monuments DVD		Parks DVD		总计	
	金额	百分比	金额	百分比	金额	百分比
销售额	$20 000	100%	$80 000	100%	$100 000	100%
变动成本	15 000	75%	40 000	50%	55 000	55%
贡献边际	$5 000	25%	$40 000	50%	45 000	45%
固定成本					27 000	
净经营利润					$18 000	

保本点计算：

$$\frac{\text{固定成本}}{\text{综合贡献边际率}}=\frac{\$27\,000}{0.45}=\$60\,000$$

验证保本点：

	Monuments DVD	Parks DVD	总计
现销售额	$20 000	$80 000	$100 000
占销售总额百分比	20%	80%	100%
保本点销售额	$12 000	$48 000	$60 000

	Monuments DVD		Parks DVD		总计	
	金额	百分比	金额	百分比	金额	百分比
销售额	$12 000	100%	$48 000	100%	$60 000	100%
变动成本	9 000	75%	24 000	50%	33 000	55%
贡献边际	$3 000	25%	$24 000	50%	27 000	45%
固定成本					27 000	
净经营利润					$0	

在上表中，保本点的销售额为60 000美元。这是利用公司固定成本27 000美元除以全公司贡献边际率45%计算出来的。然而，只有当公司销售组合不变时，这个保本点才是正确的。公司目前的销售组合为销售20%的Monuments DVD及80%的Parks DVD。假如这个销售组合的比例是固定的，如果总销售额应为60 000美元，则其中Monuments DVD的销售额为12 000美元（\$60 000×20%），而Parks DVD的销售额为48 000美元（\$60 000×80%）。如表5-1所示，在这个销售水平下公司可以保本。但是60 000美元的保本点是基于销售组合不变的情况计算出来的。如果销售组合改变，则保本点也会变动。举例而言，如果在10月份销售组合由比较获利的Parks DVD（其有50%的贡献边际率）转移至比较不具获利性的Monuments DVD（只有25%的贡献边际率），其结果将会如表5-2所示。

表5-2　　多种产品下的保本点分析：销售组合的变动

Virtual Journeys Unlimited
贡献式利润表
10月

	Monuments DVD		Parks DVD		合计	
	金额	百分比	金额	百分比	金额	百分比
销售额	\$80 000	100%	\$20 000	100%	\$100 000	100%
减：变动费用	60 000	75%	10 000	50%	70 000	70%
贡献边际	\$20 000	25%	\$10 000	50%	30 000	30%
减：固定费用					27 000	
净经营利润					\$3 000	
计算保本点销售额	$\frac{\text{固定成本\$27 000}}{\text{贡献边际率30\%}}$ = \$90 000					

虽然销售额仍维持在100 000美元，但由于其销售组合与表5-1的情况不同，大部分的销售来自于较不获利的Monuments DVD，销售组合的改变使得全公司的贡献边际率及净利大幅下降，即使总销售额不变。全公司的贡献边际率由9月份的45%下降至10月份的30%，净利也由18 000美元下降到只剩3 000美元。另外，由于公司整体的贡献边际率下降，公司的保本点不再是60 000美元的销售额。因为公司目前每1美元销售额所产生的平均贡献边际已经下降了，这将会需要更多的销售额来支付相同的固定成本。因此，保本点销售额将由60 000美元增加至90 000美元（每年）。

在进行保本点分析时，考虑销售组合时必须作一些假设。通常我们会假设销售组合是不会改变的，然而，销售组合是变动的，所以在进行CVP分析时，这些因素都必须纳入考虑。

概念检查

8.下列哪个陈述是正确的?(可多选)

a.1-贡献边际率等于变动成本率

b.增量分析只集中讨论成本和收入的变动

c.基于销售额的销售佣金比基于贡献边际的销售佣金产生更低的利润

d.如果一家公司的总销售额保持不变,即使销售组合波动,其净营业利润也保持不变

本章小结

目标1:解释作业的改变如何影响贡献边际及净营业利润。

单位贡献边际是指单位售价和单位变动成本之间的差额,并可以显示出销售量的改变如何影响净利。例如,一个产品的单位贡献边际是10美元,表示当销售增加1单位时公司的净利将会增加10美元。

目标2:编制本-量-利(CVP)关系图并了解其组成要素的重要性。

成本-数量-利润关系图是用图形来表达销售量与费用间的关系。在图上,保本点即是总收入线与总费用线相交的那一点。关系图说明了利润与销售额的关系。关系图上的保本点是利润为零的点。

目标3:使用贡献边际率(CM ratio)及计算销售量变动对贡献边际及净经营利润的影响。

贡献边际率是以单位贡献边际除以每单位售价而得,或者是用总贡献边际除以总销售收入而得。

贡献边际可以显示出销售额增加1美元对于总贡献边际及净利的影响。例如,如果一个产品的贡献边际率为40%,表示当销售额增加100美元时,将会使总贡献边际及净利增加40美元。

目标4:了解变动成本、固定成本、销售价格及数量的改变对贡献边际的影响。

贡献边际的概念也可以用来估计各种因素如变动成本、固定成本、销售价格及销售量的改变对总贡献边际及净利的影响。

目标5:计算销售额和销售量的保本点。

保本点是指获利等于零的销售水平。它可以利用许多方法来计算。保本销售量的计算是用总固定费用除以每单位贡献边际而得。而保本销售额的计算则是以总固定费用除以贡献边际率而得。

目标6:为达到目标利润所需的销售(作业)量。

实现目标利润所需的销售水平可以使用几种方法计算。可以使用基本的利润等式、简单代数或公式。达到目标利润的销售量可以利用总固定成本加上目标利润除以单位贡献边际计算得出。

目标7:计算安全边际并了解其应用。

安全边际是指在一段期间内预计(实际)销售额和保本销售额之间的差额。它可以显示出目前销售水平高于保本销售额多少。

目标8：计算在特定销售水平下的经营杠杆系数及如何运用它来预测净利的改变。

经营杠杆系数可以用总贡献边际除以净利来计算。经营杠杆系数是指销售额变动1%时对净利的影响。例如，如果一家公司的经营杠杆系数为2.5，则当销售增加10%时，净利将会增加25%。

目标9：计算销售组合的保本点及销售组合改变对贡献边际及保本点的影响。

在生产多种产品的公司，保本销售额的计算是以公司总固定费用除以全公司的贡献边际率计算得出的。

利用这个方法来计算保本点时，必须假设销售组合是不变的。如果销售组合转移到低贡献边际率的产品，则达到任何利润水平都需要更高的销售额。

你的决策（贷款专员）参考答案

计算一家公司的安全边际，你需要先确定它的保本点。首先从估计公司的变动成本率开始：

单位变动成本÷单位销售价格=变动成本率

$68÷$100=68%

再来估计公司的变动成本：

销售额×变动费用率=估计的变动费用

$8 000 000×0.68=$5 440 000

接下来，估计公司目前销售水平下的固定成本：

销售额=变动成本 + 固定成本 + 利润

$8 000 000=$5 440 000 + X + $700 000

X=$8 000 000 − $5 440 000 − $700 000

X=$1 860 000

再接下来，利用恒等式来估计公司的保本点：

销售额=变动成本 + 固定成本 + 利润

X=0.68X + $1 860 000 + $0

0.32 X=$1 860 000

X=$5 812 500

最后，计算公司的安全边际率：

安全边际=（销售额 − 保本销售额）÷销售领

=（$800 000 − $5 812 500）÷$8 000 000

=27.3%

安全边际率看来似乎是足够的，如果有关于公司的其他有利信息，则应该可以借款给该公司。

概念检查参考答案

1.选择a，b，c。变动成本总额随销售波动而变动。

2.选择c。选项a没有考虑变动成本。选择b是无效的，因为它不是销售额。选择d不包括单位销售价格。

3.选择d。贡献边际率等于1.0−变动成本占销售额的百分比。

4.选择d。每单位贡献边际为12美元（30美元的40%）。因此，销售量的保本点=$60 000÷$12=5 000

5.选择a。（$100 000+$50 000）÷$20/单位贡献边际=7 500单位。

6.选择c。7 500单位超过保本点2 500单位。因此，安全边际为2 500单位×$55/单位=$137 500。

7.选择c。安全销售额除以销售价格等于安全销售量。

8.选择a，b，c。如果一家公司的销售总额保持不变，那么销售组合波动会引起其净营业利润改变。

问题回顾：CVP关系

Voltar公司制造及销售高电磁辐射环境下使用的专用无线电话。公司最近这一年的贡献式利润表如下：

	合计	每单位	占销售额百分比
销售额（20 000单位）	$1 200 000	$60	100%
减：变动费用	900 000	45	? %
贡献边际	300 000	$15	? %
减：固定费用	240 000		
净利	$60 000		

管理层正在考虑如何改善公司的获利情况，并要求对一些项目进行分析。

要求：

1.计算公司的贡献边际率及变动费用率。

2.用等式法计算公司保本点的销售量及销售额。

3.假设在下一年度销售额增加400 000美元。如果成本性态维持不变，则公司的净利将会增加多少？使用贡献边际率来得出你的答案。

4.利用原来的资料。假设管理层预计下一年度至少要获得90 000美元的净利，则公司的销售量应该为多少才能达到目标利润？

5.利用原来的资料，计算公司的安全边际量及安全边际率。

6.a.根据目前的销售水平，计算公司的经营杠杆系数。

b.假设在下一年度公司的销售增加8%，你预计净利将会增加的百分比是多少？运用经营杠杆的概念。

c.编制新的利润表来表示销售额增加8%的情况以验证（b）的答案。

7.为了增加销售及净利，管理层考虑使用具有较高品质的扩音器，而这将会使得每单位变动成本增加3美元。而且由于使用具有高品质的扩音器，公司可以辞退一位质量管理人员，其工资为每年30 000美元。销售经理估计使用具有较高品质的扩音器每年将可以增加至少20%的销售。

a.假设以上的计划被采用，请编制下一年度预计的利润表。分别以总额、每单位及百分比为基础表示。

b.使用贡献边际法计算公司新的保本销售量及销售额。

c.你是否建议采用以上的计划？

问题回顾的解答：

1.贡献边际率：

$$\frac{\text{贡献边际}}{\text{销售价格}}=\frac{\$15}{\$60}=25\%$$

变动费用率：

$$\frac{\text{变动成本或费用}}{\text{销售价格}}=\frac{\$45}{\$60}=75\%$$

2.$0=$60Q-$45Q-$240 000

$15Q=$240 000

Q=$240 000÷$15/单位

Q=16 000单位；或$60/单位，销售额$960 000

另外一种解法：

X=0.75X + $240 000 + $0

0.25 X=$240 000

X= $ 240 000÷0.25

X=$960 000；或$60/单位，16 000单位

3.

增加的销售额	$400 000
×贡献边际率	×25%
预计增加的贡献边际	$100 000

在固定费用不变情况下，由上述计算可看出贡献边际增加100 000美元，净利也会增加。

4.恒等式：

$60Q-$45Q-$240 000=$90 000

$15Q=$330 000

Q= $ 330 000÷$15/单位

Q=22 000单位

贡献边际法：

$$\frac{\text{固定成本或费用 + 目标利润}}{\text{每单位边际贡献}}=\frac{\$240\,000 + +\$90\,000}{\$15/\text{单位}}=22\,000\text{单位}$$

5.销售额-保本销售额=销售额安全边际

$1 200 000 - $960 000=$240 000

安全边际百分比=销售额安全边际/总销售额=$240 000/$1 200 000=20%

6.a.

$$\frac{\text{贡献边际}}{\text{净利}}=\frac{\$300\,000}{\$60\,000}=5\text{（经营杠杆系数）}$$

b.

预计增加的销售额	8%
经营杠杆	×5
预计增加的净利	40%

c.如果销售增加8%，则预计下一年度的销售量应为21 600单位（20 000×1.08=21 600）。新的利润表如下：

	合计	每单位	占销售百分比
销售额（21 600单位）	$1 296 000	$60	100%
减：变动费用	972 000	45	75%
贡献边际	324 000	$15	25%
减：固定费用	240 000		
净利	$84 000		

因此，预计下一年度的净利将可以增加84 000美元，较目前的净利60 000美元增加40%。

$$\frac{\$84\ 000-\$60\ 000}{\$60\ 000}=\frac{\$24\ 000}{\$60\ 000}=40\%\text{（增加）}$$

从以上的利润表来看，当销售量由20 000增加到21 600单位时，将会同时使销售收入及变动费用增加。在编制预计的利润表时常见的错误是忽略了变动费用的增加。

7.a.当销售增加20%时，将会使下一年度的销售量增加到24 000单位：20 000单位×1.20=24 000单位。

	合计	每单位	占销售百分比
销售额（24 000单位）	$1 440 000	$60	100%
减：变动费用	1 152 000	48*	80%
贡献边际	288 000	$12	20%
减：固定费用	210 000⁺		
净利	$78 000		

*$45 + $3=$48；$48÷$60=80%

⁺$240 000 − $30 000=$210 000

单位变动成本的改变将会同时引起单位贡献边际及贡献边际率改变。

b.保本销售量$=\frac{\text{固定费用}}{\text{单位贡献边际}}=\frac{\$210\ 000}{\$12}=17\ 500$单位

保本销售额$=\frac{\text{固定费用}}{\text{贡献边际率}}=\frac{\$210\ 000}{20\%}=\$1\ 050\ 000$

c.是的，基于这些资料，这项计划应该执行。这项改变会使公司净利每年由目前的60 000美元增加到78 000美元。这项计划会导致公司有较高的保本点（由目前的16 000单位增加到17 500单位），而公司的安全边际也比以前大：

总销售额−保本点销售额=安全边际销售额

=$1 440 000 − $1 050 000

=$390 000

如同在解答5时计算的，公司目前的安全边际只有240 000美元。因此，由于这个计划的执行，公司将会产生许多收益。

词汇表

保本点（break-even point）是利润为零时的销售水平，也可以定义为总收入等于总费用支出或贡献边际等于固定成本总额时的状态。

贡献边际率（contribution margin ratio（CM ratio））是贡献边际除以销售收入的比率。

本量利关系图（cost-volume-profit（CVP）graph）是同时反映企业收入、成本和利润及产品销售量的分析图。

经营杠杆系数（degree of operating leverage）是在一定销售水平下，对销售变化百分比引起净收益变化百分比的计量，计算时常用贡献边际除以营业净利润。

增量分析（incremental analysis）是制定决策时，只根据随着该项决策而增加的成本和收入进行分析的方法。

安全边际（margin of safety）是预算（或实际）的销售收入超过保本点销售收入的余额。

经营杠杆（operating leverage）是衡量销售收入变化百分比时，净经营利润将会随之变化的幅度，用贡献边际除以净利计算。

销售组合（sales mix）是企业销售各种商品的相对比重。用各种商品的销售收入除以企业销售收入的总额计算得出。

变动成本率（variable expense ratio）是变动成本除以销售收入的比率。

思考题

5-1什么是贡献边际率？这一比率在计划商业运营中有什么作用？

5-2通常做出商业决策最直接的途径是根据已得到的信息作增量分析。增量分析是什么意思？

5-3公司A的成本大多数都是变动的，而公司B的成本大多都是固定的。当销售量增加时，哪个公司的利润增加得更多？请解释。

5-4什么是经营杠杆？

5-5什么是保本点？

5-6为了满足你顶头上司的要求，你需要绘制本量利关系图描绘你公司产品的经营成本和收益特征。请解释：如果（a）每单位销售价格下降，（b）图上全部作业范围的固定成本增加，（c）单位变动成本增加，图上的线和保本点会如何变化？

5-7什么是安全边际？

5-8销售组合是什么意思？在本量利分析中，考虑销售组合时的假设是什么？

5-9请解释销售组合如何变化会导致较高的保本点和较低的净营业利润。

练习

练习5-1　编制贡献式利润表（学习目标1）

Whirly公司近期的利润表如下：

	总额	每单位
销售收入（10 000单位）	$350 000	$35.00
变动成本	200 000	20.00
贡献边际	150 000	$ 15.00
固定成本	135 000	
净经营利润	$15 000	

要求：

在下列各种情况下（每种情况都是各自独立的），编制新的贡献式利润表：

1.销售量增加100单位。

2.销售量减少100单位。

3.销售量是9 000单位。

练习5-2　编制本量利关系图（学习目标2）

Karlik企业生产单一产品，销售价格为24美元，变动成本为每单位18美元。公司每月的固定费用为24 000美元。

要求：

1.公司销售水平在8 000单位时，绘制本量利分析图。

2.使用本量利分析图估计公司保本点的销售量。

练习5-3　编制本量利关系图（学习目标2）

Jaffre企业生产单一产品，销售价格为16美元，变动成本为每单位1美元。公司每月的固定费用为16 000美元。

要求：

1.公司销售水平在4 000单位时，编制本量利分析图。

2.使用本量利分析图估计公司保本点的销售量。

练习5-4　计算和使用贡献边际率（学习目标3）

上个月Holiday Creations公司销售50 000单位，总销售额200 000美元，总变动成本为120 000美元，总固定成本为65 000美元。

要求：

1.公司的贡献边际率是多少？

2.如果公司的销售额增加1 000美元，估计公司净经营利润的变动额。

【变动成本总额若为110 000美元，练习5-4的答案又会是什么？】

练习5-5　变动成本、固定成本、销售价格及数量的变化（学习目标4）

Hermann公司的数据如下：

	每单位	销售百分比
销售价格	$90	100%
变动成本	63	70%
贡献边际	$27	30%

固定成本为每月3 000美元，公司销售量为每月2 000单位。

要求：

1.公司的市场经理认为每个月增加5 000美元的广告预算将使每个月销售额增加9 000美元。广告预算应该增长吗？

2.依据原始数据，管理层考虑使用高质量的零件，这将使每单位变动成本增加2美元。市场经理认为使用高质量的零件会使每个月销售量增加10%。应该使用高质量零件吗？

【若销售价格为100美元，单位变动成本为40美元，练习5-5的答案会是多少？】

练习5-6　计算保本点（学习目标5）

Mauro Products生产单一产品机织篮，机织篮的销售价格为每个15美元，变动成本为每个12美元。公司每个月的固定费用为4 200美元。

要求：

1.请用等式法计算公司保本点的销售量。

2.使用等式法和边际贡献率计算公司保本点销售额。

3.使用公式法计算公司保本点的销售量。

4.使用公式法和贡献边际率计算公司保本点的销售额。

【若月固定成本为6 000美元，练习5-6的答案会是多少？】

练习5-7　计算目标利润下的销售水平（目标利润6）

Lin公司仅生产一种产品，销售价格为120美元，变动成本为每单位80美元。公司每个月固定支出为50 000美元。

要求：

1.使用等式法计算目标利润为10 000美元时需要达到的销售量。

2.使用公式法计算目标利润为15 000美元时需要达到的销售额。

【若单位销售价格为160美元，练习5-7的答案会是多少？】

练习5-8　计算安全边际（学习目标7）

Molander公司在度假酒店生产和销售太阳伞。公司下个月的预算如下：

销售价格	$30/单位
变动成本	$20/单位
固定成本	$7 500/月
销售量	1 000单位/月

要求：

1.计算公司的安全边际。

2.计算销售额百分比的安全边际。

【若销售量为900单位，练习5-8的答案会是多少？】

练习5-9　计算和使用经营杠杆系数（学习目标8）

Engberg公司安装了家庭影院系统。公司近几个月的贡献式利润表如下：

	数量	占销售额百分比
销售额	$80 000	100%
变动成本	32 000	40%
贡献边际	48 000	60%
固定成本	38 000	
净经营利润	$10 000	

要求：

1.计算公司的经营杠杆系数。

2.使用经营杠杆系数，估计销售额增长5%对净经营利润的影响。

3.假设在销售增长5%时，重新编制公司的贡献式利润表以验证你在2中的估计。

【若销售总额为90 000美元，变动成本总额为36 000美元，练习5-9的答案会是多少?】

练习5-10　计算多产品公司的保本点（学习目标9）

Lucido Products销售两种电脑游戏：Claimjumper和Makeover。这两种游戏最近几个月的贡献式利润表如下：

	Claimjumper	Makeover	总额
销售额	$30 000	$70 000	$100 000
变动成本	20 000	50 000	70 000
贡献边际	$10 000	$20 000	$30 000
固定成本		24 000	
净经营利润		$6 000	

要求：

1.计算公司综合贡献边际率。

2.计算公司综合保本点的销售额。

3.编制能够体现两种产品适当销售水平的贡献式利润表以确认公司的综合保本点。

【若Claimjumper的变动成本总额为25 000美元，练习5-9的答案会是多少?】

练习5-11　缺失数据；基本本量利概念（学习目标1、学习目标9）

要求：

请填满以下空白处，每种情况都是独立的（提示：可以为每种情况编制贡献式利润表，输入已知数据，计算空白处数据）。

a.假设以下4个案例中都只销售一种产品：

案例	销售量	销售额	变动成本	单位贡献边际	固定成本	净经营利润（损失）
1	15 000	$180 000	$120 000	?	$50 000	?
2	?	$100 000	?	$10	$32 000	$8 000
3	10 000	?	$70 000	$13	?	$12 000
4	6 000	$300 000	?	?	$100 000	$（10 000）

b.假设在以下4种案例中都有不止一种产品出售：

案例	销售额	变动成本	贡献边际（百分比）	固定成本	净经营利润（损失）
1	$500 000	?	20%	?	$7 000
2	$400 000	$260 000	?	$10 000	?
3	?	?	60%	$13 000	$20 000
4	$600 000	$420 000	?	?	$（5 000）

练习5-12　多种产品保本点分析（学习目标9）

Olongapo Sports 公司生产和销售两种高端的高尔夫球产品——Flight Dynamic 和 Sure Shot。每个月的销售额和两种产品的贡献边际率为：

	产品		总计
	Flight Dynamic	Sure Shot	
销售额	$150 000	$250 000	$4 000 000
贡献边际率	80%	36%	?

公司每月固定费用总计1837 50美元。

要求：

1.编制全公司的贡献式利润表。（计算保留一位小数）

2.在目前销售组合基础上，计算公司的保本点。

3.如果每个月销售额增加100 000美元，你预计净经营利润会增加多少？你的假设是什么？

练习5-13　贡献式利润表应用（学习目标1，学习目标4）

Miller公司近期的贡献式利润表如下：

	总额	每单位
销售收入（20 000单位）	$300 000	$15.00
变动成本	180 000	9.00
贡献边际	120 000	$ 6.00
固定成本	70 000	
净经营利润	$50 000	

要求：

在下列各种情况下（每个情况都是各自独立的），编制新的贡献式利润表：

1.销售量增长15%。

2.单位销售价格降低1.5美元，销售量增长25%。

3.单位销售价格增长1.5美元，固定成本增长至20 000美元，销售量降低5%。

4.单位销售价格增长12%，变动成本增长0.6美元，销售量降低10%。

练习5-14　保本点和目标利润的计算（学习目标3、学习目标4、学习目标5、学习目标6）

Lindon公司是一款汽车产品的独家经销商，其产品的单位售价为40美元，贡献边际率为30%。该公司的固定成本是每年180 000美元。该公司今年计划出售16 000件产品。

要求：

1.单位变动成本是多少？

2.用等式法计算：

a.保本点销量和保本点销售额是多少？

b.如果年利润要达到60 000美元，那么销售额和销售量应为多少？

c.如果采用一种新的派送方式，公司的单位变动成本可以降至4美元，那么这时的保本点销售量和保本点销售额为多少？

3.使用公式法重复上述计算。

练习5-15　计算和使用经营杠杆系数（学习目标4、学习目标8）

Magic Realm公司研发一种新的虚拟游戏。这家公司去年以每个售价20美元的价格卖了15 000个游戏软件。固定成本为每年182 000美元，单位变动成本是6美元。游戏的生产委托给印刷承包商。大部分的变动成本是向承包商支付的费用。

要求：

1.编制公司去年的贡献式利润表并计算公司的经营杠杆系数。

2.管理层有信心公司明年可以卖18 000个游戏软件（较去年同比增长3 000个，或20%），由此计算：

a.明年预期净营业利润增长百分比。

b.明年预期净营业利润总额（无须编制贡献式利润表，利用经营杠杆系数计算）。

练习5-16　保本点分析和本量利关系图（学习目标2、学习目标4、学习目标5）

Chi Omega Sorority公司正在计划年度游船豪华演出。豪华演出的组委会预计将会发生下列成本：

晚宴（每人）	$7
节目（每人）	$3
乐队	$1 500
门票和广告	$700
游船租金	$4 800
歌舞表演和巡游表演	$1 000

组委会成员想要向每位宾客收取30美元。

要求：

1.计算演出的保本点（必须有多少宾客参加）。

2.假设去年有250人参加演出。如果今年参加的人数相同，每张门票收多少钱才能达到保本点？

3.根据原始材料（每张门票为30元），编制演出的本量利关系图（入场券的销售张数从1到600张）。

练习5-17　保本点和目标利润的计算（学习目标4、学习目标5、学习目标6）

Outback Outfitters销售游乐设备，公司的一款产品小火炉单位售价为50美元，单位变动成本为32美元。该公司的固定成本是每月108 000美元。

要求：

1.计算保本点销量和保本点销售额。

2.假设变动成本随着销售价格变动，将导致保本点上升还是降低？为什么？（假设固定成本保持不变）

3.目前，公司每月销售8 000台火炉。销售经理相信，销售价格降低10%将导致每月销售数量增加25%。准备两种情况下的贡献式利润表：一种是基于目前的经营条件，另一种是基于经过经理建议后变化的经营条件。计算报表上需列报的总额和单位数据。

4.参考3的数据。在新的销售价格条件下，要卖多少台火炉才能够保证月最低净营业利润为35 000美元？

练习5-18　保本点分析、目标利润、安全边际、贡献边际率（学习目标1、学习目标3、学习目标5、学习目标6、学习目标7）

Menlo公司生产和销售一种产品。公司上月的销售额和成本如下：

	合计	单位
销售额	$450 000	$30
变动成本	180 000	12
贡献边际	270 000	$18
固定成本	216 000	
净经营利润	$54 000	

要求：

1.计算每个月保本点的销量和销售额？

2.不使用电脑，计算保本点时的综合贡献边际。

3.每月需销售多少单位才能达到目标利润90 000美元？使用公式法计算。编写目标销售额水平的贡献式利润表以验证你的答案。

4.根据原始数据，计算公司的安全边际额和安全边际率。

5.公司的贡献边际率是多少？如果销售额每月增加50 000美元，并且固定成本没有变化，你预计每月的净经营利润会增加多少？

第6章 变动成本法和部门报告：管理工具

前章回顾

第5章解释了如何计算保本点以及如何确定达到一个理想利润所需的销售额。我们也叙述了如何计算和使用安全边际和营业杠杆。

本章简介

本章将解释如何利用贡献格式编制制造业的变动成本利润表和部门利润表。本章也将变动成本法下的利润表和完全成本法下的利润表进行比较分析。

下章简介

第7章将介绍预算编制。

本章概要

变动成本法和完全成本法——概述

□ 变动成本法

□ 完全成本法

□ 销售和管理费用

变动成本法和完全成本法——案例

□ 变动成本法下的贡献式利润表

□ 完全成本法下的利润表

变动成本法与完全成本法下利润的调节

变动成本法与贡献法的优点

□ CVP分析

□ 解释净经营利润的变动

□ 决策支持

部门利润表和贡献法

□ 可追溯固定成本、共同固定成本和部门贡献边际

□ 识别可追溯固定成本

□ 可追溯成本成为共同成本

部门利润表——案例

□ 各层级部门利润表

部门利润表——决策与保本点分析

□ 决策

□ 保本点分析

部门利润表——常见错误

□ 遗漏成本

□ 部门间不恰当地分配可追溯固定成本

☐ 错误分配共同成本

利润表——外部报告角度

☐ 公司整体利润表

☐ 部门财务信息

学习目标

学习了第6章以后，你应该能够：

目标1：解释变动成本和完全成本法的区别，计算每种方法下的单位产品成本。

目标2：编制使用完全成本法和变动成本法下的利润表。

目标3：进行变动成本法与完全成本法净经营利润的调节，并且解释两者之间的差别。

目标4：编制部门利润表，区分可追溯固定成本和共同固定成本，利用部门利润表进行决策。

目标5：利用可追溯成本计算公司范围和部门的保本点。

决策专栏：汽车行业的错误激励

当经济萧条时，汽车制造商，如General Motors和Chrysler，经常供应远远超过客户需求的车辆以进行倾销。它们会实行这一行动方针，即使它会影响自己的品牌形象，增加汽车仓储费用、轮胎更换成本、客户折扣成本和广告成本。这引出了一个问题，即为什么汽车制造商的经理故意生产多于客户需求的汽车?

在汽车行业中，经理的奖金往往受到他所在的公司所公布利润的影响，因此，经理有足够的动机生产更多的产品来提高利润。如何做到这点呢?除非单位出售汽车，否则生产更多的汽车将对利润没有影响。这是我们的逻辑，对吧?然而，错了!我们会发现在这一章，完全成本法被广泛使用来确认产品成本。当经理选择增加生产产品的数量时，完全成本法能够虚增利润。

资料来源：Marielle Segarra，“Lots of Trouble，” *CFO*， March 2012， pp. 29-30.

本章阐述在前面章节介绍的两种贡献式利润表。首先，它解释了制造业公司如何编制变动成本法下的利润表，这种贡献式利润表可以用于内部决策。变动成本法和完全成本法下贡献式利润表的比较，通常用于外部报告。一般来说，使用变动成本法和完全成本法会产生不同的净经营利润，并且差别可能很大。除了显示这两种方法的区别，我们将介绍基于内部报告目的的变动成本法的优点，同时我们还将展示成本核算方法的选择如何影响管理决策。

其次，这一章解释了贡献式可以用于部门利润表。除了公司整体利润表，经理需要衡量每个部门的盈利能力。一个部门（segment）是组织的一个部分，经理希望获得成本、收入和利润数据。本章解释了如何创建贡献式利润表来记录业务部门的报告利润数据，如部门、个体商店、地理地区、客户和产品线。

6.1 变动成本法和完全成本法——概述

目标1：解释变动成本和完全成本法的区别，计算每种方法下的单位产品成本。

在浏览接下来的变动成本法和完全成本法利润表前，需要注意下面的三个关键概念。第一，两种利润表格式都包括产品成本和期间成本，尽管它们定义这些成本分类有所不同。第二，变动成本法的利润表基于贡献式。它们将费用按照成本习性分类，变动费用和固定费用分别记录。完全成本法的利润表忽视变动成本和固定成本的差别。第三，正如前面章节提到的，变动成本法和完全成本法所计算的净经营利润不同。这些差异的原因与变动成本法和完全成本法的利润表中固定性制造费用的不同有关。重点关注变动成本法和完全成本法的固定性制造费用的计算。

6.1.1 变动成本法

在变动成本法（variable costing）下，只有那些随产出变化的制造费用被认为是产品成本。这通常会包括直接材料、直接人工、制造费用中变动的部分。固定性制造费用在这种方法下并不视为产品成本。相反，固定性制造费用，和销售和管理费用一样，被视为期间费用，在整个期间记录费用。因此，变动成本法下的单位产品成本和销售成本不包含任何固定性制造费用。变动成本法有时被称为直接成本法和边际成本法。

6.1.2 完全成本法

正如在第2章所讨论的，完全成本法（absorption costing）不管是变动的还是固定的，将所有制造费用视为产品成本。完全成本法核算下的单位产品包括直接材料、直接人工和变动性和固定性制造费用。因此，完全成本法将固定性制造费用和变动性制造费用一起分配到每一单位的产品中。因为完全成本法包括所有产品的制造费用，它经常被称为全部成本的计算方法。

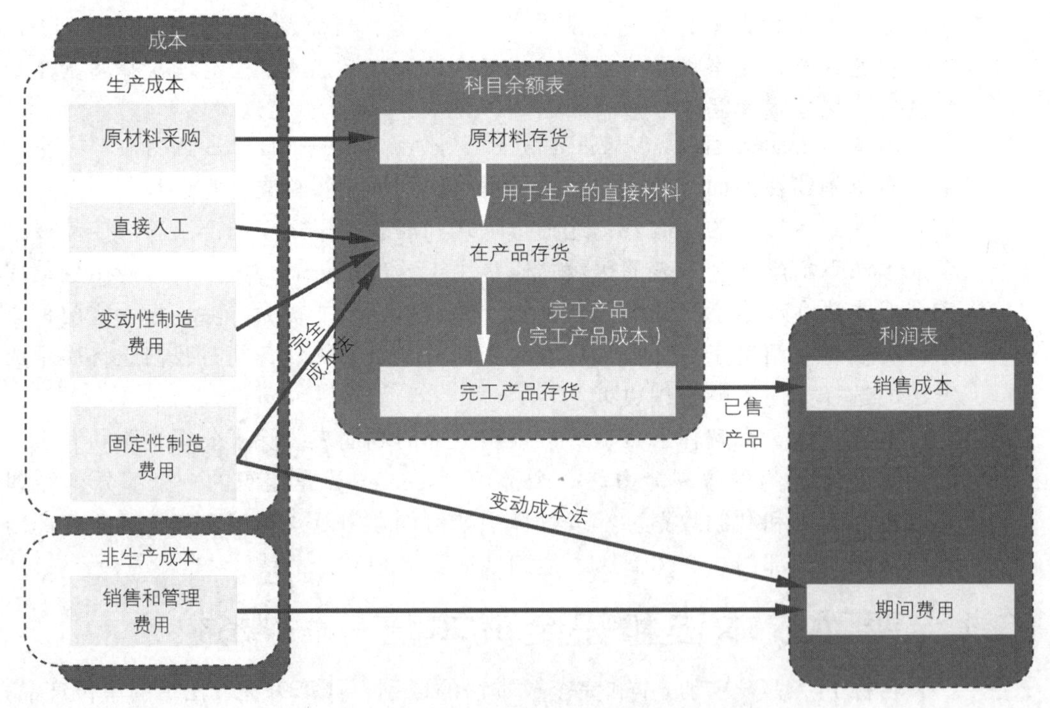

图6-1 变动成本法和完全成本法

6.1.3 销售和管理费用

不管采用哪种成本核算方法，销售和管理费用都不视为产品成本。因此，在完全成本法和变动成本法下，变动性和固定性的销售和管理费用总是在发生时被视为期间费用。

区别归纳

变动成本法和完全成本法的本质区别是如何记录固定性制造费用，其他成本在两种方法下的记录是一致的，如图6-1所示。在完全成本法下，固定性制造费用是在产品存货的一部分。当单位产品完工时，这些成本被转移到产成品，只有当单位产品销售时，这些成本才通过利润表流转至销售成本。在变动成本法下，固定性制造费用被认为是期间费用，同销售和管理费用一样，被直接记入利润表中作为期间费用。

小贴士

在本章，变动成本法和完全成本法中，净经营利润的差异是由固定性制造费用的记录方式不同造成的。变动成本法将固定性制造费用视为期间费用。也就是说，所有当期发生的固定性制造费用在利润表内记录为那一时期的费用。固定性制造费用与产量无关。完全成本法将固定性制造费用视为产品成本，这意味着所有当期发生的固定性制造费用与当期产量有关。与产量相关的固定性制造费用，只有当产品销售后，才被记录为利润表上的费用。

概念检查

1.下列说法中错误的有哪些？（可以选择多于1个答案）

a.在变动成本法下，只有随产量变动的制造费用被视为产品成本

b.在变动成本法下，变动性销售和制造费用被视为产品成本

c.在完全成本法下，固定性制造费用被视为产品成本

d.在完全成本法下，固定性销售和制造费用被视为期间费用

6.2 变动成本法和完全成本法——案例

为了说明变动成本计算法和完全成本计算法的差异，我们考虑 Weber Light Aircraft，该公司生产轻型娱乐飞机。公司经营情况如下：

	每架飞机	每个月
销售价格	\$100 000	
直接材料	\$19 000	
直接人工	\$5 000	
变动性制造费用	\$1 000	
固定性制造费用		\$70 000
变动性销售和管理费用	\$10 000	
固定性销售和管理费用		\$20 000

	1月	2月	3月
期初存货	0	0	1
产品	1	2	4
销售	1	1	5
期末存货	0	1	0

阅读上文的数据，了解1月、2月、3月每架飞机的售价、变动成本和每月不变的固定费用总额。影响本案例的变量是产量（1月=1架，2月=2架，3月=4架）和销售量（1月=1架，2月=1架，3月=5架）。

我们首先建立公司1月、2月和3月的变动成本法利润表。然后，我们使用完全成本法确定相同月份公司的净经营收益。

6.2.1 变动成本法下的贡献式利润表

目标2：编制使用完全成本法和变动成本法下的利润表。

编制1月、2月、3月的公司变动成本法下的利润表，首先计算单位产品成本。在变动成本法下，产品成本主要由变动生产成本组成。在Weber Light Aircraft，每单位变动生产成本为25 000美元，其确定过程如下：

变动生产成本	
直接材料	$19 000
直接人工	5 000
变动性制造费用	1 000
变动性生产成本	$25 000

因为每架飞机的变动生产成本为25 000美元，变动成本计算法下销售成本简单计算如下：

变动成本计算法下销售成本	1月	2月	3月
变动生产成本（a）	$25 000	$25 000	$25 000
销售数量（b）	1	1	5
变动销售成本（a）×（b）	$25 000	$25 000	$125 000

公司总体销售和管理费用列示如下：

销售和管理费用	1月	2月	3月
变动性销售和管理费用（10 000美元售价）	$10 000	$10 000	$50 000
固定性销售和管理费用	20 000	20 000	20 000
总销售和管理费用	$30 000	$30 000	$70 000

将它们加总后，变动成本法下的利润表应该如表6-1所示。需要注意的是，利润表应该采用贡献法。月度固定性制造费用（70 000美元）在当月发生，应该记录为期间费用。

表6-1　变动成本法下贡献式利润表

	1月	2月	3月
销售收入	$100 000	$100 000	$500 000
减变动费用：			
变动性销售成本	25 000	25 000	125 000
变动性销售和管理费用	10 000	10 000	50 000
总变动费用	35 000	35 000	175 000
贡献边际	65 000	65 000	325 000
减固定费用：			
固定性制造费用	70 000	70 000	70 000
固定性销售和管理费用	20 000	20 000	20 000
总固定费用	90 000	90 000	90 000
净经营利润	$（25 000）	$（25 000）	$235 000

Weber Light Aircraft计算变动成本法下净经营利润的简单方法就是计算每架已售飞机的贡献边际，计算如下：

飞机的贡献边际		
飞行器单价		$100 000
变动性生产成本	$25 000	
变动性销售和管理费用	10 000	35 000
单架飞机的贡献边际		$65 000

变动成本法下的每期净经营利润的计算方法如下：将销售量乘以单位贡献边际，然后减总固定费用。对于Weber Light Aircraft，计算如下：

	1月	2月	3月
飞机销量	1	1	5
单位贡献边际	×$65 000	×$65 000	×$65 000
贡献边际总额	$65 000	$65 000	$325 000
总固定费用	90 000	90 000	90 000
净经营利润	$（25 000）	$（25 000）	$235 000

注意：1月和2月的净经营损失金额相同。这是由于两个月份都只销售一架飞机，售价、变动成本和当月总的固定成本保持不变。

小贴士

当编制变动成本法下的利润表时，学生可能错误地将变动性销售和管理费用看作产品成本。这种困扰源于计算贡献边际时考虑了变动性销售和管理费用，然而，其并不是产品成本。销售和管理费用是期间费用，在利润表中上述费用的计算方法是用单位变动性销售和管理费用乘以销量（不是生产量）。

概念检查

2.Smith公司生产并销售产品的单位售价为40美元。该公司没有期初存货，变动性制造费用为18美元/单位，变动性销售和管理费用为4美元/单位。固定性制造费用和固定性销售和管理费用为80 000美元和20 000美元。如果Smith公司当年生产8 000单位产品，销售7 500单位，则其在变动成本法下的净经营利润为多少？

a.65 000美元

b.41 250美元

c.40 000美元

d.35 000美元

6.2.2 完全成本法下的利润表

在开始完全成本法的例子之前，需要记住的是完全成本法和变动成本法的唯一区别是固定性制造费用的处理方法不同。在完全成本法下，固定性制造费用包含在产品成本中；在变动成本法下，固定性制造费用并不在产品成本中，而被视为期间费用，和销售和管理费用一样。

首先，编制公司1月、2月和3月的完全成本计算法利润表，决定产品单位成本，公司完全成本计算法下单位产品成本的计算如下：

完全成本计算法下每单位产品成本

	1月	2月	3月
直接材料	\$19 000	\$19 000	\$19 000
直接人工	5 000	5 000	5 000
变动性制造费用	1 000	1 000	1 000
固定性制造费用	70 000	35 000	17 500
完全成本法下单位产品成本	\$95 000	\$60 000	\$42 500

小贴士

在编制利润表之前，需要计算每期的单位产品成本。为了计算完全成本法下的单位产品成本，需要将每期发生的固定性制造费用除以当期生产的产品数量，而不是运用当期销量来计算单位产品成本。销量被用于计算利润表中的销售成本，产量被用来计算单位产品成本。

注意：每个月，Weber用固定性制造费用70 000美元除以产量来确定单位产品的固定性制造费用。

考虑到单位产品成本，在完全成本法下每月净经营利润的确定如表6-2所示：

表6-2　　　完全成本法下的利润表

	1月	2月	3月
销售额	$100 000	$100 000	$500 000
完全成本法下的销售成本	95 000	60 000	230 000
毛利润	5 000	40 000	270 000
销售和管理费用	30 000	30 000	70 000
净经营利润	$（25 000）	$10 000	$200 000

如表6-2所示，完全成本法下3个月的销售额与变动成本法下利润表列示相同。1月的销售成本包括完全成本法下1月生产的一单位产品成本95 000美元。2月的销售成本包括完全成本法下2月生产的一单位产品成本60 000美元。3月的销售成本（230 000美元）包括完全成本法下2月生产的一单位产品成本60 000美元和4单位3月生产的成本170 000美元（42 500×4）。销售和管理费用等于变动成本法下利润表中的金额，然而表中将变动性和固定性销售和管理费用合并为一个金额。

需要注意的是，尽管销售额在1月和2月是相同的，成本结构没有改变，然而在完全成本法中，净经营利润2月比1月高35 000美元。这是由于一单位产品在2月生产但是到3月才销售。飞机在2月产生固定性制造费用35 000美元，但是这部分会记录在3月的销售成本中。

比较表6-1和表6-2中变动成本法下和完全成本法下的利润表，在两种计算方法下，1月的净经营利润是相同的，然而在其他两个月并不一致。接下来，我们会更深入地讨论。另外，变动成本法下的利润表格式与完全成本法的利润表格式也不一致。完全成本法下的利润表按照成本功能分类——生产和销售与管理。所有的制造费用通过完全成本法流转到销售成本，所有的销售和管理费用独立列示为期间费用。相反，在贡献格式中，成本分类基于成本习性。所有的变动费用和所有的固定费用分别列示在一起。变动费用分类包括制造费用（比如：变动性的销售成本）和销售和管理费用。固定费用也包括这两项。

小贴士

需要注意，当生产的产品于多期销售时，如何计算完全成本法下的销售成本？比如，公司在第二年生产8 000单位产品，销售10 000单位产品，用10 000单位乘以第二年生产的单位产品成本是错误的。这种解决方案不可能是正确的，因为在第二年只生产了8 000单位产品。假设第二年期末没有存货，正确的销售成本应该是8 000乘以第二年的单位产品成本加上2 000乘以第一年的单位产品成本。

概念检查

3.Smith公司生产一种产品，售价为40美元/件。该公司没有期初存货。变动性制造费用为18美元/件，变动性销售和管理费用为4美元/件。固定性制造费用和固定性销售和管理费用分别为80 000和20 000美元。如果Smith公司生产8 000单位产品，当期销售7 500单位产品，那么完全成本法下的净经营利润为多少？

a.65 000美元

b.41 250美元

c.40 000美元

d.35 000美元

6.3 变动成本法与完全成本法下利润的调节

目标3：进行变动成本法与完全成本法净经营利润的调节，并且解释两者之间的差别。

就像前面讨论的，变动成本法和完全成本法下的净经营利润不会相同。在Weber Light Aircraft的例子中，在1月份净经营利润相同，但在另两个月不同。差异存在的原因是在完全成本法下，一些固定制造费用资本化为存货成本（例如包含在生产成本中），而不是列为利润表上的当前费用。如果当期存货增加，在完全成本法下，当期的一些固定制造费用会递延到期末存货中。例如，2月生产2架飞机，每架固定制造费用成本为35 000美元（$70 000÷2架飞机）。因为只有一个出售，35 000美元的固定制造费用在完全成本法下的利润表上列示为销售成本，但在资产负债表上35 000美元被视作产成品存货的一部分。相反，在变动成本法下，固定制造费用70 000美元在利润表上列为当期费用。因此，2月在完全成本法下，净经营收益要比在变动成本法下高35 000美元。这个情况与3月份正好相反，3月份只生产4架飞机但销售了5架飞机。在3月，在完全成本法下，105 000美元的固定制造费用包含在销售成本中（2月生产3月销售的为35 000美元，3月生产和销售的4架飞机每个成本为17500美元），但在变动成本法下只有70 000美元被确认为期间费用。因此，在完全成本法下，3月的净经营收益要比变动成本法下低35 000美元。

总的来说，当产量超过销量时，存货增加，完全成本法下净经营收益要比变动成本法下高。原因是在完全成本法下，当期的固定制造费用被递延到存货中。相反，当销量超过产量时，存货减少，完全成本法下净经营收益要比变动成本计算法下低。原因在于一些前期的固定制造费用在完全成本法下从存货中释放出来。当产量和销量相等时，存货没有发生变化，完全成本法和变动成本法下，净经营收益相同。

变动成本法和完全成本法下净经营收益调整，通过将固定制造费用从当期存货中递延或释放来确定。

完全成本法下从存货中递延或释放固定制造费用

	1月	2月	3月
期初存货中固定制造费用	$0	$35 000	$0
期末存货中固定制造费用	0	0	35 000
递延（释放）到存货中的固定制造费用	$0	$35 000	$（35 000）

固定性制造费用从当期存货中递延或释放的计算公式如下：

固定性制造费用递延（释放）=期末存货中固定性制造费用-期初存货中的固定性制造费用

对报告的调整如下（见表6-3）：

表6-3　　调整变动成本法和完全成本法下的净经营利润

	1月	2月	3月
净经营利润中的变动成本	$（25 000）	$（25 000）	$235 000
加上（减去）完全成本计算法下递延到期末存货的固定制造费用	0	35 000	（35 000）
完全成本法下净经营收益	$（25 000）	$10 000	$200 000

注意变动成本法的净经营收益和完全成本法的经营收益不同，原因在于完全成本法下当期存货递延或释放固定制造费用。存货的变动影响完全成本法下的净经营收益——它不影响变动成本法下净经营收益，因为成本结构稳定。

变动成本法和完全成本法净经营利润有差别的原因如表6-4所示。当产量=销量时，如1月的Weber Light Aircraft，其完全成本法下的净经营利润与变动成本法下的相同。这是由于产量等于销量，当期发生的所有固定性制造费用在两种计算方法下都流转到利润表。对于使用精益生产的公司，产量倾向于等于销量。这是因为生产的产品直接用于满足客户需求，因此可以销售所有产成品，并且将在产品降低至0。因此，当公司使用精益生产时，完全成本法和变动成本法下的净经营利润几乎没有差别。

当产量>销量时，完全成本法下的净经营利润>变动成本法下的净经营利润。这是由于存货增加，完全成本法下，当期发生的部分固定性制造费用被递延至资产负债表的期末存货中，然而，变动成本法下，当期发生的全部固定性制造费用流转至利润表。相反，当产量<销量时，完全成本法下的净经营利润<变动成本法下的净经营利润。这是由于存货减少，完全成本法下，前期递延到存货的固定性制造费用和当期发生的固定性制造费用都流转到当期的利润表中，然而，变动成本法下，只有当期发生的全部固定性制造费用流转至利润表。

表 6-4　　比较完全法和变动成本法对利润的影响

当期产量和销量的关系	存货的影响	完全成本法和变动成本法的净经营利润之间的关系
产量=销量	存货不变	完全成本法下净经营利润=变动成本法下净经营利润
产量>销量	存货增加	完全成本法下净经营利润>变动成本法下净经营利润[*]
产量<销量	存货减少	完全成本法下净经营利润<变动成本法下净经营利润[+]

[*]净经营利润在完全成本法下更高是由于固定性制造费用被递延至存货，存货增加。

[+]净经营利润在完全成本法下更低是由于固定性制造费用从存货中释放，存货减少。

商业实践

精益生产减少存货

Conmed，是位于纽约尤蒂卡的外科设备制造商，通过利用U型生产线替换现有生产线从而转向精益生产。该公司刚开始生产只够满足客户需求的产品，而不是生产尽可能多的产品并且存储在仓库。公司计算，客户每90秒使用一个一次性手术设备，因此其可以准确计算多久生产一个新产品。其组装液体注射设备的区域面积为3 300平方英尺，包含价值93 000美元的零部件。现在公司生产液体注射设备的区域为660平方英尺，同时保持库存的零件只有6 000美元。

当Conmed采用精益生产时，它大大降低了产成品库存。你认为初始库存的减少可能对净经营利润有什么影响?为什么?

资料来源：Pete Engardio, “Lean and Mean Gets Extreme,” *BusinessWeek*, March 23 and 30, 2009, pp. 60-62.

概念检查

Kelley公司在第一年生产中，生产10 000单位产品，销售7 000单位。直接材料、直接人工、变动性制造费用和变动性销售和管理费用分别为12美元、8美元、2美元和1美元。当年固定性制造费用总额为50 000美元。

4.在变动成本法下，其销售成本总额为多少?

a.220 000美元

b.161 000美元

c.154 000美元

d.230 000美元

5.在完全成本法下，其销售成本总额为多少?

a.189 000美元

b.196 000美元

c.179 000美元

d.186 000美元

6.比较Kelley公司完全成本法下和变动成本法下净经营利润，下列正确的是？

a.完全成本法下的净经营利润比变动成本法下的净经营利润低35 000美元

b.完全成本法下的净经营利润比变动成本法下的净经营利润高35 000美元

c.完全成本法下的净经营利润比变动成本法下的净经营利润低15 000美元

d.完全成本法下的净经营利润比变动成本法下的净经营利润高15 000美元

6.4 变动成本法与贡献法的优点

贡献法和变动成本法为内部报告提供了优势。这部分将讨论三种优势。

6.4.1 CVP分析

CVP分析要求我们将成本分为变动性和固定性两部分。因为变动成本法下的利润表按照固定性和变动性分类，因此，与完全成本法将固定性和变动性成本混合一起相比，利用变动成本法的利润表格式更容易进行CVP分析。

另外，完全成本法下的净经营利润可能与CVP分析结果不一致。比如，假设你想计算Weber Light Aircraft产生235 000美元的利润时应有的销量。基于表6-1所示的变动成本法下的利润表，进行CVP分析的结果如下：

销量（a）	\$100 000
贡献边际（b）	\$65 000
贡献边际率（b）÷（a）	65%
固定费用总额	\$90 000

达到目标利润需要的销售额=（目标利润+固定费用）/贡献边际率

=（\$235 000+\$90 000）/0.65=\$500 000

因此，进行CVP分析后得出，当销售额为500 000美元时，净经营利润为235 000美元。除此之外，3月当销售额为500 000美元时，净经营利润为235 000美元。然而在完全成本法下，当销售额为500 000美元时，净经营利润不是235 000美元。原因是在完全成本法下，净经营利润由于存货变动而变动。3月，存货减少，因此递延至2月末存货的固定性制造费用在3月的利润表中释放，导致净经营利润为35 000美元，低于CVP分析的235 000美元。如果3月存货增加，就会发生相反的情况——完全成本法下的净经营利润比CVP分析预测的235 000美元高。

6.4.2 解释净经营利润的变动

如表6-1所示，变动成本法下的利润表更清晰、简明易懂。当销售额增加时，净经营利润增加。当销售额下降时，净经营利润下降。当销售额不变时，净经营利润不变。产量并不影响净经营利润。

完全成本法下的利润表可能引起误解。完全成本法下的利润表如表6-2所示，经理会提出为什么销售额一样，2月和3月的净经营利润却不同。这是由降低销售费用、更高效生产或者其他原因造成的？实际上，这只是由于2月产量超过销售量，因此该月部分固定性制造费用被递延至存货中。这些成本并没有消失，它们最终会在存货减少时，于接下来的期间流转至利润表中。然而，在完全成本法下的利润表中无法识别它们。

当采用完全成本法时，为了避免错误，报表使用者应该警惕存货的变动。在完全成本法下，如果存货增加，固定性制造费用被递延至存货，从而增加净经营利润。如果存货减少，固定性制造费用从存货中释放，从而减少净经营利润。因此，一旦采用完全成本法，净经营利润的变动可能受存货变动影响，也可能受销售额变动影响。

6.4.3 决策支持

变动成本法能够正确识别发生于一单位产品的额外的变动性成本。它也强调了固定性成本对利润的影响。固定性制造费用总额在利润表中清楚地表明，公司能够承担所有的固定性制造费用才能真正盈利。在Weber Light Aircraft的案例中，变动性制造费用准确地记录产品的边际成本为25 000美元，70 000美元的固定性制造费用必须被抵消企业才能获得盈利。

在完全成本法下，固定性制造费用会随着销售产品数量发生变动，然而实际上不然。比如，1月Weber Light Aircraft的单位产品成本为95 000美元，但是该成本变动的部分仅为25 000美元，固定性制造费用和变动成本混合在一起，因此模糊了固定性制造费用对利润的影响。因为完全成本法下的产品成本是以单位产品为基础，因此经理可能错误认为公司每生产1单位产品，需要消耗95 000美元。但是，实际上生产另一单位产品的成本只有25 000美元。错误理解完全成本法下的单位产品成本会造成许多问题，比如不恰当的产品定价，削减实际盈利的产品产量。

你的决策　定价决策

Webb公司每年生产并销售20 000单位的单一产品。该产品售价为100美元/单位，直接材料、直接人工和变动性制造费用为25美元/单位、15美元/单位、10美元/单位。Webb每年的固定性制造费用、固定性销售和管理费用为400 000美元和150 000美元。它没有变动性销售和管理费用。

公司的市场经理认为10%的价格上涨会导致20%的销量下降。他认为如果产品产量保持在20 000单位，价格上涨会增加毛利润，净经营利润会达到40 000美元。你支持价格上涨吗？你认为会增加利润吗？

6.5 部门利润表和贡献法

目标4：编制部门利润表，区别可追溯固定成本和共同固定成本，利用部门利润表进行决策。

在本章节接下来的部分，我们将学习如何利用贡献法编制公司各部门的利润表。这些部门利润表对于分析部门利润、衡量部门经理业绩是十分有效的。

6.5.1 可追溯固定成本、共同固定成本和部门贡献边际

你需要理解利用贡献法编制部门利润表需要的三个定义——可追溯固定成本、共同固定成本和部门贡献边际。

部门的可追溯固定成本（traceable fixed cost）是指因部门存在而产生的固定成本，如果部门不存在，这些固定成本也不存在。如果部门消失，则该固定成本也会消失。可追溯固定成本的例子归纳如下：

• PepsiCo公司Fritos产品经理的工资对PepsiCo公司Fritos企业部门而言是可追溯固定成本。

• Boeing747s中建筑物的维护成本对Boeing747企业部门而言被归纳为可追溯固定成本。

• 迪士尼乐园的责任保险对迪士尼公司的迪士尼乐园企业部门而言是可追溯固定成本。

共同固定成本（common fixed cost）是支持一个以上部门运营但不能全部或部分追溯到任何部门的固定成本。即使一个部门完全消失，共同固定成本也不会改变。共同固定成本的例子归纳如下：

• General Motors CEO的工资对General Motors各个不同的部门而言是共同固定成本。

• Safeway或Kroger食品杂货店的收银机成本对店里各个不同的部门，像杂货部门、农产品部门、面包部门而言，是共同固定成本。

• 诊所的服务人员工资对医生而言是共同固定成本；对诊所而言，是可追溯成本；但对任何一个独立的医生而言，却不是。

编制部门利润表，销售额减变动费用得到部门的贡献边际。贡献边际指的是销量变化对利润的影响，维持部门的生产力和不变的固定成本。贡献边际对进行短期利用生产力类的决策（比如，特殊订单）十分有效。这类决策只考虑变动成本和收入——贡献边际的两个组成部分。

部门贡献边际（segment margin）是由部门的贡献边际减去该部门的可追溯固定成本得到的。它表示一个部门承担所有成本后的边际贡献。部门贡献边际是衡量一个部门长期运营利润的最好指标，因为它只包含部门产生的成本。如果一个部门不能负担它的成本，这个部门只能被裁撤（除非该部门对其他部门有重要的副作用）。注意，共同固定成本并不分配到部门中。

从决策角度，部门贡献边际在影响生产力的决策（裁撤部门）中至关重要。相反，贡献边际在短期产量决策中至关重要，比如对短期可利用生产力生产特殊批次的定价决策。

商业实践

网络销售遏制了目录征订？

Smith & Hawken，户外配件的零售商，经历了互联网销售的增长和目录销售的下降。这些趋势似乎与传统观念相一致，这表明互联网销售会使目录征订遭到淘汰。然而，Smith & Hawken，就像许多互联网销售增长的零售商一样没有计划停止其目录

征订。事实上，美国公司邮寄目录总额从2002年的166亿美元猛增到2005年的192亿美元。为什么？

目录征订消费者和网络购物消费者并不是独立的客户群体。目录征订消费者经常选择在线完成销售交易而不是电话订单。这就解释了为什么目录征订仍是一个引人注目的营销媒介，虽然许多公司的目录征订销售额正在下降。如果零售商分别分析目录征订销售和互联网销售，它们会停止目录征订部分，然而这忽视了该决策对互联网部门贡献边际的负面影响。

资料来源：Louise Lee，"Catalogs，Catalogs，Everywhere，" *BusinessWeek*，December 4，2006，pp. 32–34.

6.5.2 识别可追溯固定成本

可追溯固定成本和共同固定成本的区别在部门报告中十分关键，由于可追溯固定成本可以分配到部门，而共同固定成本不能。在实际情况中，有时很难界定一种成本是属于可追溯的，还是共同的。

一般来说，可追溯成本是指那些随着部门消失而消失的成本。比如，公司内一个部门被出售或者裁撤，那么部门经理的工资将不再需要支付。因此，部门经理的工资应该被分为可追溯固定成本。如果一个部门被裁撤，公司总裁的工资依然需要支付。而且，如果裁撤该部门是一个正确决定，总裁的工资甚至会更高。因此，总裁的工资对于公司所有的部门是共同的，不应该被分配。

当分配成本到部门时，重要的是拒绝分配那些明显是共同的、不会受部门存在的影响的成本（比如，公司设备的折旧费）。将共同成本分配到部门将会影响将部门边际贡献作为衡量长期部门盈利和业绩指标的准确性。

商业实践

Vilar表演艺术中心的部门报告

Vilar表演艺术中心是一个有535个座位的剧院，位于Beaver Creek。它分为六个业务部门：家庭系列、百老汇系列、剧院/喜剧系列、舞蹈系列、古典系列和音乐会系列。Vilar的执行总裁KrisSable必须决定预定哪些节目，提供给艺术家的财务条款包括哪些，从承销商收到的赞助有哪些，门票价格是多少。他利用部门利润表评估每个部门的盈利性。部门利润表包括可追溯成本（比如运输、食宿成本）、扣除共同成本（比如Kris和他团队成员的工资、剧院的折旧及一般营销费用）。

古典系列一个季度的数据如下：

表演场次	4
预算座位	863
销售座位	655
每场平均销售座位	164
票价	$46 800
赞助	65 000
总收入	$111 800
演员支出	78 870
其他可追溯费用	11 231
古典系列部门边际贡献	$21 699

尽管古典系列平均每场只有164个席位，其整体部门贡献边际（21 699美元）是正的，这是由于65 000美元的捐赠者赞助收入。如果共同成本被分配到古典系列，它可能出现无利可图并且被裁撤的情况，导致本季度演出更少、节目缺少多元化、令小众但是专业的观众失望，也会由于损失古典系列的贡献边际而降低该公司总收入。

6.5.3 可追溯成本成为共同成本

一个部门的可追溯固定成本可能成为另一个部门的共同成本。比如，United Airlines想要编制一个部门利润表从而显示从芝加哥到巴黎的一个特定航班的部门贡献边际，并且将其再分解求得一等舱、商务舱和经济舱的贡献边际。航空公司需要在巴黎Charles DeGaulle机场支出落地费。固定的落地费对于该航班属于可追溯的成本，但是对于一等舱、商务舱和经济舱部门属于共同成本。即使一等舱是空的，也需要支付落地费。因此，落地费对于一等舱来说不是可追溯成本。另外，对于一等舱、商务舱和经济舱的乘客来说，支付落地费是必需的。因此落地费对于这三类来说是共同成本。

6.6 部门利润表——案例

ProphetMax公司是一个快速成长的软件公司。表6-5列示该公司最近一个月的变动成本法下的利润表。当公司成长时，其高级经理要求各部门提供可以决策和评估管理业绩的部门利润表。ProphetMax公司的财务主管依据公司的部门、生产线和销售渠道建立贡献式分部利润表。她编制图6-2来解释ProphetMax公司的利润来源于两个部门——商业产品分部和顾客产品分部。顾客产品分部的利润可以进一步分为剪贴画和客户游戏生产线。最终，客户游戏生产线可以分为在线和零售商店销售渠道。

表6-5　　ProphetMax公司变动成本法下的利润表

销售收入	$500 000
减变动费用：	
变动性销售成本	180 000
其他变动费用	50 000
总变动费用	230 000
贡献边际	270 000
固定费用	256 500
净经营利润	$13 500

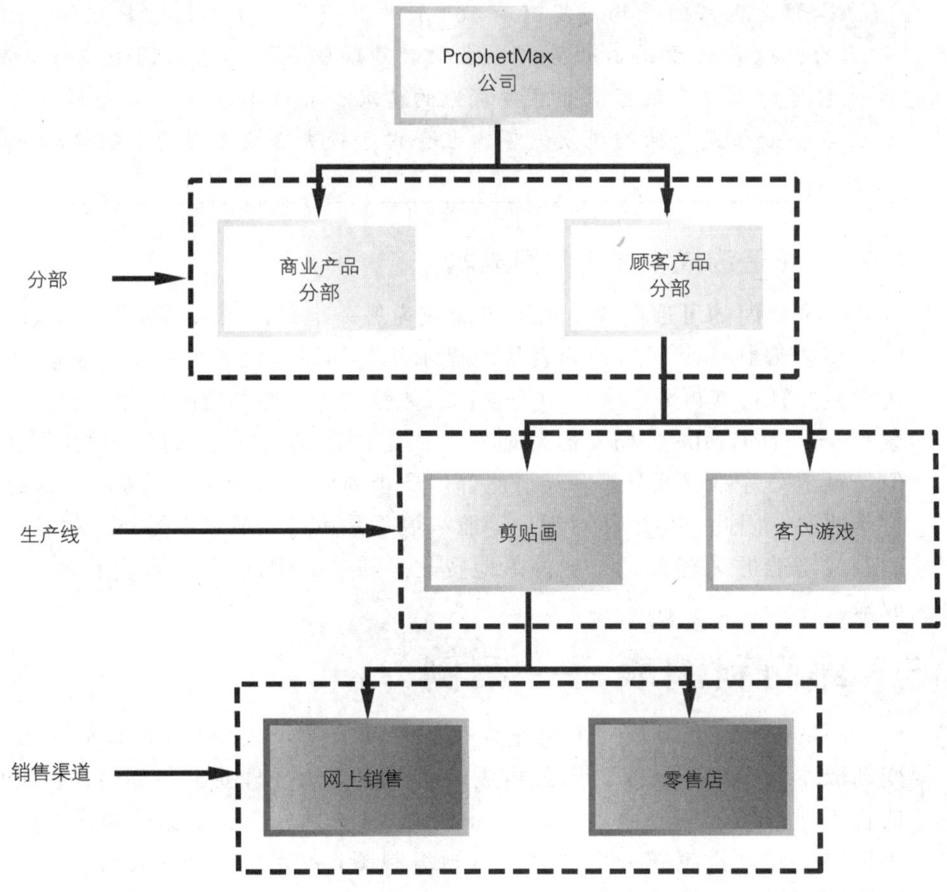

图6-2 ProphetMax公司：公司部门案例

6.6.1 各层级部门利润表

表6-6，包括财务主管在图6-2中叙述的各个分部的部门利润表。整个公司的贡献式利润表记录在总公司这一列。

需要注意的是，该列净经营利润（13 500美元）与在表6-5中所列示的净经营利润是相同的。总公司列旁边的两列是两个分部。商业产品部门的可追溯固定成本是90 000美元，客户产品部门为81 000美元。171 000美元的可追溯固定成本（在总公司列）加上85 500美元的不能追溯到分部的共同固定成本等于ProphetMax公司如表6-5所示的总固定成本（256 500美元）。另外，商业产品部门贡献边际为60 000美元，客户产品部门贡献边际为39 000美元。部门贡献边际表明各个分部对于公司利润的贡献程度。

表 6-6　　ProphetMax公司——部门贡献式利润表

		分部	
	总公司	商业产品分部	客户产品分部
销售收入	$500 000	$300 000	$200 000
减：变动费用			
变动性销售成本	180 000	120 000	60 000
其他变动费用	50 000	30 000	20 000
总变动费用	230 000	150 000	80 000
贡献边际	270 000	150 000	120 000
减：可追溯固定成本	171 000	90 000	81 000
部门贡献边际	99 000	$60 000	$39 000
减：不可追溯至单一部门的共同固定成本	85 500		
净经营利润	$13 500		

客户产品分部的生产线：		生产线	
	客户产品分部	剪贴画	电脑游戏
销售收入	$200 000	$75 000	$125 000
减：变动费用			
变动性销售成本	60 000	20 000	40 000
其他变动费用	20 000	5 000	15 000
总变动费用	80 000	25 000	55 000
贡献边际	120 000	50 000	70 000
减：可追溯固定成本	70 000	30 000	40 000
生产线部门贡献边际	50 000	$20 000	$30 000
减：不可追溯单一生产线的共同固定成本	11 000		
净经营利润	$39 000		

客户产品分部的生产线：生产线		生产线	
	客户产品分部	剪贴画	电脑游戏
销售收入	$200 000	$75 000	$125 000
减：变动费用			
变动性销售成本	60 000	20 000	40 000
其他变动费用	20 000	5 000	15 000
总变动费用	80 000	25 000	55 000
贡献边际	120 000	50 000	70 000
减：可追溯固定成本	70 000	30 000	40 000
生产线部门贡献边际	50 000	$20 000	$30 000
减：不可追溯单一生产线的共同固定成本	11 000		
净经营利润	$39 000		

电脑游戏生产线的销售渠道：销售渠道		销售渠道	
	电脑游戏	在线销售	零售店
销售收入	$125 000	$100 000	$25 000
减：变动费用			
变动性销售成本	40 000	32 000	8 000
其他变动费用	15 000	5 000	10 000
总变动费用	55 000	37 000	18 000
贡献边际	70 000	63 000	7 000
减：可追溯固定成本	25 000	15 000	10 000
生产线部门贡献边际	45 000	$48 000	$（3 000）
减：不可追溯单一生产线的共同固定成本	15 000		
净经营利润	$30 000		

表6-6的中间部分将顾客产品分部进一步分为两条产品线：剪贴画和电脑游戏。某些固定成本的双重属性能够从这部分显示出来。注意，表6-6中的第一部分，当按分部进行分类时，客户产品分部的可追溯固定成本为81 000美元。然而，当深入分类至生产线（中间部分）时，81 000美元中可追溯到客户产品分部成本中的70 000美元是可以追溯到产品线的。另外11 000美元成为客户产品分部的两条生产线的共同固定成本。

当分部分为两条生产线时，为什么11 000美元的可追溯固定成本变成了共同固定成本呢？11 000美元是用于对产品进行防干扰包装的机器折旧费。该折旧费对于顾客产品分部整体是一项可追溯固定成本，但对于分部的两条生产线是一项共同成本。即使一条生产线被完全废弃，也需要用该机器包装剩余的产品。因此，折旧费不能追溯到单个产品。相反，70 000美元的可追溯固定成本可以追溯到单一产品线中，这是由于它是特定产品的广告费用。其中，30 000美元用于剪贴画广告，40 000美元用于电脑游戏广告。

表6-6的第三部分将电脑游戏生产线分为两个销售渠道：在线销售和零售店。这些固定成本的双重属性能够从这部分显示出来。在表6-6中间部分按生产线分类时，电脑游戏生产线的可追溯固定成本为40 000美元。然而，我们在表格的第三部分发现40 000美元中的25 000美元可以追溯到电脑游戏的销售渠道，剩下的15 000美元成为电脑游戏生产线下两个销售渠道的共同固定成本。

6.7 部门利润表——决策与保本点分析

如果一个公司编制贡献格式的部门利润表，它可以运用利润表进行决策和实行保本点分析。

6.7.1 决策

回顾表6-6第三部分来探讨部门利润表如何用于管理层决策。注意：在线销售部门有48 000美元的部门贡献边际，零售店的部门贡献边际为3 000美元。假设ProphetMax公司想要知道停止电脑游戏的零售店销售对其利润的影响。公司相信如果停止零售店销售，电脑游戏的线上销售额将增加10%，同时，商业客户分部和剪贴画生产线并不受到影响。你如何衡量该决策对利润的影响？

第一步应该衡量零售店渠道暂停的利润影响。如果销售渠道暂停，我们假设其销售额、变动性成本、可追溯固定成本都将消失。确定其财务影响的最快的方法是关注零售店的部门贡献边际。也就是说，如果零售店销售渠道停止，其3 000美元的负贡献边际也会消失。这会增加ProphetMax公司的净经营利润3 000美元。第二步是计算电脑游戏在线销售渠道的利润，其增加10%。为了计算，我们假设在线销售渠道的总可追溯固定成本（15 000美元）保持不变，其贡献边际率为63%（\$63 000/\$100 000）。如果在线销售增加10 000美元，则在线销售部门的贡献边际将增加6 300美元（\$10 000×63%）。停止零售店销售渠道造成的总体利润影响如下表所示：

免除零售店损失	$3 000
在线销售增加的贡献边际	6 300
ProphetMax公司的净经营利润增加	$9 300

6.7.2 保本点分析

目标5：利用可追溯成本计算公司范围和部门的保本点。

在第5章，我们学习了如何计算多产品公司的公司范围的保本点（没有可追溯固定成本）。现在我们以ProphetMax公司在表6-6中的数据为例解释如何计算有可追溯固定成本的公司范围和部门的保本点。计算公司范围的保本点的计算公式如下：

公司保本额=（可追溯固定成本+共同固定成本）/公司总体的贡献边际率

ProphetMax公司的案例中，首先回顾表6-6中的总公司列的信息。这列数据表明ProphetMax公司的可追溯固定成本总额为171 000美元，共同固定成本总额为85 500美元。公司总体的贡献边际270 000美元除以销售额500 000美元等于其总体的贡献边际率，为0.54。基于上述信息，ProphetMax公司的公司范围的保本点计算如下：

公司范围保本额=（可追溯固定成本+共同固定成本）/公司总体的贡献边际率

=（$171 000+$85 500）/0.54=$475 000

需要注意的是，该计算假设一个不变的销售组合。换句话说，在ProphetMax公司的案例中，假设销售额的60%（$300 000/$500 000）是来自商业产品分部，40%（$200 000/$500 000）的销售额来自客户产品分部。

计算商业部门的保本点，公式如下：

部门保本额=部门可追溯固定成本/部门的贡献边际率

在ProphetMax公司商业产品分部的例子中，需要回顾表6-6中第一部分商业产品分部列。这列数据表明商业产品分部的可追溯固定成本为90 000美元，贡献边际率为0.50（$150 000/$300 000）。基于上述信息，商业产品分部的保本点计算如下：

部门保本额=部门可追溯固定成本/部门的贡献边际率=$90 000/0.50=$180 000

客户产品分部也可以如此计算。利用表6-6第一部分客户产品分部的数据。客户产品分部的可追溯固定成本为81 000美元，贡献边际率为0.60（$120 000/$200 000），其保本点计算如下：

部门保本额=部门可追溯固定成本/部门的贡献边际率=$81 000/0.60=$135 000

注意：部门保本额的总和为315 000美元（$180 000+$135 000）小于公司范围的保本额475 000美元。这是由于部门保本点不包括公司的共同固定成本。这种情况可以通过编制基于每个部门的保本额的利润表调整：

	总公司	商业产品分部	客户产品分部
销售收入	$315 000	$180 000	$135 000
变动费用	144 000	90 000	54 000
贡献边际	171 000	90 000	81 000
减：可追溯固定成本	171 000	90 000	81 000
部门贡献边际	0	$0	$0
共同固定成本	85 500		
净经营利润	$（85 500）		

当每个部门都达到其保本点时，公司总体的净经营利润损失等于其共同固定成本85 500美元。这个可能让经理在制定决策时失误。试图弥补公司的共同固定成本，经理会当执行保本点计算和决策时，将共同固定成本分配到各个商业部门。这是一个错误！分配共同固定成本到分部会虚增各部门的保本点。这会导致经理错误地停止一些被虚增保本点的商业部门。保留或者暂停一个商业部门应该基于如果裁减该部门会消失的销售额与成本，因为共同固定成本在商业部门被裁减时依然存在。因此，当决策时，它们不应该被分配到商业部门。

6.8 部门利润表——常见错误

只有所有归属于一个部门的成本应分配到该部门。然而，公司在分配成本时会犯错误。它们忽略一些成本，不恰当地分配可追溯固定成本并且武断地分配共同固定成本。

6.8.1 遗漏成本

分配到一个部门的成本应该包括可以分配到公司整体价值链的部门的所有成本。所有的功能需要给客户带来产品、服务或者给公司带来利润，从研发、产品设计、制造、分销到客户服务。

然而，只有制造费用在完全成本法下包含在产品成本中，这种方法可以运用在外部财务报告里。为了避免使用两种成本计算系统，在内部报告和外部报告中保持一致性，许多公司在内部报告中使用完全成本法，比如部门利润表。因此，这些公司忽略了它们的盈利能力分析或者价值链中所有的“上游”成本和“下游”成本。“上游”成本包括研发和产品设计，“下游”成本包括营销、分销和客户服务。然而，这些非制造费用在决定产品盈利时与制造费用一样是必要的。这些“上游”和“下游”成本经常列示于完全成本法下利润表的销售和管理费用中，占组织总成本的一半多。如果在进行盈利分析时，“上游”和“下游”成本被遗漏，这个产品会被低估成本，长期会导致亏损。

6.8.2 部门间不恰当地分配可追溯固定成本

除了遗漏成本，许多公司没有正确处理部门利润表中的可追溯固定成本。第一，没有将固定成本追溯到部门中。第二，利用错误的分配基准将可追溯固定成本分配到部门中。

错误地直接追溯成本

能够直接追溯到特定部门的成本应该直接追溯到该部门，不应该分配到其他部门中。比如，一个保险公司分支办公室的租金应该直接追溯到该分支办公室，而不是包括在公司范围的管理费用中，分配到整个公司。

不恰当的分配基准

一些公司随意选择分配基准分配成本。比如，一些公司基于销售收入分配销售和管理费用。因此，当一个部门销售额占总公司销售额的20%时，其按照20%分配公司的销售和管理费用。以销售成本或者其他测算为基础的分配基准也是一样的。

要配合内部决策，将成本分配至各个部门要求分配基准是真正的成本动因。比如，只有10%的销售额增长会造成10%的销售和管理费用增长时，销售额才能用于分配销售和管理费用。销售和管理费用并不是由销售额驱动的，因此，将大部门的销售和管理费用分配到销售额最高的分部的方法是不正确的。

6.8.3 错误分配共同成本

第三个导致部门成本扭曲的情况就是将不可追溯成本分配至各个部门。比如，一些公司将与总部建筑物相关的共同成本分配至部门报告的产品中。然而，在一个多产品生产的公司中，没有任何一个单一产品能够弥补这部分成本。即使一个产品完全停止生产，其对于与总部建筑物相关的成本也没有任何影响。简单来说，与总部建筑物相关的成本和产品的存在没有因果关系。因此，将与总部建筑物相关的成本分配到产品是错误的。

类似与总部建筑物相关的共同成本存在于一些组织里。错误地将共同成本分配到部门中是由于人们理所当然地认为有些人应该承担这部分共同成本。毋庸置疑地，公司必须承担这些成本才能获利。实际上，将共同成本的一部分加入一个部门的实际成本中可能导致一个本身盈利的部门变成亏损。如果经理暂停该亏损部门，节约了该部门的实际可追溯成本，可是那些分配至该部门的共同固定成本呢？它们并没有消失，它们将被重新分配到其他部门的成本中。这会使得其他部门看起来盈利性变差了，也可能导致其他部门的裁撤。其负面效应就是减少公司的整体利润，使得承担共同成本变得更加困难。

另外，错误分配共同成本的经理不能够管理共同固定成本，共同固定成本一般需要更高级别的经理负责。当共同固定成本被分配到经理时，他们需要负责这些成本，尽管他们也控制不了这些成本。

概念检查

7.下列表述中正确的是？（你可以选择多于1个答案）

a.部门的贡献边际减去其可追溯固定成本等于部门边际贡献

b.当公司计算保本额时，公司的共同固定成本应该被平均分配到各个部门中

c.部门的可追溯固定成本应该仅包括哪些随着部门消失而消失的成本

d.可追溯到部门的成本可能是另一个部门的共同成本

6.9 利润表——外部报告角度

6.9.1 公司整体利润表

实际上，根据一般公认会计原则（GAAP），完全成本法被用于外部报告。另外，国际财务报告准则（IFRS）明确要求公司采用完全成本法。使用两种独立的成本计算方法，一个用于外部报告，一个用于内部报告，这样做成本较高而且可能造成混乱，因此，大部分公司采用完全成本法进行外部和内部报告。

考虑到贡献法的所有优势，你会感到困惑为什么采用完全成本法。这主要由于传

统上，完全成本法对于会计师和管理层更具吸引力，因为他们相信它更好地将成本与收入相配比。完全成本法的支持者认为当产品销售时，为了更好地将收入与产品成本匹配，所有的制造费用都应分配到产品中。折旧、税收、保险、高管工资这类的固定成本在产品生产时与变动成本一样是必不可少的。

变动成本法的支持者则认为固定性制造费用并不是特定产品的成本。这些成本的发生是为了能够具有生产力地去生产产品，然而即使没有任何产品生产，这类成本也是会发生的。另外，额外生产一单位产品对固定性制造费用没有影响。因此，变动成本法的支持者认为固定性制造费用并不属于生产特定产品的成本。因此，根据配比原则，固定性制造费用应该分配到当期。

6.9.2 部门财务信息

美国GAAP和IFRS要求上市公司在年度报告中包含部门财务和其他数据，提供给外部使用者的部门报告应该使用与公司内部制定决策所编制的内部报告相同的方法和定义。这是一个特殊的规定，因为公司一般不需要为外部报告使用者提供与内部编制报告相同的数据。这个规定促使上市公司避免在内部部门报告中使用贡献法。部门贡献式利润表包括重要的、公司不愿对外披露的信息。另外，这种要求会产生内部报告和外部报告的调节问题。

商业实践

3M报告股东部门盈利

在2009年，3M公司以生产线和地理区域为依据向股东报告了部门盈利。公司部分部门信息的总结如下（单位：百万美元）：

	净销售额	净经营利润
生产线：		
工业和交通	$7 116	$1 238
医疗	$4 294	$1 350
客户和办公室	$3 471	$748
安全保障服务	$3 180	$745
陈列和制图	$3 132	$590
电子和通信	$2 276	$322
地理区域：		
美国	$8 509	$1 640
太平洋	$6 120	$1 528
欧洲和亚洲	$5 972	$1 003
拉丁美洲和加拿大	$2 516	$631

3M公司的年度报告并没有列示公司部门的毛利润或者贡献边际。你认为原因是什么？

资料来源：3M公司2009年年报。

本章小结

目标1：解释变动成本法和完全成本法的区别以及每种方法下如何计算单位产品成本。

变动成本法和完全成本法是在确定产品成本时的两种方法。变动成本法下，只有变动性产品成本（直接材料、直接人工和变动性制造费用）被视为产品成本。固定性制造费用被视为期间费用，在发生时计入利润表。相反，完全成本法将固定性制造费用与直接材料、直接人工和变动性制造费用一样，视为产品成本。

目标2：编制变动成本法和完全成本法下的利润表。

两种方法下的单位产品成本是不同的，因此利润表中销售成本不同。另外，在变动成本法下，固定性制造费用计入期间费用，而在完全成本法下，其计入产品成本。两种计算方法下，销售和管理费用都被视为期间费用，在发生时计入利润表。

目标3：调整变动成本法和完全成本法的净经营利润并且解释其差异原因。

因为完全成本法将固定性制造费用视为产品成本，因此，当其生产时，固定性制造费用的一部分被分配到每个产品中。如果产品在期末没有销售，与产品相关的固定性制造费用被记入存货账户，递延到下一期间。当这些产品稍后销售时，相关的固定性制造费用被释放，成为销售成本的一部分。因此，完全成本法下，有可能通过存货账户将一部分固定性制造费用从当期递延到未来期间。

目标4：编制区别可追溯固定成本和共同固定成本的部门利润表并且利用其进行决策。

部门利润表为估计公司分部、产品线、销售区域和其他部门的盈利性和业绩提供信息。在贡献法下，变动成本和固定成本被区别开，且只有这些成本可以追溯到该部门。成本被认为是可以追溯的，只有当该成本是由该部门引起的或者会由于该部门消失而消失。固定性共同成本不能分配到部门。部门边际贡献=收入-变动性费用-可追溯固定成本。

目标5：利用可追溯固定成本计算公司整体和部门的保本点。

部门保本额利用部门可追溯固定成本除以贡献边际率计算。当计算保本点时，一个公司的共同固定成本不应该分配到部门中，由于它们并不会改变部门方面的决策。相反，在计算整体保本点时，应该包含一个公司的共同固定成本。

你的决策（价格决策）参考答案

在完全成本法下，固定性制造费用是20美元/单位（\$400 000/20 000）。完全成本法下单位产品成本为70美元（\$25+\$15+\$10+\$20），单位贡献边际为50美元（\$100-\$50）。当公司生产、销售20 000单位产品时，售价为100美元，它获得的总毛利为600 000美元（20 000×30），总贡献边际为1 000 000美元（20 000×50）。

10%的价格上升导致售价为110美元/单位，20%的销量下降导致销量为16 000单位。这种情况下，毛利润为640 000美元（16 000×40），比原本情况的毛利高40 000美元。这是营销经理认为应该涨价的原因。然而，如果实行价格上涨，总贡献边际比原来低40 000美元，为960 000美元（16 000×60）。价格上涨会降低利润40 000美元。

概念检查参考答案

1.选择b。在变动成本法下，变动性销售和管理费用被视为期间费用。

2.选择d。单位贡献边际为18美元（$40-$18-$4）。销量（7 500单位）×单位贡献边际（18美元/单位）-固定成本（$100 000）=净经营利润（$35 000）。

3.选择c。单位产品成本28美元包括18美元的变动性制造费用和10美元的固定性制造费用（$80 000/8 000=$10）。单位毛利润为12美元（$40-$28），总毛利润为90 000美元（$12×7500）。毛利润90 000美元-变动性销售和管理费用30 000美元-固定性销售和管理费用20 000美元=净经营利润40 000美元。

4.选择c。变动成本法下单位产品成本为22美元（$12+$8+$2）。销售成本为154 000美元（7 000×22）。变动性销售和管理费用为期间成本，不是产品成本。

5.选择a。完全成本法固定性制造费用为5美元/单位（$50 000/10 000）。完全成本法单位产品成本为27美元（$12+$8+$2+$5）。销售成本为189 000美元（7 000×27）。

6.选择d。完全成本法收入高出15 000美元是因为它递延15 000美元（3 000×5）固定性制造费用到存货，然而变动成本法将50 000美元固定性制造费用在当期费用化。

7.选择acd。共同固定成本不应该分配到商业部门。

问题回顾1：比较完全成本法和变动成本法

Dexter公司生产、销售单一产品，即用木制手动织布机编制类似围巾等小件商品。近两年与产品相关的成本数据列示如下：

销售价格（每单位）	$50
产品成本：	
变动性单位产品成本：	
直接材料	$11
直接人工	$6
变动性制造费用	$3
固定性制造费用（每年）	$120 000
销售和管理费用：	
变动性销售和管理费用	$4
固定性销售和管理费用	$70 000

	第一年	第二年
期初存货	0	2 000
当期产量	10 000	6 000
当期销量	8 000	8 000
期末存货	2 000	0

要求：

1.假设公司使用完全成本法。

a.计算每年的单位产品成本。

b.编制每年的利润表。

2.假设公司使用变动成本法。

a.计算每年的单位产品成本。

b.编制每年的利润表。

3.调整变动成本法和完全成本法下的净经营利润。

问题回顾1的解答：

1.a.完全成本法下，所有制造费用，无论变动性还是固定性的，都包括在单位产品成本中。

	第一年	第二年
直接材料	$11	$11
直接人工	6	6
变动性制造费用	3	3
固定性制造费用		
（$120 000/10 000）	12	
（$120 000/6 000）		20
完全成本法下单位产品成本	$32	$40

b.完全成本法利润表如下：

	第一年	第二年
销售额（8 000×$50）	$400 000	$400 000
销售成本	256 000	304 000
毛利润	144 000	96 000
销售和管理费用（8 000×$4+$70 000）	102 000	102 000
净经营利润	$42 000	$（6 000）

2.a.在变动成本法下，只有变动性制造费用被计入单位产品成本中。

	第一年	第二年
直接材料	$11	$11
直接人工	6	6
变动性制造费用	3	3
完全成本法下单位产品成本	$20	$20

b.变动成本法利润表如下：

	第一年		第二年	
销售额（8 000×$50）	$400 000			$400 000
减变动费用：				
变动性销售成本（8 000×$20）	$160 000		$160 000	
变动性销售和管理费用	32 000	192 000	32 000	192 000
贡献边际		208 000		208 000
减固定费用：				
固定性制造费用	120 000		120 000	
固定性销售和管理费用	70 000	190 000	70 000	190 000
净经营利润		$18 000		$18 000

3.调整完全成本法和变动成本法下的净经营利润。

	第一年	第二年
固定性制造费用期末存货	$24 000	$0
固定性制造费用期初存货	0	24 000
固定性制造费用递延（释放）存货	$24 000	$（24 000）

	第一年	第二年
变动成本法下净经营利润	$18 000	$18 000
加：完全成本法下固定性制造费用被递延至存货	24 000	
减：固定性制造费用从存货中释放		（24 000）
完全成本法下净经营利润	$42 000	$（6 000）

问题回顾2：部门利润表

律师事务所Frampton的合伙人Davis和Smythe完成了如下报表，将公司总体报告分为两个商业部门——家庭法和公司法。

	总公司	家庭法	公司法
销售收入	$1 000 000	$400 000	$600 000
变动费用	220 000	100 000	120 000
贡献边际	780 000	300 000	480 000
可追溯固定成本	670 000	280 000	390 000
部门贡献边际	110 000	20 000	90 000
共同固定成本	60 000	24 000	36 000
净经营利润	$ 50 000	$（4 000）	$ 54 000

然而，这个报告并不正确。共同固定成本（比如：经理合伙人的工资、一般管理费用和广告费用）已经基于销售收入被分配到两个部门中。

要求：

1.剔除共同固定成本的分配，重新编制部门报告。如果家庭法部门被裁撤，公司的财务状况会更好吗？（注意：许多公司的法律客户会依据该公司的情况进行家庭法咨询，比如起草遗嘱。）

2.公司的广告代理商计划发行一个广告，目的是促进公司家庭法部门的收入增长。广告需要花费20 000美元，广告代理商认为这将增加家庭法收入100 000美元。Frampton的合伙人Davis和Smythe认为该部门的收入增加不会带来公司固定成本的增加。估计这次广告营销对家庭法部门边际贡献和公司整体净经营利润的影响。

3.计算公司整体的保本额以及每个部门的保本额。

问题回顾2的解答：

1.正确的部门利润表如下：

	总公司	家庭法	公司法
销售收入	$1 000 000	$400 000	$600 000
变动费用	220 000	100 000	120 000
贡献边际	780 000	300 000	480 000
可追溯固定成本	670 000	280 000	390 000
部门贡献边际	110 000	$ 20 000	$ 90 000
共同固定成本	60 000		
净经营利润	$ 50 000		

不对，公司如果裁减家庭法部门并不会使其财务状况变得更好。公司法部门能够承担其自身成本，而且每个月能够承担公司的共同固定成本20 000美元。虽然家庭法部门贡献边际要低于公司法部门，但是其仍然盈利。另外，家庭法部门可以为公司法客户提供服务，这能够保持公司的竞争力。

2.广告影响会使家庭法部门贡献边际增加55 000美元，如下所示：

增加销售收入	\$100 000
家庭法部门贡献边际率（\$300 000/\$400 000）	×75%
增加的贡献边际	\$75 000
减：广告营销成本	20 000
增加的部门贡献边际	\$55 000

因为固定成本（包括共同固定成本）没有增加，所以整体净经营利润增加55 000美元。

3.公司范围的保本点计算如下：

公司范围保本额=（可追溯固定成本+共同固定成本）/公司总体的贡献边际率

=（\$670 000+\$60 000）/0.78

=\$935 897

家庭法部门的保本点计算如下：

部门保本额=部门可追溯固定成本/部门的贡献边际率

=\$280 000/0.75

=\$373 333

公司法部门的保本点计算如下：

部门保本额=部门可追溯固定成本/部门的贡献边际率

=\$390 000/0.80

=\$487 500

词汇表

完全成本计算法（absorption costing）是将全部制造成本（包括直接人工、直接材料、变动性制造费用和固定性制造费用）均计入产品成本中的一种成本计算方法。

共同固定成本（common fixed cost）是为多个部门服务，但又不能全部或部分地追溯到其中任何一个部门的固定成本。

部门（segment）是企业中独立拥有成本、收入或利润数据的任何部门或者作业。

部门贡献边际（segment margin）是指部门边际贡献减去可追溯固定成本的余额，表示一个部门承担所有的可追溯固定成本后的边际贡献。

可追溯固定成本（traceable fixed cost）是随着某一个特定部门的存在而存在，并随着这个部门的消失而消失的固定成本。

变动成本计算法（variable costing）是将变动性生产成本（包括直接人工、直接材料、变动性制造费用）计入产品成本中的一种成本计算方法。

思考题

6-1完全成本法和变动成本法的基本区别。

6-2 在变动成本法下，销售和管理费用被视为产品成本还是期间费用？

6-3 解释在完全成本法下，多少固定性制造费用从当期转到下一期？

6-4 支持固定性制造费用为产品成本的观点是什么？

6-5 支持固定性制造费用为期间费用的观点是什么？

6-6 如果产品产量=销量，应该采用哪种计算方法使得净经营利润更大，变动成本法还是完全成本法？为什么？

6-7 如果产品产量>销量，应该采用哪种计算方法使得净经营利润更大，变动成本法还是完全成本法？为什么？

6-8 如果完全成本法下固定性制造费用从存货中释放出来，这说明产量和销量之间的关系如何？

6-9 完全成本法下，不增加销售额能够增加净经营利润吗？

6-10 在完全成本法和变动成本法利润表中，精益生产如何减少报告差异？

6-11 组织的分部是什么？举几个例子。

6-12 在贡献法下，哪种成本被分配到部门？

6-13 区别可追溯成本和共同成本。举几个例子。

6-14 解释部门边际贡献和贡献边际的区别。

6-15 为什么在贡献法下共同成本不能分配到部门中？

6-16 如果一个部门分为几个部分，一项可追溯成本能够变成共同成本吗？

6-17 当计算部门保本点时，一个公司应该将共同固定成本分配到部门中吗？

基础练习十五问（学习目标6-1～学习目标6-4）

Diego公司生产一种产品，其售价为80美元/单位，分为两个地理区域——东区和西区。下列信息为其工地第一年运营状况，产量为40 000单位，销量为35 000单位。

变动性单位产品成本：	
直接材料	$24
直接人工	$14
变动性制造费用	$2
变动性销售和管理费用	$4
固定成本（每年）	
固定性制造费用	$800 000
固定性销售和管理费用	$496 000

公司东区销售25 000单位，西区销售10 000单位。其中，250 000美元的固定性销售和管理费用追溯到西区，150 000美元的固定性销售和管理费用追溯到东区，剩余96 000美元为共同固定成本。公司只要生产其产品，就会发生固定性制造费用。

要求：

基于基础数据，回答下列问题。13题前不需要编制分部利润表。

1.在变动成本法下，单位产品成本是多少？

2.在完全成本法下，单位产品成本是多少？

3.在变动成本法下，公司的贡献边际总额为多少？

4.在变动成本法下，公司的净经营利润为多少？

5. 在完全成本法下，公司的贡献边际总额为多少？

6. 在完全成本法下，公司的净经营利润为多少？

7. 完全成本法和变动成本法公司的净经营利润差异是多少？是什么导致产生这种差异？

8. 公司的保本量为多少？高于还是低于实际销量？和问题6的答案进行比较并评价。

9. 如果东区和西区的销量相反，公司的保本量为多少？

10. 如果生产销售35 000单位产品，公司变动成本法下的净经营利润为多少？不需要计算从而回答该问题。

11. 如果生产销售35 000单位产品，公司完全成本法下的净经营利润为多少？不需要计算从而回答该问题。

12. 如果公司第二年产量比销量少5 000单位，完全成本法下的净经营利润比变动成本法下的净经营利润高还是低？为什么？不需要计算。

13. 编制贡献式部门利润表，包括总公司、东区和西区。

14. Diego考虑裁减西区，因为内部报告显示该区域第一年的毛利为50 000美元，少于可追溯固定性销售和管理费用。Diego认为如果裁减该区域，东区的销售额在第二年会上涨5%。利用贡献法分析部门盈利。假设所有固定性销售和管理费用保持不变，裁撤西区对于公司第二年的利润影响为多少？

15. 假设第二年西区投资30 000美元于广告营销，其销量增长20%。如果其他保持不变，进行广告营销对于利润的影响为多少？

练习

练习6-1　变动成本法和完全成本法的单位产品成本（学习目标6-1）

Ida Sidha Karya公司是一家家族式公司，位于Gianyar。公司生产一种手工制作的巴厘岛乐器，和木琴相似，叫作加麦兰。加麦兰售价为850美元。公司上一年度数据如下：

期初产品	0
当期生产	250
当期销售	225
期末存货	25
变动性单位产品成本：	
直接材料	$100
直接人工	$320
变动性制造费用	$40
变动性销售和管理费用	$20
固定性成本（每年）	
固定性制造费用	$60 000
固定性销售和管理费用	$20 000

要求：

1.假设公司采用完全成本法，计算单位产品成本。

2.假设公司采用变动成本法，计算单位产品成本。

练习6-2　变动成本法利润表并且解释净经营利润的差别（学习目标6-2）

根据Ida Sidha Karya公司在练习6-1的数据。公司编制上一年度的完全成本法利润表如下：

销售额	$191 250
销售成本	157 500
毛利润	33 750
销售和管理费用	24 500
净经营利润	$9 250

要求：

1.计算期末存货中有多少固定性制造费用被递延到下一期。

2.利用变动成本法编制利润表。解释净经营利润在两种计算方法中的差别。

练习6-3　调整变动成本法和完全成本法的净经营利润（学习目标6-3）

Jorgansen Lighting公司为政府生产耐用灯光系统。公司运用变动成本法做内部管理报告，运用完全成本法为股东、债权人和政府提供外部报告。公司提供信息如下：

	第一年	第二年	第三年
存货：			
期初	200	170	180
期末	170	180	220
变动成本法净经营利润	$1 080 400	$1 032 400	$996 400

该公司固定性制造费用保持不变，560美元/单位。

要求：

1.计算每年完全成本法下净经营利润，以调整报告形式展示答案。

2.在第四年，公司的变动成本法下净经营利润为984 400美元，完全成本法下净经营利润为1 012 400美元。在第四年存货是增加还是减少？在第四年多少固定性制造费用被递延到存货或者从存货中释放？

练习6-4　编制部门利润表（学习目标6-4）

Royal Lawncare公司生产和销售两种产品：Weedban和Greengrow。其收入和成本信息如下：

	产品	
	Weedban	Greengrow
售价（美元/单位）	6	7.50
变动性成本（美元/单位）	2.40	5.25
可追溯固定成本（美元）	45 000	21 000

共同固定成本总额为每年33 000美元。去年公司生产和销售15 000单位Weedban和28 000单位Greengrow。

要求：

以生产线划分部门，编制贡献式利润表。

第7章　全面预算

前章回顾

在第6章中，我们解释了如何利用贡献法为公司或分部编制变动成本法下能够区分可追溯固定成本和共同固定成本的利润表，同时比较了变动成本法和完全成本法的差异。

本章简介

在探讨了组织编制预算的原因及步骤后，第7章将对组成公司全面预算的每个预算予以说明，包括现金预算、预算利润表及预算资产负债表。

下章简介

在第8章中，我们将把注意力从计划过程转到管理控制，将焦点集中在弹性预算及差异分析上。

本章概要

什么是全面预算?

☐ 预算的优点
☐ 责任会计
☐ 选择预算期间
☐ 员工自编预算
☐ 预算编制中的人为要素

全面预算概览

☐ 纵览全局

编制全面预算

☐ 期初资产负债表
☐ 预算假定
☐ 销售预算
☐ 生产预算
☐ 存货采购——商品流通企业
☐ 直接材料预算
☐ 直接人工预算
☐ 制造费用预算
☐ 期末产成品存货预算
☐ 销售费用和管理费用预算
☐ 现金预算
☐ 预算利润表
☐ 预算资产负债表

学习目标

在学习完第7章之后，你应该能够：

目标1：了解组织编制预算的原因及过程。

目标2：编制销售预算，包括预计现金收入表。

目标3：编制生产预算。

目标4：编制直接原材料预算，包括支付材料账款时间表。

目标5：编制直接人工预算。

目标6：编制制造费用预算。

目标7：编制销售和管理费用预算。

目标8：编制现金预算。

目标9：编制预算利润表。

目标10：编制预算资产负债表。

决策专栏：Civil War Trust的危机计划

Civil War Trust（CWT）是一个由70 000名成员组成的私立非营利性组织。其主要职能是保护国家的内战战场遗址，这些曾经的内战战场很多都受到如购物中心、住宅、工业园区和赌场等商业发展的威胁。为了发展，CWT经常购买土地或土地的开发权。CWT已拯救了超过25 000亩的土地，其中包括葛底斯堡战场的698亩土地。CWT的管理团队特别关注2008年秋季提交给董事会的2009年预算方案。CWT的运营完全依赖其成员的捐献，可是许多成员已经被次贷市场崩溃后出现的金融危机所影响。同时，2009年的预算在不太乐观的经济形势下显现出3个不确定因素。更悲观的预算叫作或有预算。随着2008年的形势和会员捐助的逐渐减少，CWT转而进行了首次或有预算。这个预算需要一系列措施包括雇用冻结和工资冻结来降低成本，但其仍然通过购买土地和土地开发权来保护战场。幸运的是，CWT没有开启最悲观的预算——涉及裁员和其他特别的成本节约措施。

与在不利的事态发展中的恐慌相反，CWT使用预算过程提前仔细计划，为一些可能的突发事件做了充足的准备。

在本章中，我们将焦点集中在企业达成目标利润的步骤上，该过程统称为利润规划。利润规划通过编制各种预算，形成完整的经营计划，即所谓的全面预算。全面预算是基本的管理工具，它传达了管理者组织、分配资源，协调各项活动等经营计划。

7.1 什么是全面预算？

目标1：了解组织编制预算的原因及过程。

预算（budget）是企业在一段期间内，取得及使用资源的数量化计划。个人通常为了在食品、服装、家具和储蓄之间平衡收入和支出而制定家庭预算。在预算完成后，我们会将实际支出与预算进行比较，以确保计划得以执行。公司也用相同的方式编制预算。尽管作业量和潜在信息超过了个人预算。

预算用于两个不同的目的——计划和控制。计划包括制定目标和设计各种预算以实现这些目标。控制包括收集反馈，以确保该计划被正确执行或在某些情况下进行修改。一个有效的预算制度必须包括计划和控制。没有有效控制的计划是对时间和精力的浪费。

7.1.1 预算的优点

公司编制预算有很多优点，这些优点包括：

1.预算为管理层提供与整个组织沟通计划的渠道。

2.预算迫使管理者思考并计划未来，如果没有预算的制定，许多管理者将会在日常危机的处理上耗掉所有时间。

3.编制预算的过程可以帮助公司最有效地使用各种资源。

4.编制预算的过程可以事先发现潜在的瓶颈。

5.通过整合各部门计划，预算协调整个公司的活动。编制预算帮助确保公司的每个人有同一目标。

6.预算界定目标及方针，它提供日后评估绩效的指标。

商业实践

根据预算执行战略

New Balance的CEO——Robert DeMartini，设定了一个将公司收入4年内涨到30亿美元的目标。他将公司年度广告预算增加了两倍，并将消费者调查预算增加了一倍，以吸引更多的年轻客户。这些决定代表了战略转移。相比每年投资184万美元和8000万美元的耐克和阿迪达斯等竞争对手，New Balance通常在广告上每年花费不到2000万美元。公司准备预算的一个原因是按照战略优先顺序在部门间分配资源。DeMartini用预算发送一个明确的信号——营销部门预计将在实现公司收入增长目标中发挥巨大的作用。

资料来源：Stephanie Kang，“New Balance Steps up Marketing Drive，” *The Wall Street Journal*，March 21，2008，p. B3.

7.1.2 责任会计

本章及接下来的3章将关注责任会计。责任会计（responsibility accounting）是管理者应该而且只对其能够实际控制的部分负责。每个预算的个别项目（如收入或成本），由各管理者负责，该管理者对日后实际数与预算目标的差异负责。事实上，责任会计是以个别控制成本和收入的观点，将会计信息个人化，这个概念是任何有效的利润规划及控制系统的核心，必须有人为每项成本负责；如果无人负责的话，成本最后将失去控制。

如果实际结果达不到预算目标，会发生什么？经理不一定会被惩罚。然而，经理应该主动去了解产生有利或不利差异的原因，并应采取措施纠正不利差异，利用和借鉴有利差异，向更高层管理者解释差异产生的原因并采取步骤以纠正或利用。有效的责任系统能确保没有一件事是“突然蹦出来的”，公司能够快速及正确地对差异采取措施，并通过比较预算目标及实际结果获得反馈，它的重点并不在于因未达成目标而处罚某人。

商业实践

小企业正在缩减员工数量

Costume Specialists在经济下滑时期不得不减少20%的劳动力。然而，当销售额开始飙升时，该公司没有增加员工数量的打算，因为它学会了用更少的员工更有效地生产。许多其他的小企业也“勒紧预算的腰带”以较少的员工维持运营。在某些情况下，一些公司采用如交叉培训员工等方法提高效率。然而，在其他情况下，他们使用的是合同工，而不是雇用全职员工以避免为其提供如健康保险等额外福利。

资料来源：Sarah E. Needleman，“Entrepreneurs Prefer to Keep Staffs Lean，” *The Wall Street Journal*，March 2，2010，p. B5.

7.1.3 选择预算期间

一般的经营预算大多涵盖公司的整个会计年度，许多公司会按季编列预算，然后将第1季度进一步细分为每月，形成每月预算，而之后的3个季度则仍按季编列；随着时间的推移，进一步将第2季度区分为每月；然后是第3季度，以此类推。此方法的好处是提供年度进行定期回顾及重新评估预算的资料。

有时使用滚动预算，滚动预算是一个12个月的预算，当当前月（或者季度）结束后，向前推进滚动一个月。换言之，当每个月（或季度）接近结束时，另一个月（或季度）会被添加到预算中。这种方法使管理者将注意力集中于至少一年，使他们不会过于狭隘地专注于短期结果。

在本章中，我们将着重于单一营业年度的预算。但是，运用相同的基本原理，可以扩充成编制好几年的经营预算。要准确预测几年后的销售和成本信息可能有困难，但即使是粗略的估计，都可能有机会发现那些容易被忽略的潜在问题。

7.1.4 员工自编预算

预算成功与否有一大部分取决于编制预算的方法。在绝大多数成功的预算案例中，负有控制成本责任的管理者，实际参与了预算的编制，这与由上面决定的预算不同。在以预算控制来评估管理者经营绩效时，这种参与方式尤其重要。如果预算是由上面制定的，而因预算没有完成而受到惩罚的是雇员，它可能造成憎恶、反感多于合作、承诺。事实上，许多管理者认为，被授权员工自编预算是编制预算最有效的方法。

员工自编预算（self-imposed budget）或参与式预算（participative budget），是由各管理层充分合作及参与完成的。

参与式预算有许多优点：

1.公司各层级员工都被视为团体的一分子，他们的意见及看法受到上层主管的重视。

2.由第一线管理者编制的预算，比那些已远离日常营业活动对市场及营业状况较生疏的管理者所制定的预算更精确、可靠。

3. 由员工参与制定自我目标，比由上层指派目标更具激励效果，参与式预算创造承诺。

4. 若管理者无法完成上层编制的预算，他们永远可以说是预算不合理或不可行，所以根本无法达成。通过参与式预算，这样的借口将不复存在。

员工自编预算也有两个局限性。首先，如果较低级别的管理人员缺乏最高管理者拥有的战略视角，可能会提供一些次优预算建议。其次，员工自编预算允许基层管理者产生较大的预算松弛。因为制定预算的管理者需要对实际结果与预算的偏差负责，因此，管理者倾向于递交一个容易达成的预算（也就是说，管理者制定预算时会比较松散）。为此由基层管理者编制的预算应该由高层管理层审查。可疑事项应展开讨论并加以适当的修改。没有审查，自编预算可能不能作为该组织战略的有力支撑或可能过于松弛而导致次优决策。

不幸的是，许多公司不使用自编预算。相反，高层管理人员经常通过设定利润目标开始设计预算。低层管理者被指示准备预算以满足这些目标。难点是由最高管理者设定的目标可能虚高或可能太松懈。如果目标太高了，员工知道其是不现实的，积极性会受到挫伤；如果目标允许太多的松弛，浪费会发生。不幸的是，高层管理人员往往不了解目标是否处于适当的位置。不可否认，自编预算系统可能缺乏足够的战略方向并且较低级别的管理人员有建立宽松预算的动机。然而，鉴于自编预算的优点，高层管理人员在制定不灵活的目标时应该谨慎。

7.1.5 预算编制中的人为要素

预算成功与否也取决于高层管理者是否使用预算向员工施压或责怪员工。用预算指责员工会滋生敌意、紧张和不信任，而不是合作和生产力。不幸的是，预算经常被用来作为一个压力计并在任何情况下都过度强调实现预算。预算应被用来作为一个积极的工具，以协助建立目标，衡量经营绩效，辨识出需要特别注意的领域，而不是作为一个武器。

预算过程也受到奖金基于实现预算而发放这类事实的影响。通常情况下，不会支付奖金，除非预算实现。当预算设定的目标被超额完成时，奖金通常会增加，可奖金通常会在一定程度上被限制。显然，那些根据计划完成情况而进行绩效评定的管理层，通常更喜欢在可顺利实现的目标基础上被评奖。此外，如果管理者有这样一个奖金计划，或者根据他达到的预算目标进行绩效评量，那管理者很可能倾向于可顺利实现的预算。同时，这也减少了管理层在预算期末为获得额外奖金补偿而做出不良行为的可能性。因此，有些专家认为预算的目标应具有高度的挑战性，要求管理者精打细算努力实现预算目标。但是在实践中，大多数公司将它们的预算目标设置为“可顺利实现”的水平。

概念检查

1. 以下哪些陈述是错误的？（可多选）

a. 控制包括收集反馈，以确保计划被正确执行或在情况有变化时被修改

b. 责任会计是要求所有管理层人员要对实现公司的整体目标负责，即使这需要一些管理者对超出他们控制的项目负责

c. 自编预算需要公司各个层次的管理人员的充分合作和参与

d. 自编预算的一个局限是较低级别的管理者可能允许预算松弛

7.2 全面预算概览

全面预算由一些独立但相互依赖的预算组成，用于制定公司的销售、生产和财务目标。全面预算包括现金预算、预算利润表、预算资产负债表。图7-1显示全面预算框架及各部分的概念并说明它们的关联。

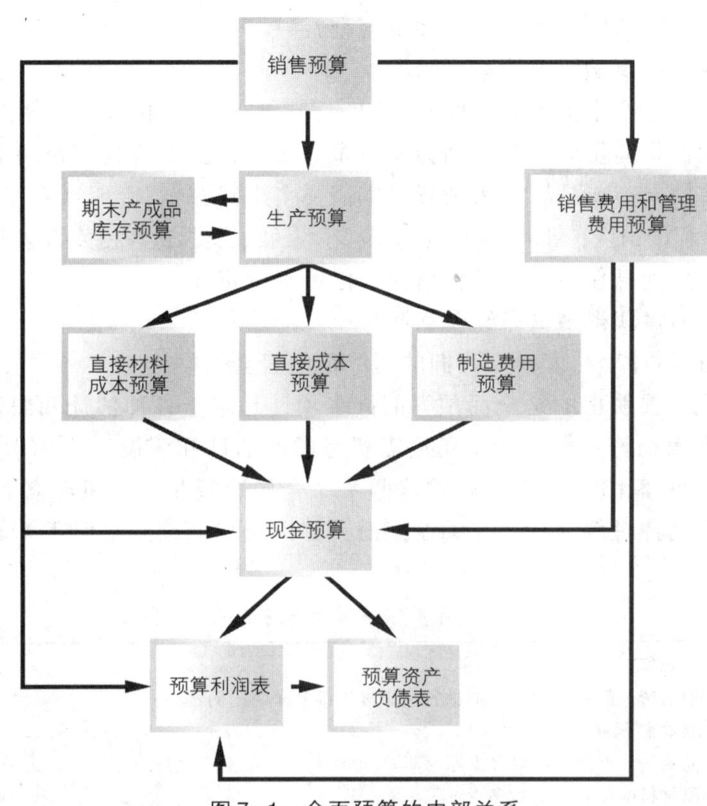

图7-1 全面预算的内部关系

预算过程的第一步就是编制销售预算，销售预算显示了预算期内预计销售的详细时间表。制定准确的销售预算是整个预算过程的关键步骤。如图7-1所示，全面预算的其他部门都以销售预算为基础。只有销售预算准确，其他预算才会准确。销售预算以公司的销售预测为基础，需要使用复杂的数学模型和统计工具。

销售预算影响销售费用和管理费用预算的变动成本部分，又影响生产预算，生产预算决定了在预算期间需要生产多少产品。生产预算决定制造费用预算，包括直接材料预算、直接人工预算和制造费用预算。一旦公司已经准备好这三个制造成本的预算，就可以准备期末产成品存货预算。

全面预算以编制现金预算、利润表和资产负债表为终点。销售预算、销售及管理费用预算的数据以及制造成本预算都会影响现金预算的编制。现金预算是显示现金资源取得和使用的详细计划。预算利润表提供对预算期间的净收入的估计，它依赖于销售预算的信息、期末产成品库存预算、销售及管理费用预算和现金预算。全面预算的最终对象是资产负债表，它估计公司在预算期结束时的资产、负债和股东权益。

7.2.1 纵览全局

在全面预算中包含的10个计划是很具有挑战性的，它从两个方面看大局。首先，设计工业企业的全面预算时需要回答以下10个关键问题：

1.我们的销售收入将是多少？

2.我们要从顾客手中收回多少现金？

3.我们需要购买多少原材料？

4.我们会产生多少制造成本（包括直接材料、直接人工、制造费用)？

5.我们将向供应商和劳动力支付多少现金，我们的制造费用是多少？

6.将期末产成品转换为销货成本需要多少钱？

7.我们的销售、管理费用会发生多少以及我们支付这些相关的这些费用需要多少现金？

8.包括利息在内，我们将借款或偿还多少贷款？

9.我们将获得多少净经营利润？

10.在预算期结束时，我们的资产负债表会怎样？

其次，要明白的是全面预算的许多预计是基于各种估计和假设的。表7-1总结了从编制全面预算过程的七个角度需要考虑的估计和假设。当你学习编制全面预算时，保持用于回答10个关键问题的这两个“全局”视角，它基于各种估计和假设，因此它们会帮助你理解为什么要编制全面预算以及如何编制全面预算。

表7-1 全面预算需要考虑的估计和假设

生产预算

1.期末产成品存货和下一期销售量应该保持怎样的比例？

直接材料预算

1.完成一件产成品需要多少原材料？

2.原材料的预算成本为多少？

3.下期产量需要跟期末产成品存货保持怎样的比例关系？

4.本期和下一期各应该采购多少原材料？

直接人工成本预算

1.完成一件产成品需要多少工时？

2.预算人工工时费为多少？

制造费用预算

1.单位预算可变制造成本为多少？

2.预算固定制造费用为多少？

3.预算车间固定资产折旧费用为多少？

销售费用及管理费用预算

1.单位预算可变销售及管理费用为多少？

2.预算固定销售及管理费用为多少？

3.预算行政折旧为多少？

现金预算

1.预算最低现金余额是多少？

2.非流动资产购买和股息支出需要多少现金？

3.预计借入资金利率是多少？

7.3 编制全面预算

Tom Wills是Hampton Freeze公司的大股东和首席执行官，Hampton Freeze公司成立于2013年，它生产的特级冰棒，其原材料仅为天然食材，并以独特口味（如味道浓郁的橘子及有薄荷味的芒果）为特色。公司业务有很明显的季节性，大部分销售发生在春天及夏天。

在2014年，公司成立的第2年，第1季度、第2季度的现金问题差一点造成公司破产。尽管如此，2014年，最后在现金及获利上都有不错的表现。但受到这一不愉快经历的影响，Tom决定在2014年年底聘用一名专业的财务经理。Tom面试了几个优秀的应聘者，最终定了有很多包装食品行业工作经验的Larry Giano。在面试中，Tom问了Larry为防止2014年现金短缺复发应该采取的措施：

Tom：就像我之前所说的，2014年我们有着很好的利润业绩。你可能不知道的是，我们有一些非常大的金融问题。

Larry：让我猜猜看，你们前两个季度出现了现金短缺。

Tom：你是怎么知道的？

Larry：你们的销量多集中于第二、第三季度，对吧？

Tom：当然啦，人们都是夏季和春季购买棒冰，天气转凉了谁会买啊。

Larry：所以你第一季度销售量并不是很多？

Tom：对啊。

Larry：然后在第二季度，也就是春季，你开始加量生产以满足订单？

Tom：对啊。

Larry：你的顾客和杂货铺会在你配送产品当天付款吗？

Tom：开玩笑吗？当然不能。

Larry：在第一季度，你没很多销售量。在第二季度你开始疯狂生产，用光了现金。但你支付雇员和供应商后很久才能收到客户的款项。难怪你有现金问题。我看到在食品加工业，因为季节性的生产采用这种模式很普遍。

Tom：所以我们应该怎么做？

Larry：首先要在问题发生前预计一下问题的严重性。如果我们在年前能够预计到现金短缺的问题，那么在现金短缺发生前我们可以去银行或做好其他贷款准备。银行家们往往对惊慌失措地乞求紧急贷款的人持怀疑态度。如果你看起来能够控制情况，他们更乐意向你发放贷款。

Tom：我们如何预计现金短缺？

Larry：你可以制定现金预算。事实上，既然你开始了，就不妨做一个全面预算。很快你会发现它很值得，因为我们可以利用全面预算去估计众多“可能”影响财务报表的问题。例如，点击鼠标，我们可以回答这样的问题：假设销量比我们最初的预期低10%，对利润的影响将是什么？或者，如果我们提高我们的销售价格15%，使销量下降5%，对利润的影响将是什么？

Tom：这听起来很棒，Larry！我们不仅需要一个现金预算，我还想让它能够很快回答“可能”出现的问题。就我而言，你越早开始着手越好。

有了Tom的全力支持，Larry开始着手编制2015年的全面预算。在他的预算编制过程中，新的财务经理列示了下列文件，将这些文件组织起来就可以编制全面预算了：

1.销售预算，包括预计现金回收的时间表

2.生产预算（商品流通企业使用商品采购预算）

3.直接材料预算，包括材料采购的预计现金支出时间表

4.直接人工预算

5.制造费用预算

6.期末产成品存货预算

7.销售和管理费用预算

8.现金预算

9.预算利润表

10.预算资产负债表

Larry认为在预算过程中大家共同合作是很重要的，所以他让Tom组织了一次全公司范围的会议来解释预算过程。会议刚开始还有些争执，不过Tom说服了每一个人要有计划且更好地控制支出。大家仍对今年早期发生的现金危机印象深刻，尽管有人不喜欢编制预算，但相比之下，他们更看重他们的工作。从上任第二个月起，Larry与编制全面预算的其他部门经理紧密合作，从他们那里得到数据，并确保对全面预算有影响的部门的完全理解和支持。新任财务经理希望下一年预算过程能扩展到公司其他的经理，能起到一个咨询的作用。

这些相互依存的文件组成了Hampton Freeze公司2015年度的全面预算，也就是附表1到附表10（表7-4至表7-13）。在本章中，我们将研究这些附表以及年初资产负债表和预算的假设，回答Tom Wills的那些“可能”的问题。

7.3.1 期初资产负债表

表7-2显示了Larry用Excel制作全面预算相关文件的第一页，其包含了Hampton Freeze公司2014年12月31日的资产负债表。Larry利用这个表便于他可以链接到随后附表的一些数据。例如，正如你最终会看到的，他使用单元格将90 000美元的应收账款余额与附表的预期现金回收额联系起来。他还使用单元格将42 500美元的期初现金余额与现金预算联系起来。

7.3.2 预算假定

表7-3显示包含在Larry的全面预算相关文件的第二页。预算假定包含了Hampton Freeze公司对在表7-1中列示的所有问题的答案总结。在表7-3中包含的估计和假设的数据，为Hampton Freeze的全面预算提供了基础，所以熟悉这些信息很重要。从销售预算开始，表7-3列示的季度预算销售量分别为10 000件、30 000件、40 000件和20 000件。其单位预算销售价格为每箱20美元。有70%的账款会在销售当季收到，剩下的30%将在下一季度收到。表7-3还显示，生产预算是在Hampton Freeze将使期末产成品库存相当于下一季度销售量的20%的假设基础上进行的。对于公司

表 7-2　　Hampton Freeze公司期初资产负债表

	A	B	C
1	Hampton Freeze		
2	资产负债表		
3	2014年12月31日		
4			
5	资 产		
6	流动资产:		
7	现金	$ 42,500	
8	应收账款	90,000	
9	原材料（21 000磅）	4,200	
10	库存商品（2 000件）	26,000	
11	流动资产总计		$162,700
12	厂房及固定资产:		
13	土地	80,000	
14	房产及设备	700,000	
15	累计折旧	(292,000)	
16	固定资产净 值		488,000
17	资产总计		$650,700
18			
19	流动负债:	负债及所有者权益	
20	应付账款		
21	股东权益:		$ 25,800
22	普通股		
23	留存收益	$ 175,000	
24	股东权益合计	449,900	
25	负债及所有者权益合计		624,900
26			$650,700
27			

Beginning Balance Sheet　Budgeting Assump

的唯一直接材料——高果糖，它的预算为每箱冰棒用料15英镑，每磅成本为0.20美元①。预计期末原材料库存相当于下期所需的原材料的10%以满足下季度生产。此外，该公司计划在购买月内支付50%的材料采购费用，并在接下来的一个月支付余下的50%。

继续对表7-3进行总结，直接人工预算的两个关键假设：一是每箱冰棒直接人工工时是0.40小时，二是每小时直接劳动成本是15美元。制造费用预算是基于如下三个基本假设进行的：单位工时可变制造费用为4美元，每季度的固定开销为60 600美元，工厂资产的季度折旧额为15 000美元。表7-3还表明，每箱冰棒预算可变销售及管理费用是1.80美元，固定销售及管理费用每季度为20 000美元，每季度行政人员工资为55 000美元，保险为10 000美元，房产税为4 000美元，折旧费用为10 000美元。在表7-3中，预算假定的最后是现金预算。该公司预计每季度最低现金余额为30 000美元，计划各季度购买设备的价款分别为50 000美元、40 000美元、20 000美元和20 000美元②。公司计划支付季度股息8 000美元，并预计将支付每季度3%的贷款利息。

在继续学习之前，应该理解为什么Larry建立预算假定。他这样做是因为它简化了使用全面预算回答“可能”问题的计划过程。例如，假设Larry想要回答的问题是：如果我们的单位售价提高了2美元，预计每季度销售量下降1 000台，对利润的影响

① 冰棒制造业可能涉及其他原材料，如冰棒棍、包装材料，为了简单起见，我们限制了涉及的范围，仅以高果糖为例。

② 为了简单起见，我们假设这些新购入资产的折旧包括在预算假定表中的季度折旧额内。

表 7-3　　Hampton Freeze公司预算假定

	A	B	C	D	E	F
1	Hampton Freeze					
2	预算假定					
3	2015年12月31日					
4						
5		*All 4 Quarters*	季度			
6	销售预算		*1*	*2*	*3*	*4*
7	预算销售量		10,000	30,000	40,000	20,000
8	单位销售价格	$ 20.00				
9	当季销售现金回收比例	70%				
10	售后销售现金回收比例	30%				
11						
12	生产预算					
13	下季度销量占期末产品存货百分比	20%				
14						
15	直接材料预算					
16	单位产品所需糖料	15				
17	单件糖料成本	$ 0.20				
18	下季度产量占期末存货百分比	10%				
19	当季采购付款比例	50%				
20	非当季采购付款比例	50%				
21						
22	直接人工预算					
23	单位产品直接人工工时	0.40				
24	单位人工工时成本	$ 15.00				
25						
26	制造费用预算					
27	单位工时可变制造费用	$ 4.00				
28	季度固定销售及管理费用:	$ 60,600				
29	广告费	$ 15,000				
30	行政人员工资					
31	保险费					
32	房产税					
33	折旧税	$ 1.80				
34						
35	现金预算	$ 20,000				
36	最低现金余额	$ 55,000				
37	购买固定资产	$ 10,000				
38	股利	$ 4,000				
39	季度应付利息	$ 10,000				
40						
41						
42		$ 30,000				
43			$ 50,000	$ 40,000	$ 20,000	$ 20,000
44		$ 8,000				
45		3%				
46						

Beginning Balance Sheet　**Budgeting Assumptions**　Schedule 1　Schedule 2　Sche

注：为了简化计算，我们假定除了季度销售量和固定资产购买量不同，剩下变量保持不变。

会是什么？通过Excel表的预算假定页，Larry只需要对数据并对计算公式进行简单调整就会自动更新项目的财务结果。这比在全面预算中挨个输入调整数据要简单得多。

7.3.3　销售预算

目标2：编制销售预算，包括预计现金收入表。

附表1显示了Hampton Freeze2015年度的销售计划。当你研究这个附表时，要记住它的所有数据都是来自于对预算假定表的单元格的引用——没有数据或公式是脱离预算假定表而单独存在的。此外，需要强调的是，所有的附表都采用与全面预算相同的编制方式，它们几乎完全依靠单元格和公式的引用。这一年，Hampton Freeze预计冰棒销售量为100 000箱，每箱20美元，预算销售总额为2 000 000美元。如表7-3所示，每个季度预算的销售量分别为10 000箱、30 000箱、40 000箱和20 000箱。单位销售价格每箱20美元也是同于预算假定表的单元格数据。表7-4也显示，该公司

2015年预计现金余额为1 970 000美元。如表7-2中资产负债表单元格B8所示，在第一季度时上年度应收账款余额为90 000美元。所有其他现金回收估计是按照预算假定单元格B9和B10给出的估计收款比例得出的。例如，表7-4显示第一季度的预算销售额为200 000美元。在第一季度，Hampton Freeze预计收回这一金额的70%，即140 000美元。在第二季度，该公司预计将收回这一金额剩余部分的30%，即60 000美元。

销售预算是将预计销售量乘以单位售价得出的。表7-4显示了Hampton Freeze公司2008年每个季度的销售预算，由表可知，公司预计全年度销售100 000箱冰棒，而第3季度将会达到业绩高峰。

如表7-4所示，预计收款时间表是在销售预算完成后编制的，之后编制的现金预算也会用到它。现金收入包括收到的前期销售账款和当期账款。Hampton Freeze公司所有的销售都是赊销，根据Hampton Freeze公司以往的经验，有70%的账款会在销售当季收到，剩下的30%将在下一季度收到。譬如第一季销售额200 000美元的70%（140 000美元）在第一季度收到，其余的30%（60 000美元）在第二季度收到。

表7-4　　Hampton Freeze公司销售预算

	A	B	C	D	E	F
1	Hampton Freeze					
2	销售预算					
3	2015年12月31日					
4						
5		季度				
6		1	2	3	4	年度
7	预算销售量	10,000	30,000	40,000	20,000	100,000
8	单位销售价格	$ 20.00	$ 20.00	$ 20.00	$ 20.00	$ 20.00
9	销售总额	$200,000	$600,000	$800,000	$400,000	$2,000,000
10						
11		70%	30%			
12	预计现金回收计划					
13	期初应收账款[1]	$ 90,000				$ 90,000
14	第一季度销售额[2]	140,000	$ 60,000			200,000
15	第二季度销售额[3]		420,000	$180,000		600,000
16	第三季度销售额[4]			560,000	$240,000	800,000
17	第四季度销售额[5]	-	-	-	280,000	280,000
18	现金回收额合计[6]	$230,000	$480,000	$740,000	$520,000	$1,970,000

Budgeting Assumptions | Schedule 1 | Schedule 2 | Schedule 3 | Sc

[1]去年第四季度的现金回收额，请见表7-2的期初资产负债表。

[2]$200 000 × 70%；$200 000 × 30%。

[3]$600 000 × 70%；$600 000 × 30%。

[4]$800 000 × 70%；$800 000 × 30%。

[5]$400 000 × 70%。

[6]第四季度未收回的现金（120 000美元）作为公司年度资产负债表的应收账款余额列示，见表7-13。

概念检查

2.今年3月、4月和5月销售额分别为100 000美元、120 000美元和125 000美元。全部销售额的80%是赊销，20%是现销。赊销额的60%在本月得以收回，40%的款项需要在下一个月收回。没有坏账费用。4月现金回收额是多少？

a.89 600美元

b.111 600美元

c.113 600美元

d.132 600美元

3.基于问题2的调节，5月底的应收账款余额是多少？

a.40 000美元

b.50 000美元

c.72 000美元

d.80 000美元

7.3.4 生产预算

目标3：编制生产预算。

紧接在销售预算之后的是生产预算（production budget）。生产预算为每个预算期间，为满足销售及预计期末存货所需生产的数量。生产量可由以下公式计算：

预计销售量	××××
加：预计期末存货	××××
总需求量	××××
减：期初存货	××××
需要生产量	××××

注意生产需求受到预期期末存货水平的影响。计划存货要很小心，过多的存货会占用资金并产生仓储问题，而存货不足可能导致丧失销售机会或耽误下一期的生产计划。

表7-5是Hampton Freeze公司的生产预算。生产预算的第一行是预算销售量，直接从表7-4的销售预算中得到。当季预计销售10 000箱，加上必要的期末存货6 000箱得出第一季度的总需求。就像上面所说的，期末存货能够应对生产中出现的问题或没有预计的销售增加。因为第二季度的预算销售是30 000箱，管理层认为每季度的期末存货应当等于下一季度销售量的20%，因此，必要的期末存货就是6 000箱（30 000的20%）。结果，由于第一季度的总需求是16 000箱，这16 000箱是由增加的销售量10 000箱和期末存货6 000箱构成的。由于期末存货能在销售或产量状况未按预期增长情况下起到缓冲作用，且公司期初存货已经为2 000箱，因此公司第一季度只需要生产14 000箱。

表7-5　　　　　　　　　Hampton Freeze公司生产预算

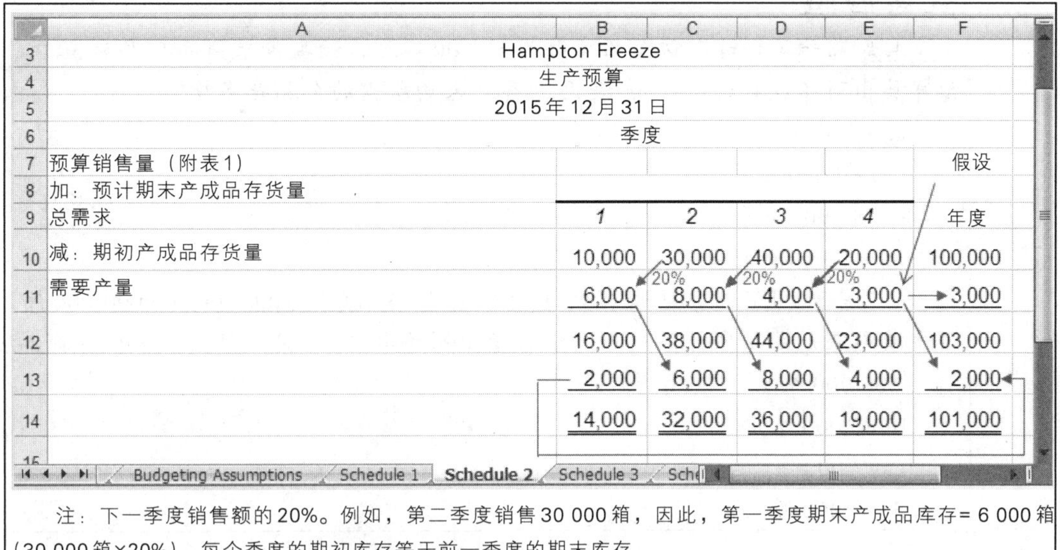

	A	B	C	D	E	F
3	Hampton Freeze					
4	生产预算					
5	2015年12月31日					
6	季度					
7	预算销售量（附表1）					假设
8	加：预计期末产成品存货量					
9	总需求	1	2	3	4	年度
10	减：期初产成品存货量	10,000	30,000	40,000	20,000	100,000
11	需要产量	6,000	8,000	4,000	3,000	3,000
12		16,000	38,000	44,000	23,000	103,000
13		2,000	6,000	8,000	4,000	2,000
14		14,000	32,000	36,000	19,000	101,000

注：下一季度销售额的20%。例如，第二季度销售30 000箱，因此，第一季度期末产成品库存= 6 000箱（30 000箱×20%）。每个季度的期初库存等于前一季度的期末库存。

注意表7-5中生产预算右侧的年份一栏。有些栏目（如预算销售量和必要生产量）列示的当年数据是各个季度的数据之和。而其他的栏目，如必要期末产成品存货和期初产成品存货，列示的当年数据就不是简单的季度加总。从全年的角度看，全年的期初产成品存货与第一季度的期初产成品存货一样，不是所有季度期初产成品存货的加总。同样的，从全年角度，期末产成品存货等于第四季度的期末产成品存货，即是Larry认为的3 000箱，而不是4个季度期末产成品存货的加总。在下面的表格中关注这些区别是很重要的。

7.3.5　存货采购——商品流通企业

Hampton Freeze公司编制生产预算，因为它是制造业。如果是商品流通企业，它会编制商品采购预算（merchandise purchases budget），显示当期向供应商采购的数量。商品采购预算与生产预算的基本公式相同，呈现如下：

预计销售数量（或金额）	×××××
加：预计期末存货	×××××
总需求量	×××××
减：期初商品存货	×××××
预计采购数量（或金额）	×××××

商品流通企业会依存货各项目编制如上的商品采购预算。商品采购预算可以用采购数量表示，也可以用金额表示。商品采购预算第一行是预算销售数量，而不是预算售出产品成本。商品采购预算通常也需要编制商品采购现金支付计划表。如表7-6所示，这个计划表的格式反映了用于购买材料的预计现金支出的进度。

概念检查

4. 如果一家公司期初商品库存为50 000美元，预期期末商品库存为30 000美元，预算售出商品成本为300 000美元，存货采购所需的金额是多少？

a. 320 000美元

b. 280 000美元

c. 380 000美元

d. 300 000美元

5. 3月、4月、5月的预算销售量分别为75 000件、80 000件和90 000件。管理层希望期末产成品库存保持下月销售量30%的水平。5月应该生产多少件商品？

a.80 000件

b. 83 000件

c. 77 000件

d. 85 000件

7.3.6 直接材料预算

目标4：编制直接原材料预算，包括支付材料账款时间表。

在计算完预计生产量后，接下来就是编制直接材料预算。直接材料预算（direct materials budget）是为达成预计生产量必须采购的直接材料及适当库存的计划，需要采购的直接材料计算如下：

达成预计生产量所需的直接材料	×××××
加：预计期末材料存货	×××××
直接材料总需求量	×××××
减：期初材料存货	×××××
预计采购直接材料	×××××

表7-6显示了Hampton Freeze公司的直接材料预算，直接材料预算的第一行是每季度需要的生产量，从表7-5的生产预算中可以直接得出。

表7-6显示Hampton Freeze公司的直接材料预算，直接材料预算的第一行是每季度需要的生产量，从表7-5的生产预算中可以直接得出。直接材料预算的第二行一箱冰棒需要15磅糖（预算假定表单元格B16）。预算的第三行介绍了材料应当满足生产所需。如第1季度，因为生产时间表显示需要生产14 000箱的冰棒，每箱需要15磅糖，生产总计需要210 000磅糖（14 000箱×15磅/箱）。此外，管理层想要持有48 000磅期末存货，是下一季度糖需求量480 000磅的10%。因此，总需求是258 000磅（本季度生产需要210 000磅加上必要的期末存货48 000磅）。因为公司期初存货已经有21 000磅了，因此只需要购买237 000磅糖（258 000-21 000）。原材料的采购成本等于原材料的采购数量乘以单位成本。在本例中，因为第1季度需要购买237 000磅糖，每磅0.20美元，因此总成本为47 400美元（237 000磅×$0.20/磅）。该公司今年计划购买303 300美元的原材料。

表 7-6　　　　　　　　Hampton Freeze 公司直接材料预算

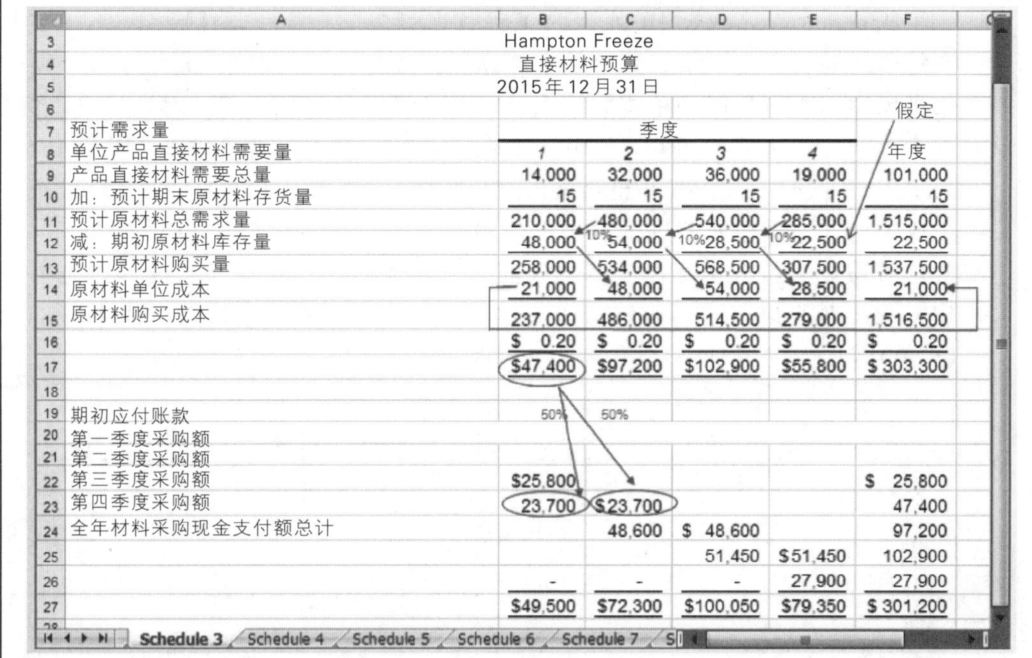

	A	B	C	D	E	F
3		Hampton Freeze				
4		直接材料预算				
5		2015年12月31日				
6						假定
7	预计需求量	季度				
8	单位产品直接材料需要量	1	2	3	4	年度
9	产品直接材料需要总量	14,000	32,000	36,000	19,000	101,000
10	加：预计期末原材料存货量	15	15	15	15	15
11	预计原材料总需求量	210,000	480,000	540,000	285,000	1,515,000
12	减：期初原材料库存量	48,000	10% 54,000	10% 28,500	10% 22,500	22,500
13	预计原材料购买量	258,000	534,000	568,500	307,500	1,537,500
14	原材料单位成本	21,000	48,000	54,000	28,500	21,000
15	原材料购买成本	237,000	486,000	514,500	279,000	1,516,500
16		$ 0.20	$ 0.20	$ 0.20	$ 0.20	$ 0.20
17		$47,400	$97,200	$102,900	$55,800	$ 303,300
18						
19	期初应付账款	50%	50%			
20	第一季度采购额					
21	第二季度采购额					
22	第三季度采购额	$25,800				$ 25,800
23	第四季度采购额	23,700	$23,700			47,400
24	全年材料采购现金支付额总计		48,600	$ 48,600		97,200
25				51,450	$51,450	102,900
26		-	-	-	27,900	27,900
27		$49,500	$72,300	$100,050	$79,350	$ 301,200

Schedule 3 / Schedule 4 / Schedule 5 / Schedule 6 / Schedule 7

[1]下一季度生产需求的10%。例如，第二季度的生产需求是480 000磅。因此，对于第一季度，预期期末库存将是10%×480 000磅= 48 000磅。

[2]去年第四季度采购的现金支付额。参照表7-6。

[3]\$47 400 × 50%；\$47 400 × 50%。

[4]\$97 200 × 50%；\$97 200 × 50%。

[5]\$102 900 × 50%；\$102 900 × 50%。

[6]\$55 800 × 50%，未支付的第四季度采购额（27 900美元）作为应付账款列示在公司年底的资产负债表上（见表7-13）。

表 7-6 包括 2015 年 Hampton Freeze 公司购买直接原材料所需支付的现金 301 200 美元。如表 7-2 所示，应付账款为 25 800 美元，其他现金支付按照预估 50% 计算，表 7-6 说明第一季度的预计直接材料采购费用为 47 400 美元，Hampton Freeze 在第一季度想要支付一半货款，即 23 700 美元，余下的部分会在第二季度支付。

小贴士

直接材料预算包括三个不同的计量单位。它首先需要确定每一时期需要生产的产成品的数量。然后需要确定支持生产原材料购入量（以磅或盎司的数量来衡量）。最后需要确定转化成所需购买原材料的采购成本。

7.3.7　直接人工预算

目标 5：编制直接人工预算。

直接人工预算（direct labor budget）显示完成生产预算需要的直接人工工时数。通过计算预算年度所需的直接人工工时，公司可以知道是否有足够人力应付生产的需要。事先知道预算期间所需的人工工时，可预先做人力计划。未编制预算的公司可能出现人力短缺，或出现因人力过剩而必须遣散过多人力的情况。不稳定的人事政策会使员工觉得没有安全感，降低士气并降低效率。

Hampton Freeze公司的直接人工预算在表7-7中显示。直接人工预算的第1行包含每季度的必要生产量，直接从生产预算（表7-5）中得到。每个季度需要的直接人工可以用当季度生产的单位数量乘以每单位需要的直接人工工时数得出。例如，第1季度生产14 000箱，每箱需要0.40直接人工工时，所以第1季度一共需要5 600直接人工工时（14 000箱×0.40/箱直接人工工时数）。直接人工需求可以换算成预算直接人工成本。这一过程如何进行取决于公司的人力政策。在表7-7中，Hampton Freeze的管理者假设直接人工可以随每季度需求调整，所以，直接人工成本即为生产所需直接人工工时乘以每小时直接人工成本。例如，第1季度直接人工成本为84 000美元（5 600直接人工工时×$15/直接人工工时）。

表7-7　　　　　　　　Hampton Freeze公司直接人工预算

	A	B	C	D	E	F
1	Hampton Freeze					
2	直接人工预算					
3	2015年12月31日					
4						
5		季度				
6		1	2	3	4	年度合计
7	预算需求量（附表2）	14,000	32,000	36,000	19,000	101,000
8	单位产品所需人工工时	0.40	0.40	0.40	0.40	0.40
9	所需人工工时总计	5,600	12,800	14,400	7,600	40,400
10	单位人工工时成本	$ 15.00	$ 15.00	$ 15.00	$ 15.00	$ 15.00
11	人工工时总成本	$ 84,000	$ 192,000	$ 216,000	$ 114,000	$ 606,000
12						

Schedule 1 / Schedule 2 / Schedule 3 / Schedule 4 / Schedule 5 / Schedule

注：该表假设直接人工劳动力能够随每季度总人工工时调整。

然而，很多公司都有聘任政策或合约以防止公司随意解聘及再雇用员工。例如，假设Hampton Freeze公司有25名雇员，每个雇员最低工作时数为每季度480小时，每小时工资为15美元，所以每季度最低直接人工成本为：

25人×480小时/人×每小时15美元=180 000美元

因此，本例中第1季度及第4季度的直接人工成本将提高为180 000美元。

商业实践

衰退经济下的人工成本管理

当经济不景气时，许多公司选择裁员。这种策略降低了短期成本，也降低了士气和员工的生产力，牺牲了老员工拥有的技术知识，并增加了未来招聘和培训成本。Hypertherm公司自其1968年成立以来，没有解雇过终生雇员，只在经济不景气时取消加班，辞退临时工，延迟资本的投资，对经过多岗培训员工增加新任务额，并实施每周工作4天。Hypertherm公司员工定期与公司有关人员分享流程改进的想法，因为他们知道如果他们在做非增值的工作，公司将重新调配而不是通过解雇他们来消除非增值的劳动力成本。

资料来源：Cari Tuna，"Some Firms Cut Costs Without Resorting to Layoffs," *The Wall Street Journal*，December 15，2008，p. B4.

7.3.8 制造费用预算

目标6：编制制造费用预算。

制造费用预算（manufacturing overhead budget）包括除直接材料及直接人工外的所有制造成本。表7-8为Hampton Freeze公司的制造费用预算，制造成本分为变动成本及固定成本两部分，变动成本为单位直接人工工时4美元，固定成本为每季度60 600美元。因为制造费用的变动部分取决于直接人工，制造费用预算的第1行就是预算直接人工工时，来自直接人工预算（表7-7）。每季度的预算直接人工工时乘以变动率可确定制造费用的变动部分。例如第1季度的变动制造费用是22 400美元（5 600直接人工工时×$4.00/直接人工工时）。这个数字加上季度固定制造费用得出季度制造费用总额为83 000美元（22 400+60 600）。

表7-8　　Hampton Freeze公司制造费用预算

	A	B	C	D	E	F
1	Hampton Freeze					
2	直接人工预算					
3	2015年12月31日					
4						
5		季度				
6		1	2	3	4	年度合计
7	预计人工工时（附表4）	5,600	12,800	14,400	7,600	40,400
8	变动制造费用率	$ 4.00	$ 4.00	$ 4.00	$ 4.00	$ 4.00
9	变动制造费用总额	$ 22,400	$ 51,200	$ 57,600	$ 30,400	$ 161,600
10	固定制造费用	60,600	60,600	60,600	60,600	242,400
11	制造费用总额	83,000	111,800	118,200	91,000	404,000
12	减：折旧额	15,000	15,000	15,000	15,000	60,000
13	制造费用现金支付额	$ 68,000	$ 96,800	$ 103,200	$ 76,000	$ 344,000
14						
15	制造费用总额					$ 404,000
16	预计人工工时					40,400
17	预计年度制造费用率					$10.00
18						

Schedule 3 / Schedule 4 / Schedule 5 / Schedule 6 / Schedule 7 / Schedule 8

下面介绍固定成本和预算过程。在大多数例子中，固定成本是有关生产产品产能的成本、处理采购订单的成本及处理顾客来电的成本等。需要的产能取决于当期的预计作业水平。如果预计作业水平高于公司当前产能，就需要增加固定成本。若预计作业水平低于公司目前产能，就有必要降低固定成本。然而，一旦预算中确定了固定成本水平，则成本就是固定的，所以应当在预算期间调整固定成本。作业成本计算法能够帮助企业在预算期间确定固定成本水平，一般需要回答下列问题，如"需要雇用多少雇员来完成下年度的预计订单"？为了方便起见，本书中所有的预算例子都假设固定成本水平已经是适当的。

表7-8为Hampton Freeze公司制造费用现金支出，因为某些制造费用并没有现金支出，所以总制造费用须适当调节为制造费用现金支出。在Hampton Freeze公司，最重要的非现金支出是每季度15 000美元的折旧，所以总制造费用减去非现金支出的折旧即为预计现金支出。Hampton Freeze公司在制造费用发生当季付款。注意，该公司

预计当年度制造费用率为10美元/直接人工工时，由当年预算制造费用总额除以当年预算直接人工工时数确定。

7.3.9 期末产成品存货预算

在完成上述附表后，就得到了所有计算单位制造成本的资料，计算单位制造成本有两个理由：首先，为了预算利润表的销售成本；其次，为了得出资产负债表的期末存货金额，该金额由期末产成品存货预算[①]（ending finished goods inventory budget）计算得出。

Larry Giano用变动成本编制Hampton Freeze公司的预算表，但还是采用完全成本法编制，因为他知道银行将会要求提供完全成本法下编制的报表。他也了解，稍后将完全成本转换成变动成本法很容易。鉴于此，最需要考虑的将是2015年需要何种融资，并如何安排银行融资。

表7-9为单位制造成本计算，Hampton Freeze公司每箱冰棒的完全制造成本为13美元，其中包括直接原材料3美元、直接人工6美元及制造费用4美元。制造费用按每直接人工工时10美元分配到单位产量，预计期末存货成本为39 000美元。

表7-9 Hampton Freeze公司期末产成品存货预算

	A	B	C	D	E	F	G	H
1	Hampton Freeze							
2	期末产成品存货预算							
3	完全成本法							
4	2015年12月31日							
5								
6		数量			成本			总计
7	单位产品成本：							
8	直接材料	15.00	磅		$ 0.20	每磅		$ 3.00
9	直接人工	0.40	小时		$15.00	每小时		6.00
10	制造费用	0.40	小时		$10.00	每小时		4.00
11	单位产品成本							$ 13.00
12								
13	预算产成品库存：							
14	期末完工产成品数量（附表2）							3,000
15	单位产品成本（本表已求出）							$ 13.00
16	期末完工产成品金额							$ 39,000
17								

Schedule 3 / Schedule 4 / Schedule 5 / Schedule 6 / Sch

① 为简单起见，年初资产负债表和期末成品库存预算列示的单位产品成本均为13美元。为回答“可能”的问题，这个附表将采用的是先进先出法。换言之，期末存货只包括在预算年度内生产的产品。

7.3.10 销售费用和管理费用预算

目标7：编制销售及管理费用预算。

销售及管理费用预算（selling and administrative expense budget）为制造费用外的各项预计费用。在大公司里，该预算由管理及销售部门主管所提的个别预算汇集而成，例如大公司里，市场部门主管会提出每个预算期间的广告费用预算。

表7-10为Hampton Freeze公司的管理及销售预算。与制造费用相同，销售和管理费用预算被分成变动成本部分和固定成本部分。因此，每个月的销售预算是最先开始的预算（表7-4）。Hampton Freeze公司的变动销售和管理费用为每箱1.80美元。每季度的预算销售箱数列在附录的第一行，这些数据直接从销售预算中得到（表7-4）。用预算销售箱数乘以每箱变动销售和管理费用得出预算变动销售和管理费用。例如，第1季度预算变动销售和管理费用为18 000美元（10 000箱×$1.80/箱）。固定销售和管理费用99 000美元加上变动销售和管理费用得出预算销售和管理费用总额。最后，用预算销售和管理费用总额减去任何非现金销售和管理费用支出（本例中为折旧）[①]得出销售和管理费用现金支出。

表7-10　　　　Hampton Freeze公司销售及管理费用预算

	A	B	C	D	E	F
1	Hampton Freeze					
2	销售及管理费用预算					
3	2015年12月31日					
4						
5		季度				
6		1	2	3	4	年度合计
7	预算销售量（附表1）	10,000	30,000	40,000	20,000	100,000
8	单位变动销售及管理费用成本	$ 1.80	$ 1.80	$ 1.80	$ 1.80	$ 1.80
9	变动销售及管理费用成本总额	$ 18,000	$ 54,000	$ 72,000	$ 36,000	$180,000
10	固定销售及管理费用成本：					
11	广告费	20,000	20,000	20,000	20,000	80,000
12	行政人员工资	55,000	55,000	55,000	55,000	220,000
13	保险	10,000	10,000	10,000	10,000	40,000
14	房产税	4,000	4,000	4,000	4,000	16,000
15	折旧费	10,000	10,000	10,000	10,000	40,000
16	固定销售及管理费用成本总计	99,000	99,000	99,000	99,000	396,000
17	销售及管理费用成本总计	117,000	153,000	171,000	135,000	576,000
18	减：折旧额	10,000	10,000	10,000	10,000	40,000
19	销售及管理费用成本的现金支出	$107,000	$143,000	$161,000	$125,000	$536,000
20						

Schedule 5　Schedule 6　Schedule 7　Schedule 8　Schedule 9　Schedule 10

你的决策

预算分析

一个地区性的意大利连锁餐厅（有酒吧）雇用你做他们的预算分析员。过去管理层一直无法预测一些成本，因为一直假设所有的经营成本都是随餐厅毛收入变动而变化的。为了改进公司预算预测的准确性，你会提出何种建议？

---

① 另外可能需要对现金流量和收入、费用的差异做出调整。例如，如果房产税通过一年两次每次8 000美元的分期付款缴纳，物业税的费用将从预算销售及管理费用总额中被“退回”，现金分期付款增加到相应的月份来确定现金支出。类似的调整可能也需要更改制造费用预算。在本章中，我们通常忽略这些情况。

概念检查

6.下面哪一项是正确的？（可多选）

a.制造费用预算包括为公司职能提供支持的那部分资产的折旧额

b.销售及管理费用的现金支付作为预算利润表的一部分列示

c.销售和管理费用预算包括与制造相关资产的折旧

d.预算期内的变动和固定销售及管理费用作为预算利润表的一部分列示

7.3.11 现金预算

目标8：编制现金预算。

现金预算有4个主要部分：

1.收入部分；

2.支出部分；

3.现金结余或短缺部分；

4.融资部分。

收入部分包含预算期间除融资外的所有预计现金流入，销售收入是最主要的现金流入。

支出部分包含预算期间所有预计现金支出，包括预算期间内采购直接原材料的费用、偿付直接人工的费用、制造费用等。此外，其他现金支出如设备采购、股利等也包含在其中。

现金结余或短缺部分计算如下：

期初现金结余	××××
加：现金收入	××××
融资前可用现金	××××
减：现金支出	××××
现金余（缺）	××××

如果在预算期间内存在现金不足或出现低于最低现金余额的现金短缺，公司需要借钱。相反，如果在预算期间出现大于最低现金余额的现金过剩，公司可以投资过剩资金或偿还贷款本金和利息。

商业实践

不匹配的现金流如攀登丘陵和山谷

华盛顿步道协会（WTA）是一个私立的非营利组织，主要从事华盛顿州远足小径的保护和维修。2 000个WTA志愿者每年奉献出80 000多个小时来维护在联邦、州或私人土地上的崎岖道路。该组织以会员费、自愿捐款、资助和一些政府的合同项目为资金源维持运营。虽然也有可预测性，但是该组织的收入和费用是不稳定的（如下图所示）。在春季和夏季大部分维修工作完成时，费用往往是最高的。费用已经发生但收入往往在12月份才能获得。由于一年内的现金流出远远早于现金流入，WTA仔细计划现金预算和保持足够的现金储备以保持运营显得尤其重要。

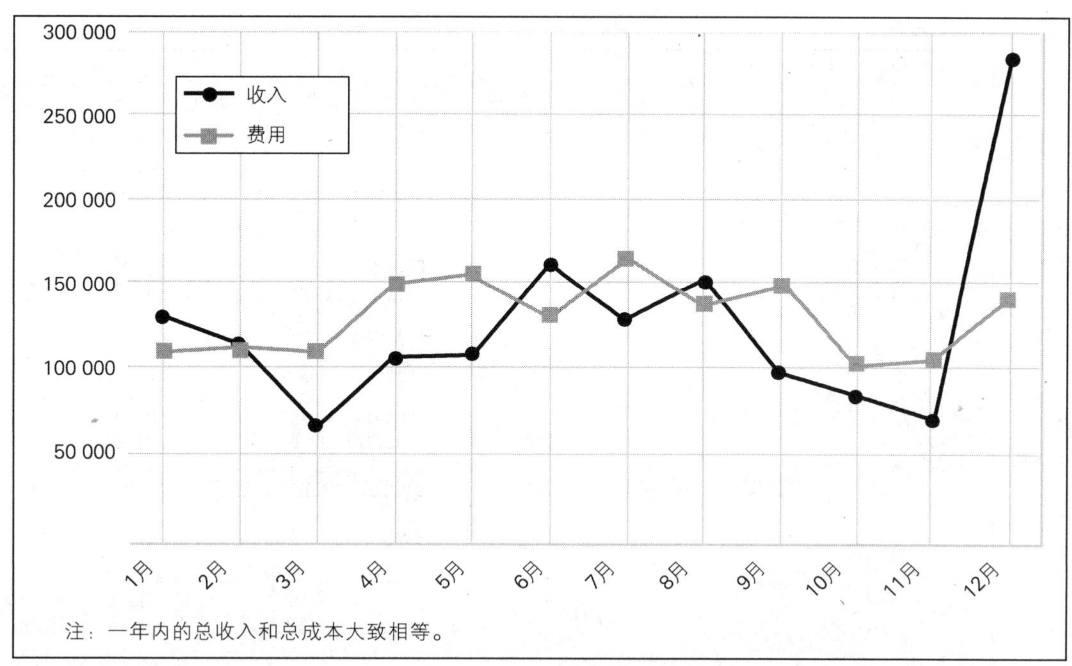

注：一年内的总收入和总成本大致相等。

现金预算融资部分详细地列示了预算期内预计发生的借款本金和利息偿还信息。在这一章中，我们默认现金预算中，所有借款发生于借款期限的第一天和还款发生在最后期限的最后一天。为了计算借款和利息支付额，你需要注意公司所需的最低现金余额以及该公司的贷款协议的条款。例如，Hampton Freeze所需的最低现金余额为30 000美元。此外，我们假定Hampton Freeze的贷款协议规定，每次增加借款必须是10 000美元的倍数，而且必须支付每季度3%的单利利率[①]。

即便在当年某一时点发生了严重的现金短缺，年初或年末的现金余额也应当比较充足。总体而言，现金预算期间越短越好，以反映现金余额的波动。虽然最常见的现金预算为按月编制，仍然有许多公司按周或按日编制现金预算。Larry Giano按季编制了Hampton Freeze公司的现金预算，必要的话还可以加以细分，该预算详见表7-11[②]。

如表7 2中资产负债表所示，期初现金余额为42 500美元。每季度现金回收额如表7-4所示，每季度期初现金余额加上本季度现金回收额等于可用现金余额。例如，在第一季度，期初现金余额为42 500美元，再加上230 000美元的现金回收额等于272 500美元的总现金可用额。

现金预算的支出部分包括六种类型的现金支出。每个季度的直接材料现金支出来自表7-6中单元格B27至单元格E27的数据。每季度直接人工预算现金支出数据来源于表7-7中单元格B11至单元格E11。每季度制造费用现金支付计算可参看表7-8中单元格B13至E13的数据。每季度销售及管理费用的现金支付数据来自表7-10

① 为了简便运算，本章使用单利利息，而不是复利。

② 下一章讲述的现金流量表的公式，本章编制现金预算时也将应用。

表7-11　　　　　　　　　　Hampton Freeze公司现金预算

	A	B	C	D	E	F	G
1	Hampton Freeze						
2	现金预算						
3	2015年12月31日						
4							
5			季度				
6		附表	1	2	3	4	年度
7	期初现金余额		$ 42,500	$ 36,000	$ 33,900	$ 165,650	$ 42,500
8	加现金流入:						
9	销售现金流入	1	230,000	480,000	740,000	520,000	1,970,000
10	可用现金总额		272,500	516,000	773,900	685,650	2,012,500
11	减：应付现金						
12	直接材料	3	49,500	72,300	100,050	79,350	301,200
13	直接人工	4	84,000	192,000	216,000	114,000	606,000
14	制造费用	5	68,000	96,800	103,200	76,000	344,000
15	销售及管理费用	7	107,000	143,000	161,000	125,000	536,000
16	购买固定资产		50,000	40,000	20,000	20,000	130,000
17	股利		8,000	8,000	8,000	8,000	32,000
18	应付现金总额		366,500	552,100	608,250	422,350	1,949,200
19	可用现金余额和扣除应付现金总额后净额现金剩余(短缺)		(94,000)	(36,100)	165,650	263,300	63,300
20	融资部分:						
21	季度期初借款		130,000	70,000	-	-	200,000
22	年末还款额		-	-	-	(200,000)	(200,000)
23	利息		-	-	-	(21,900)	(21,900)
24	融资总额		130,000	70,000	-	(221,900)	(21,900)
25	期末现金余额		$ 36,000	$ 33,900	$ 165,650	$ 41,400	$ 41,400
26							
27							

Schedule 5 / Schedule 6 / Schedule 7 / Schedule 8 / Schedule 9 / Schedule 10

中单元格B19至E19。所以把它们全部放在一起，在第一季度，直接材料的现金支出（49 500美元）、直接人工（84 000美元）、制造费用（68 000美元）、销售及管理费用（107 000美元）加上50 000元的设备采购和8 000美元的股利（见预算假定中单元格C43和B44）等于366 500美元的总现金支出。

每个季度的可用现金总额减去总支出等于现金剩余（短缺）。例如，在第一季度的可用现金余额272 500美元减去应付现金366 500美元等于94 000美元，出现了现金短缺。如在现金预算的融资部分所显示的，现金剩余或短缺直接影响Hampton Freeze是否需要借钱。

现金预算中融资预算部分中的第一列是预计借款。在任何时期，公司剩余现金扣除应付现金后的余额大于其所需的最低现金余额时，该公司将不需要借钱。在Hampton Freeze的案例中，该公司希望保持最低的现金余额30 000美元，如果公司的剩余现金扣除应付现金后的余额大于30 000美元，则公司不需要借款。然而，Hampton Freeze2015年第一季度的数据显示，公司将有9 400美元的现金短缺，因此，该公司的第一季度期初最低借款额计算如下：

第1季度初需要的借款金额	
必要的期末余额	$30 000
加上支出现金短缺	94 000
需要的最小借款金额	$124 000

银行要求的贷款增量为10 000美元。由于Hampton Freeze公司至少需要借款124 000美元，他需要借款130 000美元。

Hampton Freeze2015年第二季度的数据显示，公司将有36100美元的现金短缺。

因此，该公司的第二季度期初最低借款额计算如下：

第2季度初需要的借款金额	
必要的期末余额	$30 000
加上支出现金短缺	36 100
需要的最小借款金额	$66 100

银行要求的贷款增量为10 000美元。由于Hampton Freeze公司在第2季度初至少需要借款66 100美元，因此他需要借款70 000美元。

在第3和第4季度，Hampton Freeze可用现金余额扣除应付现金后净额超过30 000美元，所以它就不需要在两季借钱。注意，在第3季度Hampton Freeze出现现金剩余165 650美元，然而现金预算不包括本季度的任何本金或利息还款。之所以会出现这种情况，是因为在这一章中，我们总是假设，该公司将在偿还期的最后一天偿还贷款和利息。因为第4季度Hampton Freeze有263 300美元现金剩余，在第4季度的最后一天，它将能够偿还200 000美元本金加上21 900美元的利息，计算如下：

第1季度期初的借款130 000美元的利息：	
$130 000×0.01/月×12个月*	$15 600
第2季度期初的借款70 000美元的利息：	
$70 000×0.01/月×9个月*	6 300
第4季度累计利息总额	$21 900

*单利，而不是复利，利息简单累计。

每一个时期的期末现金余额的计算是用可用现金余额扣除应付现金后净额产生的现金剩余（短缺）加总融资金额得到的。例如，在第1季度，Hampton Freeze的现金短缺（94 000美元），加上其总融资130 000美元等于其期末现金余额36 000美元。每季度期末现金余额成为下一季度期初现金余额。注意现金预算中年度一栏的金额不总是4个季度的金额之和。特别是年初现金余额与第1季度期初现金余额相同，年末现金余额与第4季度期末现金余额相同。

小贴士

同学们经常错误地计算现金预算中的利息支出。为了减少犯错误的次数，请记住，我们总是认为款项是本期的第一天借入的，本金和利息是在本期最后一天偿还。这就解释了为什么Hampton Freeze对于借款130 000美元将支付12个月的利息，这个款项计划在第一季度（2015年1月1日）的第一天借入，并在第四季度最后一天（2015年12月31日）偿还。这也解释了为什么Hampton Freeze对于借款70 000美元将支付9个月的利息，这个款项计划在第二季度（2015年4月1日）的第一天借入，并在第四季度（2015年12月31日）的最后一天偿还。

7.3.12 预算利润表

目标9：编制预算利润表。

表7-12为Hampton Freeze公司的预算利润表。利润和费用数据可以从表7-4至表7-11的资料得来，2 000 000美元的销售额来自销售预算表7-4的单元格F9。销货

成本1 300 000美元是通过如下两个步骤计算得出的：首先，出售商品的成本包括期初资产负债表中2 000箱产成品冰棒成本，为26 000美元（见表7-2）。其次，它包括2014年售出的98 000箱产品，单位价格为13美元（见表7-9），相乘共计1 274 000美元。结合这两个步骤，出售的100 000个单位的总成本（见表7-4）为1 300 000美元（26 000美元+1 274 000美元）[①]。销售及管理费用576 000美元来自表7-10销售及管理行政预算的单元格F17数据。最后，利息费用为21 900美元，来自附表7-11现金预算单元格G23数据。

预算利润表是预算过程的主要报表之一。它是公司在接下来的预算期间内的预计利润，它同时也是后续评估公司绩效的标杆。因为Larry Giano用Excel文件创建预算假定表并使用正确的公式链接所有预算计划，他可以改变基本预算假定数据，并可以立即看到变化对所有的附表和净收入的影响。举个例子，Larry Giano想估计如果第四季度的销售量是18 000箱而不是20 000箱这一变更对利润的影响，他只需要在预算假定工作表中将单元格F7数据改成18 000箱。那么修改后的净收入为87 045美元将立即出现在预算利润表单元格C12中。

表7-12　　Hampton Freeze公司预算利润表

	A	B	C
1	Hampton Freeze		
2	预算利润表		
3	2015年12月31日		
4		附表	
5	销售额		
6	销货成本	1	$ 2,000,000
7	毛利	1, 6	1,300,000
8	销售及管理费用		700,000
9	净经营利润	7	576,000
10	利息费用		124,000
11	息税后净利润	8	21,900
12			$ 102,100
13			

Schedule 8　Schedule 9　Schedule 10

7.3.13　预算资产负债表

目标10：编制预算资产负债表。

预算资产负债表使用预算期间开始时资产负债表的数据及不同附录中包含的数据（见表7-2）。Hampton Freeze公司的预算资产负债表及重要数据计算方法和来源详见表7-13。

---

① 假定采用的存货计量方法是先进先出法。

表 7-13　　Hampton Freeze公司预算资产负债表

	A	B	C	D	E
1	Hampton Freeze				
2	预算资产负债表				
3	2015年12月31日				
4					
5	资产				
6	流动资产：				
7	现金	$ 41,400	(a)		
8	应收账款	120,000	(b)		
9	原材料	4,500	(c)		
10	库存商品	39,000	(d)		
11	流动资产总计			$ 204,900	
12	厂房及固定资产：				
13	土地	80,000	(e)		
14	房产及设备	830,000	(f)		
15	累计折旧	(392,000)	(g)		
16	固定资产净值			518,000	
17	资产总计			$ 722,900	
18	负债及所有者权益				
19	流动负债：				
20	应付账款（原材料）				
21	股东权益：			$ 27,900	(h)
22	普通股				
23	留存收益	$ 175,000	(i)		
24	股东权益合计	520,000	(j)		
25	负债及所有者权益合计			695,000	
26				$ 722,900	
27					

Schedule 8　Schedule 9　Schedule 10

2015年12月31日资产负债表金额说明如下：

a. 期末现金余额，如表7-11单元格G25预计现金所示。

b. 表7-4列示第4季度销售额的30%（$400 000×30% = $120 000）。

c. 如表7-6所示，期末原材料为22 500磅，每磅单位成本为0.20美元，所以期末存货金额为22 500磅×$0.20/磅 = 4 500美元。

d. 详见表7-9单元格H16的期末产成品存货数据。

e. 详见2015年12月31日资产负债表（表7-2）。

f. 期初资产负债表（表7-2）单元格B14和现金预算表（表7-11）单元格G16。换言之700 000美元+130 000美元=830 000美元。

g. 期初余额为292 000美元（期初资产负债表7-2单元格B15），加上折旧费（制造费用预算表7-8单元格F12），再加上折旧费40 000美元（销售及管理费用预算表7-10单元格F18）。也就是292 000美元+60 000美元+40 000美元=392 000美元。

h 第4季原材料采购的1/2，来自表7-6。

i. 详见期初资产负债表7-2单元格B23数据。

j.

2014年12月31日余额	$449 900
加：本期损益（详见表7-12）	102 100
	552 000
减：支付股利（详见表7-11）	32 000
2015年12月31日余额	$520 000

完成预算后，Larry Giano把文件传给公司的首席执行官Tom Wills，让他过目。

Larry：这是预算。总体而言，收入是不错的，全年净现金流量是正数。

Tom：是的，但我看到这个现金预算中，第一季度和第二季度的现金流量还是负的，跟我们去年一样啊。

Larry：恩。我认为没有什么办法能解决这个问题。然而，毫无疑问的是，如果你把这个预算给银行，他们会批准一个可观的信用额度，允许你借足够的钱，保证前两个季度顺利度过。

Tom：真的吗？去年我申请紧急贷款时，他们似乎不太待见。

Larry：你有及时偿还贷款吗？

Tom：当然了。

Larry：没有任何问题。这一次你不会申请紧急贷款。有了这个预算，你就有坚实的计划能够表明何时以及如何还清贷款。相信我，他们会同意的。此外，记住，全面预算包含的嵌入式公式能够解决你想到的所有“可能”的问题。如果你想计算改变全面预算的基本估计或假设带来的财务影响，点击鼠标就可以啦！

Tom：这听起来难以置信啊，Larry。感谢你在这个项目上所做的所有工作。

小贴士

在学习会计的时候，你应该学会的一个最重要的方程即表7-13项目（j）。期初留存收益加息税后净利润减去的股利等于留存收益的期末余额。这个方程说明了利润表和资产负债表之间的联系。利润表上的息税后净利润与资产负债表上的留存收益的关系，是所有商科学生所必须了解的。

商业实践

地方直辖市财政预算赤字

各级政府面临56美元至860亿美元的联合预算赤字。许多城市通过外包服务来避免提供员工福利的破碎成本以应对预算赤字。例如，California的San Jose市决定将其清洁服务外包以削减其1.18亿美元的预算赤字。California的Lakewood镇，将40%的市政服务外包给外部供应商。California的Maywood镇，采用更加激进的措施将其所有的公共服务全部外包给外部承包商。这个小镇的40 000名居民解雇了所有市政雇员，并聘请了Los Angeles治安官来监督公共安全。

资料来源：Tamara Audi，“Cities Rent Police，Janitors to Save Cash，” *The Wall Street Journal*，July 19，2010，p. A3.

本章小结

目标1： 了解组织编制预算的原因及过程。

组织编制预算的原因有很多，包括为了将管理层的计划传达到整个组织中，为了使管理者思考并计划未来，为了分配组织的资源，为了事先发现瓶颈所在，为了协调工作及为了提供后续绩效评估的标杆。

预算必须由所有负责预算控制的管理者全程参与编制。

目标2：编制销售预算，包括预计现金收入时间表。

销售预算是全面预算的基础，它提供预算期间关于销售数量及金额的详细资料。

预计现金收入是由销售预算、预计现销及赊销金额及预计应收账款收现状况得来。

目标3：编制生产预算。

生产预算说明每个预算期间为了满足预计销售及适当产成品存货水平必须生产的数量。

目标4：编制直接原材料预算，包括支付直接原材料账款时间表。

直接材料预算是每个预算期间，为了满足预计生产需求及提供足够材料存货必须采购的直接材料。

支付直接材料账款时间表是依据预算期间材料采购量及公司付款政策而编制。

目标5：编制直接人工预算。

直接人工预算是为了满足生产预算的生产计划所需要的直接人工工时，所需直接人工工时决定了每个预算期间的直接人工成本。

目标6：编制制造费用预算。

制造费用包含变动及固定制造费用，变动制造费用通常取决于生产预算的生产单位数。变动及固定制造费用合计成为总制造费用。总制造费用减非现金支出制造费用如折旧，决定了制造费用现金支出。

目标7：编制销售费用和管理费用预算。

像制造费用一样，销售和管理费用包含变动及固定费用。变动费用取决于销售数量或其他活动指标，变动及固定销售和管理费用合计成为总销售和管理费用。总费用减除非现金支出销售和管理费用如折旧，决定销售和管理费用现金支出。

目标8：编制现金预算。

现金预算是主要预算的关键要素，它使得管理者可以预见现金短缺并预做计划。

现金预算分为收入部分、支出部分、现金余缺部分及借款部分。现金预算使用到几乎其他所有预算的资料及计划，包括现金收入计划、支付直接材料账款计划、直接人工计划、制造费用预算及销售费用和管理费用预算。

目标9：编制预算利润表。

预算利润表是由销售预算、期末存货预算、制造费用预算、销售和管理费用预算及现金预算的资料所组成。

目标10：编制预算资产负债表。

预算资产负债表实际上是由全面预算的其他部分组成。

你的决策（预算分析）参考答案

并非所有的成本都随餐厅总收入变动。例如，假设餐厅座位数量没有变化，租金成本就可能是固定的。为了更准确地预测预算成本，成本应当被分为变动和固定部分。更重要的是，要为变动成本找到更适当的作业计量基础。例如，餐厅总销售额可以分为食品销售和酒吧销售，而它们每个都可作为一些成本的作业计量基础。此外，一些成本考虑到就餐人数是变动的，而考虑到食品和酒吧销售就是不变的。其他的作业计量基础能带来更准确的成本预测。

概念检查参考答案

1.选择b。责任会计要求经理只对自己所控制的项目负责。

2.选择c。4月的现金收入计算如下：（100 000×80%×40%）+（120 000×20%）+（120 000×80%×60%）=113 600（美元）。

3.选择a。5月31日应收账款余额为125 000×80%×40%=40 000（美元）。

4.选择b。需要采购存货计算如下：销售成本300 000+期末存货30 000-期初存货50 000=280 000（美元）。

5.选择b。4月销售80 000+必要的期末存货27 000-期初存货24 000=83 000（单位）。

6.选择d。制造费用预算包括用于制造的资产的折旧额。现金预算包括销售及管理费用的现金支出。销售及管理费用预算包括与支持公司销售和管理功能相关的资产的折旧。

问题回顾：预算时间表

Mynor公司制造及销售的产品需求有季节性差异，第3季度为旺季。下列资料为第2年（接下来的一年）及第3年前两个季度的预计营业状况：

a.公司产品单位售价为8美元，未来6个季度的预计销售单位如下（所有的销售都是赊销）：

	第2年各季度				第3年各季度	
	第1季度	第2季度	第3季度	第4季度	第1季度	第2季度
预计销售单位	40 000	60 000	100 000	50 000	70 000	80 000

b.账款收现政策如下：销售当期收款75%，另外25%在下期收现。在第2年1月1日，公司资产负债表上应收账款为65 000美元，全部都会在该年第1季度收现。坏账金额微小，可以忽略。

c.公司预计每季期末存货单位为下一季预计销售量的30%，第1年12月31日存货为12 000单位，刚好符合该准则。

d.每单位产品需要原材料5磅，公司每季度末的原材料存货为下一季度生产所需原材料的10%。第1年12月31日，原材料存货有23 000磅可作为新年度期初存货。

e.原材料每磅0.8美元，原材料账款付款政策如下：采购当期支付60%，另外40%在下期支付。第2年1月1日，公司资产负债表上采购原材料的应付账款为81 500美元，全部都会在该年第1季度付款。

要求：

编制当年度下列预算及计划表，包括每季度及所有金额：

1.销售预算及预计现金收入时间表。

2.生产预算。

3.直接材料采购预算及预计支付材料账款时间表。

问题回顾的解答：

1. 销售预算编制如下：

	第2年各季度				
	第1季度	第2季度	第3季度	第4季度	全年
预计销售单位	40 000	60 000	100 000	50 000	250 000
单位售价	× $8	× $8	× $8	× $8	× $8
总销售额	$320 000	$480 000	$800 000	$400 000	$2 000 000

根据上述的销售预算，预计现金收入时间表编制如下：

	第2年各季度				
	第1季度	第2季度	第3季度	第4季度	全年
期初应收账款	$65 000				$65 000
第一季销售额（$320 000×75%，25%）	240 000	$80 000			320 000
第二季销售额（$480 000×75%，25%）		360 000	$120 000		480 000
第三季销售额（$800 000×75%，25%）			600 000	$200 000	800 000
第四季销售额（$400 000×75%）				300 000	300 000
现金收入合计	$305 000	$440 000	$720 000	$500 000	$1 965 000

2. 根据销售预算，生产预算编制如下：

	第2年各季度					第3年各季度	
	第1季度	第2季度	第3季度	第4季度	全年	第1季度	第2季度
预计销售单位	40 000	60 000	100 000	50 000	250 000	70 000	80 000
加：预计期末存货*	18 000	30 000	15 000	21 000+	21 000	24 000	
总需求量	58 000	90 000	115 000	71 000	271 000	94 000	
减：期初存货	12 000	18 000	30 000	15 000	12 000	21 000	
预计生产量	46 000	72 000	85 000	56 000	259 000	73 000	

*下一季度销售量的30%。

+第3年第1季度销售量的30%。

3. 根据生产预算，直接原材料采购预算如下：

	第2年各季度					第3年各季度
	第1季度	第2季度	第3季度	第4季度	全年	第1季度
预计产量（磅）	46 000	72 000	85 000	56 000	259 000	73 000
每单位所需原材料（磅）	× 5	× 5	× 5	× 5	× 5	× 5
生产所需数量（磅）	230 000	360 000	425 000	280 000	1 295 000	365 000
加：预计期末原材料存货（磅）*	36 000	42 500	28 000	36 500+	36 500	
总需要量（磅）	266 000	402 500	453 000	316 500	1 331 500	
减：期初原材料存货（磅）	23 000	36 000	42 500	28 000	23 000	
原材料采购量（磅）	243 000	366 500	410 500	288 500	1 308 500	

*下一季度生产所需数量的10%。

+第3年第1季度生产所需数量的10%。

根据上述直接原材料预计采购预算，预计付款时间表如下：

	第2年各季度				
	第1季度	第2季度	第3季度	第4季度	全年
原材料采购单位成本	$194 400	$293 200	$328 400	$230 800	$1 046 800
每磅0.8美元					
期初应付账款	$81 500				$81 500
第1季度采购（$194400×60%，40%）	116 640	$77 760			194 400
第2季度采购（$293200×60%，40%）		175 920	$117 280		293 200
第3季度采购（$328400×60%，40%）			197 040	$131 360	328 400
第4季度采购（$230800×60%）				138 480	138 480
总现金支出	$198 140	$253 680	$314 320	$269 840	$1 035 980

词汇表

预算（budget）是在一段期间内，企业取得及使用财务和其他资源的详细计划。

现金预算（cash budget）现金预算是指在特定期间内，企业取得现金收入及使用现金支出的详细计划。

滚动预算（continuous budget）是保持12个月的预算，本月结束后向后推一个月加入预算期。

控制（control）是为实现企业计划的目标和增加企业各部门一起工作的可能性，由管理者采取的措施。

直接人工预算（direct labor budget）是为完成生产预算所需要投入直接人工的详细计划。

直接材料预算（direct materials budget）是为完成生产预算和保持足够的材料存货所需要采购原材料的详细计划。

期末产成品存货预算（ending finished goods inventory budget）是以金额表示的在期末资产负债表中未被售出的产成品存货的预算。

制造费用预算（manufacturing overhead budget）是用于特定时期，除直接材料和直接人工以外预计发生的其他生产费用的详细计划。

全面预算（master budget）是公司计划的汇总，它设定销售、生产、配送及财务活动的目标，通常以现金预算、预算利润表及预算资产负债表的方式完成。

商品采购预算（merchandise purchase budget）商品流通企业用来显示特定时期向供应商采购商品的数量。

参与式预算（participative budget）详见员工自编预算（self-imposed budget）。

永久性预算（perpetual budget）参见滚动预算。

计划（planning）是为实现公司目标而形成具体目标和编制预算的活动。

生产预算（production budget）是为满足销售和存货的需要，对未来特定时间内需要生产产品的数量所做的详细计划。

责任会计（responsibility accounting）是各级管理者只对其可以控制的收入和成本项目负责的会计系统。这些管理者需要对预算和预算执行结果之间的差异承担责任。

销售预算（sales budget）是以金额和销售量两种方式表示的未来特定时间内预计销售情况的预算。

员工自编预算（self-imposed budget）是先由最基层管理人员编制预算，再由上一级管理人员审查，上一层管理人员再用同样的方法编制预算，直至形成整个公司预算的一种预算编制方法。

销售费用和管理费用预算（selling and administrative expense budget）是对未来特定时间内，除生产成本以外，预计发生的其他费用的详细列示。

思考题

7-1 什么是预算？什么是预算控制？

7-2 编制预算有什么好处？

7-3 责任会计是什么意思？

7-4 什么是全面预算？简短描述它的内容。

7-5 为什么销售预测是编制预算的开始？

7-6 “事实上，规划和控制是指同一件事。”你同意吗？请解释。

7-7 为什么在编制全面预算时，要用Excel表编制预算假定？

7-8 什么是参与式预算？参与式预算的优点是什么？使用时必须注意哪些问题？

7-9 如何利用预算帮助公司确定雇佣政策？

7-10 “现金预算的首要目的是了解公司年底存在银行的现金金额。”你同意吗？请解释。

基础练习十五问

Morganton公司生产单一产品，为其前4个月的业务编制全面预算时，其提供了以下信息：

a.产品单位销售价格为70美元。6月、7月、8月和9月销售量分别是8 400件、10 000件、12 000件和13 000件。所有的销售都是赊销。

b.赊销金额的40%将于本月收回，剩下60%于下月收回。

c.期末产成品库存相当于下个月销售量的20%。

d.期末原材料库存相当于下个月原材料需要量的10%。每件产成品需要5磅的原材料。原材料成本为每磅2美元。

e.采购原材料需要支付的金额的30%在购买月支付，剩下70%在下月支付。

f.直接劳动工资为每小时15美元。每件产成品需要2小时来完成。

g.单位可变销售及管理费用为1.80美元。每月固定销售及管理费用为60 000美元。

要求：

1.7月的预算销售额是多少？

2.预计7月的预期现金回收额是多少？

3.在7月底的应收账款余额是多少？

4.根据生产预算，7月应该生产多少件产品？

5.如果8月需要61 000磅的原材料满足生产需求，在7月应购买多少磅的原材料？

6.7月原材料预计采购成本是多少？

7.如果6月的原材料采购成本是88 880美元，那么7月原材料采购预计现金支出是多少？

8.7月末预计应付账款余额是多少？

9.7月末预计原材料库存余额是多少？

10.假设直接劳动力能够根据产量调整，那么7月直接人工成本为多少？

11.如果公司一直采用每工时10美元的价格预估直接劳动成本，那么预估单位产品成本是多少？

12.在7月末的预计产成品库存余额是多少？

13.7月的预计销货成本和毛利为多少？

14.7月的预计销售及管理费用总额是多少？

15.7月的预计净营业利润是多少？

练习

练习7-1　预计现金回收额计划表（学习目标2）

Silver公司生产的商品作为母亲节的礼物非常受欢迎，产品的销售旺季在5月。公司第2季度销售旺季的销售预算如下：

	4月	5月	6月	总计
预算销售额	$300 000	$500 000	$200 000	$1 000 000

根据过去的经验，公司每月销售额的20%当月收回，70%在销售次月收回，其余10%在销售的再次月收回。坏账金额微小，可以忽略。2月销售额总计230 000美元，3月销售额总计260 000美元。

要求：

1.利用销售额编制第2季度每月及合计的预计现金回收额计划表。

2.假设公司编制6月30日预计资产负债表。计算期末应收账款金额。

【假设6月预算销售额为250 000美元，练习7-1的结果会是多少？】

练习7-2 生产预算（学习目标3）

Australia的Down Under Products公司生产的畅销产品飞镖未来4个月的销售预算如下：

月份	销售数量
4	50 000
5	75 000
6	90 000
7	80 000

公司正在准备第2季度的产品预算。过去的经验表明，月末存货水平必须等于下月销售额的10%。3月末存货为5 000单位。

要求：

编制第2季度的生产预算，你的预算应显示每月和每季度合计生产数量。

【假设期末完工产品库存是下月销量的20%，3月31日的库存为10 000件，练习7-2的结果应该是怎样的？】

练习7-3 直接材料预算（学习目标4）

Western Siberia的一个很小的公司从事香水Mink Caress的生产。每瓶Mink Caress香水需要3克的麝香油。麝香油每克1.5美元。Western Siberia公司编制了第2年各季度和第3年第1季度的生产预算如下：

	第2年				第3年
	1季度	2季度	3季度	4季度	1季度
预计生产量	60 000	90 000	150 000	100 000	70 000

因为麝香油已成为特别受欢迎的香水成分，所以预留大量存货作为对短缺的预防很必要。为此，本季度麝香油存货应等于下季度生产需求的20%。第2年第1季度开始时，有36 000克麝香油供首季度生产使用。

要求：

编制麝香油第2年每季度和总计的直接材料预算，在预算的最下面显示每季度和该年总计采购金额。

【假设每瓶香水需要4克麝香油，2季度期初有麝香油存货48 000克，练习7-3的答案将是多少？】

练习7-4 直接人工预算（学习目标5）

Rordan公司的生产部门提出下一年度每季度生产单位预测如下：

	1季度	2季度	3季度	4季度
预计生产量	8 000	6 500	7 000	7 500

每单位需要0.35直接人工工时，每小时工资为12美元。

要求：

1.编制公司下一年度的直接人工预算，假设直接人工员工数根据生产预计生产数量产品所需人工数进行调整。

2.编制公司下一年度的直接人工预算，假设直接人工员工数不随每季度生产需要进行调整。此外，假设公司直接人工员工包括正式员工，每季度至少支付2 600小时的工资。如果所需要的直接人工工时数小于这个数，工人的工资按2 600小时支付。季度工作小时数超过2 600小时后，直接人工率为平时的1.5倍。

【假设每单位产品需要0.3人工工时，练习7-4的答案是多少?】

练习7-5　制造费用预算（学习目标6）

Yuvwell公司明年的直接人工预算中直接人工工时预算如下：

	1季度	2季度	3季度	4季度
预计直接人工工时	8 000	8 200	8 500	7 800

公司的变动制造费用率为每直接人工工时3.25美元，公司每季度固定制造费用为48 000美元。固定制造费用中唯一的非现金项目是折旧，每季度16 000美元。

要求：

1.编制公司下一年度的制造费用预算。

2.计算公司下一年度的制造费用率（包括变动和固定制造费用率），保留到小数点后两位。

【假设公司的变动制造费用率为每直接人工工时2美元，练习7-5的答案是多少?】

练习7-6　销售和管理费用预算（学习目标7）

Weller公司明年的销售量预算如下：

	1季度	2季度	3季度	4季度
预计销售量	15 000	16 000	14 000	13 000

公司的变动销售和管理费用为每单位2.5美元。每季度固定销售和管理费用包括广告费8 000美元，每季度管理层工资35 000美元，折旧费每季度20 000美元。此外，公司第1季度和第3季度各支付保险费5 000美元。最后，第3季度支付房产税8 000美元。

要求：

编制公司明年的销售和管理费用预算。

练习7-7　现金预算（学习目标8）

Garden Depot是零售商，正在编制下一年度的预算。管理层为现金预算做了以下总结：

	1季度	2季度	3季度	4季度
总现金收入	\$180 000	\$330 000	\$210 000	\$230 000
总现金支出	\$260 000	\$230 000	\$220 000	\$240 000

公司下一年度期初的现金余额为20 000美元。公司需要保持的最低现金余额为10 000美元。公司可以按3%的季利率向本地银行借款，在每季度初从银行借入所需资金，每季度末偿还全部或部分贷款，利息随同本金一起支付。为了简化计算，假设利息支付是单利。

要求：

编写公司下一年度的现金预算。

【假设公司最低现金余额为15 000美元，练习7-7的答案是多少?】

练习7-8 预算利润表（学习目标9）

Gig Harbor Boating公司是小型娱乐用双体帆船的总经销商。管理层在编制年度预算过程中准备了下列数据：

预计销售量	460
单位销售价格	$1 950
单位成本	$1 575
变动销售和管理费用（每单位）	$75
固定销售和管理费用（每年）	$105 000
全年利息支出	$14 000

要求：

利用表7-12显示的完全成本利润表格式编制公司预算利润表。

【假设预算销售量为400艘，练习7-8的答案会怎样？】

练习7-9 预算资产负债表（学习目标10）

Mecca Copy是位于University Avenue大学里的影印中心，该公司管理层在编制下一年预算资产负债表时搜集的相关资料如下：

	期末余额
现金	?
应收账款	$8 100
原材料存货	$3 200
设备	$34 000
累计折旧	$16 000
应付账款	$1 800
普通股	$5 000
留存收益	?

期初留存收益余额是28 000美元，预算净利润是11 500美元，预算股利为4 800美元。

要求：

编制公司的预算资产负债表。

【假设净利润为10 000美元，重做一次练习7-9。】

练习7-10 生产和直接材料预算（学习目标3、学习目标4）

中国深圳Pearl公司制造和分销玩具，其主要市场是东南亚地区。公司生产产品SuperMix，每件需要3毫升的溶剂H300。该公司现在计划第三季度的原材料需要量，第三季度是SuperMix销售高峰。公司有以下库存要求：

a.月底Supermix的期末产成品库存量必须等于3 000件加上下个月的销售量的20%。6月30日的完工产品预计为10 000件。

b.月末原材料库存必须等于下月生产需求的一半。6月30日预算原材料库存是54 000毫升溶剂H300。

c.公司没有在产品。最近6个月的SuperMix销售预算如下：

月份	销售数量
7	35 000
8	40 000
9	50 000
10	30 000
11	20 000
12	10 000

要求：

1.编制SuperMix7月、8月、9月和10月的生产预算。

2.检查你在上题所编制的生产预算。为什么公司在7月和8月的生产量要比销售量大？为什么公司在9月和10月的生产量要比销售量小？

3.编制直接材料预算，确定7月、8月和9月的溶剂H300购买量并确认本季度全部采购量。

练习7-11　现金预算分析（学习目标8）

下面是一个零售企业的季度现金预算（下表单位为千美元）。公司每季度期初需要至少5 000美元的最低现金余额。

	季度				年度合计
	1	2	3	4	
期初现金余额	\$6	\$?	\$?	\$?	\$?
加：现金回收额	?	?	96	?	323
可用现金总额	71	?	?	?	?
减：现金支出					
采购存货	35	45	?	35	?
销售及管理费用	?	30	30	?	113
购买设备	8	8	10	?	36
股利	2	2	2	2	?
现金支出总额	?	85	?	?	?
可用现金总额扣除现金支出净额：现金剩余（短缺）	(2)	?	11	?	?
融资部分：					?
借款	?	15	–	–	?
还款（包括利息）	–	–	(?)	(17)	(?)
融资总额	?	?	?	?	?
期末现金余额	\$?	\$?	\$?	\$?	\$?

注：每年利息为1 000美元。

要求：

填写上面表格的空白处。

问题7-12　现金回收和支付计划、利润表、资产负债表（学习目标2、学习目标4、学习目标9、学习目标10）

Beech Corporation公司是商业企业，现在公司正在准备第三季度的全面预算。6

月30日公司资产负债表如下：

Beech Corporation公司 资产负债表 6月30日	
资产	
现金	$90 000
应收账款	136 000
存货	62 000
固定资产（扣除折旧额）	210 000
总资产	$498 000
负债和所有者权益	
应付账款	$71 100
股本（无票面价值）	327 000
留存收益	99 900
股本和所有者权益总额	$498 000

Beech公司的管理层的一些假设和估计如下：

1.假设公司7月、8月、9月、10月的预算销售额分别为210 000美元、230 000美元、220 000美元、240 000美元。

2.所有的销售额都是赊销。赊销额的35%于销售当月收回，其余部分于下月收回。6月30日的应收账款将在7月收回。

3.每月期末存货等于下月销货成本的30%。销货成本是当月销售额的60%。采购当月支付60%的货款，其余赊购货款下月支付。6月30日欠购货商的应付账款会在7月支付。

4.每月预算销售及管理费用为60 000美元，每月预算折旧费为5 000美元。剩下55 000美元的费用在其发生时入账。

5.在9月30日之前，公司没有借款或发放股利的计划。在9月30日之前，公司没有发行股票或回购股票的计划。

要求：

1.编制7月、8月、9月的现金回收额，并计算截止到9月30日的累计现金回收额。

2.

a.编制7月、8月、9月的存货采购预算，并计算截止到9月30日的累计存货采购额。

b.编制7月、8月、9月的存货采购的现金支付表，并计算截止到9月30日的累计存货采购的现金支付总额。

3.编制9月30日的预算利润表，使用表7-12显示的完全成本利润表格式。

4.编制9月30日预算资产负债表。

练习7-13　销售和生产预算（学习目标2、学习目标3）

Jessi公司的市场部门提交的明年销售预算如下：

	1季度	2季度	3季度	4季度
预算销售量	11 000	12 000	14 000	13 000

公司产品的销售价格为每单位18美元。管理者预计有65%的销售额会在销售当

期收回，30%在下一期收回，5%的销售额预计会成为坏账。应收账款期初余额为70 200美元，预计会在第1季度收回。

公司第1季度开始时产成品存货为1 650单位。管理层每季度末需要的产成品存货等于下季度预算销售额的15%。第4季度末需要的期末产成品存货为1 850单位。

要求：

1.编制公司的销售预算和预计现金回收表。

2.编制公司下一年度的生产预算。

练习7-14　直接人工和制造费用预算（学习目标5、学习目标6）

Hruska公司的生产部门提交的明年每季度的预计生产量如下：

	1季度	2季度	3季度	4季度
生产量	12 000	10 000	13 000	14 000

每单位产品需要0.20直接人工工时，直接人工每工时支付工资12.00美元。

此外，变动制造费用率为每直接人工工时1.75美元。每季度固定制造费用为86 000美元。制造费用中唯一的非现金项目是折旧，每季度23 000美元。

要求：

1.编制公司明年的直接人工预算，假设直接人工随着每季度预计生产数量所需的工时数进行调整。

2.编制公司的制造费用预算。

练习7-15　直接材料和直接人工预算（学习目标4、学习目标5）

Zan公司的生产部门提交的明年每季度的预计生产量如下：

	1季度	2季度	3季度	4季度
产量	5 000	8 000	7 000	6 000

另外，第一季度期初原材料库存为6 000克，预计第一季度应付账款为2 880美元。

每单位产成品消耗8克的原材料，原材料每克成本为1.2美元。管理层希望每个季度末的原材料库存量等于下一季度生产量的25%。第四季度末原材料库存预计为8 000克。管理层本季度支付原材料采购额的60%，剩下40%在下一季支付。每单位产品需要0.20直接人工工时，直接人工每小时支付工资11.50美元。

要求：

1.编制公司明年的直接人工预算，假设直接人工随着每季度预计生产数量所需的工时数进行调整。

2.编制公司的制造费用预算。

【若第二季度产量为7 500单位，请再做一次练习7-15。】

第8章 弹性预算、标准成本与差异分析

前章回顾

我们在第7章讨论了预算编制过程，并综观了整体预算中的每个预算。

本章简介

本章开始讨论管理控制和绩效评估，将解释如何编制弹性预算。以计算收入和开支差异为目的，将弹性预算与实际结果进行比较。同时，本章将阐述如何利用标准成本分析各类因素对实际结果的影响，特别是材料、人工和制造费用差异。

下章简介

第9章继续讨论管理控制与绩效评估，重点将放在分权化的组织如何经营上。

本章概要

差异分析循环

弹性预算

□ 弹性预算的特征

□ 静态预算的缺点

□ 如何运用弹性运算

弹性预算差异

□ 收入差异

□ 支出差异

多成本动因的弹性预算

设定标准成本

□ 设定直接材料标准

□ 设定直接人工标准

□ 设定变动制造费用标准

□ 在弹性预算中利用标准成本

标准成本差异分析的一般模式

使用标准成本——直接材料差异

□ 材料价格差异

□ 材料数量差异

使用标准成本——直接人工差异

□ 人工工资率差异

□ 人工效率差异

使用标准成本——变动性制造费用差异

□ 变动性制造费用耗用和效率差异

材料差异的敏锐性

学习目标

在学习完第8章以后，你应该能够：

目标1：编制弹性预算。

目标2：编制报表列示收入和支出差异。

目标3：编制多成本动因的弹性预算。

目标4：计算直接材料价格与数量差异，并解释其重要性。

目标5：计算直接工资率与人工效率差异，并解释其重要性。

目标6：计算变动制造费用支出与效率差异。

决策专栏：为什么公司需要弹性预算？

通过阅读上市公司的年度报告可知，准确预估未来财务业绩是十分困难的。比如，Nucor公司，总部位于美国卡罗莱纳州，是一个钢铁制造商。该公司列举了如下原因以阐述实际结果和预期的差异：（1）原材料供应和成本的改变；（2）电、天然气的渠道和成本的变化；（3）钢铁产品市场需求的变化；（4）货币转换比率的变化；（5）法律、政府规定的显著变化；（6）钢铁行业的周期性规律。

资料来源：Nucor公司2011年年报，p.3。

在上一章，我们研究了在期初如何制定预算。本章将解释如何调整预算从而指导实际运营和衡量对业绩评估过程的影响。举例来说，一个组织的实际支出很少等于在期初预估的支出。原因是作业的实际水平（比如，销量）很少和预估的相同。因此，许多实际的支出和收入和预计有差异。如果销量比预计增长10%，则需花费比预计多10%去支付变动性成本，比如直接材料。这种情况下，经理应该受到惩罚吗？当然不能。在研究本章之后，你应该知道如何调整预算使其与实际结果的比较是有意义的。

8.1 差异分析循环

公司利用例如图8-1所示的差异分析循环来评估和提高绩效。循环的开始是会计部门绩效报告的准备阶段。这些报告强调差异，也就是实际结果和根据预算发生的结果之间的差别。为什么这种差异会产生？为什么差异比上期大？调查这些显著的差异，从而复制或者减少此类差异。然后，进行新一期的运营，再次循环以准备最新一期绩效报告为起点。需要注意的是那些突出的或者不满意的结果，找到造成这些结果的原因，然后取其精华去其糟粕。差异分析循环不能用于坏绩效的追责。

经理会利用例外管理结合差异分析循环。例外管理（management by exception）是指将实际结果和预算比较的系统，显著的差异被标注为例外，以进行更深入的调查。这个方法使经理专注于最重要的差异，从而忽略实际和预算之间的微小差异。举例来说，5美元的差异可能并不足以引起重视，然而5 000美元的差异就值得追查。另一个线索是相对于支出总额，差异的大小。只占0.1%的差异项目可能是随机因素导致的。相反，占支出10%的差异更有可能是一种信号，表明该部分有问题。除了观察不正常的大额差异，差异的模式也应该被侦查。比如，即使没有差异需要进行侦查，稳定增长的差异也值得管理者注意。

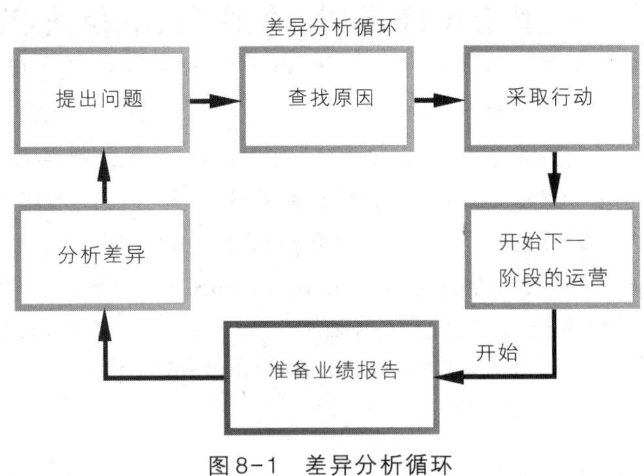

图8-1　差异分析循环

接下来，本章将解释服务类企业如何利用弹性预算分析差异，以及讨论公司为了达到目的如何利用标准成本分析。

8.2　弹性预算

目标1：编制弹性预算。

8.2.1　弹性预算的特征

我们在第7章所讨论的（预算）是静态预算。静态预算（planning budget）是在预算期初编制的，专用于计划层次作业的预算。适用于计划的静态预算却不适合用来衡量成本控制的好坏。如果一段期间的实际作业活动与计划不同，简单地比较实际成本与静态预算容易使人产生误解。如果作业活动比预期还要高，那变动成本一定高于预期；如果作业活动低于预期，那变动成本一定低于预期。

弹性预算考虑到因作业活动改变使结果发生的成本变化。弹性预算（flexible budget）是指考虑到当期作业的实际成本，对收入和成本的一种估计。当弹性预算被运用在绩效评估上时，实际成本与作业活动期间的实际作业水平的成本而不是与最初预算的预算成本做比较。这是非常重要的区别，特别是对变动成本而言。如果没有对执行作业活动的调整，那就很难解释预算与实际成本间的差异。

概念检查

1. 下列说法中正确的是？（可以选择超过一个答案）

a. 静态预算在期初编制，它基于当期发生作业的实际情况

b. 弹性预算是考虑到当期作业的实际成本，对收入和成本的一种估计

c. 差异分析循环包括分析实际结果和根据预算估计的结果之间的差异

d. 例外管理使得经理更关注重要差异并忽视微小差异

商业实践

NBA停赛中的胜利者和失败者

一个公司的实际经营净利润可能由于很多不可控的原因而偏离预计。比如，由于球队所有者和球员之间的争议。当全美篮球协会（NBA）决定停赛时，许多小公司深受其害——餐馆、酒吧、服装零售商、停车场主都经历了收入下降。BestSportsApparel.com由于停工，服装销售大幅下降。其不仅没有雇佣12名额外的员工，公司还缩减了员工的规模。虽然一些公司由于NBA停赛发生收入损失，但也有人从中受益。Smith学院的经济学教授Andrew Zimbalist指出，"当地经济并没有受停赛影响"，因为人们会选择在其他场所消费，如电影院、动物园或博物馆。

资料来源：Emily Maltby and Sarah E. Needleman，"NBA Lockout：Local Firms Lose Big，" *The Wall Street Journal*，October 13，2011，p. B5.

8.2.2 静态预算的缺点

为了说明静态预算与弹性预算的不同，我们以Rick发型设计室为例，这是一家位于比佛利山，归Rick Manzi所有并经营的时髦美发沙龙。最近，Rick试图通过编制月度预算来更好地控制制造费用。

2月底，Rick编制了一份3月份的预算，如表8-1所示。Rick相信在他的店里一个月服务顾客的人数是衡量整个作业最好的方式。Rick把这些来访归类为顾客人次(client-visits)。一个顾客来沙龙店里改变发型，就算是一个人次。

表8-1　　静态预算

Rick发型设计室 静态预算 3月1日至3月31日	
预算顾客人次（q）	1 000
收入（$180q）	$180 000
费用：	
员工工资及报酬（$65 000+$37q）	102 000
美发材料（$1.50q）	1 500
顾客福利费（$4.10q）	4 100
电力（$1 500+$0.10q）	1 600
房租（$28 500）	28 500
责任保险（$2 800）	2 800
员工健康保险（$21 300）	21 300
杂费（$1200+$0.20q）	1 400
费用合计	163 200
净经营利润	$16 800

需要注意的是，在静态预算中使用收入，而不是销售额。本章都利用收入这一定义，一些组织除了销售额，还有其他收入来源。比如，捐款，和销售额一样，被记录

在非营利组织中作为收入。

Rick将成本分成8类——员工工资及报酬、美发材料、顾客福利费、电费、房租、责任保险、员工健康保险和杂费。顾客福利费包括花、糖果及Rick用来赠送给来访顾客的香槟酒杯。

Rick和Victoria Kho一起估计了每项成本的公式。举例来说，电费的成本公式为$1 500+$0.10q，q代表顾客人次。也就是说，电费是一项混合成本，包括1 500美元的固定成本和0.10美元/人次的变动成本。一旦作业的预算设定为1 000人次，Rick计算每项的预算金额。比如，利用成本公式，电费的预算为1 600美元（$1 500+$0.10×1 000）。Rick计算其预期3月的净经营利润为16 800美元。

3月底，Rick编制其3月沙龙的实际顾客为1 100人次，实际净经营利润为21 230美元，如表8-2所示。值得注意的是，实际净经营利润并不是由实际人次利用成本和收入方程计算的结果。方程只是在给定的作业水平下，对于成本和收入的简单估计。实际发生额与估计额是有差异的。

表8-2　　实际结果——利润表

Rick发型设计室 利润表 3月1日至3月31日	
实际顾客人次	1 100
收入	$194 200
费用：	
员工工资及报酬	106 900
美发材料	1 620
顾客福利费	6 870
电力	1 550
房租	28 500
责任保险	2 800
员工健康保险	22 600
杂费	2 130
费用合计	172 970
净经营利润	$21 230

在比较表8-1和表8-2时，需要注意的是实际利润21 230美元（表8-2）实际上比预计利润16 800美元（表8-1）高。当然，这是一个好消息，但是Rick想要知道得更多。沙龙实际有1 100人次，比预计的1 000人次高10%。这点就能解释净经营利润更高吗？答案是否定的。净经营利润增加10%只能导致净经营利润增加18 480美元（1.1×$16 800），而不是在当月发生的21230美元。为什么会产生更好的结果呢？出于更高的价格，更低的成本，或者是别的原因？无论是什么原因，Rick都想知道答案，并且将其运用在下个月中。

为了试图分析3月发生了什么，Rick将表8-3的预算成本和实际成本进行比较。需要注意的是，报告中显示的大部分变量为不利差异（U），而不是有利差异（F），即使净经营利润比预期高。比如，工资和薪酬为不利差异4 900美元，由于实际工资薪酬为106 900美元，然而预计的工资薪酬为102 000美元。Rick马上意识到报告的问题是它用1 000顾客人次的收入和成本水平与1 100顾客人次的收入成本水平进行比较。这是不合理的。因为Rick获得了比预估高100人次的顾客，成本自然比预计的高。依据Rick的观点，作业量增加是有利的，然而，报告中却显示为对成本不利。Rick意识到需要让这份报告更有意义，但是他却不知道该如何做。因此，他联系了会计师Victoria Kho，让她利用表8-1和表8-2的数据对沙龙的业绩进行分析。

表8-3　　Rick发型设计室静态预算和实际成本的比较

Rick发型设计室
静态预算和实际成本的比较
3月1日至3月31日

	实际数	预算数	差异数*
顾客人次	1 100	1 000	
收入	$194 200	$180 000	$14 200 F
费用：			
员工工资及报酬	106 900	102 000	4 900U
美发材料	1620	1 500	120U
顾客赠品	6 870	4 100	2 770U
电费	1 550	1 600	50F
房租	28 500	28 500	0
责任保险	2 800	2 800	0
员工健康险	22 600	21 300	1 300U
杂费	2 130	1 400	730 U
总成本	172 970	163 200	9 770U
净经营利润	$21 230	$16 800	$4 430F

*当实际收入大于（小于）静态预算收入时，收入差异为有利的（不利的）。当实际费用少于（多于）预算差异时，费用差异为有利的（不利的）。

8.2.3　如何运用弹性预算？

Victoria应Rick的要求编制如表8-4所示的弹性预算。弹性预算可见实际作业量下3月的预计收入和成本。弹性预算中的费用，她利用Rick在表8-1中所示的成本方程进行计算，将作业量换为1 100顾客人次。比如，利用成本方程$1 500+$0.10q，3月的电费应为1 610美元（$1 500+$0.10×1 100）。另外，需要注意的是租金（28 500

美元)、责任险（2 800美元）和员工健康险（21 300美元）在Victoria的弹性预算中与Rick的静态预算是一致的。这是由于固定成本并不受作业量影响。

表8-4　　　　Rick发型设计室弹性预算

Rick发型设计室 弹性预算 3月1日至3月31日	
实际顾客人次	1 100
收入	$198 000
费用:	
员工工资及报酬	105 700
美发材料	1 650
顾客福利费	4510
电力	1 610
房租	28 500
责任保险	2 800
员工健康保险	21 300
杂费	1 420
费用合计	167 490
净经营利润	$30 510

我们可以从弹性预算中发现，3月的净经营利润应该是30 510美元，但是回顾表8-2实际的净经营利润为21 230美元。结果并不像我们想象得那么好。为什么？接下来，我们将简短地解释这个问题。

Rick预计盈利为16 800美元。实际利润要高一些，为21 230美元。然而，Victoria的估计显示在3月实际的顾客人次下，利润应该更高——30 510美元。造成这种偏差的原因是什么呢？Rick想要复制有利因素，减少不利因素。然而，它们都是什么呢？

8.3　弹性预算差异

目标2：编制报表列示收入和支出差异。

回顾表8-4，基于实际作业量的弹性预算应该表示在实际作业量的情况下发生的成本和收入预算。因此，Victoria下一步应该比较弹性预算和实际结果的差异，如表8-5所示。

表8-5　　Rick发型设计室收入和支出差异

Rick发型设计室 收入和支出差异 3月1日至3月31日			
	实际数	预算数	差异数
顾客人次	1 100	1 100	
收入	$194 200	$198 000	$3 800 U
费用：			
员工工资及报酬	106 900	105 700	1 200 U
美发材料	1 620	1 650	30 F
顾客赠品	6 870	4 510	2360 U
电费	1 550	1 610	60 F
房租	28 500	28 500	0
责任保险	2 800	2 800	0
员工健康险	22 600	21 300	1 300U
杂费	2 130	1 420	710 U
总成本	172 970	167 490	5 480 U
净经营利润	$21 230	$30 510	$9 280U

8.3.1　收入差异

首先，讨论收入，实际收入总额为194 200美元。然而，弹性预算表明，考虑到现有的工作量，收入应为198 000美元，比实际的少3 800美元。这个差异可以记为3800美元U（不利）差异，被称为收入差异。收入差异（revenue variance）是实际总收入与实际作业量下的预算总收入的差额。如果实际收入超过预算应有的收入，即为有利差异。如果实际收入少于预算应有的收入，即为不利差异。为什么实际总收入会多于、少于实际作业量下的预算总收入？总体来说，如果平均售价高于预期，收入差异为有利的；如果平均售价少于预期，收入差异为不利的。这可能由于许多原因，比如：售价变化，不同的产品销售组合，打折的力度不同，会计控制变差等。

商业实践

美国国情演讲影响商务机产业

2008年12月，底特律汽车业高管乘坐私人商务机飞往华盛顿，恳求数十亿纳税人来拯救他们的公司。对此，公众的呼声很高而且十分明确：公司濒临破产，怎么负担运载它们高管的私人商务机？一个月后，奥巴马总统的演讲中包括对CEO“私人飞机消失”的评价。

这些事件对商务机的影响巨大。Dassault Aviation在2009年第一季度比往常多了27个新的取消订单。Cessna Aircraft第一季度有92例订单被取消并且其解雇了42%的劳动力。相比去年第一季度有1 800台飞机转售，今年转售数量高达3 100台。Cessna和Gulfstream Aerospace的总裁在2009年3月前往白宫商谈降低其销售额的原因。

这些事实说明实际结果可以被无法控制的事件所影响。实际上，由于其无法预见或控制的原因，这些公司第一季度的销售额大大低于它们的计划。

8.3.2 支出差异

接下来关注成本，实际电费为1 550美元，然而，弹性预算中3月1 100人次顾客的电费为1 610美元。由于实际的成本比当期估计的作业水平低60美元，这被视为有利差异，60美元F。这是一个支出差异的例子。支出差异（spending variance）是指实际成本和在实际作业量下预计的成本之间的差异。如果实际成本高于预计成本，差异被视为不利的。如果实际成本低于预计成本，差异被视为有利的。为什么会有有利差异和不利差异呢？有很多解释，比如，使用更高的价格获得原材料，实际作业时消耗较多原材料，技术变化等。本章后续在研究标准成本时，会深入探究这些解释的类型。

注意表8-5，净经营利润总额差异为$9280U（不利的）。这意味着，考虑到当期现有的实际作业量，净经营利润比预计低9 280美元。原因如下，最显著的是3 800美元的不利差异，下一项就是2 360美元的顾客赠品的不利差异。从另一个角度来看，根据弹性预算顾客赠品比预计多出50%多。这项差异Rick应该深入调查。他可能发现不利差异并不一定是一件坏事。比如，他也可能是由于对于赠品加大力度发放造成10%的顾客人次增加。

如表8-5所示，1 300美元不利差异和员工健康险有关，因此，应该重视固定成本如何造成成本差异。由于固定成本并不依赖作业量，固定成本的实际金额可能与弹性预算中的预计金额不同。比如，可能Rick的员工保险在3月不可预估地增长了1 300美元。

总的来说，表8-5所示的收入和支出差异帮助Rick更好地理解为什么实际净经营利润与既定作业量下的预估成本不同。

你的决策

Micro-Brewery拥有者

啤酒花是啤酒的必要原料。啤酒厂当月的预算依据800桶啤酒的生产量计算，啤酒花费用为960美元。当月的实际产量为850桶啤酒，实际消耗啤酒花的费用为1 020美元。啤酒花是一项变动成本。你认为啤酒花当月的花费过高吗？

8.4 多成本动因的弹性预算

在Rick的理发屋中，我们假设只有一个成本动因——顾客人次。然而，在作业成本法章节，我们知道想要完整解释组织中的所有成本需要多个成本动因。比如，Rick理发屋的一些成本可能取决于沙龙开放的时间，而不是顾客人次。特别的是，Rick的大部分员工支付固定工资，而有些员工支付的是小时工资。没有员工以实际服务顾客数量为基础支付工资。因此，工资和薪酬的成本公式可能更加准确，如果根据运营小时数而不是顾客人次。电费更加复杂。一些成本是固定的——当沙龙关门时，热量必须保持在一个最小值。一些成本依赖于顾客人数——洗头师消耗的能量则依赖于服务的顾客数量。一些成本依赖于沙龙开门的时间——沙龙的电费和保持舒适温度的热能。因此，电费的成本公式可能更准确，如果它基于顾客人数和运营小时数，而不是仅依赖顾客人数。

目标3：编棉是多成本动因的弹性预算。

表8-6表示这些改变后的弹性预算。在弹性预算中，两种成本动因列示如下，顾客人次（q_1）和运营小时数（q_2）。比如，工资和薪酬取决于运营时间，它的成本公式为$65 000+$220q_2。因为沙龙实际运营190小时，工资薪酬的弹性预算金额为106 800美元（$65 000+$220×190）。电费依赖于顾客人次和运营时间，它的成本公式为$390+$0.10q_1+6.00q_2$。因为实际顾客人次为1 100人，沙龙实际运营时间为190小时，电费的弹性预算金额为1 640美元。注意，弹性预算的净经营利润基于两种成本动因，共计29 380美元，然而弹性预算基于一种成本动因的净经营利润为30 510美元（如表8-4所示）。这两个金额有差异的原因是弹性预算基于两种成本动因要比一种更准确。

表8-6　　　　Rick发型设计室3月3日至3月31日弹性预算

Rick发型设计室 弹性预算 3月1日至3月31日	
实际顾客人次（q_1）	1 100
实际运营小时数（q_2）	190
收入	$198 000
费用：	
员工工资及报酬	106 800
美发材料	1 650
顾客福利费	4510
电力	1 640
房租	28 500
责任保险	2 800
员工健康保险	21 300
杂费	1 420
费用合计	168 620
净经营利润	$29 380

基于顾客人数和运营时间的修正后的弹性预算的应用和表8-5所示的基于顾客人次的弹性预算的收入和支出差异一样。差异是由于基于多个成本动因的成本公式要比基于一个成本动因的成本公式更准确。

除了利用多于一个成本动因提高预算和业绩评估过程，公司也可以将其成本差异分为两部分——一部分计量资源如何利用，另一部分计量如何控制资源的采购成本。比如，在Rick的发型设计室，发型设计材料的不利差异源于用太多材料和材料价格，或者两者都有。本章的后续会解释标准成本如何用于将支出差异分解为两个部分。简短地说，我们将从Rick发型设计室的案例转到一个制造公司，The Colonial Pewter Company。由于标准成本被频繁地用于制造行业，因此我们将其作为主要案例。

概念检查

2. 一个五星酒店采购宴会鲜花用于装饰普通地段和宾客室。鲜花的弹性预算为325美元/天加7.20美元/间屋子/天（一个屋子/天是指一个屋子出租一天，屋子即使被占用，也可以装饰鲜花）。如果该月酒店运营30天，有7 680个屋子，当月鲜花的弹性预算是多少？

a.55 296美元

b.65 046美元

c.9 750美元

d.332.20美元

3. 基于上述问题。如果鲜花的实际支出为61 978美元，酒店原本预计30天营运，占用7 500个房屋天数，该月的支出差异为多少？

a.3 068美元有利差异

b.3 068美元不利差异

c.1 772美元有利差异

d.1 772美元不利差异

8.5 设定标准成本

标准指的是测量业绩的基准。标准随处可见。汽车服务中心，比如Firestone和Sears，经常为了完成特定工作设定人工标准，比如，安装汽化器，做一项有价值的工作，利用这些标准测量实际的绩效。快餐行业，比如麦当劳和赛百味，有每一个三明治所放肉的数量的标准，也有肉成本的标准。你的医生评估你的体重会依据你的年龄、身高和性别。我们生活于其中的建筑物需符合建筑准则。

标准被广泛运用于管理会计中，其与用于生产产品和提供服务投入的数量和采购价格有关。数量标准指的是应该投入多少用于生产产品或者提供劳务。价格标准指的是投入产品的每单位价格是多少。如果数量和单位采购价格远远偏离标准，经理会调查这种偏离、寻找问题的原因并且解决它。

接下来，我们将介绍一个公司如何为直接材料、直接人工和变动性制造费用建立数量和价格标准，然后我们讨论这些标准如何被运用于计算差异和运营管理。

Colonial Pewter公司只进行18世纪的锡雕像的精细再生产。这种雕像很大程度上有手工雕刻，利用传统的金属工具。因此，制造过程是劳动密集型的，并且需要大量技术。

Colonial Pewter最近扩招劳动力以满足将雕像作为礼物的需求。公司原有的成员为经验丰富的锡工人，而现在由于扩张不得不雇佣较没经验的员工。公司总裁，J.D. Wriston召集会议讨论生产问题。参加会议的有Tom Kuchel，生产经理；Janet Warner，采购经理和Terry Sherman，公司财务总监。

J.D.：我有种感觉，我们并没有达到生产要求，我们应该解雇一些新员工。

Tom：给我们个机会。有些新员工在公司还不到一个月。

Janet：我补充一下，生产现在看来浪费了很多原材料——特别是锡。这个材料非常贵。

Tom：你买的那些有污染的锡的装运呢？这造成了我们主要的问题。

Janet：我怎么知道那是残次品？另外，它的确是一笔好买卖。

J.D.：冷静一下各位，我们回到彼此攻击前的讨论吧。

Tom：我同意。越多事实越好。

J.D.：好吧，Terry，轮到你了。

Terry：我恐怕不能直接给出答案，如果你给我一周时间，我可以安装一个系统，它能够回答关于员工效率、材料浪费和采购价格的问题。

J.D.：我们根据自己的日程着手分析吧。

8.5.1 设定直接材料标准

财务总监的第一个任务是对公司的主要材料锡合金锭设定价格及数量标准。直接材料每单位标准价格（standard price per unit）应反映材料的最终转移成本，即考虑折扣后的净额。在与采购经理讨论之后，财务总监将锡合金锭的数量标准设定为3.0磅。

直接材料每单位标准价格反映每单位直接材料应该支付的价格，也反映这些价格的最终和运输成本。在和采购经理商议后，Terry将锡的标准价格设定为4美元/磅。

一旦Terry建立了数量和价格标准，他可以计算直接材料的标准成本，如下：

3.0磅/个雕塑×4.00美元/磅=12美元/个雕塑

商业实践

服装行业管理原材料成本

公司的原材料成本上涨的原因很多，常常导致无法控制。比如，中国是世界上最大的棉花生产国，其可以影响Abercrombie & Fitch的棉花价格。燃料价格上涨会影响Maidenform Brands购买以石油为基础的合成面料。当农民停止生产棉花改为生产大豆时，它使Jones Apparel Group 支付给减少棉花产量的供应商的价格上涨。

当面对原材料成本上涨时，企业可以有三种方式回应。首先，它们可以保持现有的销售价格，因此经营利润较低。其次，它们可以将成本上涨转嫁给客户。最后，它们可以试一试降低原材料成本。例如，Hanesbrands买对冲合同锁定棉花价格，由此压制公司未来的成本上升。J.C. Penney改变服装使用的原材料的组合，而Maidenform已经开始在孟加拉国从生产者手中采购一些低成本的原材料。

8.5.2 设定直接人工标准

直接人工的价格及数量标准，通常是用工资率和工时来表示的。完成一单位产品所需的标准直接人工时数通常称为每单位标准工时（standard hours per unit）。一种方法是由工业工程人员进行时间及动作研究，统计出各项工作所需的实际时间。本章节，我们假设人工标准是严格且可以达到的，而不是只有技术最熟练的工人在100%努力下才能达到的理想标准。因此，在与生产经理讨论后，标准工时应该考虑休息时间、私人需求、清洁整理及机器故障等因素。Terry将每单位标准工时设定为0.50直接人工工时/个雕塑。

直接人工的每小时标准工资率（standard rate per hour）定义了公司预计的每小时直接工资率，应该包括工资、福利及雇用税。利用上个月的工资记录与生产经理讨论后，财务总监决定Colonial Pewter公司的每小时标准工资率为22美元。这个标准率反映预期的职工“组合”，即使实际工资率会因员工的技巧和年资而异。

根据Terry建立的时间和工资率标准，直接人工标准如下：

0.50直接人工工时/个雕塑×22.00美元/直接人工工时=11美元/个雕塑

8.5.3 设定变动制造费用标准

如同直接人工，变动制造费用的价格及数量标准也是以比率及小时的方式来表达的。以比率表现的预计变动制造费用率（the variable portion of the predetermined overhead rate）在第2章中已经讨论过了，以工时作为分配制造费用到单位产品的基础（和第2章所学一样，通常为机器工时或直接人工工时）。在Colonial Pewter的案例中，我们假设公司利用单位产品小时为预计制造费用率的分配基础。因此，变动性制造费用的单位标准成本就是直接人工的每单位标准成本——0.50直接人工工时数/个雕塑。

公司愿意支付变动性制造费用的单位标准制造费用率等于以比率表现的预计变动制造费用率。在Colonial Pewter，预计变动制造费用率为每直接人工工时6美元。因此，每单位标准变动制造费用成本计算如下：

每单位0.5直接人工工时×每直接人工工时6美元=3美元/个雕塑

每单位3.00美元的变动制造费用成本与直接材料成本和直接人工成本一样，都是如表8-7所示的产品标准成本卡上的一个项目。标准成本卡（standard cost card）表示生产一个特定产品需要投入的标准数量和标准价格。每单位标准成本（standard cost per unit）对于直接材料、直接人工和制造费用来说计算方法相同，都是用标准数量或工时乘上标准价格或比率。

表8-7　　标准成本卡——变动性生产成本

投入	(1) 标准数量或小时	(2) 标准价格或比率	(3) 标准成本 (1) × (2)
直接材料	3.0磅	\$4.00	\$12.00
直接人工	0.5小时	\$22.00	11.00
变动制造费用	0.5小时	\$6.00	3.00
标准单位成本			\$26.00

8.5.4 在弹性预算中运用标准成本

一旦Terry Sherman建立如表8-7所示的标准成本卡，他已经打算利用这些信息计算直接材料、直接人工和变动性制造费用差异。因此，他收集如下6月的信息：

6月实际产出	2 000个雕塑
6月实际直接材料成本	$24 700
6月实际直接人工成本	$22 680
6月实际变动性制造费用成本	$7 140

利用上述的数据和表8-7的标准成本，Terry计算如表8-8所示的支出差异。需要注意的是，实际结果和弹性预算都是基于实际产出2 000个雕塑。材料12.00美元/单位，直接人工11.00美元/单位，变动性制造费用3.00美元/单位，用这些标准和2 000个雕塑的产出量相乘计算弹性预算的金额。比如，将单位人工标准成本11.00美元乘以2 000个雕塑等于直接人工的弹性预算22 000美元。

支出差异如表8-8所示，为用实际结果减去弹性预算的金额。对于该三种变动性生产成本，计算结果为正，因为生产2 000个雕塑的实际成本大于标准成本。实际成本超过实际产出量的标准成本，这种差异被视为不利差异（U）；实际成本比实际产出量的标准成本低的，这种差异被视为有利差异（F）。

表8-8　　Colonial Pewter变动性制造费用支出差异

Colonial Pewter

支出差异——变动性制造费用

6月30日为止

	实际结果	支出差异	弹性预算
生产雕塑（q）	2 000		2 000
直接材料（$12.00q）	$24 700	&700U	$24 000
直接人工（$11.00q）	$22 680	$680U	$22 000
变动性制造费用（$3.00q）	$7140	$1 140U	$6 000

表8-8所示的信息是有用的，如果支出差异能够被分解为与价格相关和数量相关两部分，则更为有用。比如，直接材料的支出差异为700美元的不利差异。这意味着，在给定的当期产出量水平，根据标准成本，直接材料成本太高。这是由于材料价格高于预期，还是由于运用太多原材料？标准成本差异将会在余下章节进行讨论。

8.6 标准成本差异分析的一般模式

标准成本差异分析将弹性预算的支出差异分为两个部分——投入的价格支出和使用的投入数量。价格差异（price variance）是指一单位投入的实际支付价格和支付标准的差额，乘以实际采购的投入数量。数量差异（quantity variance）是指实际使用的投入减去预计使用的投入，乘以标准投入价格。

为什么标准被分为两个类别——价格和数量？价格差异和数量差异有不同的成因。不同管理者分别负责采购及使用。以直接材料为例，采购经理对采购价格负责，该责任发生在采购时；而生产经理对直接材料的使用量负责，该责任在材料投入生产时发生。因此，分别设定价格标准和数量标准能让我们更好地区分两位经理的职责。

图8-2表示能够将支出差异分解成价格差异和数量差异的一般模型。图8-2第（1）栏表示表8-8中的实际结果。第（3）栏对应表8-8中的弹性预算栏。第（2）栏可以插入图8-2，将支出差异分为价格差异和数量差异。

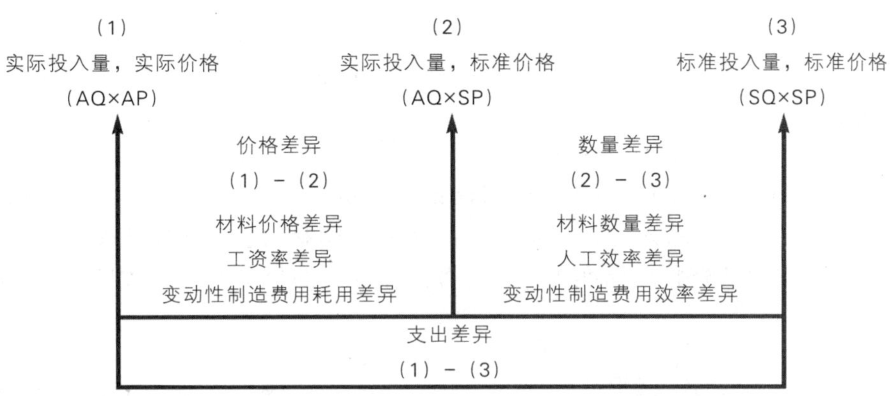

图8-2 差异分析的一般模式——变动制造费用成本

图8-2需要注意三件事。第一，它可以用于计算三种不同的变动成本的价格和数量差异——直接材料、直接人工和变动性制造费用。价格差异对于直接材料而言，为材料价格差异；对直接人工而言，为工资率差异；对变动性制造费用而言，为变动性制造费用耗用差异。数量差异对于直接材料而言，为材料数量差异；对直接人工而言，为人工效率差异；对变动性制造费用而言，为变动性制造费用效率差异。

第二，图中的三栏都是基于当期生产的实际产量。弹性预算栏表示当期实际产量下的标准成本。理解图8-2弹性预算栏的关键是抓住数量标准（SQ）的定义。标准资源投入量（standard quantity allowed）或标准作业时间（standard hours allowed），是指某段期间内生产实际产量应该使用的投入量。标准资源投入量是实际产出单位乘以每单位容许标准投入量。标准资源投入量乘以单位投入标准价格得到弹性预算的总成本。比如，一个公司当期实际生产100单位产成品，直接材料单位产成品的标准数量为3磅，则标准资源投入量为300磅（100×3）。如果公司直接材料的标准成本为2.00美元/磅，在弹性预算中直接材料的总成本为600美元（300×2）。

第三，支出、价格和数量差异，无论它们被称为什么，它们在处理直接材料、直接人工和变动性制造费用的计算时是一致的。支出差异的计算用第（1）栏的总成本减去第（3）栏的总成本。价格差异的计算用第（1）栏的总成本减去第（2）栏的总成本。数量差异的计算用第（2）栏的总成本减去第（3）栏的总成本。在这些变量计算中，正差异被视为不利差异（U），负差异被视为有利差异（F）。不利的价格差异表示，投入的单位实际价格（AP）大于单位标准价格（SP）。有利的价格表示，投入的单位实际价格（AP）小于单位标准价格（SP）。不利的数量差异表示，使用投入的实际数量（AQ）多于标准数量（SQ）。有利的数量差异表示，使用投入的实际数量（AQ）小于标准数量（SQ）。

有了这个一般模式的基础，我们将进一步观察Colonial Pewter公司的价格差异及数量差异。

8.7 使用标准成本——直接材料差异

目标4：计算直接材料价格与数量差异，并解释其重要性。

在确定了Colonial Pewter公司直接材料、直接人工及变动制造费用的标准后，下一步就是计算6月（最近一个月）的差异。如前所述，差异为标准成本与实际成本之差。为了便于比较，财务总监使用表8-7所述的成本资料。该表显示每单位产品直接材料标准成本如下：

3.0磅/单位×$4.00/磅=$12/单位

Colonial Pewter公司6月的采购记录显示铅锡合金采购量为6 500磅，每磅采购成本为3.8美元，总计为24 700美元。所有采购材料在6月都已投入生产2 000个雕像。利用表8-7的资料和标准成本，财务总监计算的价格差异和数量差异如图8-3所示。

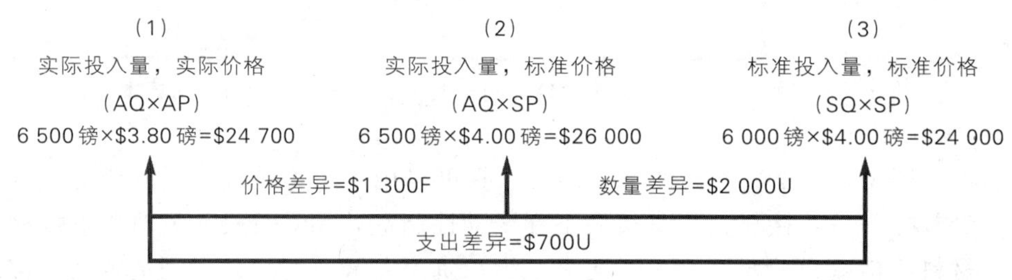

图8-3　差异分析——直接材料

图8-3中三栏指三种不同成本。首先，24 700美元为铅锡合金6月份采购的实际成本。表8-3中第三栏为24 000美元，为标准价格下使用单位标准资源投入量的铅锡合金成本。每单位标准铅锡合金用量为3磅，总产量为2 000单位，所以铅锡合金的标准使用量为6 000磅，此为该产出下的标准资源投入量，计算公式如下：

标准资源投入量=实际产量×标准数量

如果6 000磅的铅锡合金以标准价格每磅4.00美元采购，总支出为24 000美元。这个金额为当月公司的弹性预算。实际支付的24 700美元和弹性预算当月计算支付的24 000美元之间的差额为不利差异700美元。差异是不利的，由于实际支付的金额超过预期的金额。需要注意的是，支出差异和表8-8中直接材料的支出差异对应。

图8-3中第二个总成本是分解支出差异的关键——一部分由于价格，另一部分由于数量。它表示如果公司采购实际投入数量为6 500磅，标准价格为4美元/磅，而不是实际价格3.80美元/磅。

8.7.1 材料价格差异

利用图8-3第（2）栏的总成本数26 000美元，我们可以做两种比较——一种是和第（1）栏的24 700美元相比较，第二种是和第（3）栏的24 000美元相比较。第（1）栏的24 700美元和第（2）栏的26 000美元之间的差额为材料价格差异1 300美元，视为有利差异（F）。材料价格差异测量投入实际价格和标准价格的差额乘以实际采购数量。

为了理解价格差异，需要注意的是实际成本每磅3.8美元采购铅锡合金的成本比标准成本每磅4美元少0.20美元。因为投入生产的实际铅锡合金为6 500磅，差异的总额为1 300美元（0.20×6 500）。如果实际采购价格低于标准价格，该差异即为有利差异（favorable，F）；如果实际价格高于标准价格，那么该项价格差异即为不利差异（unfavorable，U）。

总的来说，采购经理控制商品的采购价格，因此须对材料价格差异负责。很多因素会影响到商品的采购价格，包括一次采购的数量、送货方式、是否为紧急订单以及采购材料的品质。这些因素中的任何一项与当初设定标准不同都会导致价格差异。例如，购买次等而非最上等的材料可能导致有利的价格差异，因为一般来说，次等级的材料价格通常较低，但你也应当认识到次等级的材料可能不适合生产。然而，有时需要对材料价格差异负责的可能是采购经理以外的其他人。例如，生产流程可能规定采购经理必须使用快递，在这种情况下，生产经理要对其所导致的价格差异负责。

8.7.2 材料数量差异

再看图8-3，第（2）栏26 000美元和第（3）栏24 000美元的差额为材料数量差异2 000美元，被视为不利差异（U）。材料数量差异（materials quantity variance）为投入生产的数量与预定的标准使用量之间的差异乘以单位材料的标准价格。当用于生产的材料数量多（少）于根据标准应该使用的数量时，被视为不（有）利差异。

数量差异之所以会产生，是因为投入生产的实际铅锡合金为6 500磅，但是实际产量下标准铅锡合金用量为6 000磅，因此多耗费了500磅的铅锡合金来生产实际产量。以金额表示的话，500磅乘以每磅标准价格4美元得出数量差异为2 000美元。为什么是以铅锡合金的标准价格而不是实际价格来计算？因为生产经理对数量差异负责，如果以实际价格来计算数量差异，则会使生产经理对采购经理的有效率或无效率负责任。

导致材料超耗的原因有很多种，包括机器故障、次等级的材料、员工训练不足及引导不周。一般来说，生产部门有责任将材料用量控制在标准之内，但是有时采购部门应该为不利的材料数量差异负责。因为如果采购部门为了节省经费采购了次等级的材料，该材料可能不符合生产所需的标准而造成超耗，在这种情况下，采购部门（而非生产部门）需要对此数量差异负责。

小贴士

Colonial Pewter公司的材料价格和数量差异可以利用以下方程进行计算：

AQ=采购和用于生产的实际磅数

SQ=实际产量的标准磅数投入

AP=单位投入的实际价格

SP=单位投入的标准价格材料价格差异：

材料价格差异=AQ×AP−AQ×SP

=AQ（AP−SP）

=6 500磅×（3.80美元/磅−4.00美元/磅）

=$1 300F

材料价格差异是有利的，由于每磅实际价格比标准价格低0.20美元。

材料数量差异：

材料数量差异=AQ×SP−SQ×SP

=SP（AQ−SQ）

=4.00美元/磅×（6 500磅−6 000磅）

=$2 000U

材料数量差异是不利的，由于实际上比生产2 000个雕塑多使用了500磅材料。

概念检查

4.如下哪种叙述是正确的？（可以选择多于一个答案）

a.单位标准数量是预计用于生产单位产成品的直接材料的数量

b.标准资源投入量等于产成品实际产量乘以单位标准数量

c.材料价格差异等于投入实际价格减去标准价格的差额，乘以采购的标准数量

d.材料数量差异等于用于生产的实际材料数量与标准资源投入量的差额，乘以单位材料标准价格

5.原材料每磅的标准和实际价格分别为4美元和4.5美元，当期采购原材料总计10 500磅，生产5 000单位产品。每单位产品的原材料标准资源投入量为2磅。材料价格差异是多少？

a.$5 250有利

b.$5 250不利

c.$5 000不利

d.$5 000有利

6.已知与5相同，材料数量差异是多少？

a.$5 000不利

b.$5 000有利

c.$2 000有利

d.$2 000不利

商业实践

顾客大声、清楚的表达

当ConAgra Foods将宴会冷冻食品的价格从1.00美元提高到1.25美元时，很多客户停止购买。由此产生的销售额下降导致公司的股票价格下降40%。它还带来了一个有趣的挑战——降低其原材料成本，这样宴会冷冻食品可以在顾客要求的价格1.00美元下盈利。ConAgra回应以肉饼和大米等低成本的食材取代昂贵的主菜如烧鸡和猪肉。它还降低了标准份量，并增加使用便宜的材料，如土豆泥和布朗尼。然而，该公司并未牺牲多样性——它仍然提供超过100种晚宴食品。

资料来源：Joseph Weber, "Over a Buck for Dinner? Outrageous," *BusinessWeek*, March 9, 2009, p. 57.

8.8 使用标准成本——直接人工差异

目标5：计算直接工资率与人工效率差异，并解释其重要性。

接下来的步骤是计算Colonial Pewter公司6月的直接人工差异，回顾表8-7，每单位产品的标准直接人工成本为11美元，计算如下：

0.5小时/个雕塑×$22.00/小时=$11/个雕塑

另外，Colonial Pewter公司6月记录显示，实际发生1 050小时直接人工。考虑到公司支付其直接人工费用总计为22 680美元（包括雇用税和福利），平均实际工资率为21.60美元/小时（22 680÷1 050）。利用这些及表8-7的标准成本，Terry计算直接人工工资率及效率差异如图8-4所示。

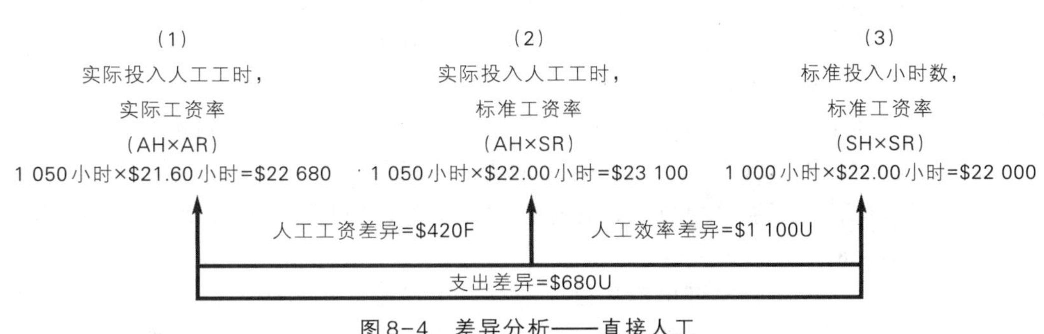

图8-4　差异分析——直接人工

图8-4的首栏与前两张图（图8-3和图8-2）相同，只是将数量及价格改为工时及工资率。

8.8.1 人工工资率差异

图8-4中第（2）栏的总成本23 100美元，可以与两个数据进行比较——第（1）栏总成本22 680美元和第（3）栏总成本22 000美元。图8-4中第（1）栏总成本22 680美元和第（2）栏的总成本23 100美元的差额为人工工资率差异420美元（F）。人工工资率差异（labor rate variance）衡量直接人工平均每小时工资率与标准工资率的差额，乘以当期实际工时。

实际小时工资率为21.60美元，比标准小时工资率低0.40美元。因为实际工时为1 050小时，差异总额为420美元（0.40×1 050）。由于实际小时工资率低于标准小时工资率，因此差异为有利的。如果实际小时工资率高于标准小时工资率，则差异为不利的（U）。

大多数公司付给员工的工资率是可预测的。然而，工资率差异可能随着使用人工的方式不同而有所不同。训练有素的员工工资率较高，却可能被指派去做只需低工资率员工即可完成的低技能工作，这样将导致不利的工资率差异，因为实际支付的小时工资率将超过该项任务设定的标准费率。反之，不熟练的或未经训练的员工可能被指派去做需要较高技术或训练的工作，使用较低工资水平的工人将造成有利的工资率差异，但这些工人可能较没效率。最后，不利的工资率差异还可能是由直接人工账户里的加班费所致。

8.8.2 人工效率差异

回顾图8-4，第（2）栏的总成本23 100美元和图8-4中第（3）栏的总成本22 000美元的差额为人工效率差异1 100美元（U）。人工效率差异（labor efficiency variance）测量实际工时和标准投入工时的差额，乘以标准小时工资率。

投入生产的实际工时为1 050小时，然而投入标准工时为1 000小时。因此，公司实际生产时比标准多50小时。将50小时乘以标准小时工资率22.00美元等于不利差异1 100美元。

造成不利的人工效率差异可能有多种原因，包括员工训练不足或士气不足、材料品质不良，导致人工处理时间过长、机器故障使工作中断或受阻、监管不力及所设定的标准不适当。一般来说，负责生产的经理应对人工效率差异负责。然而，若是因采购的材料品质不良导致人工超耗，那该差异就应该由采购部门负责。

另一个导致不利人工效率差异的原因是生产订单不足。一些公司的管理者认为配合需要的工作量不断调整劳动力是非常困难的，也几乎是不可能的。在某些公司中，员工的实际工时基本上是固定的，尤其是在短期间内。如果没有足够的需求保证每个人都很忙，又不能辞掉员工，在这样的情况下，一旦需求低于完全工作量水平，就会产生不利的人工效率差异。

所以，如果客户订单不足以使所有员工保持忙碌的话，人力中心经理只有两种选择——接受不利的人工效率差异或增加存货。精益生产的核心教训就是留存大量近期不会销售的存货不是一个正确的决定。过多的存货，特别是在产品存货，会造成高缺陷率、高报废品和整体经营的无效率。结果在人力在短期内是固定的情况下，管理者必须对人工效率差异的使用很小心。有些管理者主张，在此情况下，为了在车间内激励和控制员工，至少应取消对人工效率差异的使用。

商业实践

收银员面临监测

Operation Workforce Optimization（OWO）写软件，使用工程劳动标准确定一个收银员应该多长时间接待一个客户。软件通过不断比较客户实际付款时间，预先制定劳动效率的标准，从而测量员工的生产力。例如，Meijer——一个位于美国中西部地区的零售商——的收银员，如果他们服务95%的客户时不符合或超过人工效率标准，其可能被降级或解职。除了Meijer，OWO的软件降低了5%~15%的人工成本吸引了其他客户，比如Gap，Limited Brands，Office Depot，Nike和Toys“R”Us。软件也吸引了美国食品和商业工人联盟的注意，其代表了27 000位Meijer公司员工。欧盟已经对Meijer的收银员监测系统提起申诉。

资料来源：Vanessa O’Connell，“Stores Count Seconds to Cut Labor Costs，” *The Wall Street Journal*，November 17，2008，pp. A1 A15.

小贴士

Colonial Pewter公司的直接人工工资率和效率差异可以利用以下方程进行计算：

AH=实际投入生产的小时数

SH=实际产量的标准小时数

AR=每小时实际工资率

SR=每小时标准工资率

人工工资率差异：

人工工资率差异=AH×AR−AH×SR

=AH（AR−SR）

=1 050小时×（21.60美元/小时−22.00美元/小时）

=$420F

人工工资率差异是有利的，由于实际小时工资率比标准小时工资率低0.40美元。

人工效率差异：

人工效率差异=AH×SR−SH×SR

=SR（AH−SH）

=22.00美元/小时×（1 050小时−1 000小时）

=$1 100U

人工效率差异是不利的，由于公司生产2 000个雕塑多用了50小时。

8.9 使用标准成本——变动性制造费用差异

目标6：计算变动制造费用支出与效率差异。

为Colonial Pewter公司所做差异分析的最后一步是计算变动性制造费用差异。制造费用变动部分可以用分析直接材料和直接人工的公式进行分析，回顾表8-7，标准变动性制造费用为每单位产品3.00美元，计算如下：

0.5小时/个雕塑×$6.00/小时=$3/个雕塑

Colonial Pewter的成本账显示6月实际变动性制造费用为7 140美元，当月直接人工小时为1 050小时，总计生产2 000个雕塑。Terry对制造费用的分析如图8-5所示。

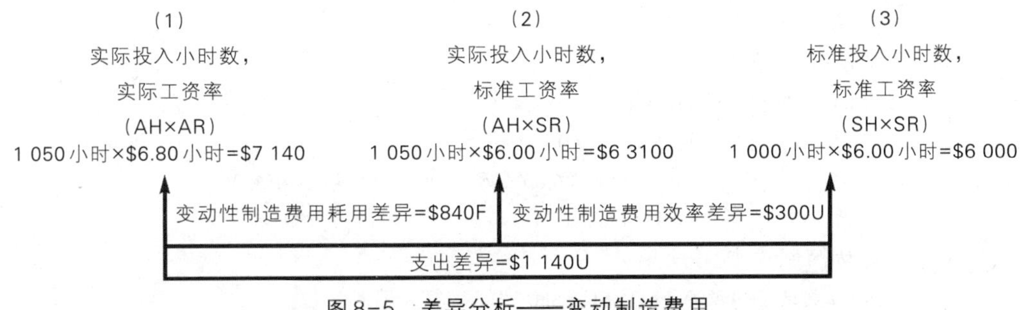

图8-5　差异分析——变动制造费用

比较图8-4与图8-5，它们的相似之处在于直接人工工时被用来当作分配产品制造费用的基础，因此在图8-5变动制造费用的小时数与图8-4中的直接人工相同。两者的主要差异在于每小时标准费用率不同，该公司变动性制造费用的费用率相对较低。

8.9.1 变动性制造费用耗用和效率差异

图 8-5 中第（2）栏的总成本 6 300 美元，可以与两个数据进行比较——第（1）栏总成本 7 140 美元和第（3）栏总成本 6 000 美元。第（1）栏总成本 7 140 美元和图 8-5 中第（2）栏的总成本 6 300 美元的差额为变动性制造费用耗用差异 840 美元（U）。变动性制造费用耗用差异（variable overhead rate variance）衡量实际发生的变动性制造费用与当期实际作业量所发生的标准成本的差额。第（2）栏的总成本 6 300 美元和第（3）栏的总成本 6 000 美元的差额为变动性制造费用效率差异 300 美元（U）。变动性制造费用效率差异（variable overhead efficiency variance）衡量实际工作量和实际产出投入的标准工作量的差额，乘以预计制造费用分配率变动部分。

用于生产的实际小时数为 1 050 小时，然而，实际作业量的投入标准小时为 1 000 小时。因此，公司实际比标准多用 50 小时。50 小时乘以预计变动性制造费用分配率 6.00 美元/小时，因此，变动性制造费用效率差异为 300 美元（U）。

变动性制造费用的解释并不像直接材料、直接人工差异那么清楚、明了。特别，变动性制造费用效率差异和直接人工效率差异相似，不同的是将差异计算为金额，而不是小时数。两个案例中，差异都是实际工作的小时数和投入标准小时数的差额。直接人工效率差异，是用差异乘以标准直接人工工资率。在变动性制造费用效率差异中，其是用差异乘以预计制造费用分配率的变动部分。因此，将直接人工作为制造费用的基础，直接人工效率差异为有利的时，变动性制造费用效率差异也是有利的；当直接人工效率差异为不利的时，变动性制造费用效率差异也是不利的。变动性制造费用效率差异并没有解释如何有效使用制造费用资源，它仅仅取决于直接人工使用的有效性。

小贴士

Colonial Pewter公司的变动性制造费用耗费和效率差异可以利用以下方程进行计算：

AH=实际投入生产的小时数

SH=实际产量的标准小时数

AR=每小时实际工资率

SR=每小时标准工资率

变动性制造费用耗费差异：

人工工资率差异=AH×AR－AH×SR
=AH（AR－SR）
=1 050 小时×（6.80 美元/小时－6.00 美元/小时）
=$840U

变动性制造费用效率差异：

变动性制造费用效率=AH×SR－SH×SR
=SR（AH－SH）
=6.00 美元/小时×（1 050 小时－1 000 小时）
=$300U

变动性制造费用效率差异是不利的，因为公司制造 2 000 个雕塑多用了 50 个小时。

为了进行Colonial Pewter标准成本和差异的分析，Terry将他的计算展示给管理层。J.D. Wriston，为公司总裁；Tom Kuchel，为生产经理；Janet Warner，为采购经理。J.D. Wriston开启了讨论：

J.D.：Terry，我理解你已经做了什么，现在只是确认一下，你能总结一下重点吗？

Terry：如你所见，最大的问题是不利的材料数量差异2 000美元和不利的人工效率差异1 100美元。

J.D.：Tom，你是采购经理。你认为是什么导致的不利的人工效率差异？

Tom：应该是新的生产员工。我们有经验的员工满足0.50小时的标准应该不是问题。我们都知道，当我们引入新人时，会有一段时间的效率缺失。针对这个问题，我的计划是为每个新员工配一个老师傅并且让他们一起工作一段时间。应该使我们的老员工放慢速度，但是我能确保不利差异消失，新的员工也会学到很多。

J.D.：听起来不错。现在，2 000美元不利的材料数量差异怎么办呢？

Terry：Tom，新员工会产生刮痕吗？

Tom：是的，我是这么想的。

J.D.：我想是问题的一部分。你能为这个做点什么吗？

Tom：这几天我近距离地看了一下产生的刮痕。如果是新员工造成的，和老员工组队完成工作应该可以解决。

J.D.：Janet，有利的材料价格差异1 300美元并没有起到作用，并且它正在引起不利的材料数量和人工效率差异。我们确认一下适合我们质量要求的原材料采购。

Janet：好的。

J.D.：好。我们这几周再开会吧。希望我们能控制这些不利差异。

8.10 材料差异的敏锐性

大多数公司利用采购材料数量来计算材料价格差异，用投入生产的材料数量来计算材料数量差异。这样实施有两种原因：第一，推迟计算价格差异直到材料投入使用会导致不及时的差异报告；第二，由于材料在采购时以标准成本计入存货账户，这个很大程度上能简化记账。

计算Colonial Pewter的材料价格和数量差异过程如图8-3所示，假设采购并投入使用6 500磅材料，然而，公司采购材料数量通常与投入生产的数量不同。这种情况时，材料价格差异利用采购材料数量计算，而材料数量差异用投入生产的材料数量计算。

假设Colonial Pewter 6月以3.80美元/磅的价格采购7 000磅材料。同时，公司投入生产6 500磅材料，标准价格仍保持4.00美元/磅。

考虑这些假设，图8-6表明如何计算材料价格差异（\$1 400F）和材料数量差异（2 000U）。价格差异基于采购的数量，而数量差异是基于生产的数量。图8-6第（2）栏包括两种不同的总成本。当计算价格差异时，第（2）栏的总成本是28 000美元，其是基于标准价格的采购成本。当计算数量差异时，其是基于标准价格的实际投入成本。

图8-6表示价格差异是用购买材料的数量（7 000磅）计算的，而数量差异是用当月用于生产的材料数量（6 500磅）计算的。那当期采购但没有投入使用的另外500

磅材料呢？未来使用这些材料时，需要计算数量差异。然而，材料最终用完并不需要计算价格差异，这是由于材料购买时已经计算了价格差异。

因为价格差异是基于采购数量，数量差异是基于投入使用数量，两种差异相加并不等于弹性预算中的支出差异，支出差异是基于使用总数量。图8-6中所示的方法可以用来计算直接材料差异。然而，图8-3中的方法只能用于在采购数量等于使用数量时的特殊情况。

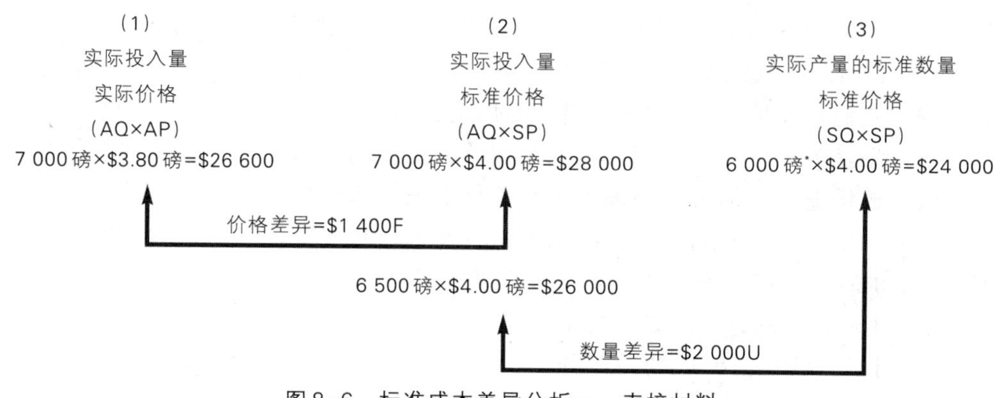

图8-6　标准成本差异分析——直接材料

在这个案例中，价格差异和数量差异之和并不是支出差异。这是由于价格差异是以采购数量为基础计算的，而数量差异是以投入生产的数量为基础计算的，两个数字不同。

小贴士

Colonial Pewter公司采购7 000磅材料，实际投入生产6 500磅。其材料价格和数量差异可以利用以下方程进行计算：

材料价格差异：

AQ=采购的实际磅数

AP=单位投入的实际价格

SP=单位投入的标准价格

材料价格差异：

材料价格差异=AQ×AP−AQ×SP

=AQ（AP−SP）

=7 000磅×（3.80美元/磅−4.00美元/磅）

=$1 400F

材料数量差异：

AQ=采购的实际磅数

SQ=实际产量的标准磅数投入

SP=单位投入的标准价格

材料数量差异=AQ×SP−SQ×SP

=SP（AQ−SQ）

=4.00美元/磅×（6 500磅−6 000磅）

=$2 000U

本章小结

目标1：编制弹性预算。

弹性预算是实际作业量水平下的预算。它能够预估收入和成本在当期给定的实际作业量下的水平。弹性预算可以和当期期初的预算或者实际结果相比较。

目标2：编制报表列示收入和支出差异。

当进行实际结果和弹性预算比较时，可以得到收入和支出差异。有利的收入差异表明收入比实际作业量下的预期收入大。不利的收入差异表明收入比实际作业量下的预期收入小。有利的支出差异表明实际成本比实际作业量下的预期成本小。不利的支出差异表明实际成本比实际作业量下的预期成本大。

目标3：编制多成本动因的弹性预算。

一种成本取决于多个成本动因。这样的话，成本的弹性预算应该考虑所有的成本动因。

目标4：计算直接材料价格与数量差异，并解释其重要性。

材料价格差异系材料实际支付价格与标准之差乘以采购数量的结果。当实际价格超过标准价格，产生不利的差异；当投入的实际价格低于标准价格，则产生有利的差异。

材料数量差异是在特定期间内，材料实际使用量与产出实际产出量的标准用量之差，乘以每单位投入的标准价格的结果。当实际用量超过标准用量，产生不利的材料数量差异；当实际用量低于标准用量，产生有利的数量差异。

目标5：计算直接工资率与人工效率差异，并解释其重要性。

直接工资率差异是实际支付工资率与标准工资率之差乘以工作小时数的结果。当实际工资率超过标准工资率时，产生不利差异；当实际工资率低于标准工资率时，产生有利差异。

人工效率差异是一段时间内，实际工作时数与生产实际产出需要的标准小时数之差乘以标准工资率的结果。当实际工作时数超过该产出的标准工时时，产生不利的人工效率差异；当实际工作时数低于该产出的标准工时时，产生有利的人工效率差异。

目标6：计算变动制造费用支出与效率差异。

变动制造费用耗用差异是实际变动制造费用与实际工作小时乘以标准变动制造费用率之差。变动制造费用效率差异是一段时间内，实际工作时数与生产该产出应投入的标准时数之差乘以标准变动制造费用率的结果。

你的决策（Micro-Brewery的拥有者）参考答案

啤酒花的成本是纯变动性成本。由于生产800桶啤酒的成本为960美元，一桶啤酒的啤酒花成本为1.20美元（960/800），因此，如果生产850桶啤酒，啤酒花的成本为1.20美元/桶乘以850桶，即1 020美元，这也是实际花费的成本。因此在啤酒花成本上没有浪费。

概念检查参考答案

1.选择bcd。静态预算是依据计划作业量而不是实际作业量计算的。

2.选择b。根据弹性预算，鲜花的成本为65 046美元（325×30×7.20×7 680）。

3. 选择a。有利的支出差异为3 068美元（65 046-61 978）。

4. 选择abd。材料价格差异是基于实际采购的数量。

5. 选择b。材料价格差异是（每磅实际价格$4.50-每磅标准价格$4.00）×采购10 500磅=$5 250不利差异。

6. 选择d。材料数量差异是（实际10 500磅-标准10 000磅）×$4.00/磅=$2 000不利差异。

问题回顾1：运用弹性预算进行差异分析

Harrald's Fish House是一个斯堪的纳维亚式家庭餐厅。下表为该饭店的当月收入和成本数据（q指的是用餐次数）：

	公式
收入	$16.50q
材料成本	$6.25q
工资和薪酬	$10 400
设备	$800+$0.20q
房租	$2 200
杂费	$600+$0.80q

要求：

1. 假设饭店4月提供1 800餐服务，编制其4月的静态预算。

2. 假设饭店4月提供1 700餐服务，编制其4月的弹性预算。

3. 4月实际情况如下表所示，计算4月饭店的收入和支出差异。

收入	$27 920
材料成本	$11 110
工资和薪酬	$10 130
设备	$1 080
房租	$2 200
杂费	$2 240

问题回顾1的解答：

1. 4月静态预算：

Harrald's Fish House

静态预算

4月1日至4月30日

服务餐数（q）	1 800
收入（$16.50q）	$29 700
费用：	
材料成本（$6.25q）	11 250
工资和薪酬（$10 400）	10 400
设备（$800+$0.20q）	1 160
房租（$2 200）	2200
杂费（$600+$0.80q）	2 040
费用合计	27 050
净经营利润	$2 650

2.4月的弹性预算：

Harrald's Fish House 弹性预算 4月1日至4月30日	
服务餐数（q）	1 700
收入（$16.50q）	$28 050
费用：	
材料成本（$6.25q）	10 625
工资和薪酬（$10 400）	10 400
设备（$800+$0.20q）	1 140
房租（$2 200）	2 200
杂费（$600+$0.80q）	1 960
费用合计	26 325
净经营利润	$1 725

3.4月收入和支出差异：

Harrald's Fish House
收入和支出差异
4月1日至4月30日

	实际数	预算数	差异数
服务餐数	1 700	1 700	
收入	$27 920	$28 050	$130U
费用：			
材料成本	11 110	10 625	485U
工资和薪酬	10 130	10 400	270F
设备	1 080	1 140	60F
房租	2 200	2 200	0
杂费	2 240	1 960	280U
总成本	26 760	26 325	435U
净经营利润	$1 160	$1 725	$565U

问题回顾2：标准成本

Xavier公司生产单一产品，变动制造费用以直接人工工时为基础分配到各产品，每单位产品的标准成本如下：

直接材料：6盎司，$0.50/盎司	$3
直接人工：1.8小时，$10/小时	18
变动制造费用：0.6小时，$10/小时	6
每单位标准变动成本	$27

6月份共生产2 000单位，6月份实际经营费用如下：

材料采购：18 000盎司，$0.60/盎司	$10 800
材料投入生产：14 000盎司	–
直接人工：1 100小时，$30.50/小时	$33 550
实际变动制造费用	$12 980

要求：

计算直接材料、直接人工和变动制造费用差异。

问题回顾2的解答：

直接材料差异

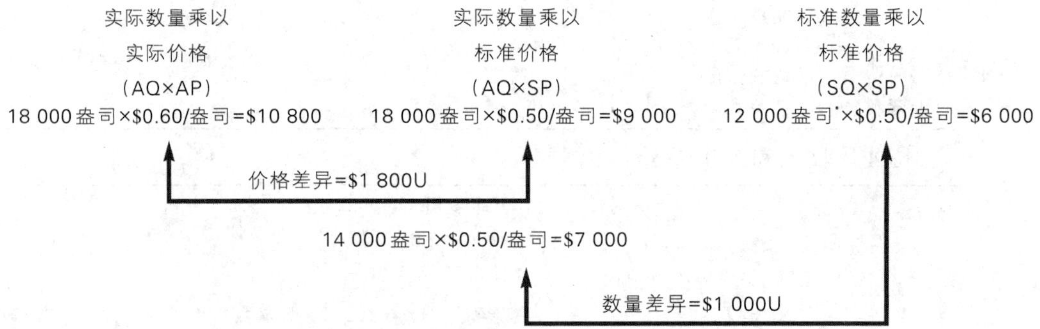

*2 000单位×6盎司/单位=12 000盎司。

利用本章公式，计算出相同的差异如下：

材料价格差异=AQ（AP–SP）

18 000盎司（$0.60/盎司–$0.50/盎司）=$1 800U

材料数量差异= SP（AQ – SQ）

$0.50美元/盎司（14 000盎司–12 000盎司）=$1 000U

直接人工差异

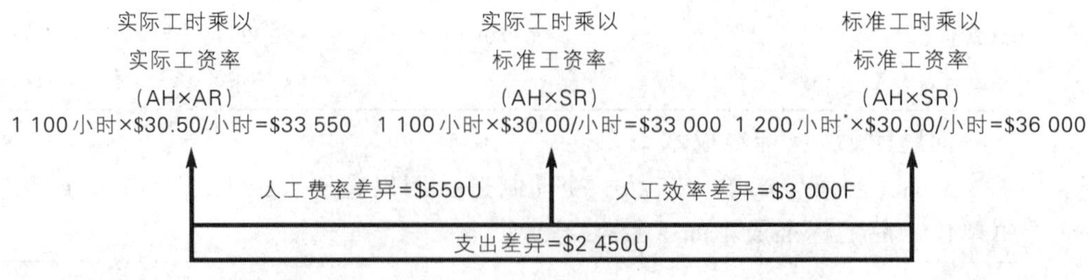

*2 000单位×0.60小时/单位=1 200小时

利用本章公式，计算出相同的差异如下：

人工费率差异=AH（AR–SR）

1 100小时（$30.50/小时–$30.00/小时）=$550U

人工效率差异=SR（AH−SH）

$30.00/小时（1 100小时−1 200小时）=$3 000F

变动制造费用差异

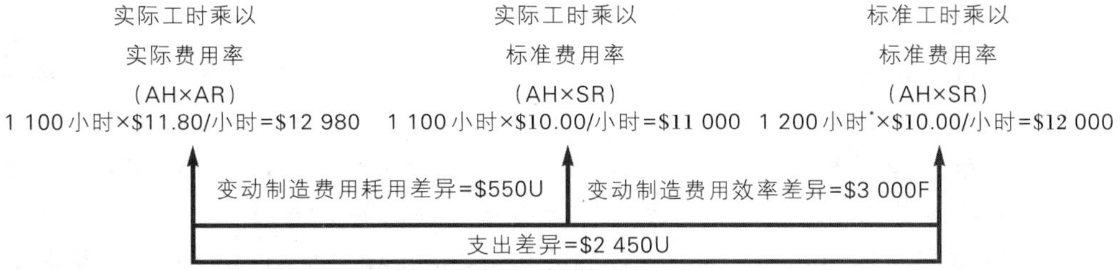

实际工时乘以实际费用率（AH×AR）	实际工时乘以标准费用率（AH×SR）	标准工时乘以标准费用率（AH×SR）
1 100小时×$11.80/小时=$12 980	1 100小时×$10.00/小时=$11 000	1 200小时*×$10.00/小时=$12 000

变动制造费用耗用差异=$550U　变动制造费用效率差异=$3 000F

支出差异=$2 450U

*2 000单位×0.60小时/单位=1 200小时

利用本章公式，计算出相同的差异如下：

变动制造费用耗用差异=AH（AR−SR）

1 100小时（$11.80/小时−$10.00/小时）=$1980U

变动制造费用效率差异=SR（AH−SH）

$10.00/小时（1 100小时−1200小时）=$1 000F

词汇表

弹性预算（flexible budget）在实际作业量水平下，对收入和成本预估的报告。

人工效率差异（labor efficiency variance）是完成一项任务所需要的实际人工工时与标准人工工时的差额乘以每小时标准工资率。

人工工资率差异（labor rate variance）是标准人工工资率与实际人工工资率的差额乘以实际工时。

例外管理（management by exception）是将建立的一套不同作业的标准作为与实际结果比较的基础，将有重大差异的事项作为例外，给予足够关注的一种管理制度。

材料价格差异（materials price variance）是材料的实际价格与标准价格的差额乘以材料的实际采购数量。

材料数量差异（materials quantity variance）是生产过程中材料的实际用量与标准用量的差额乘以每单位材料的标准价格。

静态预算（planning budget）是以预计作业量为依据的，在初期进行的预算。

价格差异（price variance）实际价格和标准价格的差额，乘以实际投入的数量。

数量差异（quantity variance）实际用于生产的数量与实际作业预计需要的投入量的差额，乘以标准投入价格。

收入差异（revenue variance）是实际总收入与实际作业量下的预算总收入的差额。如果实际收入超过预算应有的收入，即为有利差异。如果实际收入少于预算应有的收入，即为不利差异。

支出差异（spending variance）是指实际成本和在实际作业量下预计的成本之间的差异。如果实际成本高于预计成本，差异视为不利的。如果实际成本低于预计成本，差异视为有利的。

标准成本卡（standard cost card）是对生产一个特定产品所需投入资源及成本的详细列示。

标准单位成本（standard cost per unit）是生产一个特定产品所需投入资源的标准使用量与这种资源的标准价格乘积。

标准作业时间（standard hours allowed）是形成某一期间产出所需要的时间，它是产品实际数量与生产单位产品所需要标准作业时间的乘积。

单位产品标准作业时间（standard hours per unit）是指生产单位产品需要的直接人工工时，它通常包括设备的损坏时间、停工时间、清理时间和生产不合格产品的时间及其他正常的低效率时间。

单位产品的标准价格（standard price per unit）是对某种单位产品所投入资源应该支付的价格，这一价格应当扣除折扣并包括运输费用。

标准资源投入量（standard quantity allowed）是在特定时间内生产某种产品所需投入资源的耗用量。它由实际产品数量乘以单位产品的标准投入量计算得出。

单位产品的标准资源投入量（standard quantity per unit）是为生产某种单位产品所需投入资源的耗用量，通常包括正常耗费、损坏、腐化变质和生产不合格品及其他正常的耗费。

每工时标准工资率（standard rate per hour）是每人工工时所应支付的工资标准，包括雇用税、福利和保险费用。

变动制造费用效率差异（variable overhead efficiency variance）是实际作业量（直接人工工时、机械小时或其他作业计量基础）与标准作业量的差额乘以预计制造费用分配率的变动部分。

变动制造费用耗用差异（variable overhead spending variance）是实际发生的制造费用与依据实际作业量算出的标准成本之间的差额。

思考题

8-1 什么是静态预算？

8-2 什么是弹性预算？简述弹性预算和静态预算的区别。

8-3 简述实际结果和期初预算的结果不同的原因。

8-4 为什么很难解释期初预估的成本和实际成本之间的区别？

8-5 收入差异是什么？如何理解？

8-6 支出差异是什么？如何理解？

8-7 弹性预算和实际结果与静态预算和实际结果相比有什么不同？

8-8 基于两个成本习性的弹性预算和基于单一成本习性的弹性预算有什么不同？

8-9 什么是数量标准？什么是价格标准？

8-10 为什么分开计算数量差异和价格差异？

8-11 通常谁为材料价格差异负责？谁为材料数量差异负责？谁为人工效率差异负责？

8-12 材料价格差异可以在哪两个不同时间计算？哪个时点更好？为什么？

8-13 如果材料价格差异是有利的，材料数量差异是不利的，这表明什么？

8-14 “员工都是签署了劳动合同，因此，人工工资率差异为0。”请简述该论述。

8-15 你预计质量差的材料会对直接人工差异产生影响吗？若有，影响是什么？

8-16 变动制造费用以直接人工工时为基础分配到产品，如果直接人工效率差异是不利的，变动制造费用效率差异是有利的，不利的还是无差异？请解释。

8-17 为什么不适当地强调人工效率差异会导致超额在产品存货？

基础练习十五问

Preble公司生产一种产品。它的变动性制造费用按人工工时分配，其标准成本卡如下表所示：

直接材料：5磅×$8/磅	$40.00
直接人工：2小时×$14/小时	28.00
变动性制造费用：2小时×$5/小时	10
单位变动性标准成本	$78.00

公司为销售费用建立如下表格：

	固定成本	变动成本
广告	$200 000	
销售人员工资和薪酬	$100 000	$12.00
运载成本		$3.00

3月的静态预算预计生产和销售25 000单位。然而，3月公司实际生产销售30 000单位产品。

a. 以7.50美元/磅的价格采购160 000单位产品。所有材料用于生产。

b. 直接人工工作55 000小时，工资率为15美元/小时。

c. 当月变动性制造费用总额为280 500美元。

d. 广告费用总额、销售人员工资和薪酬、运载费用为210 000美元、455 000美元和115 000美元。

要求：

1. 计算3月弹性预算的原材料成本。

2. 计算3月材料数量差异。

3. 计算3月材料价格差异。

4. 如果Preble以7.50美元/磅的价格采购170 000单位产品，投入使用160 000单位产品，则材料数量差异为多少？

5. 如果Preble以7.50美元/磅的价格采购170 000单位产品，投入使用160 000单位产品，则材料价格差异为多少？

6.计算3月弹性预算的直接人工成本。

7.计算3月人工效率。

8.计算3月人工工资率差异。

9.计算弹性预算中变动性制造费用成本。

10.计算3月的变动性制造费用率效率差异。

11.计算3月的变动性制造费用率耗费差异。

12.计算弹性预算中广告费用、销售人员工资和薪酬以及装载费用的金额。

13.计算广告费用的支出差异。

14.计算销售人员工资和薪酬的支出差异。

15.计算装载费用的支出差异。

练习

练习8-1 编制弹性预算（学习目标1）

Puget Sound Divers是提供潜水服务的公司，主要业务包括水下船舶修理。公司3月的静态预算如下：

Puget Sound Divers
静态预算
3月1日至3月31日

预计潜水小时数（q）	100
收入（$365.00q）	$36 500
费用：	
工资和薪酬（$800+$125.00q）	20 500
物资（$3.00q）	300
设备租金（$1 800+$32.00q）	5 000
保险（$3 400）	3 400
杂费（$630+$1.80q）	810
费用合计	30 010
净经营利润	$6 490

要求：

3月期间，公司的实际作业量为105小时，编制弹性预算。

练习8-2 编制收入和支出差异报告（学习目标2）

Quilcene Oysteria在太平洋西北地区生产和销售牡蛎。公司8月收获并销售8 000磅牡蛎。8月公司的弹性预算如下：

Quilcene Oysteria 弹性预算 8月1日至8月31日	
实际磅数（q）	8 000
收入（$4.00q）	$32 000
费用：	
包装材料（$0.50q）	4 000
牡蛎床维修（$3 200）	3 200
工资和薪酬（$2 900+$0.30q）	5 300
运载（$0.80q）	6 400
设备（$830）	830
其他（$450+$0.05q）	850
费用合计	20 580
净经营利润	$11 420

8月实际情况如下：

Quilcene Oysteria 利润表 8月1日至8月31日	
实际磅数	8 000
收入	$35 200
费用：	
包装材料	4 200
牡蛎床维修	3 100
工资和薪酬	5 640
运载	6 950
设备	810
其他	980
费用合计	21 680
净经营利润	$13 520

要求：

编制8月收入和支出差异报告。

练习8-3　编制多成本习性的弹性预算（学习目标3）

Alyeski Tours运营沿海冰川路线的旅行业务。旅行的预算和业绩报告涉及两个成本习性——巡航数量和乘客人数。公司发行一天的巡航流程，如果有特殊要求，会补充特殊的航线。每个巡航船上最多乘载80名旅客。公司成本公式如下：

	固定成本	巡航单位成本	单位乘客成本
船航运成本	$5 200	$48.00	$2.00
广告	$1 700		
管理成本	$4 300	$24.00	$1.00
保险	$2 900		

比如，船航运成本应该是每月5 200美元加上每次巡航480美元和每个乘客2美元成本。公司销售费用为25美元/乘客。公司6月的静态预算使基于24次巡航和1 400个乘客。

要求：

编制6月的静态预算。

练习8-4　直接材料差异（学习目标4）

Bandar Industries Berhad of Malaysia公司运动设备。足球头盔是公司的一种产品，生产这种产品需要特殊的塑料。截至6月30日，公司使用22 500公斤塑料制造了3 500个头盔。这些塑料成本为171 000美元。

根据标准成本卡，每个头盔需要0.60公斤塑料，塑料的成本为8美元/公斤。

要求：

1.生产35 000个头盔需要塑料的成本是多少？实际成本比它多或少多少？

2.将1计算的差异，细分为材料价格差异和材料数量差异。

练习8-5　直接人工差异（学习目标5）

Sky Chefs公司为许多大型航空公司提供飞机上的餐点。其中一种产品带有烤辣椒酱、嫩玉米和春天色拉的填馅烤碎肉卷。最近几周，公司用960直接人工工时准备了4 000份餐点。公司支付给这些工人的工资总计9 600美元，即每小时10.00美元。

根据标准成本卡，每份餐点需要0.25直接人工工时，每工时9.75美元。

要求：

1.准备4 000份餐点应该有多少直接人工成本？实际成本比它多或少多少？

2.将1中计算的差异细分为人工工资率差异和人工效率差异。

练习8-6　变动性制造费用（学习目标6）

Logistics Solution公司为网络零售商提供订单完善服务。公司拥有仓库存放网络客户的存货。当客户收到顾客订单时，订单会转给Logistics Solution公司，该公司将存货领出，打包运送给顾客。公司使用根据直接人工工时的预计变动制造费用分配率。

最近几个月，共有120 000项存货运送给顾客，总共花了2 300直接人工工时。公司发生的变动制造费用成本总额为7 360美元。

根据公司的标准，完成一项产品的订单需要0.02直接人工工时，每直接人工工时变动制造费用分配率为3.25美元。

要求：

1.完成120 000项产品订单应该发生的变动制造费用成本是多少？实际制造费用成本比它多或少多少？

2.将1中计算的差异细分为变动制造费用耗用差异和变动制造费用效率差异。

第9章　分权化企业的绩效评估

前章回顾

在第8章，我们学习了弹性预算和差异分析。用标准成本法分析了各个变量的波动对实际结果的影响。我们还着重计算了直接材料、人工和制造费用差异。

本章简介

第10章继续绩效评估的讨论，通过投资报酬率及剩余收益计量激励管理者，并监督实现公司目标。平衡计分卡是一套用于支持组织战略综合性绩效评估的体系。

下章简介

我们在第10章将识别各种相关成本和收益用以帮助决策。

本章概要

组织中的分权化

☐ 分权化的优点与缺点

责任会计

☐ 成本、利润与投资中心

衡量投资中心绩效的报酬率

☐ 投资报酬率（ROI）的计算公式

☐ 净经营利润与营运资产的定义

☐ 理解ROI

☐ 对ROI的批评

剩余收益——另一个衡量绩效的方法

☐ 激励与剩余收益

☐ 部门比较与剩余收益

运营绩效评估

☐ 交货周期时间

☐ 制造周期时间

☐ 制造周期效率（MCE）

平衡计分卡

☐ 平衡计分卡的一般特点

☐ 公司战略和平衡计分卡

☐ 基于平衡计分卡的报酬

学习目标

在学习完第9章之后，你应该能够：

目标1：计算投资报酬率，说明销售、费用及资产的改变如何影响组织的投资报酬率。

目标2：计算剩余收益，并了解它的优点及缺点。

目标3：计算交货时间周期、吞吐量时间、制造周期效率（MCE）。

目标4：了解如何构造和使用平衡计分卡。

决策专栏：推动财务业绩的绩效评估

希望实现良好财务业绩的公司需要对员工和客户需求做出反应。例如，Papa John's每月利用神秘顾客评分和满分为10分的标准来衡量10 000个比萨饼的质量。神秘顾客的分数直接与奖金挂钩，帮助Papa John's满足客户对高品质比萨的需求。美国运通公司对其呼叫中心的26 000名员工做出调查以满足客户所需，实现更高的工作满意度，并提供灵活的工作时间表、更多的职业发展以及更高的工资。总的来说，这些变化使得公司服务利润率提高了10%。本章讨论了公司进行绩效评估的财务方法，还介绍了一些公司用来驱动财务业绩的非财务绩效的评估方法，如与客户、员工和业务流程相关的评估方法。

资料来源：Scott Cendrowski，"Papa John' s John Schnatter，" *Fortune*，September 28，2009，p. 34；Christopher Tkaczyk，"No. 73：American Express，" *Fortune*，August 16，2010，p. 14.

一旦一个组织成长到一定程度，就不可能由上层经理人决定所有的事情。例如，Hyatt连锁饭店的CEO不必决定特殊客人可否比正常时间晚一点退房。CEO只需要授权员工做这样的决策就可以了。就像本例中，CEO必须授权组织中普通员工去做决策。

9.1 组织中的分权化

一个分权化组织（decentralized organization）是将决策权分布在企业的不同管理层次，而不是限定在少数高级管理层。所有的大型组织在一定程度上都是分权的，从某个极端来看，一个非常分权的组织是由低层的主管及员工来做决策的，且决策自由，其几乎很少受到约束。在另一个极端，一个相当集权的组织中，低阶层的管理者制定决策时的自由度很小。多数的组织介于这两个极端的中间。

9.1.1 分权化的优点与缺点

分权化的优点如下：

1.高层管理者将许多例行性的问题授权给低层管理者后，可全神贯注于更重要的问题，诸如整体策略。

2.授权低层管理者制定决策，就是将决策制定权交给那些最了解日常运营，能得到最新信息的人。

3.通过降低决策制定和审核的层次，组织能对顾客和外界运营环境变化做出快速反应。

4.分权有利于锻炼基层管理者，以便其能胜任日后较高的职位。

5.授权给低层管理者制定决策是对他们的激励，同时能增加他们的工作满意度。

分权化有四个主要的缺点：

1.低阶管理者在做决策时可能缺少对整个“大目标”的了解。

2.如果低层管理者自主做出决策，整个组织的协调性可能不足。

3.低阶管理者的目标可能与全组织目标不同[①]。例如，一些管理者可能对于增加他或她部门的规模更感兴趣，因为这会增加部门的地位和威望，而他们对提高部门效率往往不感兴趣。

4.在一个分权化的组织里，可能很难有效率地开展创新。组织内某部门的人可能有很棒的点子对组织其他部门有好处，但若没有强有力的高层指示，这个想法可能不会被组织其他部门分享、采用。

9.2 责任会计

分权化组织需要责任会计系统将低层管理者的决策制定权与决策结果应承担的责任相联系。责任中心一词是指组织中的某一部分，该部分的经理控制并对成本、利润或投资负责。三种主要的责任中心是成本中心、利润中心和投资中心。

9.2.1 成本、利润与投资中心

成本中心（cost center）

成本中心的管理者负责控制成本，但不负责收入及投资资金的使用。服务部门像会计、财务、一般行政管理、法务、人事部门等，通常被列为成本中心。另外，制造工厂也常常被视为成本中心。成本中心的管理者在为各部门提供一定标准的产品与服务的同时，希望能使成本降到最低。例如，对产品制造工厂管理者的评价至少要用实际成本与期间生产实际单位数应当花费的成本相比较。标准成本差异和弹性预算差异经常被用于评估成本中心绩效。

利润中心（profit center）

利润中心的管理者控制成本及收入，不控制投资资金的使用。举例而言，Six Flags趣味游乐场的管理者必须负责游乐园的收入、成本以及利润，但不负责游乐场的主要投资资金。利润中心的管理者往往通过比较实际利润与目标或是预计利润来评估绩效。

投资中心（investment center）

投资中心的管理者有权控制成本、收入及营运资产投资。例如，General Motors北美地区的副总经理对于部门投资有很大的处理权。北美地区的副总经理负责初始投资项目，比方说，在运动功能车辆上的高效能燃料引擎的资金研究。一旦这份计划被General Motors的高层管理者及董事会认同，卡车部门的副总经理有责任确保这个投

---

① 同样的问题也存在于高级管理人员中。公司的股东将决策权授予高层管理者。不幸的是，高层管理人员可能通过过于慷慨地奖励自己和朋友，花公司太多的钱装修富丽堂皇的办公室而滥用这种信任。如何确保高层管理者能够维护公司股东的最高利益这一难题一直困扰着专家们。在很大程度上，如在本章后面讨论的，股东们利用投资回报率和剩余收益等方式进行业绩评估，或采用奖金和股票期权等方式。股票市场也是一个重要的约束机制。如果高层管理者浪费公司的资源，该公司的股票价格几乎肯定会下跌——这可能造成声望的破败、奖金的取消和工作的丧失。当然，无耻的舞弊行为可能会将一个首席执行官送上法庭。

资项目的成功。投资中心管理者通常通过投资报酬率或是本章稍后介绍的剩余收益来评估绩效。

概念检查

1. 哪些中心的管理者对利润负责？（可多选）

a. 收入中心

b. 成本中心

c. 利润中心

d. 投资中心

9.3 衡量投资中心绩效的报酬率

目标1：计算投资报酬率，说明销售、费用及资产的改变如何影响组织的投资报酬率。

投资中心负责获得足够的投资回报。以下两个部分提出了两种方法来评估投资中心的绩效。第一种方法，投资回报率（ROI）在这一部分中详细讲解。第二种方法，剩余收益在下一部分详细讲解。

9.3.1 投资报酬率（ROI）的计算公式

投资报酬率（return on investment，ROI）是用净经营利润除以平均营运资产：

$$ROI = \frac{\text{净经营收益}}{\text{平均营运资产}}$$

企业部门有较高的投资报酬率，则投资在该部门营运资产上的每一块钱才能有较大的利润产生。

9.3.2 净经营利润与营运资产的定义

注意在ROI公式中使用的是净经营利润，而不是净利润。净经营利润（net operating income）是利息及税前的利益，有时候被称为息税前利润（earnings before interest and taxes，EBIT）。在公式里使用净经营利润的理由是与营运资产的基础（即分母）相一致。

营运资产（operating assets）包括现金、应收账款、存货、厂房与设备以及为营运目的持有的其他资产。那些不属于营运资产范畴的资产（即非营运资产的例子），包括为未来使用而持有的土地，对其他公司的投资或是租借给其他人的厂房、建筑物等。这些资产不是以营运为目的而持有的，因此应当从营运资产中扣除。公式里所谓的营运资产基础一般是以期初与期末的营运资产平均值来计算的。

大多数公司都使用应折旧资产的净账面价值（例如，购置成本减去累计折旧）计算平均营运资产。但这个方法也有缺点。资产的净账面价值会随着累计折旧的增加而减少。ROI计算的分母减少，则ROI增加，因此，ROI也会随着时间机械地增加。更重要的是，用新设备取代旧设备会增加折旧资产的账面价值，则ROI会减少。因此，在平均营运资产的计算中使用净账面价值会导致一种可以预见的结果，即ROI会随着累计折旧的增加而增加，及并不鼓励用新设备取代过时的旧设备。另一种选择是使用资产总成本，但它忽视累计折旧，因此不随时间而变动。ROI不会随时间自动增加，用可比的新资产取代已经折旧完毕的资产也不会给ROI带来负面影响。

尽管如此，大多数公司都使用净账面价值法来计算平均营运资产，因为它与资产负债表上记录资产净账面价值及利润表上将折旧视为营运支出的财务报告实践相一致。在本书中，除非特殊练习题或是问题指定使用其他方法，否则我们都使用净账面价值法。

9.3.3 理解ROI

ROI的公式是净经营利润除以平均营运资产，单看这一公式对管理者增加ROI没有任何帮助。它只提供了两个改进绩效的杠杆——净经营利润和平均营运资产。幸运的是，ROI也可以用销售利润率和资产周转率表示：

投资收益率=销售利润率×资产周转率

其中

$$\text{销售利润率} = \frac{\text{净经营收益}}{\text{销售收入}}$$

及

$$\text{资产周转率} = \frac{\text{销售收入}}{\text{平均营运资产}}$$

注意，销售利润率和资产周转率公式中的销售收入在两者相乘时可以抵消，得出ROI用净经营利润和平均营运资产表示的原始公式。所以，两个公式的任何一个都会给出相同的答案。但是销售利润率和资产周转率公式提供了一些额外的视角。

销售利润率和资产周转率是对于理解管理者如何影响投资回报率是非常重要的概念。销售利润率可以通过增加销售价格和销售量减少营业费用来提高，增加销售价格和减少营业费用都能够增加净经营利润，进而提高利润率。增加销售量通过经营杠杆增加利润率。如前章学习的，经营杠杆可以使得销售量增加的百分比引起利润率的成倍增加。因此销售量会影响利润率。有些管理者过于关注销售利润率，而忽视了资产周转率。然而，资产周转率包含了管理者责任的一个重要方面——营运资产的投资，过多的资金被营运资产占用（例如，现金、应收账款、存货、厂房及设备和其他资产）导致资产周转率和销售利润率下降。事实上，营运资产的无效率使用就像大量的营业费用一样“拖”获利能力的“后腿”，使销售利润率减低。

很多提高投资收益率的行为都是销售收入、费用和营运资产变动的组合。例如，一位管理者投资（例如增加）于营运资产来减少营业费用或增加销售收入。它对ROI的影响是有利还是不利要看总的影响。

商业实践

稀缺战略

Old Rip Van Winkle Distillery雇佣了两个雇员——Julian Van Winkle III 和他的儿子Preston。与强大的竞争对手 Makers'Mark 和 Wild Turkey 相比，其200万美元的年销售额显得并不给力。虽然该公司可以很容易地扩大其销售量，但它选择限制销售量，每年仅售7 000桶波旁威士忌。由于该公司窖藏20年的威士忌得到了芝加哥品尝研究所评定的前所未有的"99分"等级，对公司产品的需求远远超过它的供应，从而使价格上涨。1/5的窖藏20年的波旁威士忌卖到了110美元，在财务方面，Old Rip Van Winkle Distillery故意放弃周转率而获得较高的利润率。

资料来源：Brian Dumaine，"Creating the Ultimate Cult Brand，" *Fortune*，February 28，2011，pp. 21 24.

小贴士

为了更好地理解利润率和周转率的概念，将它们与实际公司联系起来。例如，相比于营业额，你家乡的珠宝店更依赖于利润率来产生一个令人满意的投资回报率。珠宝店每天完成少量交易，每笔交易却需要赚取较高利润。相反，沃尔玛更多地依靠营业额而不是利润来产生可观的投资回报率。沃尔玛每天产生大量的交易额，即使每一笔交易利润微薄，公司非凡的成交量亦创造了一个良好的投资回报率。

举个例子，假设Montvale Burger Grill公司预计下期经营成果如下：

销售收入	\$100 000
营业费用	\$90 000
净经营利润	\$10 000
平均营运资产	\$50 000

Monthaven Burger Grill投资中心所产生的报酬率如下所示：

$$\begin{aligned}\text{ROI} &= \text{销售利润率} \times \text{资产周转率}\\ &= \frac{\text{净经营收益}}{\text{销售收入}} \times \frac{\text{销售收入}}{\text{平均营运资产}}\\ &= \frac{\$10\,000}{\$100\,000} \times \frac{\$100\,000}{\$50\,000}\\ &= 10\% \times 2 = 20\%\end{aligned}$$

假设Monthaven Burger Grill的管理者投资2 000美元购买最新型的冰淇淋机，新机器可以加工多种口味冰淇淋。这种新机器会使销售收入增加4 000美元，另需要营业费用1 000美元。因此，净经营利润会增加3 000美元，达到13 000美元。新的ROI计算如下：

$$\begin{aligned}\text{ROI} &= \frac{\text{净经营收益}}{\text{销售收入}} \times \frac{\text{销售收入}}{\text{平均营运资产}}\\ &= \frac{\$13\,000}{\$104\,000} \times \frac{\$104\,000}{\$52\,000}\\ &= 12.5\% \times 2 = 25\%\text{（与原来的20\%相比较）}\end{aligned}$$

在这个特例中，投资增加导致ROI增加，但这种情况并不是很普遍。

E.I. du Pont de Nemours and Company（也就是杜邦公司）是ROI的开发者，其倡导ROI的概念，并且认识到评估管理者绩效时重视销售利润率及资产周转率的重要性。ROI公式如今被广泛地运用于投资中心，成为绩效衡量的主要方法。ROI公式用单一的数字反映管理者的多方面责任，可以用来比较相互竞争的投资中心的报酬、该行业其他公司的报酬以及投资中心自身的报酬表现。杜邦公司同样开发了如图9-1所示的图表，它让管理层明白如何提高ROI。

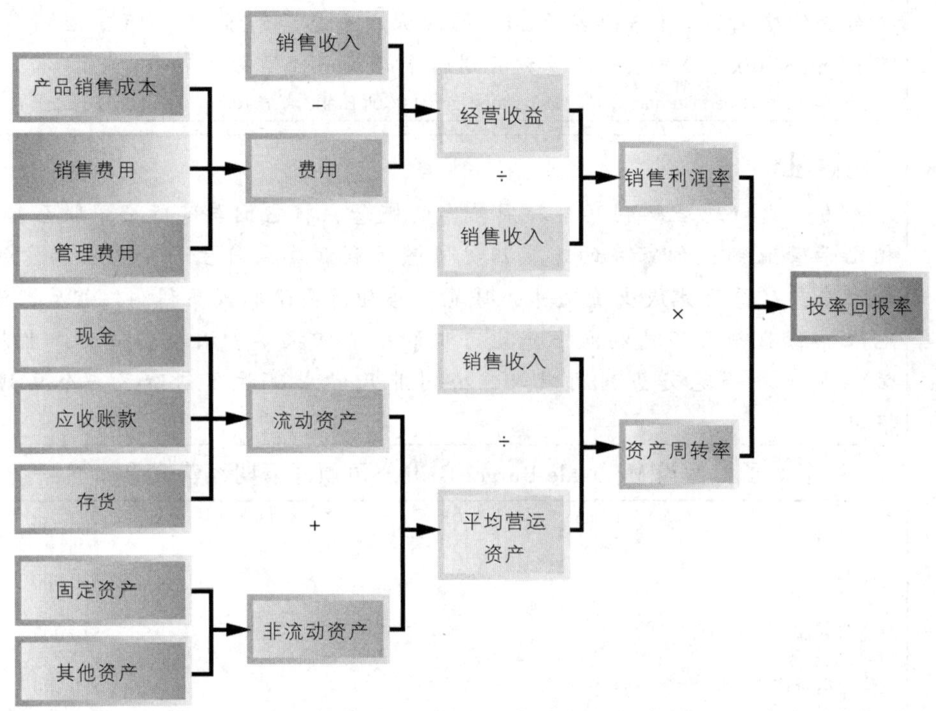

图9-1 投资回报率（ROI）的分解

商业实践

Microsoft在经济衰退中的管理

Microsoft在经济困难时期，通过降低其价格，接受较低的单位销售利润，以换取更高的营业额。例如，Microsoft降低了其办公软件价格，价格从150美元降到100美元（促销折扣后），实现了415%的销售增长。在中国，公司为打击盗版问题将办公软件降至价格为29美元，使得销售增长800%。Microsoft为其Windows 7电脑操作系统定价200美元，这比其上一款产品Vista PC操作系统的价格低。

资料来源：Peter Burrows，“Microsoft's Aggressive New Pricing Strategy，” *BusinessWeek*，July 27，2009，p. 51.

9.3.4 对ROI的批评

虽然ROI被广泛地运用在绩效评估上，但对这个方法的批评如下：

1.只是告诉管理者要增加ROI并不够。管理者可能不知道怎样增加ROI；他们可能采用与公司策略不一致的方式去增加ROI；或是他们可能采取短期的行为方式增加ROI，却损害公司未来的发展（像削减研究与发展费用）。这是上面为什么讨论ROI是平衡计分卡应用中最好的一部分的原因。平衡计分卡可以给管理者提供具体的方向，让他尽量采取与公司策略一致的行动，进而减少他们牺牲长期绩效而获得短期绩效的可能性。

2.一个企业部门的管理者往往承担着许多其无法控制的固定成本。这些成本让管理者的绩效很难公平地衡量。

3.像下一段的讨论，以ROI为基础评价管理者，可能会使管理者拒绝一个对部门ROI有负影响但对整个公司有利的投资机会。

概念检查

2.下列哪一陈述是错误的？（可多选）

a.销售利润率等于净营业收益除以销售收入

b.资产周转率等于销售额除以平均营运资产

c.投资回报率（ROI）等于销售利润率除以资产周转率

d.投资回报率（ROI）等于净营业收益除以平均营运资产

9.4 剩余收益——另一个衡量绩效的方法

目标2：计算剩余收益，并了解它的优点及缺点。

另一个衡量投资中心绩效的方法是剩余收益（residual income）。剩余收益是投资中心所赚得的净经营利润高于其营运资产的最低报酬部分。剩余收益的公式如下：

剩余收益=净经营收益-(平均营运资产×最低必要投资报酬率)

经济附加值（economic value added，EVA）是目前很多公司采用的对剩余收益法的一种调整方法[①]。在EVA方法下，公司通常会以不同的方式改变其会计原则。例如，研究开发资金通常被视为投资而不是费用[②]。这些难题将在高级教程中处理；在本书中，我们不会对剩余收益或是经济附加值做区分。

当剩余收益或是经济附加值被用来衡量绩效时，目的是追求剩余收益或是经济附加值总额而不是ROI的最大化。这是一个很大的差别。如果目标是最大化ROI，每一个公司都会撤掉除了ROI最高的产品之外的其他产品。

---

① 剩余收入和经济增加值的基本思想已经存在100年。经济附加值由Stern,Stewart & Co.咨询公司推广并注册。

② 超过100种不同的调整方法可以用于递延税款，如存货的后进先出法(LIFO)、计提预计负债、兼并和收购、收益或亏损而引起的会计政策的变化、经营租赁或其他账户，但大多数公司只使用少数方法。想要了解更多，请详细查看：John O'Hanlon and Ken Peasnell,"Wall Street's Contribution to Management Accounting:the Stern Stewart EVA Financial Management System,"*Management Accounting Research* 9,1998,pp. 421 444.

很多组织采用不同类型的剩余收益或EVA，包括博士伦公司、百思买、博伊西·卡斯卡德公司、可口可乐、邓白氏、礼来公司、联邦默高公司、佐治亚太平洋公司、加藤公司、贺喜食品、赫斯基喷射膜塑公司、J.C.潘尼百货、卡萨斯城市电力电灯公司、奥林、桂格燕麦片、硅谷银行、斯普林特、玩具反斗城、特百惠、美国邮政服务公司。

针对阐述的目的，考虑下面一个投资中心——Alaskan Marine服务公司的Ketchican部门的资料。

Alaskan Marine服务公司
Ketchican部门
绩效评估的基本资料

平均营运资产	\$100 000
净经营利润	\$20 000
最低必要报酬率	15%

Alaskan Marine服务公司对于投资中心管理者有一个以ROI为基础的评估政策，但正考虑转换为剩余收益法。公司的财务总监赞成将评估政策改变为剩余收益，下表显示了一个部门的绩效在两种方式评估下是如何呈现的：

Alaskan Marine服务公司
Ketchican部门

	绩效衡量的选择	
	ROI	剩余收益
平均营运资产（a）	\$100 000	\$100 000
净经营利润（b）	\$20 000	\$20 000
ROI，（b）÷（a）	20%	
最低必要报酬率（15%×\$100 000）		15 000
剩余收益		\$5 000

剩余收益计算出来的结果比较直观易懂。公司在这个投资里至少可以得到15%的报酬率，因为公司在Ketchican部门投资100 000美元的营运资产，应该可以在这个投资上赚到至少15 000美元（15%×\$100 000），因此，Ketchican部门的净经营利润是20 000美元，剩余收益高于最低必要报酬率5 000美元。如果采用剩余收益代替ROI来衡量绩效，Ketchican部门管理者的绩效将会以每年剩余收益的成长状况为基础来评定。

9.4.1 激励与剩余收益

Alaskan Marine服务公司的管理者想从ROI转成剩余收益的一个主要原因与管理者如何在两个绩效衡量方案下看新投资项目有关。剩余收益方法鼓励管理者从事对全公司有利的投资，而用ROI评价的管理者可能拒绝这样的投资。

为了阐述这个问题，假设Ketchican部门的管理者考虑购买一个电脑诊断机来帮助维护海洋柴油引擎。这台机器价值25 000美元而且预计每年会产生额外的营运利润4 500美元。从公司的立场来看，这是个好的投资，因为其保证会有18%（$4 500÷$25 000）的报酬率，超过公司要求最低15%的报酬率。

如果Ketchican部门的管理者用剩余收益来评估，其将会同意投资这台诊断机，如下所示：

Alaskan Marine服务公司
Ketchican部门
使用剩余收益的绩效评估

	现在	新计划	总计
平均营运资产	$100 000	$25 000	$125 000
净经营利润	$20 000	$4 500	$24 500
最低必要报酬	15 000	3 750*	18 750
剩余收益	$5 000	$750	$5 750

*$25 000×15%=$3 750

因为这个计划将增加Ketchican部门的剩余收益750美元，管理者会希望投资新的诊断机。

现在假设Ketchican部门管理者是以ROI为基础来评估的。诊断机对于部门的ROI影响计算如下：

Alaskan Marine服务公司
Ketchican部门
使用ROI的绩效评估

	现在	新计划	总计
平均营运资产（a）	$100 000	$25 000	$125 000
净经营利润（b）	$20 000	$4 500	$24 500
ROI，（b）÷（a）	20%	18%	19.6%

新的计划将部门的ROI从20%减少至19.6%。这是由于新诊断机的报酬率为18%，高于公司最低必要报酬率的15%，而低于部门ROI的20%。因此，即使站在整个公司的立场来看这也是个好的投资，新的诊断机还是会降低部门的ROI。如果部门的管理者是以ROI为评估基础，其会阻止这样的投资项目。

通常，以ROI为基础评价的管理者会拒绝任何报酬率低于部门当时ROI的计划，即使该计划的报酬率高于全公司最低要求的报酬率。而使用剩余收益评估的管理者会喜欢任何报酬率高于公司最低要求的报酬率，因为其会使剩余收益增加。因此，只要全部接受报酬率高于最低必要报酬率的计划对公司有利，以剩余收益为评价基础的管理者相比于以ROI为评价基础的管理者会做出更好的决策。

小贴士

当管理人员在投资回报率基础上进行绩效评估和奖励时，可能会出现管理人员不以公司的最佳利益为出发点做出决策的情况。例如，假设该公司建立了15%的最低要求投资回报率，这意味着，该公司希望其管理人员追求可以赚取等于或大于15%的回报的投资机会。但是，让我们假定经理曾经赢得了20%的投资回报率并且其能力超过20%这个门槛。在这种情况下，经理和公司都想绕开投资回报率低于15%的投资机会。他们都希望追求投资回报率大于20%的投资机会。投资机会回报率大于15%但小于20%时，这个问题就出现了。公司会希望经理来追求这些机会，而经理却想绕过这些机会，是因为它们会减少其历史投资回报率并减少其挣奖金的机会。这个问题可以通过使用剩余收入评估管理绩效来解决，因为它会奖励所有最低投资回报率超过15%的管理者。

9.4.2 部门比较与剩余收益

剩于收益方法的主要缺点是它不能用于比较不同规模的部门绩效。大一点的部门比小部门有更多的剩余收益吗？不尽然，因为大部门有较多的人员，所以它们有更好但复杂的管理。

举个例子，思考下列Sisal Marketing公司批发部和零售部剩余收益的计算：

	批发部	零售部
平均营运资产（a）	$1 000 000	$250 000
净经营利润	$120 000	$40 000
最低必要报酬率：10%×（a）	100 000	25 000
剩余收益	$20 000	$15 000

我们看到，批发部比零售部多一点剩余收益，但是，批发部却有100万美元的营运资产，而零售部只有250 000美元的营运资产。因此，批发部有较大的剩余收益极可能是因为它的规模，而不是因为它的管理质量。事实上，可以看出较小的部门有较佳的管理，因为其仅需1/4的营运资产就可以产生几乎同样多的剩余收益，因此，进行投资中心比较时，应重视每年剩余收益的百分比变动，而不是只看剩余收益总额。

概念检查

3. 去年销售收入为300 000美元，净经营利润为75 000美元，平均营运资产为500 000美元。如果明年销售收入与去年一致，费用和平均营运资产减少5%，明年的投资报酬率为多少？

a.12.2%

b.18.2%

c.20.2%

d.25.2%

4.考虑到3中的情况，如果必要最低报酬率为12%，明年的剩余收益是多少？
a.$26 250
b.$27 250
c.$28 250
d.$29 250

你的决策　鞋店经理

你是一个繁忙购物中心的鞋店经理，鞋店是全国连锁的，总店以投资报酬率为基础对店铺管理者进行评估。作为鞋店的管理者，你控制成本、价格和持有的存货。你鞋店的投资报酬率去年为17.21%，如果不采取任何措施今年预计为17.00%。预计的ROI计算如下：

平均营运资产（a）	$2 000 000
净经营利润（b）	$340 000
ROI，(b) ÷ (a)	17.00%

你能否取得今年的奖金取决于ROI是否比去年高。全国连锁店投资的最低必要报酬率为15%。

你正在考虑如下两个方案，以提高今年的ROI：

a.存货（平均营运资产）减少500 000美元会导致销售收入的减少，对净经营利润产生79 000美元的负面影响

b.增加新的生产线会使平均营运资产增加200 000美元，但会使净经营利润减少33 000美元

哪种选择会让你得到今年的奖金？从全国连锁店的角度讲，哪个选择是更好的？

9.5　运营绩效评估

目标3：计算交货时间周期、吞吐量时间、制造周期效率（MCE）。

除了财务业绩指标，企业使用许多非财务业绩指标。财政业绩指标能够衡量组织内人员做了什么，但是它们不能驱动组织的绩效。例如，经营活动和收入变化，引起了销售额的增加，但是对于是什么实际推动了销售的增长，如提高产品质量，开发更多的潜在客户，及时完成客户订单等，却无法给出确切答案。因此，许多组织除财务指标外，还使用各种非财务指标。在这一节中，我们将讨论上述措施的三个例子，其是许多组织成功的关键——交货周期时间、吞吐周期时间、制造周期效率（MCE）。这些例子集中在制造企业，其他有着同样生产性质的企业也适用，这些企业的共同特点是，接收客户订单与满足顾客需求之间有延迟。

9.5.1　交货周期时间

从接到客户订单到完成货物派送的时间被称为交货周期时间。这是许多客户的一个重要关注点，他们希望交货周期时间尽可能地短。削减交货周期时间可能会给公司带来一个关键的竞争优势，而且可能是必要的生存技能。计算交货周期时间的公式如下：

交货周期时间=等待时间+制造时间

9.5.2 制造周期时间

将原材料转化成完工产品所需的时间称为吞吐量时间，或制造周期时间。交货周期时间与吞吐量时间（制造周期时间）之间的关系如图9-2所示。如图9-2所示，吞吐量时间或制造周期时间是由加工时间、检查时间、移动时间和排队时间构成的。加工时间是产品实际完成的工作时间。检查时间是确保该产品没有缺陷而花费的时间。移动时间是将物料或半完工产品在各个车间中流转所需的时间。排队时间是产品花费在等待被加工、被移动、被检查或被运输的时间。如图9-2底部所示，这四个活动中，只有加工时间增加了产品价值。其他三个活动——检查、移动和排队时间并没有增加产品的价值，所以应该尽可能地减少。计算吞吐量（制造周期）时间的公式如下：

吞吐量周期时间（制造周期时间）=加工时间+检查时间+移动时间+排队时间

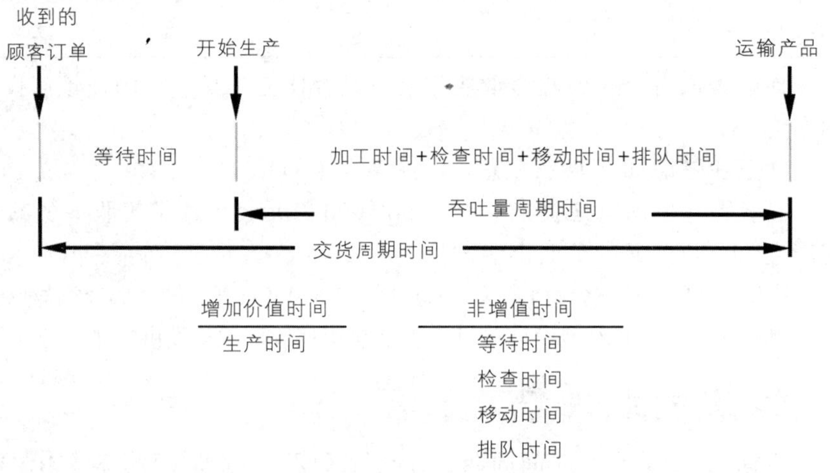

图9-2 交货周期时间与吞吐量时间（制造周期时间）关系图

商业实践

医生稍后会给你看病

医疗费用报销率下降时期，医生经常会通过增加每天病人数量的方式做出政策反应，但这增加了病人的等待时间。Press Ganey Associates调查了在10 000多个地点的240万名患者，并确定其平均等待时间为22分钟。虽然这些拖延的情况使得患者很不便，但其对医生有财务影响。例如，Laurie Green——三藩市的一个妇产科医生，自诩自己在进行一个有效的医疗实践，因为她每15分钟需要进账75美元以满足她的办公室开销。如果你医生的办公室门口人群一直处于等待的状态，那么第一个预约的人很幸运，因为“早起的鸟”不仅可以有虫吃，而且可以避免在医生的办公室门前等待！

资料来源：Melinda Beck，“The Doctor Will See You Eventually，” *The Wall Street Journal*，October 19，2010，pp. D1 and D4.

9.5.3 制造周期效率（MCE）

通过努力缩减非增值活动时间——检查时间、移动时间和排队时间，一些公司已经大大降低了它们的吞吐量时间。反过来，这也有助于减少将交货周期时间，使其从几个月压缩到仅仅几周或几个小时。吞吐量时间，作为衡量运营绩效的关键指标，为计算制造周期效率（MCE）提供了很好的视角。MCE的计算是通过关联增值时间与吞吐量时间进行的。公式为：

$$制造周期效率(MCE)=\frac{增加价值时间(加工时间)}{吞吐量时间(制造周期时间)}$$

只要有非增加价值的时间，就会使得MCE小于1。举个例子，如果MCE等于0.5，意味着总的生产活动的一半是由检查、移动和类似的非增值活动组成的。在很多制造企业，MCE是小于0.1（10%）的，这意味着企业90%的时间花费在不为产品增加价值的活动上。监督MCE这个指标能够帮助企业减少非增值活动，从而使产品更快速并以较低的成本到达客户的手中。

案例

为了更好地了解这个指标，看下Novex Company的数据，该企业很用心地追踪完成客户订单的时间，下面是这个企业最新的时间记录表：

	天数
等待时间	17
检查时间	0.4
加工时间	2.0
移动时间	0.6
排队时间	5.0

商品完工后尽快派送。

要求：

1.计算吞吐量时间。

2.制造周期效能计算（MCE）。

3.非增值活动占生产时间的百分比是多少？

4.计算交货周期时间。

答案：

1.吞吐量时间=加工时间+检查时间+移动时间+排队时间

=2天+0.4天+0.6天+5天

=8（天）

2.只有加工时间代表增值时间，因此，MCE可计算如下：

MCE=增值时间/吞吐量的时间

=2天/8天

=0.25

一旦投入生产，订单实际上只有25%的时间是增值时间。

3.由于MCE是25%，故75%（100%-25%）的总生产时间都花在非增值活动上。

4. 交货周期时间=等待时间+吞吐量时间

=17天+8天

=25（天）

商业实践

精益运营绩效评估

Watlow Electric 制造公司实施精益会计以支持其精益制造方法。该公司停止提供标准成本差异报告给经营经理，因为信息反馈太延迟了（需一个月的时间）无法被前线员工理解。相反，该公司开始报告每小时和每日的加工进程，以帮助一线工人提高绩效。精益生产经营绩效指标的例子如下表所示：

测评单项目	方法描述
送货准时率	测量客户认为准时送达的订单的百分比
每日单位工时	按小时测量生产量以确保满足客户的需求
一次通过比率	测量无缺陷的完工产品的百分比
事故和受伤人数	测量事故和受伤人数
5S审计	测量工人保持工作区域秩序和整洁的能力

注：5S 代表了秩序、整洁、光泽、标准化、维持。

资料来源：Jan Brosnahan, "Unleash the Power of Lean Accounting," *Journal of Accountancy*, July 2008, pp.60 66; and Brian Maskell and Frances Kennedy, "Why Do We Need Lean Accounting and How Does It Work?" *Journal of Corporate Accounting and Finance*, March/April 2007, pp. 59 73.

概念检查

5. 下列哪一陈述是错误的？（可多选）

a. 交货周期时间将总是等于或大于吞吐量（制造周期）时间

b. 制造周期效率为1比制造周期效率为0.1好

c. 当等待时间增加时，吞吐量（制造周期）时间增加

d. 交货周期时间不受排队时间的影响

9.6 平衡计分卡

目标4：了解如何构造和使用平衡计分卡。

如投资回报率和剩余收益等财务指标，以及在上一节讨论的运营评估都可能包括在平衡计分卡中。平衡计分卡（balanced scorecard）包括整套的绩效评估，它由公司的战略导入，并支持公司的战略。战略基本上就是如何达成组织目标的方法。例如，西南航空的战略就是卓越管理顾客价值，它有三个关键要素：低价、方便和可靠。公司为了减少维护和培训成本及简化行程安排只运营一种机型——波音737。而低价的原因是不提供诸如餐饮、指定座位和行李运输等服务，且大部分的客人都在网上订票。西南航空使用点对点的航班而不是竞争者使用的辐射型的方式，从而提供方便且中途无停留的服务。西南航空的服务可以减少不少航空公司的拥挤情况，诸如芝加哥中途机场、伯克班机场、曼彻斯特机场、奥克兰机场和普罗威登斯机场，它提供快速的乘客注册和可信的离开方式，同时保持高资产设备利用率。例如，公司的平均登机门周转时间为25分钟，这就需要更少的机器和登机门运营。总之，公司的战略很有

效果。当西南航空公司最大的竞争者还在垂死挣扎时，它却赚取厚利。

在平衡计分卡方法下，管理层将它的战略转化成绩效衡量指标，让员工可以了解并跟着做。例如，乘客排队等候行李检查的时间，可能是西南航空伯班克机场报到柜台主管的绩效衡量指标，这个指标很容易被主管了解并可以通过行动加以改进。

9.6.1 平衡计分卡的一般特点

采用平衡记分卡的绩效指标往往分成四组，如图9-3所示，分为：财务角度、客户角度、内部业务流程、学习和成长。内部业务流程是公司为了满足客户的需求所做的。例如，在一家制造公司中，装配产品是一个内部业务流程。在一家航空公司，处理行李是一个内部业务流程。这些分组（如图9-3中的垂直箭头所示）的前提条件是，用以改善内部业务流程的学习是必要的，用以提高客户满意度的业务流程升级是必要的，用以改善财务业绩而提升客户满意度是必要的。

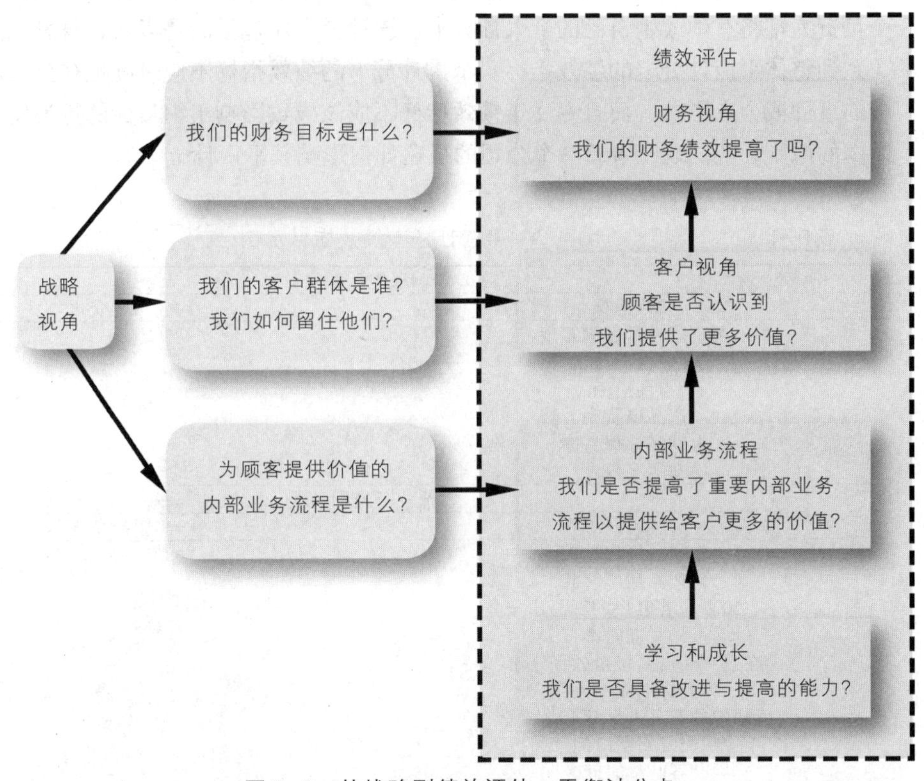

图9-3 从战略到绩效评估：平衡计分卡

请注意，图9-3的重点在于提高，而不是只达到一些具体目标如利润1 000万美元。平衡计分卡法鼓励持续改进。如果一个企业没有坚持持续改进，它最终会输给竞争对手。财务业绩指标出现在图9-3的顶部。最终，大多数公司的存在就是为了给股东带来收益。可是也有一些公司例外，例如the Body Shop有更高的目标，比如为消费者提供环保的产品。然而，即使是非营利组织也必须产生足够的财务资源以维持经营。

一个精心设计的平衡计分卡仅仅使用财务业绩指标是不够的，其需要通过对非财务指标的综合进行补充。原因如下：首先，财务指标是滞后指标，是对过去行为结果的报告。相反，成功关键驱动因素客户满意度等非财务指标是对未来财务绩效测评的领先指标。其次，高层管理人员通常对财务业绩负责，低级管理人员则不然。负责乘客登记的主管对乘客需要等候多长时间负责。然而，这个基层管理者不能合理地对整个公司的利润负责，因为这是航空公司的高层管理人员的责任。

表9-1列出一些公司的平衡计分卡绩效衡量指标的例子。然而，很少有公司能使用所有的绩效衡量指标，几乎所有的公司都会添加其他的衡量指标。管理者应仔细选择自己公司的平衡计分卡的绩效考核指标，选择时应该注意以下几点原则。首先，绩效指标应该顺从公司的战略。如果绩效指标与公司的战略不一致，人们会混淆工作的目标。其次，绩效衡量指标应该是可理解的、可控的。再次，对于绩效指标，应及时上报。例如，关于次品的数据，应每天至少报告给经理一次，以便问题可以得到迅速解决。最后，平衡计分卡不应该有太多的指标，否则可能会导致缺乏重点和混乱。虽然整个组织将有一个全面的平衡计分卡，但是每个负责人都将有他或她自己的个人计分卡。该计分卡应包括的是以对自身影响为主的，直接关系到整体平衡计分卡的绩效指标。个人计分卡的绩效指标不应过度地被公司以外或项目以外的事件或个人影响，而且专注于绩效指标不应该导致影响组织目标的行为发生。有了这些基本的原则，我们现在看看一个公司的战略如何影响其平衡计分卡。

表9-1　　平衡计分卡绩效指标示例

客户角度	
绩效指标	预计变化
调查问卷顾客满意度	+
客户投诉数量	–
市场份额	+
产品退货率	–
上期客户保持率	+
新顾客数量	+
内部业务流程角度	
绩效指标	预计变化
新产品销售比例	+
新产品推广时间	–
20秒应答客户的百分比	+
送货准时率	+
在途商品占销售量的百分比	–
不利标准成本差异	–
无缺陷的产品占全部产品比重	+
交货周期时间	–
吞吐量时间	–
制造周期效率	+
质量成本	–
安装时间	–
从应答到上门维修时间	–
首次接受客户投诉的比例	+
解决客户投诉的时间	–
学习和成长角度	
绩效指标	预计变化
员工建议	+
员工流动率	–
每个员工内部培训时间	+

商业实践

客户忠诚度的衡量

Bain & Company的顾问Fred Reichheld建议用一个问题——"在0分到10分间，你将我们推荐给你的朋友和同事的可能性有多大?"来衡量客户忠诚度。选择9到10分的客户被认为是推荐人。那些选择0分到6分的人被认为是产品的批评者，而那些选择7或8分的人被视为被动的满足者。净推荐值被用于衡量顾客中推荐人和批评者所占比重的差异。Reichheld的研究表明，公司的净推荐值与其销售变化相一致。

General Electric的医疗部门使用净推荐值确定其管理人员奖金的20%。这个制度最终被推广到General Electric的所有部门。净推荐值的其他使用者包括American Express、咨询机构BearingPoint、软件制造商Intuit。

资料来源：Jean McGregor，"Would You Recommend Us?" *BusinessWeek*，January 30，2006，p. 94.

9.6.2 公司战略和平衡计分卡

回到图9-3，每家公司必须决定其目标客户以及哪些内部业务流程对吸引并留住这些客户是至关重要的。不同的公司有不同的策略，会有目标不同的客户，并提供不同种类的产品和服务。以汽车行业产业为例，宝马强调设计和舒适感；沃尔沃强调安全；捷豹强调豪华；本田则强调可靠性。因为这些差异重点，在这一个行业内并没有一个放之四海而皆准的绩效评价指标。绩效必须必须针对每家公司的具体战略。例如，捷豹的策略是为高端客户提供独特、奢华、手工打造的、个性化的产品。为了向富有的目标客户提供价值主张，捷豹可能会注重大量的细节，如真皮座椅、内外部的颜色组合和木制的仪表盘，且每辆汽车几乎都是独一无二的。例如，不是只提供棕色或蓝色的标准真皮座椅，公司可以为客户提供几乎无限的选择——顾客可以选择任何一种具有异国情调的皮革颜色。

为了让这样一个系统来有效地工作，捷豹必须能够提供一个完全合理的时间和成本，而不会产生比客户愿意支付的价格更多的成本。图9-4体现了捷豹反映这一战略的平衡计分卡。如果平衡计分卡构建得正确，绩效指标应该在原因和结果上相互联系。然后，每个链接可以被认为是一个假设——"如果我们提高这项，那么其他项目的绩效也应该提高。从图9-4的底部开始，绩效评估指标的关系可以反映如下：如果员工能够更有效率地安装新的可供选择的饰品，那么公司可以为客户提供更多的可供选择的饰品，并且安装的时间会更短。如果可以提供更多的饰品并且短时间内可安装，那么客户调查应体现出更高的客户满意度与可供选择的饰品范围。如果客户满意度提高，那么汽车的销售数量应该增加。此外，如果客户满意度提高，公司应该能够保持或增加其销售价格；如果安装选项的时间减少，安装的成本相应减少。综上所述，应该会增加每辆车的单位毛利率。如果每辆车的毛利率增加，并且出售更多的汽车，结果应该是剩余收益的增加。从本质上说，平衡计分卡提出了一个理论，即公司如何采取一系列的行动达到其预期的目标。

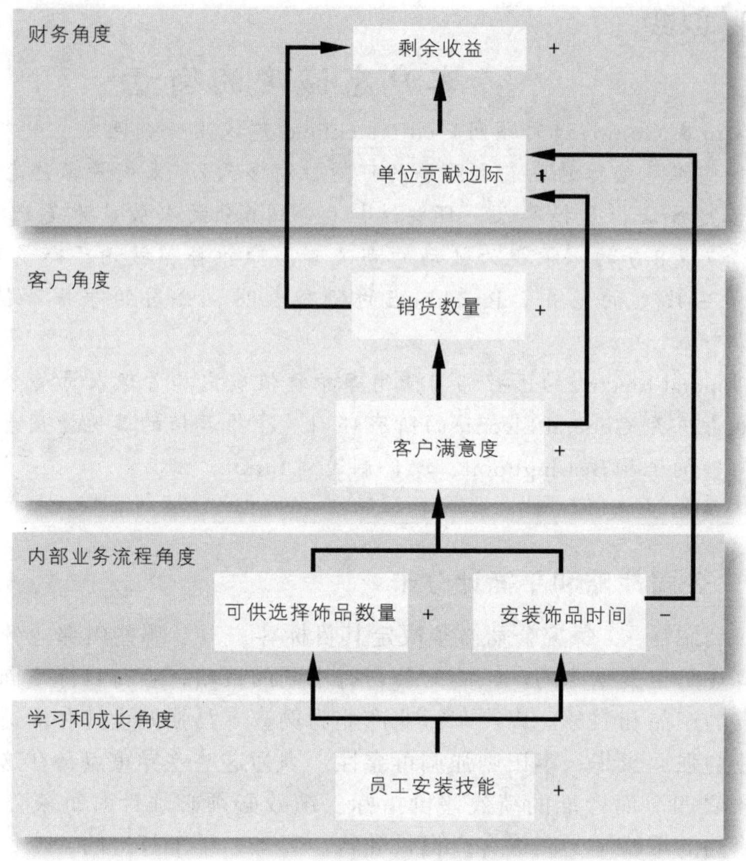

图9-4　捷豹可能实施的战略和平衡计分卡

在图9-4中说明的战略布局似乎是合理的，但它仅仅被视为一个理论。例如，如果该公司成功地增加了可选饰品的数量，并减少安装时间，但没有增加客户满意度、出售的汽车数量、每辆汽车的毛利率和剩余收益，战略就必须被重新考虑。平衡计分卡的优点之一是它不断测试管理层提出的战略的理论基础。如果一个策略是行不通的，一些预测的影响将不会发生，从而使得战略的失误变得很明显。如果没有这种反馈，该组织可能会无限期地挣扎在基于错误假设的无效战略中。

商业实践

健康计分卡

Towers Watson公司估计，美国现在的年平均医疗保健支出较2002年时的5 386美元多了10 000美元。然而，公司已开展高性能企业健康计划，每名员工的年度医疗费用低于其他组织1 800美元。这个高性能计划是建立和跟踪健康绩效指标计划的一个重要组成部分。

健康计分卡是衡量企业健康情况的框架，它分成四个部分：态度、参与度、物理结果以及财务结果。这四个部分彼此是有因果联系的。如果员工对公司的健康计划的态度有所转变，那么其应该提供员工参与健康活动的参与度。如果员工提高他们的参与度，那么其应该产生相应的物理结果，如降低肥胖率，缩小事故范围，提高戒烟率。这些物理改进应该产生积极的财务业绩，如较低的医疗、药物和伤残支出。

资料来源：Towers Perrin，“2010 Health Care Cost Survey，” www.towerswatson.com； and Peter C. Brewer，Angela Gallo，and Melanie R. Smith，“Getting Fit with Corporate Wellness Programs，” *Strategic Finance*，May 2010，pp. 27-33.

9.6.3 基于平衡计分卡的报酬

对员工的激励性薪酬，如奖金可以与平衡计分卡的绩效指标挂钩。然而，这么做必须满足一个条件，即该企业已成功地实施平衡计分卡至少一年时间。管理者必须认为绩效指标是可靠的、明智的、被评估的人所理解，不易被操控。平衡计分卡的提出者Robert Kaplan和David Norton指出，“报酬是一个强大的杠杆，你必须很有信心，有正确的指标并在建立联系前有良好的数据支持。”[①]

概念检查

6. 下列哪一陈述是正确的？（可多选）

a. 平衡计分卡包含四类绩效指标

b. 平衡计分卡着重对非财务绩效的衡量，其并不包括财务绩效指标

c. 平衡计分卡中的绩效指标应该在一个因果假设基础之上

d. 平衡计分卡源自并支持公司战略

本章小结

目标1：计算投资报酬率（ROI）并表明销售收入、营业费用和营运资产的变动如何影响组织ROI的变动。

投资报酬率被定义为净经营利润除以平均营运资产。它也可以用销售利润率和资产周转率表示，销售利润率是用净经营利润除以销售收入，资产周转率是用销售收入除以平均营运资产。

销售、费用、资产及ROI间的关系复杂。任何一个变量的变动对其他变量的影响需视特殊情况而定。然而，销售增加常通过销售对净经营利润的影响导致ROI的增加。如果组织有较多的固定资产，则销售百分比增加可能对于净经营利润有较大百分比的影响。

目标2：计算剩余收益并了解这种绩效衡量的优缺点。

剩余收益是净经营利润与平均营运资产最低必要报酬的差异。平均营运资产最低必要报酬是由最低必要报酬率应用于平均营运资产得出的。

剩余收益与ROI相比的优点在于，它鼓励对于整个组织来说报酬率高于最低必要报酬率却低于部门当前ROI的投资。

---

① Lori Calabro，“On Balance：A CFO Interview，” CFO，February 2001，pp. 73-78.

目标3：计算交货周期时间、吞吐量时间、制造周期效率（MCE）。

除了财务指标，公司还使用运营绩效指标评估它们的业绩。交货周期时间是收到客户订单到完成订单并配送的时间。将原材料转化成已完成产品所需的时间称为吞吐量时间。制造周期效率（MCE）的计算是用增值时间除以吞吐量时间。但凡存在非增值时间就会使得MCE的结果小于1。

目标4：理解如何建立并使用平衡计分卡。

平衡计分卡是一个综合设计的绩效测量系统用以支持企业的战略。平衡计分卡中的各种指标应以一个合理的因果关系基础联系起来——从非常最基层的管理层次到组织的最终目标。平衡计分卡本质上是关于如何使组织中的人采取行动以深化组织目标的一种理论。如果行动不能致力于组织的财务或运营目标的提升，该理论应该被看作是暂时的且可以改变的。如果理论发生了变化，平衡计分卡上的绩效指标也应该跟着改变。平衡计分卡是一个动态测量系统，是组织了解什么可行，什么不可行，不断改善其战略的工具。

你的决策（鞋店经理）参考答案

两种选择对于商店当年ROI的影响计算如下：

	现在	选择（a）	总计
平均营运资产（a）	\$2 000 000	\$（500 000）	\$1 500 000
净经营利润（b）	\$340 000	\$（79 000）	\$261 000
ROI，（b）÷（a）	17.00%	15.80%	17.40%

	现在	选择（b）	总计
平均营运资产（a）	\$2 000 000	\$（200 000）	\$2 200 000
净经营利润（b）	\$340 000	\$（33 000）	\$373 000
ROI，（b）÷（a）	17.00%	16.50%	16.95%

选择（a）可能将商店的ROI增加到17.40%，高于去年的ROI，可以得到你的奖金。选择（b）会使商店的ROI减低，导致本年你没有奖金。为了得到奖金，你会选择（a）。然而，这个选择并不是全国连锁的最佳选择，因为损失销售收入的ROI为15.8%，超过全国连锁店最低必要报酬率15%。选择（b）即增加新产品线符合全国连锁店的利益。销售收入的ROI为16.5%，超过最低必要报酬率15%。

概念检查参考答案

1.选择c和d。利润和投资两个中心的管理者都为利润负责。此外，投资中心的管理者还为在投资和剩余收益上取得足够收益负责。

2.选择c。投资回报等于边际周转率。

3.选择b。净经营利润为\$300 000-（\$225 000×95%）=\$86 250。投资报酬率为\$86 250÷（\$500 000×95%）=18.2%。

4.选择d。剩余收益为\$86 250-（\$475 000×12%）=\$29 250。

5.选择c和d。吞吐量（制造周期）时间不受等待时间的影响。交货周期时间受排队时间的影响。

6.选择a，c，d。平衡计分卡包括财务指标。

问题回顾：投资报酬率（ROI）及剩余收益

Medical Diagnostics公司的Magnetic Imaging部门上一年度的营运报告如下：

销售收入	\$25 000 000
净经营利润	\$3 000 000
平均营运资产	\$10 000 000

要求：

1.计算Magnetic Imaging部门的销售利润率、资产周转率及ROI。

2.Medical Diagnostics公司的最高管理层制定的平均营运资产最低必要报酬率为25%。Magnetic Imaging部门当年度剩余收益是多少？

问题回顾的解答：

1.所要求的计算结果如下所示：

$$\text{销售利润率} = \frac{\text{净经营收益}}{\text{销货收入}} = \frac{\$3\,000\,000}{\$25\,000\,000} = 12\%$$

$$\text{资产周转率} = \frac{\text{销货收入}}{\text{平均营运资产}} = \frac{\$25\,000\,000}{\$10\,000\,000} = 2.5\%$$

$$\text{ROI} = \text{销售利润率} \times \text{资产周转率} = 12\% \times 2.5 = 30\%$$

2.Magnetic Imaging部门的剩余收益计算如下：

平均营运资产	\$10 000 000
净经营利润	\$3 000 000
最低必要报酬率（25%×\$10 000 000）	2 500 000
剩余收益	\$500 000

词汇表

平衡计分卡（balanced scorecard） 源自并支持公司战略的一系列绩效评估指标的组合。

成本中心（cost center） 是管理者能对成本实施有效控制，但无法对收入和营运资产的投资实施控制的企业内部责任单位。

分权化企业（decentralized organization） 是将决策权授予企业各层管理者，而不是将决策权集中在少数高级管理者手中的企业。

交货周期时间（delivery cycle time）从接受客户订单到完成订单并配送的时间。

经济附加值（economic value added，EVA）是与剩余收益相似的概念，它是出于绩效考核的目的，对GAAP财务报告进行若干调整后的数值。

投资中心（investment center）是管理者对成本、收入和营运资产的投资都能够实施有效控制的企业内部责任单位。

制造周期效率（manufacturing cycle efficiency，MCE）加工时间（增值时间）占吞吐量时间（制造时间）的百分比。

销售利润率（margin）是息税前利润除以销售收入的比率。

净经营利润（net operating income）是扣除利息和税收前的利润，即息税前利润。

营运资产（operating assets）是为营业目的而持有的资产，如现金、应收账款、存货、厂房和设备等其他资产。

利润中心（profit center）是管理者对成本和收入能够实施有效控制，但对营运资产的投资不能实施控制的企业内部责任单位。

剩余收益（residual income）是投资中心获得的净经营利润超过营运资产最低必要报酬率的部分。

责任中心（responsibility center）是对成本、收入或营运资产的投资能够实施有效控制的企业内部责任单位。

投资报酬率（return on investment，ROI）是用净经营利润除以平均营运资产的比率，也可以由销售利润率和资产周转率相乘得到。

吞吐量时间（throughput time）将原材料转化为完工产品的时间。

资产周转率（turnover）是销售收入除以平均营运资产的比率。

思考题

9-1什么是分权化管理？

9-2分权化管理的好处是什么？

9-3区分成本中心、利润中心和投资中心。

9-4什么是销售利润率和资产周转率？

9-5什么是剩余收益？

9-6在什么情况下，使用投资报酬率作为投资中心的绩效评量会导致错误的决策？剩余收益法如何解决这个问题？

9-7交货周期时间和吞吐量时间有什么不同？吞吐量时间的四个组成部分是什么？哪些元素是增加价值的？哪些不增加价值？

9-8制造周期效率（MCE）小于1是什么意思？你怎么解释MCE等于0.4的情况？

9-9为何企业间的平衡计分卡不同？

9-10为何平衡计分卡既包括财务绩效指标，也包括衡量企业运营成效的指标？

基础练习十五问

Westerville公司去年的运营数据如下：

销售收入	$1 000 000
变动成本	$300 000
贡献边际	$700 000
固定成本	$500 000
净经营利润	$200 000
平均运营资产	$625 000

今年，公司有一个120 000美元的投资项目，该投资项目带来的成本和利润如下：

销售收入	$200 000
贡献边际率	60%
固定成本	$90 000

企业最低要求回报率是15%。

要求：

1. 去年的销售利润率是多少？
2. 去年的资产周转率是多少？
3. 去年的投资回报率（ROI）是多少？
4. 今年的投资机会相关的销售利润率是多少？
5. 今年的投资机会相关的资产周转率是多少？
6. 今年的投资机会相关的投资回报率是多少？
7. 如果公司抓住这个投资机会，并期望有去年一样的业绩，那么今年的销售利润率为多少？
8. 如果公司抓住这个投资机会，并期望有去年一样的业绩，那么今年的资产周转率为多少？
9. 如果公司抓住这个投资机会，并期望有去年一样的业绩，那么今年的投资回报率为多少？
10. 对于Westerville的首席执行官来说，只要她今年的投资回报率超过去年的投资回报率，她就将获得奖金，那么她会抓住投资机会吗？公司的股东想让她去抓住这个投资机会吗？
11. 去年的剩余收益是多少？
12. 今年的投资机会的剩余收益是什么？
13. 如果公司抓住这个投资机会，并期望有去年一样的业绩，那么今年的剩余收益为多少？
14. 对于Westerville的首席执行官来说，只要她今年的剩余收益超过去年的剩余收益，她就将获得奖金，那么她会抓住投资机会吗？
15. 假设投资机会的贡献边际率为50%，而不是60%。对于Westerville的首席执行官来说，只要她今年的剩余收益超过去年的剩余收益，她就能将获得奖金，那么她会抓住投资机会吗？公司的股东想让她去抓住这个投资机会吗？

练习

练习9-1 计算投资报酬率（ROI）（学习目标1）

Alyeska Services公司，是一个大型油料公司的分公司，为阿拉斯加州北坡油田的操作员提供多种服务。最近几年的相关数据如下：

销售收入	\$7 500 000
净经营利润	\$6 00 000
平均营运资产	\$5 000 000

要求：

1. 计算Alyeska Serviecs公司的销售利润率。
2. 计算Alyeska Serviecs公司的资产周转率。
3. 计算Alyeska Serviecs公司的投资报酬率。

练习9-2 剩余收益（学习目标2）

英国曼彻斯特的Juniper Design公司为房地产开发商提供设计服务。去年公司的净经营利润为600 000美元，销售收入为3 000 000美元。公司当年的平均营运资产为2 800 000美元，最低必要报酬率为18%。

要求：

计算公司当年的剩余收益。

练习9-3 内部业务流程绩效评估（学习目标3）

德国企业Mittel Rhcin AG of Köln的管理层想要缩减从接到顾客订单到派送产品的时间，下面是第一季度公司的运营情况：

检查时间	0.3天
等待时间（从接到订单到开始生产）	14天
加工时间	2.7天
转移时间	1天
排队时间	5天

要求：

1. 计算吞吐量时间。
2. 计算本季度制造周期效率（MCE）。
3. 非增值时间占吞吐量时间的百分比为多少？
4. 计算制造周期时间。
5. 如果采用精益生产的方法，所有的排队时间都被消除了，那么此时新的MCE为多少？

练习9-4 建立平衡计分卡（学习目标4）

Lost Peak滑雪场是一个多年的、由家庭运营的度假中心，服务于从附近城镇来的滑雪者。最近，Lost Peak被滑雪胜地运营商Western Resorts所收购。新经营者有意把它升级为度假休闲胜地。作为这个计划的一部分，新经营者要在Powder 8 Lodge做出重大改进，使Powder 8 Lodge成为度假村山上的餐厅。这个旅馆的菜单是非常有限的：汉堡包、热狗、辣椒、金枪鱼三明治、披萨、薯条和其他零食。因为毫无竞争压力，以前餐厅的业主并没有升级旅馆的食品服务的紧迫感。如果滑雪者要在山上吃午饭，唯一的选择是Powder 8 Lodge或从家里带来午餐。

作为合约的一部分，当收购Lost Peak时，Western Resorts同意保留所有的原有度假村员工。餐厅的经理，虽然工作努力，为人热情，却少有餐饮业的工作经验。经理负责选择菜单，寻找和培训员工，并监督日常运作。厨房的工作人员准备食物和洗盘子。餐厅人员负责点菜、收银并维护餐厅的整洁。在接管Lost Peak后不久，Western Resorts的管理层为Lost Peak所有的员工举行了为期一天的会议，讨论Powder 8 Lodge未来管理和计划。在本次会议结束时，员工建立了平衡计分卡。平衡计分卡的提出，将有助于指导操作，也为即将到来的滑雪季做足准备。每个参加会议的人都对计分卡和新的管理模式很有热情。

Powder 8 Lodge的平衡计分卡上包括以下绩效指标：

a.每周Powder 8 Lodge的销售收入

b.每周Powder 8 Lodge的利润

c.菜品的数量

d.餐区的清洁度由Western Resorts代表评判

e.菜单的顾客满意度根据顾客满意度调查结果评估

f.餐厅服务的顾客满意度根据顾客满意度调查结果评估

g.点菜的平均时间

h.上菜的平均时间

i.厨房工作人员在当地社区学院完成基本烹饪课程的比例

j.餐厅工作人员在当地社区学院完成基本酒店接待课程的比例

Western Resorts将支付工作人员在当地社区学院参加课程的费用。

要求：

1.使用上述的绩效指标，为Powder 8 Lodge构建了一个平衡计分卡。使用图9-4作为指南。用箭头表示因果关系，并用+或-表示绩效指标应该增加或减少。

2.建立Powder 8 Lodge的平衡计分卡用到什么假设？你认为这些假设中的哪些是值得怀疑的？为什么？

3.管理层如何知道平衡计分卡的假设中存在错误？

练习9-5　对比投资报酬率和剩余收益（学习目标1、学习目标2）

日本Meiji Isetan公司有两个区域的划分，分别是Osaka和Yokohama。这两个区域的销售额和运营数据如下：

	区域	
	Osaka	Yokohama
销售收入	\$3 000 000	\$9 000 000
净经营利润	\$210 000	\$720 000
平均营运资产	\$1 000 000	\$4 000 000

要求：

1.使用公式计算每个区域的投资报酬率（ROI），以销售利润率和资产周转率的形式呈现。必要时，保留两位小数。

2.假设公司采用剩余收益衡量绩效，并且最低投资回报率为15%。计算每个部门的剩余收益。

3.Yokohama的剩余收益更高，说明其管理更好吗？为什么？

练习9-6　本量利分析和投资报酬率（ROI）（学习目标1）

Poster.com是提供高质量海报的网络零售商。公司每年的营运资产为1 000 000美元，固定成本150 000美元。在这一营运资产和固定成本水平上，公司每年可以维持销售额3 000 000美元。公司的贡献边际率为25%，这意味着多销售一美元就会产生额外的贡献边际和净经营利润25美分。

要求：

1.完成下面的表格显示销售额和投资报酬率（ROI）的关系。

销售额	净经营利润	平均营运资产	ROI
\$2 500 000	\$475 000	\$1 000 000	?
\$2 600 000	?	\$1 000 000	?
\$2 700 000	?	\$1 000 000	?
\$2 800 000	?	\$1 000 000	?
\$2 900 000	?	\$1 000 000	?
\$2 000 000	?	\$1 000 000	?

2.当销售额增加时，公司的投资报酬率（ROI）会有什么变化？请解释。

第10章　差量分析：制定决策的关键

前章回顾

在第9章中，我们讨论了分权化组织中衡量绩效所应涵盖的范围，在该章中所讨论的投资报酬率（ROI）及剩余收益法常被用来激励投资中心的管理者并监控这些中心的绩效。

本章简介

在第10章中，我们将以分析不同方案间相关成本的方式继续讨论决策制定。一般情况下，只有不同方案间的成本及利润差异才与决策制定相关，这个基本概念将在本章中广泛地运用。

下章简介

制定主要的投资决策时，一般都以组织的长期利益为重，而此概念将在第11章予以探讨。

本章概要

制定决策的成本概念

□ 区分决策的相关成本与收益

□ 不同目标下的差量成本

□ 识别相关成本和收益的举例

□ 总量差异和增量差异处理方法的协调

□ 为什么要分离相关成本

扩增或减少生产线与部门

□ 成本分析案例

□ 比较报表

□ 固定成本分配中应注意的问题

自制或外购的决策

□ 自制或外购决策的案例

机会成本的问题

特殊订单

约束性资源的有效利用

□ 什么是约束?

□ 单位约束性资源的贡献边际

□ 约束性资源管理

联产品成本和贡献边际

□ 分配陷阱

□ 销售或者深加工

学习目标

在学习完第10章之后，你应该能够：

目标1：区分决策中的相关与非相关成本。

目标2：进行减少或保留某个生产线或组织内某些部门的分析。

目标3：进行自制或外购分析。

目标4：进行是否要接受特殊订单的分析。

目标5：确定使用有限资源的效益最大的方式。

目标6：确定取得更多约束资源的价值。

目标7：分析联产品应该在分离点销售还是深加工。

决策专栏：转移海外制造业务

Ventoro Institute LLC的一项调查发现，当转移海外制造业务时，许多公司希望实现80%的成本节约。然而，在这个调查中，公司平均节约不到10%的实际成本。这些公司遇到了一些问题，包括与海外制造商沟通不利，航运延误，侵犯知识产权和不合格的产品质量。Vegas Valley Angels的副主席威廉·博茨认为，具有劳动密集型的制造业流程的公司最有可能从海外派遣制造业务中受益，因为大部分潜在的成本与劳动力成本有关。

资料来源：Small Talk，"Kelly Spors Answers Questions on Protecting Ideas，Cutting Off Junk Mail，and Overseas Manufacturing，" *The Wall Street Journal*，March 17，2008，p. R2.

管理者会不断地面对销售何种商品，零件是要自制还是外购，要向客户收取多少费用，要使用什么分销渠道，或是否要以某个价格接受特殊订单等问题。在多个替代方案存在的资料中，可能仅有一小部分是相关的，因此制定这些决策可以说是个艰难的工作。

想做任何决策都必须在至少两个以上的方案中作选择，而在不同的替代方案之间，必须比较其成本与收益。进行比较的关键是差量分析——关注不同方案间成本和收益的不同。不同方案间成本的不同称为差量成本（differential cost）。不同方案间收入的不同称为差量收入（differential revenue）。方案间相同的成本和收入不影响决策制定，而差量收入和差量成本与决策制定相关。因为差量成本和差量收入是与决策相关的投入，因此它们被认为是相关成本（relevant costs）和相关收益（relevant benefits）。

区分相关与非相关成本及收益主要取决于两点：第一，非相关的资料可以忽略，如此可以节省决策制定者大量的时间与精力。第二，错误的决策通常是因为在不同方案的分析中不正确地包含了非相关成本与收益。如要做出正确的决策，管理者必须要能解释出相关与非相关资料之间的差异，而且还要能将相关的资料在分析不同的方案中正确地套用。本章的目标在于学习管理者遇到各项决策情况时所运用到的种种技巧，这些技巧不但对于管理者很重要，对你的个人生活也很重要。在完成了本章的学习之后，你应该可以更清楚地了解实际生活中的各项决策。

10.1 制定决策的成本概念

10.1.1 区分决策的相关成本与收益

目标1：区分决策中的相关与非相关成本。

只有不同方案间成本与收益的差异合计数才与决策相关，不管选择哪一个方案，如果成本相同的话，则该成本对决策毫无影响，在决策中应予忽略。接下来，将阐述可避免成本、沉没成本和机会成本，并且解释方案间相同的未来成本的概念。

例如，你正在考虑晚上是去看电影还是去租录影带，公寓的租金在此决策中属于非相关的因素，因为不管你最后决定去看电影还是租录影带，公寓的租金都是一样的。电影票价与录影带的租金这些可避免成本才是决策中的相关成本。

可避免成本（avoidable cost）是指当选择其中一个方案时，可省去属于其他替代方案的成本，若在上述的例子中选择了看电影，录影带的租金就是可以避免的；同理，若是选择了租录影带，则电影票的成本就可以避免。因此电影票成本与录影带租金都是可免除的成本，也就是说，不管选择哪个方案，公寓租金都不是可避免的成本，在不同的选择结果下，你还是会继续租赁这个公寓。因此，可免除的成本是相关成本，不可免除的成本则是非相关成本。

有两种成本在决策中一向不具有相关性，这两种非相关成本为：

1.沉没成本；

2.各种替代方案间不具差异性的未来成本。

在第1章里面我们曾经提到，沉没成本（sunk cost）是已经发生的成本，而且不管管理者做出何种决策都不能避免。例如，一个二手车商购买了一辆已经使用5年的卡车花了12 000美元，该支付数额为沉没成本，因为它是已经发生的成本且该交易无法取消。无论销售、保留，还是替换卡车，沉没成本都是一样的，因此，在制定决策时，它们是非相关、可以被忽略的。另外，卡车的折旧费用在制定决策时也是非相关的。这是由于折旧是非现金费用，只分布在卡车的使用周期内。沉没成本是指无论考虑哪种方案都是相同的成本，因此在决策时其是无关的，可以忽略。

不同选择间相同的未来成本在制定决策时也是可以忽略的。继续前面讨论的例子，假设在你去了电影院或租了碟后又想订购一个披萨。在这种情况下，无论你进行哪种娱乐活动你都会买披萨，这一成本对于决策来说就是非相关的。注意，披萨的成本不是沉没成本，因为它还没有发生。但披萨成本对于决策来说也是非相关成本，因为这一未来成本在不同的选择间是相同的。

在制定决策时需要考虑机会成本。机会成本（opportunity cost）是指当从一个方案转变为另一个方案时需要放弃的潜在成本。比如，你放弃了一个高报酬的暑期工作而选择出国旅游，放弃的工资就是出国旅游的机会成本。机会成本不会出现在会计记录中，但是在管理者制定决策时其都会认真考虑。

总的来说，在不同方案中，不同的成本和收益在制定决策时是相关的。差量成本也称为相关成本和可避免成本。制定决策的关键是关注相关成本和机会成本，忽略其他成本——沉没成本和不同选择间相同的未来成本和收益。

商业实践

Industrial Motion向东迁移

Eric Kozlowski和Brian Pfeifer在加利福尼亚建立了Industrial Motion Inc.。然而，10年之后，他们决定通过将公司转移到Mooresville来削减成本。在Mooresville，公司的42名员工的薪水为35 000~45 000美元，而在加州需支付给雇员60 000美元。此外，工伤补偿保险金额是在加州的1/10。财产税收和房地产的成本比在加州减少50%。公司的安全系统成本在Mooresville只有25美元/月，在加州则需要280美元/月。

资料来源：Simona Covel，"Moving Across the Country to Cut Costs，" *The Wall Street Journal*，January 10，2008，p. B4.

10.1.2 不同目标下的差量成本

哪些成本在这个方案中具有相关性，而在其他方案中又不具有相关性？简单地说，经理人在不同目标下对成本有不同的考虑。在某个目标下，有些成本或许是相关的，但在另一个目标下，其他的成本才是相关的。因此，管理者在面对不同的决策时，必须仔细分析相关成本，并将其进行区分。此外，非相关数据可能会使情况不清从而导致错误决策。

不同目标下的差量成本是管理会计的基本概念，我们在以后的学习中会经常用到。

10.1.3 识别相关成本和收益的举例

辛西娅现在是波士顿一个MBA项目的学生，她想在周末去纽约见朋友。她正在考虑是开车去还是坐火车去。她现在资金紧张，所以需要仔细考虑这两个选择的成本。如果其中一个选择比另一个便宜很多，那她一定会选择那个成本低的。如果开车去，从波士顿她的公寓到纽约她朋友的公寓有230英里，辛西娅列出了以下需要考虑的成本：

汽车使用成本		
项目	固定项目年成本	每英里成本
(a) 汽车的年直线折旧【（原始成本\$24 000-5年后预计转售价值\$10 000）/5年】	\$2 800	\$0.280
(b) 汽油成本（\$3.30/加仑÷33英里/加仑）		0.100
(c) 汽车保险和年检成本	\$1 380	0.138
(d) 维修成本		0.065
(e) 在学校停车成本（\$45/月×8月）	\$360	0.036
(f) 每公里平均总成本		\$0.619

其他数据	
项目	
(g) 由于损耗产生的转售价值下降	\$0.026/英里
(h) 从波士顿到纽约往返的火车票成本	\$104
(i) 乘火车带来的休闲和沿途可以学习的收益	?
(j) 离开期间将宠物狗放在养狗场的成本	\$40
(k) 在纽约有车带来的收益	?
(l) 在纽约停车的困扰	?
(m) 在纽约停车的成本	\$25/天

哪些成本与收益在决策中是相关的呢？记住，只有在不同选择之间成本与收益不同的那些才是相关的。其余的都是不相关、可以忽略的。

从上述列表的第一个项目（a）开始：车的原始成本是沉没成本，这个成本早已发生，在不同选择之间也不会产生差异。因此，它是不相关成本，可以忽略。每年2 800美元的会计折旧同样如此，它在5年内都是沉没成本。

项目（b）开车到纽约消费的汽油成本是相关成本。如果辛西娅乘火车，这项成本就不会发生。因此，这一成本在不同选择之间是不同的，所以相关。

项目（c）汽车的保险和年检成本是不相关的。无论辛西娅是乘火车去还是开车去，她汽车的保险费和年检费用都是相同的。

项目（d）维修成本是相关的。维护和修理成本有很大的随意性，从长期来看，这些成本与汽车行驶英里数存在或多或少的联系。每英里0.065美元的平均成本是合理的。

项目（e）在上学期间辛西娅支付给学校每月的停车费是非相关的。无论她是开车去还是乘火车去，她都需要支付学校的停车费。

项目（f）表明每英里总平均成本是0.619美元。就像前面讨论的，总成本中的某些因素是相关的，而其他因素是非相关的。由于包含非相关成本，用0.619美元乘以460英里（230英里×2）来预计开车往返的成本就是错误的。用这一错误的方式得到的开车成本为284.74美元。不幸的是，无论在个人生活还是在商业中都经常发生这样的错误。因为总成本以每英里为基础表述，人们就很容易被误导。通常人们会认为每英里成本为0.619美元，则开车100英里的成本就是61.90美元。但实际不是这样的，每英里0.619美元的成本包含沉没和/或固定成本，如果汽车再开100英里也不会增加。0.619美元是平均成本而不是增量成本。注意这些组合成本（如成本以每单位、每英里、每直接人工工时或每机器工时的金额等表示）——它们经常会使人们产生误解。

项目（g）汽车的转售成本下降的原因在于车行英里数的增加，这在决策中是相关的。因为她使用汽车，转手价值下降是汽车使用导致的成本，应当予以考虑。辛西娅通过访问Kelly Blue Book网站www.kbb.com来估计这一成本。由于时间或使用资产导致的转售价值的减少被称为实际折旧或经济折旧。这与会计折旧不同，会计折旧是将资产的沉没成本与受益期间相匹配。

项目（h）往返火车票的成本104美元是决策的相关成本。如果辛西娅开车，就不需要购买车票。

项目（i）是决策的相关成本，即使衡量乘火车的休闲价值与学习价值是很困难的。因为它是一种选择下存在收益，而另一种选择下没有收益的成本，所以是相关成本。

项目（j）将辛西娅的宠物狗放在养狗场的成本是这一决策的非相关成本。无论她乘火车还是开车去，她都需要将狗放在养狗场。

即使无法衡量其影响，项目（i）、项目（k）、项目（l）也是决策的相关成本。

项目（m）在纽约停车2天的成本是决策的相关成本。

将所有相关成本数据放在一起，辛西娅估计的乘火车相关成本与开车相关成本如下：

开车去纽约的相关财务成本：	
汽油（460英里×0.100美元/英里）	$46.00
维修（460英里×0.065美元/英里）	29.90
损耗导致转手价值的下降（460英里×0.026美元/英里）	11.96
在纽约停车的成本（2天×25美元/天）	50.00
总计	$137.86
乘火车去纽约的相关财务成本：	
从波士顿到纽约往返的火车票成本	$104.00

辛西娅应该怎么做呢？从纯财务的角度来看，乘火车比开车便宜33.86美元（$137.86−$104.00）。辛西娅需要决定，在纽约有车带来的方便是否超过坐火车带来的休闲和学习机会及在纽约找停车位带来麻烦的额外成本和不利。

在这一例子中，我们关注相关成本与收益的确认，其他都可以忽略。在下一个例子中，我们将所有成本和收益（相关或非相关）都包括在内。由于在比较不同选择时，非相关的成本和收益都会被忽略，所以我们得到的答案仍旧是正确的。

商业实践

理解质量因素的重要性

SAS是一家私人持有的价值22.6亿美元的公司，坐落在卡里的一个占地200英亩的校园里。公司有一个现场医疗机构（包括血液检测实验室），其中有医生、护士、理疗师、营养师。该公司还提供婴儿日托服务，有Montessori学校、一家美发沙龙、一家干洗店、一个健身中心，校园里还有慢跑场所和自行车道。享受日托服务的员工需为每个孩子每月支付360美元，由SAS承担每个孩子每月剩下的720美元成本，以此支付日托所120名老师和工作人员的工资费用。

尽管它可能很难量化这些投资的好处，SAS坚持认为健康快乐的员工对公司的成功是有帮助的。Mary Simmons，SAS软件开发人员，说："中午我要出去骑自行车20英里。然后我会回来并突然产生一些想法，然后解决一些曾困扰我的问题。"

资料来源：Christopher Tkaczyk，"Offer Affordable（Awesome）Day Care，" *Fortune*，August 17，2009，p.26.

10.1.4 总量差异和增量差异处理方法的协调

Oak Harbor Woodworks正在考虑租赁一台新的节省人工的机器，租金为每年3 000美元。这台机器会用于公司的粘板生产线。公司粘板在有这台新机器和没有新机器情况下的年销售和成本如下：

	维持现状	有新机器的情况
销售量	5 000	5 000
每单位售价	$40	$40
每单位直接原料成本	$14	$14
每单位直接人工成本	$8	$5
每单位变动制造费用	$2	$2
其他固定成本	$62 000	$62 000
新机器租金，固定成本	—	$3 000

根据上面的数据，表10-1显示两种选择下产品净经营利润的计算。

表10-1　　总量差异和增量差异

	维持现状	有新机器的情况	差量成本和收益
销售额（5 000单位×$40/单位）	$200 000	$200 000	$0
变动费用：			
直接材料（5 000单位×$14/单位）	70 000	70 000	0
直接人工（5 000单位×$8/单位；5 000单位×$5/单位）	40 000	25 000	15 000
变动制造费用（5 000单位×$2/单位）	10 000	10 000	0
变动费用总额	120 000	105 000	
边际贡献	80 000	95 000	
固定费用：			
其他	62 000	62 000	0
新机器租金	0	3 000	（3 000）
固定费用总额	62 000	65 000	
净经营利润	$18 000	$30 000	$12 000

注意使用新机器的净经营利润要高出12 000美元，所以使用新机器是一个更好的选择。新机器使用带来12 000美元的优势可以通过两种不同的方法得到。它是使用新机器带来的30 000美元的净经营利润与当前情况下18 000美元净经营利润的差额。它也是表10-1最后一栏显示的差量成本和收益的合计。正的差量成本和收益栏显示不同选择的差异，倾向于使用新的机器。负的数字显示差异倾向于当前状况。如果这一栏是零，就代表无论哪种选择都是一样的。因此，净经营利润的差异等于单个项目差异的总和，有些成本和收益无论在哪种选择下都是相同的，它对于选择哪个没有影响。在不同选择中，成本和收益一样的项目就是非相关项目，可以忽略。如果我们能够适当地记录它们，在进行方案比较时，就可以取消这一项目。

完全忽略不相关的成本和收益，我们可以更快地得到同样的解决方案。

- 每单位销售价格和销售数量在不同选择之间没有差异。因此，表10-1显示两种选择下总销售收入完全相同。因为销售收入相同，它对于两种选择的净经营利润差异没有影响。这在表10-1的最后一栏有显示，即0美元的差量收益。
- 对于每单位直接材料成本和每单位变动制造费用成本，生产数量和销售在两个选择间没有不同。因此，总的直接材料成本和总的变动制造费用成本对于两个选择没有不同，可以忽略。
- “其他”固定费用在两个选择间没有不同，所以这个部分也可以忽略。

实际上，在两个选择间存在不同的成本就是直接人工成本和新机器的固定租赁成本。因此，两个方案可以仅依据下面的相关成本进行比较：

租赁新机器的净优势	
可节省的直接人工成本（每单位节省3美元，共5 000单位）	\$15 000
增加的固定成本	(3 000)
租赁新机器每年可节省的成本净额	\$12 000

如果我们仅关注相关成本与收益，我们得到的结果与列出所有成本与收益——包括那些在不同选择之间没有差异的项目，也就是非相关项目是一致的。我们之所以会得到同样的答案，是因为不同选择之间的成本和收益差异就是表10-1最后一栏不为零的项目在净经营利润的最终比较中起了决定作用而产生的。这两项相关成本都列示在上面的分析中，显示了租赁新机器的净优势。

10.1.5 为什么要分离相关成本?

在上述的案例中，我们可以使用两种方式分析替代方案间的差异。第一种考虑了所有的成本，包括相关与非相关的项目；第二种只考虑相关成本。而这两种方式得到了一致的结论。因此，很自然就会有人问，“为什么要费力地将相关成本从总成本中分离出来?”将相关成本分离出来的两个主要理由是：

第一，这些少量的信息就已足够用来编制两个方案的比较利润表。例如，假设要求你做一项在多部门、多产品公司有关其中单一营运的决策分析。为每种情况编制一份利润表可能困难重重。但为了决策所需，你必须将相关与非相关的资料予以清楚地显示。

第二，如果将相关与非相关资料混杂在一起分析，容易引起混淆，且无法将问题集中在关键的因素上。更有甚者，若非相关的信息使用不恰当，可能存在做出错误决策的风险。因此，将非相关成本资料忽略，以相关成本为基础来制定决策才是最佳选择。

用相关成本分析与边际贡献法来编制利润表，为制定决策提供了有利的工具。我们将在本章后续部分陆续介绍这个工具的运用方式。

概念检查

1.下列哪种表述是错误的（可以选择多个答案）？

a.在某些情况下，沉没成本可能是相关成本

b.不同选择之间的未来成本一致，它们就是非相关的

c.同样的成本是相关还是不相关主要取决于决策背景

d.只有变动成本是相关成本，固定成本不可能是相关成本

2.假设你在10月买了一张到科罗拉多州Telluride售价为450美元的不可退的机票，以参加一个5天4夜的冬季滑雪团。你现在有机会买一张400美元的机票，以参加Stowe的Vermont的5天4夜冬季滑雪团，它还包括一张免费的雪橇票。Telluride的雪橇票价格为300美元，在Telluride旅馆的住宿成本为每晚180美元。Stowe的旅馆住宿成本为每晚150美元。在决定去Telluride，还是Stowe的过程中，下列哪个成本是非相关的？

a.到Telluride450美元的机票

b.到Stowe400美元的机票

c.Telluride的雪橇票价格300美元

d.Telluride的旅馆每晚180美元

3.根据问题的信息，差量成本分析倾向于Telluride还是Stowe，差异是多少？

a.Stowe，470美元

b.Stowe，20美元

c.Telluride，70美元

d.Telluride，20美元

10.2 扩增或减少生产线与部门

决定是否减少公司某些陈旧的生产线、部门，或是否增加新的生产线、部门，是管理者最难制定的决策，此类决策需要考虑质量及数量等因素。然而，最终的结果取决于停止或增加某部门对净经营利润所产生的影响，为了有效地计算其影响，必须对所有相关的成本进行仔细的分析。

目标2：进行减少或保留某个生产线或组织内某些部门的分析。

10.2.1 成本分析案例

Discount药品公司有3条主要的生产线，分别是药品、化妆品以及日常用品生产线，其前一个月的销售收入和成本资料合计见表11-2。快速浏览一下这个表就可以发现，停止日常用品部门的生产可以使公司的净经营利润增加8 000美元。但这是一个错误的决定，因为表10-2中的数据并没有区分如果停止该生产线可以避免的固定费用，以及停止任何生产线都无法避免的共同固定费用。

可以考虑的选择方案为保留日常用品生产线和停止日常用品生产线。因此，只有两个选择之间的差异成本（例如，放弃日常用品生产线可以避免的成本）是相关的。在决定是否停止日常用品生产线时，识别哪些成本是可以避免的很重要，因为与决策

相关的那些成本不可避免，是非相关的。其决策分析如下：

表 10-2　　Discount药品公司的个别生产线

	合计	生产线 药品	化妆品	日常用品
销售收入	$250 000	$125 000	$75 000	$50 000
变动费用	105 000	50 000	25 000	30 000
边际贡献	145 000	75 000	50 000	20 000
固定费用：				
薪资	50 000	29 500	12 500	8 000
广告费	15 000	1 000	7 500	6 500
水电费	2 000	500	500	1 000
折旧费用——固定资产	5 000	1 000	2 000	2 000
租金费用	20 000	10 000	6 000	4 000
保险费	3 000	2 000	500	500
行政管理费用	30 000	15 000	9 000	6 000
固定费用合计	125 000	59 000	38 000	28 000
营业净利（净损）	$20 000	$16 000	$12 000	$（8 000）

停止日常用品这条生产线，公司每个月将损失20 000美元的边际贡献，但随着生产线的停产，也可免除部分的固定成本。例如，可解聘固定的员工，或者减少广告支出。若停止日常用品生产线可免除的固定成本大于该生产线的边际贡献，那么放弃这条生产线会改善公司的总体净经营利润。换句话说，如果可免除的固定成本小于边际贡献的话，此生产线就应该继续保留。简单地思考这个逻辑，管理者应该试着问“如果停止这条生产线，我们可以免除哪些成本？”

如同前文所探讨的，并非所有的成本都可避免。例如有些归属于此生产线的成本为沉没成本，另有些分配而来的固定成本，其支出总额无法因减少或保留此生产线的不同决策而有所差异。

为了说明管理者应如何进行生产线的分析，假设Discount药品公司已经分析了3条生产线的固定成本：

1. 工资费用系支付给直接归属产品的人员的工资，若停产日常用品，该生产线的员工都要进行资遣。

2. 广告费是可直接归属于个别生产线的费用，停止该生产线则可免除此部分的支出。

3. 有关水电费，是将全公司发生总额以每条生产线占用的空间为基础进行分配，若停止生产线，此项支出依然无法免除。

4.折旧费用是不同生产线运作的固定设备产生的，但固定设备几近全新，而且是特别订制的，如果该部门停产，此设备仅能以极低的价格出售。

5.租金费用来自租用整个厂房的支出，以每条生产线的销售金额作为分配基准，每个月固定为20 000美元，并订有长期租赁合约。

6.保险费支出系取决于个别生产线存货金额。如果停产日常用品，存货没有了，保险费也就会相应减少。

7.一般管理费用是会计处理、采购与其他的管理支出，这项费用是以个别生产线的销售金额作为分配基准，总管理费用并不会因日常用品生产线的停产而有所改变。

有了上述的资料之后，管理部门可以确定分配到日常用品生产线的15 000美元固定费用是可避免的，13 000美元是不可避免的。

固定成本	分配到日常用品的成本合计	无法避免*	可避免
工资	$8 000		$8 000
广告费	6 500		6 500
水电费	1 000	$1 000	
折旧费用——固定资产	2 000	2 000	
租金费用	4 000	4 000	
保险费	500		500
行政管理费用	6 000	6 000	
固定费用合计	$28 000	$13 000	$15 000

*上述的成本是沉没成本或未来成本，即不管保留还是停止日常用品生产线都不会改变的成本。

就像前面所说的，如果放弃日常用品生产线，公司会失去20 000美元的产品边际贡献，但会节省相关的可避免固定费用。我们现在知道这些可避免固定费用总额为15 000美元。因此，放弃日常用品生产线会使营业净利减少5 000美元：

终止日常用品生产线所损失的边际贡默（参阅表11-2）	$（20 000）
减：终止日常用品生产线所能免除的固定成本（参阅上表）	15 000
公司整体减少的净经营利润	$（5 000）

在这个案例中，停止生产线所能免除的固定成本（15 000美元）低于损失的边际贡献（20 000美元），在这种条件下，除非日常用品线所占用的厂房空间可用于其他较高的收益活动，否则不应该停止此生产线。

小贴士

利用以下步骤来确定取消一个部门造成的财务影响：

1.如果停止该部门，计算损失的贡献边际。该数据为带括号的负影响。

2.计算停止该部门可以避免的固定成本。该数据没有括号。

3.将第一步和第二步的数据相加。如果结果为负，不应该停止该部门。如果为正，则应该停止该部门。

当解决复杂问题时，可能需要加其他步骤，这三步可以帮助你理解如何进行分析。

10.2.2 比较报表

编制比较报表也可以表达出保留或停止生产线对公司整体产生的影响，Discount药品公司的比较分析表请参阅表10-3。从表的第3栏可以得知，若是停止日常用品线，该公司每期的营业净利将减少5 000美元，其结果与我们先前所做的分析一致。

表10-3　　生产线分析的比较报表

	保留日常用品生产线	停止日常用品生产线	净利差异增（减）数
销售收入	\$50 000	\$0	\$（50 000）
变动费用	30 000	0	30 000
边际贡献	20 000	0	（20 000）
固定费用：			
薪　资	8 000	0	8 000
广告费	6 500	0	6 500
水电费	1 000	1 000	0
折旧费用——固定资产	2 000	2 000	
租金费用	4 000	4 000	0
保险费	500	0	500
行政管理费用	6 000	6 000	0
固定费用合计	28 000	13 000	15 000
营业净利（净损）	\$（8 000）	\$（13 000）	\$（5 000）

10.2.3 固定成本分配中应注意的问题

我们能够从表10-2的资料中得出不应该停止日常用品生产线的结论吗？不，当然不是。从该表中看到日常用品生产线所呈现的是亏损的情形，为什么要保留一条亏损的生产线？这个问题还要看分配到生产线的共同固定成本的多寡而定。分配到生产线的共同固定成本隐含着一个危机，该分配成本会使某生产线（或是某个部门）的利润乍看起来比实际数少。在全部生产线分配共同固定成本的情况下，日常用品线看起来似乎没有利润，但是，事实上停止该生产线却会使得全公司的营业净利因此下降。这可以从我们重新估计共同固定成本的过程中发现。表10-4利用第6章的部门边际法来估计生产线的盈利能力。

表 10-4　　Discount药品公司生产线——贡献模式

		生产线		
	合 计	药 品	化妆品	日常用品
销售收入	$250 000	$125 000	$75 000	$50 000
变动费用	105 000	50 000	25 000	30 000
贡献边际	145 000	75 000	50 000	20 000
可归属的固定费用：				
薪 资	50 000	29 500	12 500	8 000
广告费	15 000	1 000	7 500	6 500
折旧费用——固定资产	5 000	1 000	2 000	2 000
保险费	3 000	2 000	500	500
可归属的固定费用合计	73 000	33 500	22 500	17 000
产品线的部门贡献边际	72 000	$4 1500	$27 500	$3 000*
共同固定费用：				
水电费	2 000			
租金费用	20 000			
行政管理费用	30 000			
共同固定费用	52 000			
营业净利	$20 000			

*如果停止日常用品线，公司将损失3 000美元的部门贡献边际，注意固定资产的折旧费用2 000美元是沉没成本，即无法免除。而这两个数字的加总（$3 000+ $2 000=$5 000）就是公司停止日常用品生产线所减少的利润。当然，如果情况发生变化，如更换机器，公司未来也会选择放弃该产品。

表10-4对于日常用品线的分析方式不同于先前的表10-2。表10-4显示日常用品这条生产线可以赚回所有可归属于此生产线的成本，而且可以产生3 000美元的部门贡献边际（segment margin），可弥补部分属于全公司的共同固定成本。除非另一条生产线能够产生多于3 000美元的部门边际成本，公司最好保留日常用品生产线。保留该生产线，该公司的总体净经营利润会增加。

此外，如果该生产线帮助销售其他产品或者能够吸引客户，经理应该选择保留不盈利的生产线。比如，在食品店，面包可能不是盈利的生产线，但是客户希望能够吃到面包，如果某食品店决定停止生产面包，许多客户可能选择去别的面包店购买。

概念检查

4. 下列陈述中正确的有（　　）?

a. 当制定决策时，共同固定成本应该被分配到部门，由于许多公司需要在承担这些成本后仍盈利

b. 当制定决策时，共同固定成本基于销售额被分配到各个分部，因为这反映每个分部承担额外成本的能力

c. 共同固定成本不应该为了决策目的分配到分部

d. 当决策时，将共同固定成本分配到部门表明各个分部的实际盈利性

10.3 自制或外购的决策

目标3：进行自制或外购分析。

为客户提供服务包括很多步骤。考虑开发和销售产品需要的所有步骤，例如零售店内的税收软件。首先，需要开发软件，这需要很多资深的软件工程师和大量的项目管理的人员。然后，软件必须形成能够传递给客户的形式。这需要将程序拷到空的CD或DVD中，编制标签，进行精装。产品必须分发给零售商店。然后产品被出售。最后，提供生产线和其他形式的售后服务。在这之前，空白CD或DVD、标签和盒子需要准备妥当。所有的这些活动，从开发、生产，到售后服务，被称为一个价值链。

单独的公司可能开展价值链的每个或单一作业，也可能开展几个作业。当一个公司参与整个价值链的多个作业时，这是垂直整合（vertically integrated）。一些公司控制价值链的所有活动，从生产基本原材料到分配产成品和提供售后服务。其他公司通过购买许多生产产成品需要的零部件和材料进行小规模整合。自制或外购决策（make or buy decision）是指要由内部自行制造组装零件还是向其他供应商采购的决策。通常这些决策涉及决定是否购买某部分还是进行内部生产。自制或购买决策涉及是否外包开发、提供售后服务或开展其他活动的决策。

10.3.1 自制或外购决策的案例

为了说明自制或外购的决策，在此以Mountain Goat Cycles作为案例，这家公司目前生产可用于最受欢迎的登山自行车上的变速器。该公司的会计部门列出生产8 000个单位变速器所需的成本如下：

	每单位	8 000单位
直接材料	\$6	\$48 000
直接人工	4	32 000
变动制造费用	1	8 000
管理人员工资	3	24 000
特殊设备的折旧费用	2	16 000
分配的一般制造费用	5	40 000
成本合计	\$21	\$168 000

某一外部厂商可以每个19美元的价格每年供应8 000单位的变速器给Mountain Goat Cycles。Mountain Goat Cycles是否应该停止自行生产变速器而对外采购呢？从财务的观点来看，管理者应该将重心放在相关成本——这些在不同选择之间存在差异的成本上。不同方案之间的差异成本包括从供应商处采购变速器可以避免的成本。如果从外部供应商采购变速器可以避免的成本少于152 000美元，公司会继续生产变速器并拒绝外部供应商；如果从外部供应商采购变速器可以避免的成本大于152 000美元，就应当接受外部供应商的供货。

表10-5　　Mountain Goat Cycles自制或外购分析

	差量成本合计——8 000单位	
	自制	外购
直接材料（6美元/单位，8 000单位）	$48 000	
直接人工（4美元/单位，8 000单位）	32 000	
变动制造费用（1美元/单位，8 000单位）	8 000	
管理人员工资	24 000	
特殊机器折旧费用（不相关）		
分配行政管理费用（不相关）		
外购成本	$152 000	
总成本	$112 000	$152 000
外购或自制决策的差量成本		$40 000

注意到特殊机器的折旧费用为公司自制变速器的成本之一。但从购进这部机器之后，其折旧费用就成了沉没成本，也因此不具有相关性。若这部机器可以出售的话，其残余价值就具有相关性。又假设这部机器可用于生产其他产品，其折旧费用就变成相关成本。在该例中，假定此机器并没有残余价值，而且除了生产自行车变速器外，无法用于他处。

另外值得注意的是，公司分配一般的管理费用到变速器的成本。假如外购变速器，而此成本可以部分免除的话，在外购或自制的决策中应将之归类为相关成本。但事实上，分配到变速器的一般管理费用，是以总金额分配到全工厂所制造的任一产品上，即使变速器改由对外采购，这项费用的总金额也不会因此有所改变。类似这种分配的共同成本并不是相关成本（因为选择自制还是外购的结果相同），因此应在决策分析时如同沉没成本一样将其剔除。

变速器的变动制造成本若由外部供应商供货是可以避免的，所以它们是相关成本。我们假设在这种情况下，变动成本包括直接材料、直接人工和变动制造费用。如果从外部供应商处采购可以避免的话，管理人员工资也是相关成本。表10-5是假设在管理人员工资可以避免的情况下，对自制还是外购的相关成本分析。

因为自制比外购节约40 000美元，Mountain Goat Cycles应该拒绝向外采购，不过，公司在作最后决定前还需考虑一个因素，即生产变速器的厂房的机会成本。

商业实践

外包任务而不是批次

辉瑞制药将公司烦琐、耗时的任务外包给印度公司，节约了4 000名经理66 500小时的工作。经理只需点击鼠标，就可以去一个叫PfizerWorks的网站准备在线工作订单，比如准备幻灯片、准备表格或基本的市场调查。请求被发送到海外并且由服务外包公司完成。这种外包使辉瑞的经理花时间在具有更高价值的工作上，比如激励团队、创造新产品和战略制定。

资料来源：Jena McGregor，"The Chore Goes Offshore，" *BusinessWeek*，March 23 & 30，2009，p. 50 51.

小贴士

利用以下步骤来确定自制或者外购造成的财务影响：

1. 如果选择购买时，计算需要支付给供应商的总成本。

2. 计算总的差量生产成本。如果公司选择生产而不是外购，计算可能发生的变动性生产成本和可追溯固定性生产成本。

3. 计算步骤1和2的差别。如果步骤1的成本大于步骤2，选择自制。如果步骤1的成本小于步骤2，选择购买。

当解决复杂问题时，可能需要加其他步骤，这三步帮助你理解如何进行分析。

10.4 机会成本的问题

假如目前用来生产变速器的厂房空间无法移作他用，则Mountain Goat Cycles应该自行生产并拒绝外部厂商的供应，利用前文的概念，闲置空间没有其他可替代的使用方式，因此其机会成本为零。

但假如用来生产变速器的空间可以用于生产其他产品，其结果又如何？在这个例子中，厂房空间有其机会成本等于使用此空间的最佳选择所获得的部门边际利润。

举例说明，假设生产变速器的厂房空间可以用来生产一种新型的越野单车，每年可因此获利60 000美元。在这些条件下，Mountain Goat Cycles应该接受外部厂商的供应并将此闲置空间移作新产品生产：

	自 制		外 购
每年成本总和（见表11-5）	\$112 000		\$152 000
机会成本——新生产线潜在的边际利润	60 000		
成本总计	\$172 000		\$152 000
对外采购产生的差量成本		\$20 000	

因为机会成本并不是实际的支出，所以不能列入公司的会计账册。机会成本所代表的是当采取某项行动而必须放弃另外一项行动时，将会损失的经济利益，Mountain Goat Cycles继续生产变速器的机会成本是非常高昂的。

商业实践

艰难的抉择

当Megabus和Greyhound's Bolt Bus以1美元的价格出售其门票时，它回避了问题：如何盈利？答案在于理解机会成本的概念。公共汽车企业使用计算机算法来确定公交路线上通常存在多少空位。增量成本允许乘客占据一个座位，否则座位空时收入为0。1美元的价格向公交公司提供额外的贡献边际。当然，每一个给定的公交路线只有少数票可为1美元。此外，这些低折扣的票必须预订日期。所有其他客户需支付更高的费用，使公共汽车公司在该路线上赚取利润。

资料来源：Anne VanderMey，"What' s Up With $1 Bus Tickets?" *Fortune*，November 7，2011，p.27.

你的决策

生产副经理

你面对做出自制还是外购的决策。公司目前为自己的一款产品制造零件，但公司在考虑是否外购这一零件。如果接受外部供应商，公司不再需要租用制造零件的机器。你意识到年租金成本是固定成本，但也想起了关于固定成本的一些警示。年租金成本是自制或外购决策的相关成本吗?

10.5 特殊订单

目标4：进行是否要接受特殊订单的分析。

管理者时常需要评估是否该接受一张特殊订单，而且一旦接受了特殊订单，又该如何决定其价格。所谓的特殊订单（special order）是指只有一次的订购，且不在公司目前正常业务范围之内。例如，Mountain Goat Cycles刚收到西雅图警察局（Seattle Police Department）要求以每台279美元的价格购买100台特殊规格登山自行车的订单，这些自行车将被用来巡逻都市中人口稠密的住宅区。Mountain Goat Cycles可以轻易地将City Cruiser model改装成西雅图警局要求的规格。但City Cruiser model的正常售价为698美元，且其每单位制造成本为564美元，详见下表：

直接材料	$372
直接人工	90
制造费用	102
单位成本	$564

上述制造费用中每单位变动成本为12美元，这张特殊订单并不会影响公司固定制造费用支出总额。

特殊制造的自行车上必须用焊接支撑架的方式将无线电、警棍及其他的装备予以固定，致使每单位需要额外花费34美元的变动成本。此外，公司需要支付2 400美元给委托图样设计工作室设计西雅图警察局的标志，及其喷在自行车上用以辨识的图样和制版费用。

这张订单并不会影响到公司其他产品的销售情况，产品部经理说她能妥善处理这个订单且不使其他产品生产受其干扰。

究竟对该公司的营业净利有何影响才能使其接受该特殊订单？

只有增量成本与利润才是相关的，由于既存的固定制造费用支出并不会受订单影响，因此不具相关性。增加的经营净利润计算如下：

	每单位	合计
增加的收入	\$558	\$55 800
增加的成本：		
变动成本：		
直接材料	372	37 200
直接人工	90	9 000
变动制造费用	12	1 200
特殊定制成本	34	3 400
变动成本合计	\$508	50 800
固定成本：		
购置印刷模板		2 400
增加成本合计数		53 200
营业净利增加数		\$2 600

由上表可以看出，虽然特殊订单价格（558美元）低于正常单位售价（564美元），且此订单还需要支付额外的成本，但这张订单最后将使净经营利润增加。一般而言，特殊订单只要增加的收入高于增加的成本就是有利的。在此要注意，接受特殊订单必须确定是在产能闲置，且特殊订单不会影响正常产品的销售和价格的情况下。假如公司产能全在运转当中，机会成本就必须如前文所介绍的增量成本一样被考虑。

小贴士

利用以下步骤来确定接受特殊订单造成的财务影响：

1.计算产生特殊订单的总成本。

2.计算生产特殊订单的增量成本。

3.用步骤1的数值减去步骤2的数值。如果结果为正，接受特殊订单；如果结果为负，拒绝特殊订单。

当解决复杂问题时，可能需要加其他步骤，这三步帮助你理解如何进行分析。

概念检查

5.公司从客户处接受特殊订单生产5 000件定制的产品。定制产品的直接材料成本为15美元/单位，直接人工成本为5美元/单位，制造费用为18美元/单位，包括6美元/单位的变动性制造费用。如果公司有充足的生产力，特殊订单可接受的最低价格为（　　）？

a.24美元

b.26美元

c.32美元

d.38美元

6.基于题目5，回答问题：假设公司在没有特殊订单时已经使用100%的生产力。如果公司正常只生产一种边际贡献为20美元/单位的产品，每单位消耗2分钟的约束性资源，接受特殊订单的机会成本是（　　）？假设特殊订单需要1.5分钟/单位的约束性资源。

a.25 000美元

b.50 000美元

c.75 000美元

d.100 000美元

10.6 约束性资源的有效利用

10.6.1 什么是约束？

约束（constraint）是指阻止你想要达成目标的任何事。每个个人和组织都会面临不只一个约束，因此不难找到约束的例子。你可能没有足够的时间去学习一切或者和朋友周末出去玩，所以时间就是你的约束。United Airlines在忙线时，芝加哥中心只有有限的降落机位，所以约束为降落机位。Vail Resorts在有限的滑雪地段上开发住宅基地和商业基地，所以土地为约束。

举例来说，对于国际医疗服务机构（NHS），一个英国政府资助的医疗保健服务提供者，实施手术需要患者等待很长时间是一个长期的问题。图10-1演示了一个简化版手术病人需要遵循的步骤。一天中每一步的患者数量如图所示。例如，预约门诊可以为多达100人一天。

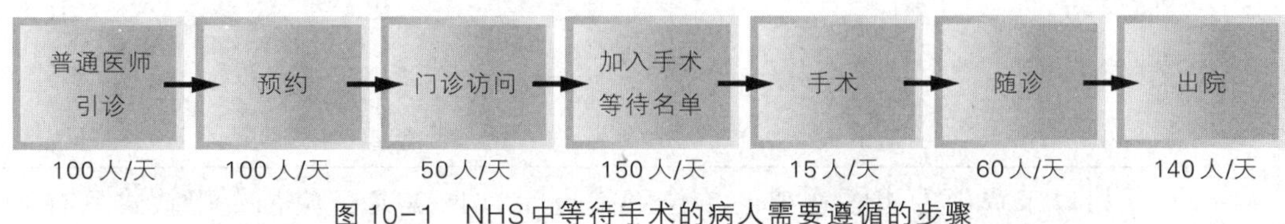

图10-1　NHS中等待手术的病人需要遵循的步骤

约束或瓶颈，在系统中取决于限制产出的步骤，因为它有最小生产力——这种情况下是手术。通过整个系统的患者总数每天不超过15人——为在手术中能够被治疗的最大数量。不论经理、医生和护士如何试图在系统的其他地方提高处理速度，他们也不能减少等待人数，除非手术产能提高。事实上，在系统中改善其他地方——特别是产生约束之前——会导致更长的等待时间和更多沮丧的病人和卫生保健提供者。因此，要有效改进，工作必须集中在约束。一个业务过程，如为手术病人服务的过程，就像一条链。如果你想增加一根链条的强度，最有效的方法是什么？你应该集中精力加强最强的链接，所有的链接，还是最弱链接？显然，关注最薄弱的环节将带来最大的收益。

加强链接的程序是明确的。第一，识别最弱链接，即约束。在NHS的案例中，约束是手术。第二，不要给系统的压力比能够处理薄弱环节的压力还大——如果这样的话，链会断裂。在NHS的案例中，比手术可以容纳的更多转诊病人的情况，会导致更长的等待时间。第三，集中精力改进工作最薄弱的一环。在NHS的案例中，这意味着致力于增加一天内可以进行的手术的数量。第四，如果改进是成功的，最终最薄弱的一环将得到改善。新的薄弱环节（即新的约束）必须被识别，改进工作必须转移到这一环。简单的顺序业务流程为优化商业进程提供了一个战略。

10.6.2 单位约束性资源的贡献边际

目标5：确定使用有限资源的效益最大的方式。

管理者总是周而复始地面临如何决定有限资源的有效利用问题。以百货公司为例，楼板面积是有限的，因此无法存放所有的产品；制造业则受限于机器产能与直接人工工时。当某些有限的资源约束了公司满足外界需求的能力时，其就被称作是有约束的(constraint)。因为资源受到约束，公司无法完全满足需要，致使管理者必须决定应该放弃哪些产品和服务。也就是说，哪些产品和服务能最好地利用限制资源。而固定成本通常不会影响这类选择，管理者应该优先选择能使公司贡献边际总和最大的方案。

如果由于存在约束，必须削减某些产品，最大化总边际贡献的关键很明显——偏向于单位贡献边际最大的产品。但这并不正确，正确的解决方式是倾向于单位约束性资源贡献边际最大的产品。例如，Mountain Goat Cycles生产一种置物架——自行车专用，这种置物架有两种款式——旅行专用或登山专用。这两种款式置物架的相关收入及成本资料如下：

	登山	旅行
单位售价	$25	$30
单位变动成本	10	18
单位贡献边际	$15	$12
贡献边际率	60%	40%

相对于登山专用置物架的单位贡献边际为15美元，旅行专用款式只有12美元，而且登山专用的贡献边际率为60%，比起旅行专用显然高很多。

但现在若加入一些其他信息——工厂以最大产能生产这种产品，并不代表工厂每台机器和每个人工都达到了产能的极限。因为个别机器的产能不同，有些机器并没有百分之百地运作，若利用全部厂房都无法制造出更多的产品，则可以说某些机器或过程都已经达到了最高产量。我们将机器或过程达到产出极限的情况称为瓶颈（bottleneck)，也就是受到约束的意思。

Mountain Goat Cycles公司的瓶颈在于一台很特殊的缝纫机，每个登山专用的置物架需要2分钟的缝制时间，而旅行专用的置物架只要1分钟。缝纫机每月可以使用12 000分钟，公司每月销售4 000个登山专用置物架和7 000个旅行专用置物架。生产这些产品需要15 000分钟，如下所示：

	登山专用	旅行专用	总计
月需求（a）	4 000单位	7 000单位	
每单位所需的缝制时间（b）	2分钟	1分钟	
总缝纫时间（a）×（b）	8 000分钟	7 000分钟	15 000分钟

生产这些产品需要15 000分钟，然而缝纫机只能使用12 000分钟。因为缝纫机是瓶颈，所以缝纫机没有足够的产能满足现在登山专用和旅行专用置物架的生产需求。由于这台缝纫机运转超过负荷，所以有些东西应该减产。在这种情况下，管理者自然想知道哪一种产品利润比较高？为了回答这个问题，管理者应该注意约束资源每单位所能产生的贡献边际。这个数据是用每单位产品贡献边际除以完成每单位产品需要的约束资源得到的。登山专用和旅行专用置物架的这一数据计算如下：

	登山专用	旅行专用
单位边际贡献（a）	\$15.00	\$12.00
每单位所需的缝制时间（b）	2分钟	1分钟
每单位约束资源贡献边际，（a）÷（b）	\$7.50/分钟	\$12.00/分钟

通过上面这张表可以很容易决定哪项产品利润较低并考虑减产。若将缝纫机用于生产旅行专用置物架，每分钟利润可达12美元，而登山专用款却只有7.5美元，因此旅行专用款式显然更为重要。即使登山专用款式的单位贡献边际与贡献边际率均较高，但旅行专用置物架在受限资源下每单位所产生的贡献边际高于登山专用款式。

为了证实旅行专用的款式确实是利润较高的产品，在此假设额外增加缝纫机一个小时的工作时间，两种产品都有未完成订单。那一小时缝纫机工作时间只可以用来生产30个登山专用的款式（60分钟/2分钟）或是60个旅行专用的款式（60分钟/1分钟），其可能的结果分别如下：

	登山专用	旅行专用
单位贡献边际	\$15.00	\$12.00
每小时增加生产的单位数	×30.00	×60
增加的贡献边际合计数	\$450.00	\$720

因为旅行专用置物架的额外贡献边际为720美元，而登山专用置物架只有450美元，所以旅行专用置物架能以更获利的方式使用公司的约束资源——缝纫机。

缝纫机每月只能生产12 000分钟，利用缝纫机生产旅行专用置物架是最盈利的。因此，为使利润最大化，公司应该生产市场需要的7 000个旅行专用置物架，利用剩下的生产力生产登山专用置物架。下列计算显示应该生产多少登山专用置物架：

旅行专用置物架月需求量（a）	7 000单位
缝纫机生产一个旅行专用置物架时间（b）	1分钟
生产旅行专用置物架总时间（a×b）	7 000分钟
剩余可专用的缝纫时间（12 000分钟-7 000分钟）（c）	5 000分钟
缝纫机生产一个登山专用置物架时间（d）	2分钟
生产登山专用置物架（c÷d）	2 500单位

因此，生产7 000个旅行专用置物架并且利用剩余生产力生产2 500个登山专用置物架能够达到利润最大化。

上述的例子清楚地表明，如果只考虑单位贡献边际是不够充分的，应再考虑每项产品对有限资源的需求数量。

小贴士

利用以下步骤来确定约束条件下的利润最大化：

1.计算每种产品的单位贡献边际。

2.识别约束资源以及每单位产品需要消耗约束资源的数量。

3.计算每种产品单位约束资源的贡献边际。

4.将产品单位约束资源的贡献边际从高到低排列。

如果你从完成这四步开始，它能帮你安排约束资源的利润最大化。

10.6.3 约束资源管理

目标6：确定取得更多约束资源的价值。

有效地经营管理企业内部的约束资源是利润增加的关键。如同前文所述，假如约束资源是生产过程中的瓶颈，最具获利性的产品组合包括每单位约束性资源贡献边际最高的产品。此外，以后还要讨论，增加瓶颈操作的产能也能带来生产和销售的增加。

管理者常在约束的产能下，尽力让产能运用得有效率，这样的作法被称为松弛的约束资源（relaxing / elevating the constraint）。例如在Mountain Goat Cycles的案例中，公司8小时运转。缝纫机可以超负荷运作，使得企业有更多的机器工时可以运用。其他部门都不需要超负荷运转，因为生产置物架过程中其他步骤都有剩余生产力，也就是说，加班过程中缝纫机生产的额外的置物架在其他步骤的正常生产过程中即可被完成。

通过松弛的约束性产能产生的收益有时是非常巨大的，而且这些收益也非常容易量化——松弛的约束性产能的单位贡献边际我们已经计算过。Mountain Goat Cycles的案例中的数据被重新列示如下：

	登山专用	旅行专用
约束资源单位贡献边际	\$7.50/分钟 ×60分钟/小时	\$12.00/分钟 ×60分钟/小时
约束性源单位贡献边际	=\$450/小时	=\$720/小时

那么，松弛约束（缝纫机的时间）的价值是什么？管理者应该先问道："如果有

的话，我们该怎样利用处于瓶颈点的额外产能呢？”如果时间被用于生产额外的登山专用置物架，那么其每小时价值为450美元。如果时间被用于生产额外的旅行专用置物架，那么其每小时价值为720美元。公司更想将超负荷的缝纫机时间用于生产720美元/小时的旅行专用置物架。假设正常运行时，缝纫机需要支付20美元/小时，超负荷运营时，则需要支付1.5倍，即30美元/小时。在这个例子中，超时加工的溢价为10美元/小时，然而，公司可以支付最高为720美元/小时的溢价。在支付10美元/小时后，公司还有纯利润710美元/小时。

为了强化这样的概念，假设只有未完成的登山专用置物架订单，那么公司让缝纫机器超时运作的价值是多少？因为额外增加的产能用来制造登山专用置物架，其价值会降至每分钟7.5美元，而每小时的价值也降至450美元，即使如此，释放产能每个小时的价值依然非常高，公司愿意支付450美元/小时的超负荷溢价。

上述计算的目的是提醒管理者应该注意受约束资源的运用以防止超负荷的机器故障或运作变得没有效率导致公司产生巨大的损失。在刚刚的例子中，假设缝纫机出现故障或被重新装置，公司每分钟将损失7.5美元至12美元，依据这样计算，每个小时的损失金额达450美元至720美元！对比之下，假如机器产能没有受到约束，也就是在闲置产能的状况下，就不会产生任何的损失。

前文的含义非常清晰，也就是要管理者将注意力集中在约束产能上，如同我们先前探讨过的，管理者应该在有效地运用约束资源制造产品时，确保产品在机器故障或整备损失时间最短的情况下顺利地绕过瓶颈约束。管理者必须尝试找出在瓶颈中增加产能的方式。

有效地增加瓶颈产能有许多种方式，包括：

- 超时运作；
- 将制造瓶颈点上的工作转包出去；
- 增添制造瓶颈的机器设备；
- 将在非瓶颈点上的工人调转至瓶颈点；
- 改善瓶颈步骤的商业流程；
- 减少瑕疵品，因为每一个瑕疵品都会通过瓶颈点，其产生的废料会占去可以出售的正常品的空间。

最后三个增加产能的方式较为引人注目，主要原因在于这三种方式原则上是不需要成本的，而且还有可能让公司节省成本。

概念检查

7.当公司有约束且希望达到利润最大化时，应该生产（　　）产品？

a.单位毛利率最高

b.约束资源的毛利率最高

c.单位贡献边际最高

d.约束资源的单位贡献边际最高

商业实践

波音公司受供应商约束

波音公司不得不向阿联酋国际航空推迟777型飞机的交货，因为德国供应商Sell GmbH不能及时为波音公司提供原材料。生产瓶颈促使阿联酋国际航空不得不一再推迟美国西海岸的扩张计划。它也迫使波音接受出售超过2亿美元飞机时的付款延误。为了解决这个问题，GmbH雇佣了250多名员工，投资了价值数百万欧元的新机器和工厂。

资料来源：Daniel Michaels and J. Lynn Lunsford, "Lack of Seats, Galleys Stalls Boeing, Airbus," *The Wall Street Journal*, August 8, 2008, pp. B1 and B4.

10.7 联产品成本和贡献边际

目标7：分析联产品应该在分离点销售还是深加工。

在一些行业，大量的最终产品是由一种原材料生产的。比如，在炼油行业中，大量的产品从原油中提取，包括汽油、喷气燃料、家庭燃料油、润滑油、沥青和各种有机化合物。另一个例子是美国新墨西哥州的Santa Maria Wool Cooperative。该公司从当地牧羊人手中购买生羊毛，将羊毛分成三个等级——粗、细和极细——并使用依赖当地材料的颜料的传统方法染羊毛。图10-2是生产过程。

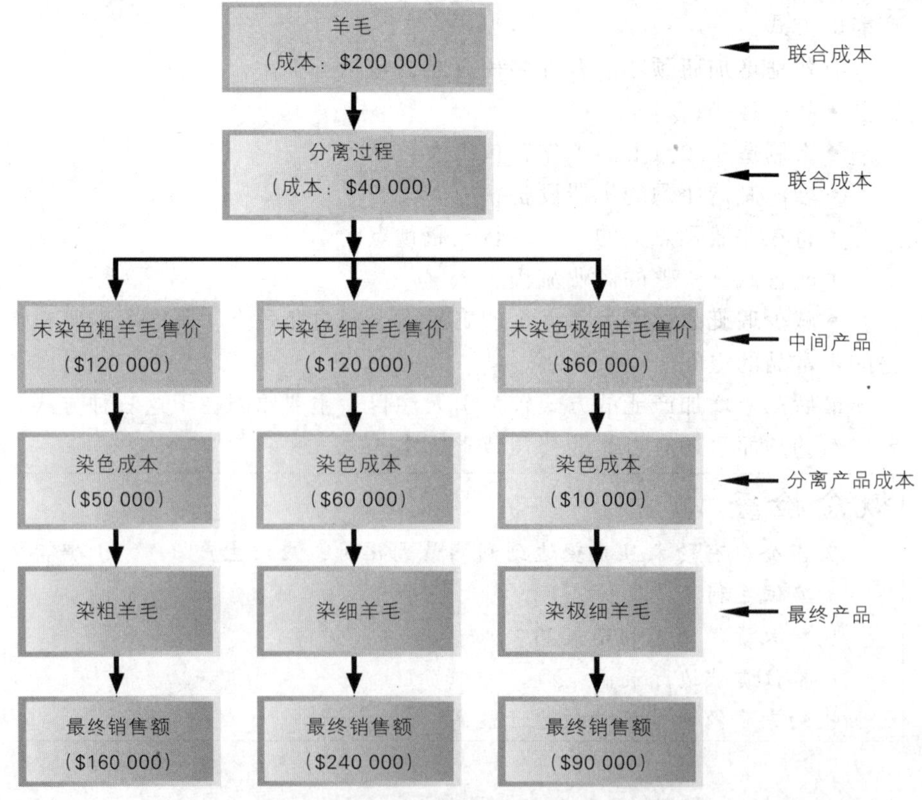

图10-2　Santa Maria Wool Cooperative

在Santa Maria Wool Cooperative，粗羊毛、细羊毛、极细羊毛都通过纯羊毛生产。共同材料生产的两个或两个以上产品被称为联产品（joint products）。制造过程中产生的联合产品可以被视为单独的产品。分离点（split-up point）是指在生产过程中，联产品被认为独立产品的时点。联合成本（joint cost）这个词被用来描述分离点前的成本。在Santa Maria Wool Cooperative，联合成本为200 000美元的羊毛的分离成本为40 000美元。未染色的羊毛被称为中间产品，因为它是没有完成的。然而，市场确实存在未染色的羊毛，尽管其与染色羊毛的价格相比要低得多。

10.7.1 分配陷阱

联合成本是用来生产一系列最终产品的共同成本。这些联合成本通常在分离点被分配到不同产品。典型的方法是根据最终产品的相对销售额价值分配联合成本。

尽管联合产品成本需要根据目的分配，比如进行资产负债表存货估值，可是这种分配可能导致决策失误。后文的商业实践阐述了由于错误分配联合成本导致的错误决策。在深入研究前，可以看看该商业实践。

商业实践

全错了

位于墨西哥湾的一个公司主要生产肥皂类产品。其6条肥皂类生产线都利用共同原材料投入生产。分离点前的联合成本由6条生产线的生产成本构成。在分离点处，基于每条生产线的相对销售额价值分配联合成本。

6条生产线生产的废弃产品被装入驳船，倾倒入墨西哥湾，因为它们已经没有商业价值。然而，当公司的调查部门发现深入加工废弃产品能够使其转化为化肥材料并销售时，公司停止处理废弃产品。其深加工成本为175 000美元/年。废弃产品销售给化肥生产者的价格为300 000美元/年。

分配生产成本时，会计人员会在分离点将联合成本分配到销售废弃产品和6条生产线的销售额中。这导致联合成本中150 000美元被分配到废弃产品中，将150 000美元加上175 000美元的深加工成本，可以看出加工废弃产品是不盈利的——如下表所示。考虑到这些分析，公司管理层决定停止深加工废弃原材料。公司重新将废弃材料倒入海湾中。

深加工后废弃产品的销售额	$300 000
减：分配到废弃产品的成本	325 000
净损失	$（25 000）

10.7.2 销售或者深加工

关于分离点以后如何处理一种产品，联合成本在决策时是无关的。一旦达到分离点，联合成本就已经发生并且不能避免。另外，即使产品没有深加工而是被废弃，联合成本已经由于生产其他产品而发生。处理在分离点出现的产品不能够避免任何的联合成本。因此，联合成本并不归属于任何中间产品或者最终产品。联合成本是中间产品和最终产品的共同成本，不应该由于单一产品的决策而被分配。在肥皂公司的例子中，150 000美元的联合成本并不应该影响分离点以后废弃产品的决策。即使忽略将废弃物倒入海湾的环境影响，正确的分析应该是公司通过深入加工废弃物，使其成为化肥原料并获利。分析应该如下表：

	倒入海湾	深加工
化肥原料的销售额	0	$300 000
额外加工成本	0	175 000
贡献边际	$0	$125 000
深加工的收益	$125 000	

这种决策类型被称为销售或者深加工决策（sell or process further decisions）。只要加工联产品的增加收入大于其增加成本，在分离点后继续生产联产品就是有利的。分离点前发生的联合成本与分离点后的决策无关。

接着，深入研究销售或者深加工的案例，回到图10-2中的Santa Maria Wool Cooperative。我们可以利用这些数据回答一些重要的问题。首先，如果该公司运营整个过程，能够盈利吗？假设除了图10-2没有其他的成本，公司盈利如下：

全面运营的盈利分析：		
最终销售额（$160 000+$240 000+$90 000）		$490 000
减：最终产品的生产成本：		
羊毛成本	$200 000	
分离羊毛成本	40 000	
染色总成本（$50 000+$60 000+$10 000）	120 000	360 000
利润		$130 000

买羊毛和分离羊毛的联合成本在考虑整体运营时是相关的，这是由于如果整体运营停止，联合成本能够避免。然而，当考虑任何一种产品时，联合成本是不相关的。只要该流程被用来生产其他的产品，对于特定产品就没有其他额外的联合成本。

即使公司整体运营盈利，它也可能在一个或多个产品上亏损。如果公司采购羊毛和分离羊毛过程中，产出三种中间产品，然而，由于没有深加工，每种产品都被销售，公司最好在染色前销售一种或多种产品从而避免染色成本。最合理的选择就是比较深加工的新增收入和成本，如下：

销售或者深加工的分析：	粗羊毛	细羊毛	极细羊毛
深加工的最终销售额	$160 000	$240 000	$90 000
减：分离点的销售额	120 000	150 000	60 000
深加工的新增收入	40 000	90 000	30 000
减：深加工的成本（染色）	50 000	60 000	10 000
深加工的利润（亏损）	$（10 000）	$30 000	$20 000

如上述分析所示，公司最好销售未染色的粗羊毛而不是进行深加工。另外两种产品在销售之前应该深加工并且染色。

羊毛的联合成本（200 000美元）和羊毛的分离成本（40 000美元）在销售或者深入加工中间产品的过程中并没有发挥作用。联合成本在是否购买羊毛和运营羊毛分离流程中是相关的，然而一旦涉及到分离的中间产品则是不相关的。

小贴士

对每种产品，利用以下步骤来确定应选择销售还是深加工决策：

1.如果深加工，计算其销售额减去分离点的销售额。

2.确定分离点以后深加工的成本。

3.用步骤1减去步骤2。如果结果为正，选择深加工；结果为负，在分离点销售。

如果要解决更复杂的问题，可以加入其他步骤。

概念检查

8.下列哪种情况下，分离点后继续生产联合产品是盈利的？

a.分离点后该流程的新增收入大于新增成本

b.分离点前该流程的新增收入大于新增成本

c.该流程的新增收入大于分配到该产品的联合成本

d.该流程的新增收入大于分配到该产品的联合成本与分离点后发生的新增成本的和

本章小结

目标1：区分决策中相关与非相关的成本与收益。

每项决策都会涉及对两个以上替代方案的选择，只有替代方案间的差异成本与利润才具有相关性；在所有替代方案中相同的成本与利润并不会影响决策的制定，因此可以忽略。只有在替代方案间有差异的未来成本才是相关的，沉没成本通常不具有相关性。

目标2：进行停止或保留某个生产线或某些部门的决策分析。

在决定是否要停止或保留某个生产线或某些部门时，应关注停止或保留生产线或部门相关成本及利润的差异。注意要考虑报告中是否有共同固定成本已分配到部门。若共同固定成本对制定保留或停止部门的决策无影响，则为非相关成本，并应在计算部门实际利润之前剔除。

目标3：进行自制或外购的决策分析。

自制或外购的决策着重于两个替代方案之间成本与利润的不同，像其他的决策一样，旧机器的折旧费用等沉没成本应该忽略；而已分配的共同固定成本，如一般管理费用等，在替代方案间为无差异的未来成本，也应忽略。

目标4：进行是否接受特殊订单的决策分析。

当要决定是否接受特殊订单时，分析人员应着重于两个替代方案间成本与利润的差异比较。比较特别的是，当增加的收入高于增加的成本时，就应当接受特殊订单。如同之前所提到的，沉没成本和未来无差异的成本都是非相关成本。

目标5：确定有限资源的利润最大化的使用。

当制造产品或提供服务所需的产能超过公司的负荷时，公司就面临瓶颈。瓶颈是资源上的约束，有可能是一种特别的原料、熟练的技工或者是特别的机器。因为公司产能不足以制造所能售出的产品，管理者就必须决定生产或不生产某些产品。在这种情况下，衡量每单位的约束资源所能产生的贡献边际是衡量产品获利能力最好的方式。利用单位约束资源能产生最大贡献边际的产品是最佳方案。

目标6：确定取得更多有限资源的价值。

管理者应关注约束性资源的有效管理，这包括约束性资源的最佳使用方式、增加可供使用的约束性资源数量。释放的约束性资源的价值取决于这部分约束性资源的单位贡献边际。

目标7：分析联产品在分离点应该销售还是深加工。

经理应该建议深加工中间产品，只要其分离点后新增收入大于新增成本。联合成本与分离点前产品的决策无关。一旦达到分离点，联合成本已经发生并且无法避免。

你的决策（生产副经理）参考答案

机器的年租赁成本为可避免固定成本。通过选择替代方案中的一个可以全部或部分省去的成本为可避免固定成本。如果公司从外部供应商处购买部件，机器的租赁成本就是可以避免的，这就是决策的相关成本。

概念检查参考答案

1. 选择a和d。沉没成本是非相关成本，固定成本是相关成本。

2. 选择a。到Telluride的飞机票成本是沉没成本，它已经发生且机票是不可以退的。

3. 选择b。到Stowe的增量成本是1 000美元（400+（150/晚×4晚）），而去Telluride的增量成本为1 020美元（300+（180/晚×4晚））。注意这时飞往Telluride的成本450美元是不相关的，因为它是沉没成本。分析的结果倾向于Stowe，因为它可以节省20美元。

4. 选择c和d。共同固定成本在决策时不应该分配到分部。这么做能够体现每个分部的实际盈利。

5. 选择b。最低价格为直接材料15美元+直接人工5美元+变动制造费用6美元=26美元。

6. 选择c。特殊订单需要7 500分钟（5 000单位×1.5分钟/单位）。考虑到特殊订单可能需要牺牲3 750单位（7 500分钟÷2分钟/单位）的正常产品，放弃的边际贡献为3 750单位×20/单位=75 000美元。

7. 选择d。毛利润包括不相关的固定成本。单位贡献边际忽略了约束资源。

8. 选择a。分离点前发生的任何成本不影响销售和深加工决策。

问题回顾：相关成本

Charter运动用品公司制造圆形、长方形与八边形等3款运动用弹簧垫，其过去几个月的销售和费用资料如下：

	合计数	弹簧垫 圆形	长方形	八边形
销售收入	$1 000 000	$140 000	$500 000	$360 000
变动费用	410 000	60 000	200 000	150 000
边际贡献	590 000	80 000	300 000	210 000
固定费用：				
广告费——可归属的	216 000	41 000	110 000	65 000
特殊设备的折旧费用	95 000	20 000	40 000	35 000
生产线上管理人员工资	19 000	6 000	7 000	6 000
一般性制造费用*	200 000	28 000	100 000	72 000
固定费用合计	530 000	95 000	257 000	178 000
营业净利（损）	$60 000	$（15 000）	$43 000	$32 000

*共同固定成本以销售收入为分配基准。

管理层关心圆形弹簧垫继续亏损的情形，考虑是否将该生产线停工。这台用来生产圆形弹簧垫的特殊设备无出售残值，若停止圆形弹簧垫生产线，则线上两位管理人员也将被解雇。

要求：

1.应该停止圆形弹簧垫的产销活动吗？假设圆形弹簧垫的产能无法移作他用，列出你答案的计算过程。

2.以更有利于管理者评估各生产线获利能力的格式重新整理上述数据。

问题回顾的解答：

1.不应该停止圆形弹簧垫的产销活动，计算如下：

停止圆形弹簧垫边际贡献的损失		$（80 000）
减：可免除的固定成本		
广告费——可归属的	$41 000	
生产线上管理人员工资	6 000	47 000
全公司所减少的营业净利		$（33 000）

特殊机器的折旧费用是沉没成本，在决策中不相关，工厂的制造费用是分配而来的，不管是否停止生产圆形弹簧垫都会继续发生，因此在决策中该项支出也不相关。

2.如果管理层需要更清楚地标示获利部门，一般工厂制造费用就不应该分配。它是共同固定成本，应该从生产线部门边际总额中减去。更有用的利润表如下：

	弹簧垫			
	圆形	长方形	八边形	总计
销售收入	$140 000	$500 000	$360 000	$1 000 000
变动费用	60 000	200 000	150 000	410 000
边际贡献	80 000	300 000	210 000	590 000
可归属的固定成本				
广告费——可归属的	41 000	110 000	65 000	216 000
特殊设备的折旧费用	20 000	40 000	35 000	95 000
生产线上管理人员工资	6 000	7 000	6 000	19 000
可归属固定成本合计	67 000	157 000	106 000	330 000
生产线部门边际贡献	$13 000	$143 000	$104 000	260 000
一般固定费用	200 000			
营业净利（损）	$60 000			

词汇表

可避免成本（avoidable cost）是在决策过程中通过选择某一决策方案可以部分或全部消除的成本，也称作相关成本或差量成本。

瓶颈（bottleneck）是制约整个系统总产出的限制性因素，如设备的生产能力和生产过程中的其他要素。

约束（constraint）是企业运营的限制性因素，例如，有限的机器工时、有限的原材料数量等，它们制约着企业满足生产需要的能力。

差量成本（differential cost）是在决策过程中两个备选方案存在差异的成本，它与可避免成本和相关成本的含义相同。

联合成本（joint costs）是指生产联合产品过程中分离点前发生的成本。

联产品（joint products）是用共同的投入生产的两种或多种产品。

自制或外购决策（make or buy decision）是关于产品是应该由自己生产还是从供应商处购买的决策。

机会成本（opportunity cost）是当选择另一个方案时放弃原方案的可能利润。

松驰的约束性资源（relaxing (or elevating) the constraint）是增加约束性资源数量的措施，或者说是提高能力的行动。

相关成本（relevant cost）是在决策过程中能对不同备选方案加以区别的成本，它与可避免成本和差量成本的含义相同。

销售或深加工决策（sell or process further decision）是在分离点联产品应该被销售或者深入加工的决策。

特殊订单（special order）是不考虑公司正常生产经营活动的一次性订货。

分离点（split-off point）是生产过程中，一些或者全部联产品被认定为单个产品的时点。

沉没成本（sunk cost）是已经发生，并且不为现在或未来的决策所影响的成本。

垂直合并（vertical integration）是指公司包含价值链的多个作业，包括生产、分销、销售和售后服务。

思考题

10-1 什么是相关成本？

10-2 定义下列名词：增量成本、机会成本和沉没成本。

10-3 变动成本是相关成本吗？请解释。

10-4 “沉没成本很容易被发现，它们就是与决策有关的固定成本。”你同意吗？请解释。

10-5 “变动成本和差量成本意义相同。”你同意吗？请解释。

10-6 “所有的未来成本都与决策有关。”你同意吗？请解释。

10-7 Prentice公司放弃一条生产线。生产线的什么成本与这一决策相关？什么成本与决策不相关呢？

10-8 “生产线产生损失就是应该放弃生产线的有力证据。”你同意吗？请解释。

10-9 在生产线和组织中各部门之间分配一般性制造费用时需要注意什么？

10-10 制定自制或外购决策时，如何衡量机会成本？

10-11 给出可能约束的例子。

10-12 公司为了确保产品利润最大化，对贡献边际和生产需要的受限资源量应当进行怎样的联合？

10-13 定义下列名词：联产品、联合成本和分离点。

10-14 从决策制定角度考虑，联合成本应该在联产品中分配吗？

10-15 在决策联产品在分离点应该被销售还是深加工时，思路是什么？

10-16 航空公司在一周的特定时间会为和商业人士同行的家庭成员提供一些减价票。航空公司提供减价票这一决策与相关成本的概念有什么关联？

基础练习十五问

Cane公司生产两种产品，称为Alpha和Beta，销售单价分别为120美元和80美元。每种产品用一种原材料，其成本为6美元/磅。公司有能力每年生产每种产品100 000件。该作业量下单位产品成本如下：

	Alpha	Beta
直接材料	$30	$12
直接人工	20	15
变动性制造费用	7	5
可追溯固定性制造费用	16	18
变动性销售费用	12	8
共同固定成本	15	10
单位总成本	$100	$68

公司考虑可追溯固定性制造费用是可以避免的，然而共同固定成本不能避免，基于销售额分配到产品中。

要求：

1.Alpha和Beta产品线的可追溯固定性制造费用各为多少？

2.公司的共同固定成本总额为多少？

3.假设Cane希望当年生产80 000件Alpha产品。Cane的一个销售代表发现有新客户想额外购买10 000件Alpha，价格为80美元/件。如果Cane接受订单，其利润会增加或者减少多少？

4.假设Cane希望当年生产90 000件Beta产品。Cane的一个销售代表发现有新客户想额外购买5 000件Beta，价格为39美元/件。如果Cane接受订单，其利润会增加或者减少多少？

5.假设Cane希望当年生产95 000件Alpha产品。Cane的一个销售代表发现有新客户想额外购买10 000件Alpha，价格为80美元/件。如果Cane接受订单，会减少销售Alpha产品5 000件给其普通顾客。Cane应该接受吗？

6.假设Cane每年生产和销售90 000件Beta产品。如果其停止Beta生产线，会盈利或者亏损多少？

7.假设Cane每年生产和销售40 000件Beta产品。如果其停止Beta生产线，会盈利或者亏损多少？

8.假设Cane每年生产和销售60 000件Beta产品和80 000件Alpha产品。如果其停止Beta生产线，销售代表会增加15 000件Alpha产品的销售。如果其停止Beta生产线，会盈利或者亏损多少？

9.假设Cane希望当年生产和销售80 000件Alpha产品。供应商提供给Cane80美元/件的价格。如果Cane从供应商处购买而不是自制，利润会增加或者减少多少？

10.假设Cane希望当年生产和销售50 000件Alpha产品。供应商提供给Cane 80美元/件的价格。如果Cane从供应商处购买50 000件而不是自制，利润会增加或者减少多少？

11.生产1单位Alpha和Beta产品需要多少原材料？

12.Alpha和Beta产品的单位贡献边际是多少？

13.假设Cane的客户最多购买80 000件Alpha和60 000件Beta。假设原材料只有160 000磅。Cane为最大化利润应该各生产多少产品？

14.根据13题的建议，其贡献边际总额为多少？

15.如果Cane只有160 000磅的原材料，它最高能接受什么价格的额外原材料？

练习

练习10-1 识别相关成本（学习目标1）

丹麦家具制造商Svahn AB的管理者做决策时的相关成本如下：

项目	案例1		案例2	
	相关	不相关	相关	不相关
a.销售收入				
b.直接材料				
c.直接人工				
d.变动制造费用				
e.账面价值——B100型机器				
f.变卖价值——B100型机器				
g.折旧——B100型机器				
h.市场价值——B100型机器（成本）				
i.固定制造费用（一般）				
j.变动销售费用				
k.固定销售费用				
l.管理费用				

要求：

将上面的信息写到你的答案上，指出在下列情况下，每个项目是相关成本还是不相关成本，请在适当的地方标注X。要求1与案例1有关，要求2与案例2有关。单独考虑每个案例。

1.公司长期满负荷运转B100型机器限制公司的产能。管理层考虑购买新型B300型机器与B100型机器同时用于生产。旧的B100型机器依原来的产能继续使用，新型B300型机器用于扩大产能，这样公司的生产和销售数量都会增加。数量增加导致固定销售费用和管理费用增加，但固定制造费用不会增加。

2.B100型机器不会限制公司产量，但是管理层考虑用B300型替代它，因为新机器能节约直接材料成本。公司将出售B100型机器。除了因为减少浪费而节约的直接材料用量，这一变化对生产和销售没有影响。

练习10-2　放弃还是保留一个部门（学习目标2）

Regal Cycle公司制造三种自行车——越野车、登山车和比赛车。销售和成本数据如下：

	总额	越野车	登山车	比赛车
销售额	$300 000	$90 000	$150 000	$ 60 000
变动性制造和销售费用	120 000	27 000	60 000	33 000
贡献边际	180 000	63 000	90 000	27 000
固定成本				
广告和可追溯的费用	30 000	10 000	14 000	6 000
特殊设备的折旧	23 000	6 000	9 000	8 000
生产线经理的工资	35 000	12 000	13 000	10 000
分配的共同固定成本	60 000	18 000	30 000	12 000
总固定成本	148 000	46 000	66 000	36 000
净经营利润	$32 000	$17 000	$24 000	$（9 000）

注：以销售额为基础分配。

管理层考虑停止生产比赛车能够减少亏损，想要得到建议是否应该停止这条生产线。特殊设备用于生产比赛车没有转售价值。

要求：

1. 比赛车应该停止生产吗？利用计算给出你的解释。

2. 以对管理者评估不同生产方案的利润更有利的格式重新制作上表。

练习10-3　自制或外购零件（学习目标3）

Troy Engines公司生产重型设备的发动机。公司也生产制造发动机必需的所有零件，包括汽化器。一个外部供应商能够为Troy Engines公司提供一种汽化器，价格为35美元/单位。Troy Engines归集其与该汽化器有关的内部成本，数据如下：

	每单位	15 000件总计
直接材料	\$14	\$210 000
直接人工	10	150 000
变动制造费用	3	45 000
固定制造费用，可追溯	6*	90 000
固定制造费用，可分配	9	135 000
总成本	\$42	\$630 000

*1/3的高管工资，2/3的特殊设备折旧（没有转售价值）。

要求：

1. 假设公司没有额外的设备生产汽化器，外部供应商的提议能够接受吗？计算并解释。

2. 如果采购汽化器，公司运用生产力生产一种新产品。新产品的部门边际贡献为150 000美元/年。公司应该接受35美元/单位的汽化器价格吗？计算并解释。

练习10-4　评估特殊订单（学习目标4）

Imperial Jewelers考虑是否接受一个特殊订单，该订单试图将20个手工金手镯作为婚礼的礼物。每个金手镯正常售价为189.95美元，单位产品成本为149.00美元，列示如下：

直接材料	\$84.00
直接人工	45.00
制造费用	20.00
单位产品成本	\$129.00

大多数制造费用都是固定的，不受每期生产珠宝数量影响。然而，4美元的变动制造费用随着手镯的生产量而改变。特殊订单的顾客希望在手镯上镶特殊的金丝边。这种金丝边需要额外材料成本，为每个手镯2.00美元，同时还需要250美元购买特殊工具，这一工具只能用于这个特殊订单，没有其他用途。这一订单对公司正常销售没有影响，并且这一订单在公司现在的产能下就可以完成，不会影响其他订单生产。

要求：

如果特殊订单每个手镯售价169.95美元，接受这一订单对公司净经营利润有何影响？应该以这一价格接受这个特殊订单吗？

练习10-5　受限资源的利用（学习目标5）

Outdoor Luggage公司为运动设备制作高端的皮箱。相关数据如下：

	滑雪	高尔夫	渔具
销售价格	$200	$300	$255
单位变动成本	$60	$140	$55
生产一单位需要的塑料模具生产时间	2分钟	5分钟	4分钟
贡献边际	$18	$36	$20
单位塑料球重量	7磅	4磅	8磅

要求：

1.塑料模具机器的总时间是生产中的约束条件。利用约束生产哪种产品最盈利？哪种产品最不盈利？

2.缺少塑料球要求公司减少生产，以使塑料模具机器的总时间不再是生产中的约束条件。相反，约束是塑料球的重量。利用约束生产哪种产品最盈利？哪种产品最不盈利？

3.哪种产品单位贡献边际最大？在两个例子中，为什么该产品不是最盈利的？

练习10-6　管理有限资源（学习目标6）

Portsmouth公司生产优质的家具。软垫家具是其产品之一，生产的瓶颈就是家居装饰店的时间。装垫是一个需要耗费多年经验来掌握的能力，而且需求要远远大于家居装饰店的生产力。公司需要装垫的椅子数据如下：

	斜躺椅	沙发	双人座椅
销售价格	$1 400	$1 800	$1 500
单位变动费用	$800	$1 200	$1 000
生产一单位产品需要的家居装饰店时间	8小时	10小时	5小时

要求：

1.客户要求家居店员工加班，以使家居店能够生产更多产品。假设多余的时间用于生产沙发，对于超过正常工作时间的家居店员工，公司每小时愿意支付多少钱？

2.附近一家小型家居店提供的固定价格为45美元/小时。Portsmouth的管理层确信该店能提供高质量产品，而且其工人能够做得和本公司的工人一样快。管理层应该接受吗？解释一下。

练习10-7　销售或者深加工（学习目标7）

Dorsey公司利用一种投入生产三种产品。分离点前联合生产成本为350 000美元/季度。公司将这些成本在分离点处按照相对销售额分配到联产品中。分离点处单位售价和总产量数据如下：

产品	售价	季度产量
A	$16美元/磅	15 000磅
B	$8美元/磅	20 000磅
C	$25美元/磅	4 000加仑

每种产品在分离点后可以进行深加工。额外的流程不需要特殊设备。深加工后额外流程的成本和单位售价如下：

产品	额外加工成本	售价
A	$63 000	$20美元/磅
B	$80 000	$13美元/磅
C	$36 000	$32美元/磅

要求：

在分离点应该销售哪种产品？哪种产品应该深加工？计算并解释。

第11章　资本预算决策

前章回顾

我们在第10章了解到相关成本和收益的概念被广泛运用在各类决策制定过程的基本框架中。

本章简介

第11章将决策制定范围扩大至长期投资项目上，列举经理人面对这些决策时使用的各种方法。

下章简介

第12章将讨论现金流量表，及如何借助财务报表上的信息说明怎样区分各种形态的现金流入与流出。

本章概要

资本预算概述

□ 典型的资本预算决策

□ 净经营利润的现金流量

□ 货币的时间价值

投资回收期法

□ 投资回收期法评价

□ 投资回收期法的延伸范例

□ 投资回收期与不等额现金流量

净现值法

□ 原始投资的收回

□ 净现值法拓展应用的举例

净现值法拓展应用形式

□ 成本最小化决策

偏好决策——投资项目排序

内含报酬率法

净现值法与所得税

简单收益率法

投资项目的事后审计

附录11A：现值概念

□ 利息的数学

□ 现值计算

□ 一系列现金流量的现值

学习目标

在学完第11章之后，你应该能够：

目标1：决定投资项目回收期。

目标2：使用净现值法评估投资项目的可行性。

目标3：依照偏好排列投资项目。

目标4：计算投资项目的简单收益率。

目标5：（附录11A）了解净现值概念和净现值表的使用。

决策专栏：商用送货车队采用电动卡车

Staples、Frito-Lay和AT&T已经开始购买电动送货车，尽管它们的采购成本比柴油送货车高30 000多美元。Staples愿意做出更昂贵的预付投资，因为它预计每辆电动卡车承担较低的运营成本。例如，它估计电动卡车每年将节省2 450美元的维修费用和6 500美元的燃料成本。它同时还预计每4年或5年更换一次电动卡车的刹车，然而柴油卡车的刹车一两年就得更换。Staples预计，使用年限为10年的电动运输车，每辆可节省60 000美元。

资料来源：Mike Ramsey，"As Electric Vehicles Arrive，Firms See Payback in Trucks，" *The Wall Street Journal*，December 8，2010，pp. B1–B2.

管理者经常要做出现在投资期望在未来获得利润的决策。例如，Yum! Brands, Inc.每开一家新的必胜客餐厅，就是一项投资；L.L.Bean安装一项新的处理客户账单的电脑程序，也是一项投资；Ford重新设计F-150皮卡车也是一项投资；Merck & Co.投资医学研究也是一项投资；亚马逊（Amazon.com）重新设计网站也是一项投资。所有这些投资都要求在今天投入资金，并期望在未来以现金流入增加或减少现金流出的形式获得回报。

资本预算（capital budgeting）用来阐述管理者如何规划有长远影响的大额支出，例如购买新设备及引进新产品。大多数的公司有许多可能的计划，实际预算却没那么多，因此，管理者必须谨慎地选择那些未来能创造最大收益的计划。管理者能否做出好的资本预算决策，事关公司能否长期获利。本章对资本预算决策的三种方法进行了深入的探讨——投资回收期法、净现值法和简单收益率法。

11.1 资本预算概述

11.1.1 典型的资本预算决策

资本预算决策是任何牵涉到目前投入是为了未来取得收益的决策，典型的资本预算决策包括：

1.降低成本决策：应该购买新设备来降低成本吗？

2.扩张决策：需要新增一座工厂、仓库或其他设备以增加产能和销售额吗？

3.选择设备决策：在几种可供选择的机器中，应该购买哪一种？

4.承租或采购的决策：应当租赁还是购买新机器？

5.设备重置决策：旧设备应该在现在还是以后重置？

资本预算决策分为两大类——筛选决策（screening decisions）和偏好决策（preference decisions）。筛选决策是指关于某些提案计划是否符合目前接受标准的决策方式，例如，某公司只接受那些承诺的报酬率达到20%的投资项目，必要投资报酬率是接受某项计划所需的最低报酬率。相对的，偏好决策是指从几个竞争的方案中择一的决策方式，例如，某家公司可能考虑几种不同的机器以取代目前组装线上的机器，选择采购哪种机器即为偏好决策。

11.1.2 净经营利润的现金流量

本章讨论的两个资本预算方法——投资回收期法和净现值法，都侧重于分析与资本投资项目相关的现金流量，而简单收益率法侧重于分析增量净经营利润。为了更好地应用投资回收期法和净现值法，我们应先确定最常见的与资本投资项目相关的现金流出和现金流入。

典型现金流出（typical cash outflows）

大多数项目都有三种类型的现金流出：第一，它们通常需要原始设备投资、其他资产和安装成本等形式的即刻现金支出。出售旧设备残值可以当作现金流入，或减少所需投资额。第二，有些项目要求公司扩充营运资本。营运资本（working capital）为流动资产（现金、应收账款和存货）减流动负债，当公司采用新项目时，流动资产账户余额通常会增加。例如，新开一家Nordstrom百货公司将需要额外销售收音机和更多存货。这些额外的营运资本需求，应该被视为对一个项目的原始投资额。第三，许多项目需要定期的修理和维护支出及额外的营业成本。

典型现金流入（typical cash inflows）

大多数项目都有三种类型的现金流入：第一，一个项目不是增加收入就是降低成本。不论是哪一种，在资本预算过程中，相关的金额都被视为现金流入。从现金流的角度讲，节省成本就相当于增加收入。第二，在项目结束后，设备处理的残值通常也是现金流入的一部分。第三，项目结束时，任何因该项目而冻结的营运资本，已可以释放出并被运用于其他地方，也应该被当作现金流入。例如，当公司卖完存货或收到货款时，营运资本即被释放出。

11.1.3 货币的时间价值

在定义资本项目的现金流入和流出之前，考虑现金流的发生时间同样很重要。举个例子，如果有人愿意今天给你1 000美元，你可以省着用作以后的退休金，或他承诺1年后再给你1 000美元留着你以后退休用，你会选择哪种？在所有的可能性中，你会选择今天收到1 000美元，因为你用它投资，1年后你可以获得比1 000美元更多的现金。这个简单的例子说明了货币的时间价值。今天的1美元在1年后价值会超过1美元，就像你今天存1美元在银行，1年后会得到不止1美元一样。因此，那些承诺较早收回的投资比稍后收回的要好。

虽然投资回收期法侧重于现金流，但它不考虑货币时间价值。换言之，它将今天收到的1美元与在未来的任何时间点收到的1美元视为平等的价值。反之，净现值法不仅侧重于现金流，它还考虑这些现金流的时间价值。它采用了一种叫作贴现现金流量的技术将未来现金的价值转换为较小的现值。如果你对折现和如何使用现值表并不熟悉，在进一步学习之前，先阅读本章最后的附表11A——现值概念（the concept of present value）。

小贴士

简单收益率法采用净经营利润进行资本预算分析，而投资回收期法和净现值法是基于现金流模式的分析。投资回收期法忽略了货币的时间价值；相反，净现值法通过折现现金流量得出现值，从而考虑了货币时间价值。

商业实践

投资葡萄园：现金流视角

Michael Evans计划到阿根廷的Buenos Aires创建自己的企业Vines of Mendoza，他不得不预计这个项目的预期投资成本和未来的现金流，初始投资成本包括购买1 046英亩土地和品酒室的费用，购买灌溉系统的30万美元，购买地下电缆的3万美元，购买25万株葡萄幼苗的28.5万美元，共计290万美元。年运营成本包括1 500美元的修枝、割草和灌溉费用，以及每英亩114美元的收割费用。

从未来现金流量角度，Evans希望能够将自己的部分种植土地卖给那些想要自己种葡萄并自己酿酒的买主。每英亩收取一次性费用55 000美元，买主除了支付每年的营运成本之外，还要支付25%的额外费用。好的年景下，那些买主从自己的葡萄园总能获得250桶葡萄酒。

资料来源：Helen Coster，"Planting Roots，" *Forbes*，*March 1*，2010，pp. 42-44.

11.2 投资回收期法

目标1： 决定投资项目回收期。

投资回收期（payback period）是指从项目净现金收入中收回原始投资额所需的时间，该期间通常被称为“自己偿还一项投资所需的时间”（the time that it takes for an investment to pay itself）。投资回收期法的基本前提是越快收回成本的投资项目越受青睐。

投资回收期是以年来表达的，当每年净现金流入相同时，可以用下列公式计算投资回收期：

$$投资回收期=\frac{所需投资额}{每年净现金流入}$$

为举例说明投资回收期法，我们考虑以下的资料：

例A

York公司需要一台新的研磨机，公司考虑两款机器：A机器和B机器。A机器成本为15 000美元，使用寿命为10年，每年将减少营业成本5 000美元。B机器成本只有12 000美元，每年一样将减少营业成本5 000美元，但它的使用寿命只有5年。

要求：

根据投资回收期法，该购买哪一款机器？

A机器投资回收期 = \$15 000/\$5 000 = 3.0年

B机器投资回收期 = \$12 000/\$5 000 = 2.4年

根据对投资回收期的计算，York公司应该购买B机器，因为它的投资回收期较A机器短。

11.2.1 投资回收期法评价

投资回收期法并不是衡量投资获利能力的方法，它只是告诉管理者，要几年的时间才能收回原始投资额。不幸的是，短的投资回收期并不意味着一种方案一定优于另一种方案。

例如，就上述两台机器的资料而言，虽然B机器投资回收期较A机器短，但A机器有10年的寿命，而B机器的寿命为5年，买2台B机器才能达到1台A机器的服务年限。在这种情况下，纵使B机器投资回收期较短，投资A机器可能远比投资B机器好，且投资回收期法忽视了投资回收期过后项目产生的现金流。

对投资回收期法更进一步的批评在于它没有考虑货币的时间价值。未来几年后收到的现金流入与目前收到的现金流入相等。例如，假设你可以用8 000美元购买下列两个现金流入趋势其中的一个：

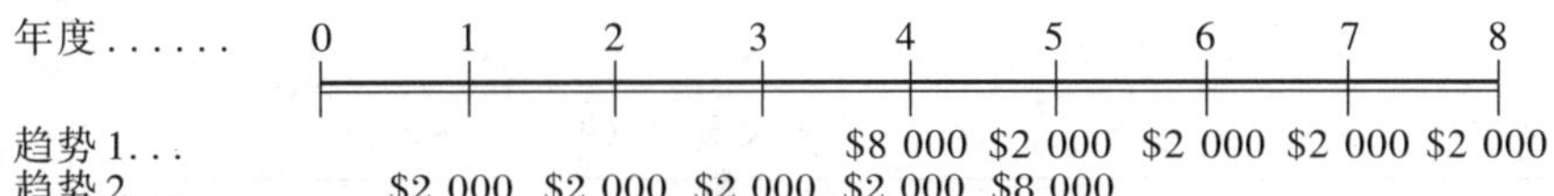

年度......	0	1	2	3	4	5	6	7	8
趋势1...					\$8 000	\$2 000	\$2 000	\$2 000	\$2 000
趋势2...		\$2 000	\$2 000	\$2 000	\$2 000	\$8 000			

你偏好收到哪个现金流入趋势的回报？两个趋势的投资回收期都为4年，因此若只依赖投资回收期做决策，你可能会说两个趋势都一样，但是从货币时间价值观点而言，趋势2较趋势1更好。

另一方面，在某些情况下投资回收期法是非常有用的：首先，它可以帮助判断哪个投资项目是可行的（in the ballpark），也就是说，它可以用来作为回答"我应该进一步考虑该项目吗？"的筛选工具。如果一个项目无法在特定期间内还本，那可能不需要进一步的考虑。其次，投资回收期对那些"现金短缺"（cash poor）的新公司来说通常非常重要。当一家公司现金短缺时，一个投资回收期短但报酬率低的投资项目，可能比另一个报酬率高但投资回收期长的项目更好。原因是公司可能只想得到更快的现金回报。最后，投资回收期法时常被用在产品很快过期的产业，如消费性电子产品上，因为产品只存在一到两年，投资回收期必须非常短。

11.2.2 投资回收期法的延伸范例

如同先前公式所示，投资回收期是由项目的投资额除以其每年净现金流入得到的。如果是新设备取代旧设备，那么任何处理旧设备收到的残值应该从新设备成本中减除，在计算投资回收期时只应包括增量投资的部分。此外，可以从净利中减除的设备折旧应该加回到项目预计的年净现金流入中。为了加以说明，考虑下列资料：

例B

Goodtime Fun Centers公司在东部各州经营多家游乐园。其中一家游乐园的某些自动贩卖机收入很少，公司考虑将机器移除并安装贩售冰淇淋的设备。该设备成本为80 000美元，使用寿命为8年，无残值。每年销售冰淇淋的增量收入和相关成本如下：

销售额	$150 000
变动成本	90 000
贡献边际	60 000
固定费用：	
薪资	27 000
维修费	3 000
折旧	10 000
固定费用合计	40 000
净利	$20 000

自动贩卖机出售的残值为5 000美元，公司采购设备的投资回收期至少为3年。请问公司应该购买该冰淇淋设备吗？

关于提案设备的投资回收期分析见表11-1。表中的几个事项应该加以注意：首先，折旧加上净利后得出新设备的每年净现金流入，折旧并不是现金流出，所以在现金基础上必须将其加回到本期净利中。其次，在投资回收期的计算中，旧机器的残值必须从新机器成本中减除，计算投资回收期时只用到增量投资的金额。

表11-1　　计算投资回收期

步骤一：计算每年净现金流入。因为题目并未给出每年净现金流入金额，所以它须在计算投资回收期之前加以计算：

本期净利（题目已给）…………… $20 000

加：非现金流出的折旧…………… 10 000

每年净现金流量…………………… $30 000

步骤二：计算投资回收期。利用上面计算的净现金流入数字，投资回收期计算如下：

新设备成本………………………… $80 000

减：旧设备残值…………………… 5 000

所需投资额………………………… $75 000

投资回收期 = 所需投资额/每年净现金流入

= $75 000/$30 000

= 2.5年

提议的设备投资回收期少于3年，已符合公司要求的投资回收期。

11.2.3　投资回收期与不等额现金流量

当与投资项目相关的现金流量每年都不相同时，我们介绍的简单投资回收期法的公式将不再适用。这种情况下的回收期可以计算如下（假设现金流入均匀地发生于整年）：投资回收期=投资额得以回收的前一年的年数+（今年年初未收回的投资÷投资得以回收年度的现金流入）。如何应用这个公式？考虑以下数据：

年度	投资额	现金流入
1	$4 000	$1 000
2		$0
3		$2 000
4	$2 000	$1 000
5		$500
6		$3 000
7		$2 000

该投资的投资回收期为多久？答案是5.5年，要得出这个数字必须年复一年地每年追踪未收回投资额。该计算过程如表11-2所示。在第6年中，现金流入已足够支付整个6 000美元（4 000+2 000）的投资额。

表11-2　　回收期与不等额现金流量

年度	投资额	现金流入	期末未收回投资额*
1	$4 000	$1 000	$3 000
2		$0	$3 000
3		$2 000	$1 000
4	$2 000	$1 000	$2 000
5		$500	$1 500
6		$3 000	$0
7		$2 000	$0

*X年未收回投资=X年-1年未收回投资+X年投资-X年现金流入。

概念检查

1. 下列哪一项陈述是正确的？（可多选）

a. 货币时间价值说明今天收到的一美元比一年后收到的一美元更值钱

b. 营运资本等于非流动资产减去流动资产

c. 简单投资回收期法侧重于净营业利润增量

d. 资本成本是公司必须支付给长期债权人及股东的平均回报率

2. 下列哪一项陈述是正确的？（可多选）

a. 投资回收期随着资本成本的增加而增加

b. 投资回收期是未来现金流弥补初始投资成本所需时长

c. 计算投资回收期的公式中包括公司的净经营利润

d. 使用投资回收期法需要折现现金流

11.3　净现值法

目标2：使用净现值法评估投资项目的可行性。

如前所述，净现值法使用折现现金流量进行资本预算决策。它比较了项目现金的现值与当前现金流出的差额。在净现值法下，净现值（net present value）是指某项计划的现金流入现值与其现金流出现值的差额，用以决定该项计划是否为一个可接受的投资。当进行净现值分析时，管理者通常会做出两个重要的假设：第一，他们假设除初始投资以外的所有的现金流均发生在期间结束时。这个假设有点不切实际，因为现金流发生在一个时期，而不是在期间结束的时点。然而，它一定程度上简化了计算。第二，管理者认为，投资项目产生的所有现金流量的再投资回报率等于未来的现金流量的折现率，其也被称为折现率。如果这些条件没有达到，净现值计算将不准确。为了说明净现值分析，我们假设以下的信息：

例C

Harper Company正打算采购一台机器执行一些作业取代现有的人工作业，该机器成本为50 000美元，使用期限5年，5年后机器残值为0。使用该机器每年将减少人工成本18 000美元，Harper Company要求所有投资项目税前的最低报酬率为18%[①]。

表11-3　　基于现值表中折现率数据的净现值分析

	A	B	C	D
1			年份	
2		现在	1~5	5
3	原始投资	$ (50,000)		
4	年营运成本		$ 18,000	
5	新设备回收残值			$ 5,000
6	现金流总计［a］	$ (50,000)	$ 18,000	$ 5,000
7	折现率（18%）［b］	1.000	3.127	0.437
8	现金流现值［a］×［b］	$ (50,000)	$ 56,286	$ 2,185
9	净现值	$ 8,471		
10				
11	注：折现率数据来源于现值表。			
12				

Exhibit 11-3　Exhibit 11-4　Exhibit 11-

该机器应该购置吗？Harper公司必须决定，如果在未来5年内，每年将节省18 000美元的成本，现在投资50 000美元将是合理的。既然节省的总成本为90 000美元（5×$18 000），答案可能很明显。但是公司可以将资金投资到其他地方，赚取20%的投资报酬率。单单只有成本节省高于机器原始成本是不够的，它至少要产生18%的投资报酬率，否则公司将资金投到其他地方会更好。

要决定该项投资是否必要，需将每年节省的18 000美元成本统一折算为现值，与新机器的成本做比较。既然Harper公司要求所有投资项目最低的投资报酬率为20%，即用它来作为折现计算的利率。表11-3呈现出这一计划的净现值计算。首先，原始投资现值计算为投资额50 000乘以1.000，1.000是立即发生支出的现金流量现值系数。其次，年节约成本18 000美元乘以3.127（折现率18%，5年的年金现值系数）等于56 286美元，得到年节约成本的现值。最后，用新资产的回收残值5 000美元乘以0.437（折现率18%，5年的复利现值系数），得到2 185美元。加总单元格B8到D8的

① 为了简单起见，我们忽略通货膨胀和税收。所得税对资本预算的影响会在高年级教材中进行讨论。

数据，可以得到净现值为8 471美元。[①]

表11-4演示了进行同样计算的一种替代方法。这种替代方法也是先计算原始投资现值，用50 000美元乘以1.000，1.000是立即发生支出的现金流量现值系数。然而，与通过现值表中数据3.127计算每年节约营运成本的现值不同的是，它使用现值表中的数据，分别计算第一年到第五年节约的营运成本和新资产的回收残值现值。例如，第三年节约的营运成本18 000美元乘以折减系数0.609得到这个未来的现金流的现值，10 962美元。另一个例子是，第5年的现金流23 000乘以0.437的折现率，得到未来现金流量现值10 051美元。将现值B8到G8加在一起计算出项目的净现值为8 471美元。

表11-4　　基于现值表中折现率数据的净现值分析

	A	B	C	D	E	F	G
1					年份		
2		现在	1	2	3	4	5
3	原始投资	$(50,000)					
4	年营运成本		$18,000	$18,000	$18,000	$18,000	$ 18,000
5	新设备回收残值						$ 5,000
6	现金流总计 [a]	$(50,000)	$18,000	$18,000	$18,000	$18,000	$ 23,000
7	折现率（18%）[b]	1.000	0.847	0.718	0.609	0.516	0.437
8	现金流现值 [a] × [b]	$(50,000)	$15,246	$12,924	$10,962	$ 9,288	$ 10,051
9	净现值	$ 8,471					
10							
11	注：折现率数据来源于现值表。						
12							

表11-3和表11-4中描述的方法在数学上是等价的，项目净现值都为8 471美元。这两者之间唯一的区别是年节约营运成本的折现方法。在表11-3中，节约的年营运成本使用年金现值系数3.127将其折现为现值。而在表11-4中，这些节约成本使用五个单独的折现率，其总和为3.127（0.847+0.718+0.609+0.516+0.437)。也就是说，计算是等价的。而你可以随意使用这两种方法进行净现值计算。我们强调表11-4所使用的方法有两个原因。首先，在进行净现值计算时，大多数管理者使用与表11-4类似的方法。他们用Excel在一个单独的列中汇总每一年的现金流量，然后用现值表中的贴现率计算每年的现金流量现值。第二个原因，许多学生认为，当净现值计算越来越复杂时，表11-4所显示的净现值计算方法更容易理解。

使用上述我们所讨论的方法计算净现值后，你需要解释你的发现。例如，因为Harper公司的项目有正的净现值为8 471美元，这意味着公司应购买新资产。一个正的净现值表示该项目的回报率超过折现率；负的净现值表示该项目的回报率低于折现率。因此，如果以公司最低必要报酬率作为折现率，有正的净现值的项目有超过最低必要报酬率的回报率，则该项目是可以接受的；相反，具有负的净现值的项目，其回报率比最低必要报酬率低，该项目是不可接受的。总而言之：

---

① 在这一章中，我们使用现值表中的折现率，所有现值计算保留到小数点后三位。Excel也可以用于计算折现率，但是不能保留3位小数。这与现值表提供的数据略有差异。

若净现值为……	该计划应该……
正数……	可接受，因为预计报酬率高于必要报酬率
零……	可接受，因为预计报酬率等于必要报酬率
负数……	不可接受，因为预计报酬率小于必要报酬率

为了加强你对最低必要报酬率的理解，需要强调的是，一个公司的资本成本通常被视为其最低限度必要报酬率。资本成本是公司必须支付给长期债权人及其股东的平均回报率。如果一个项目的回报率小于资本成本，公司赚不到足够的利润来补偿其债权人和股东。因此，任何回报率小于资本成本的项目应予以拒绝。资本成本可以作为一种过滤器（screening device）。当资本成本被用作净现值分析中的折现率时，任何不能补偿公司资本成本的具有负净现值的项目，是不可接受的。

11.3.1 原始投资的收回

使用净现值法能够看出原始投资的回报。当一个项目的净现值为正时，该项目能补偿原始投资成本并附加足够的超额现金流入，以补偿该企业在项目中所占用资金。为了论证这一点，考虑以下情况：

例D

Carver Hospital正在考虑购买耗资3 169美元的X射线机附件设备。该附件设备使用年限为4年，它没有残余价值。它将为X射线部每年增加1 000美元净现金流入。医院董事会要求的最低必要投资报酬率为10%。

购买X射线机附件设备的净现值分析如表11-5所示。注意附件设备的回报率是10%，因为折现率为10%时，其净现值为零。附件设备每年产生的1 000美元的现金流入由两个部分组成：一部分表示对原始投资3 169美元的补偿，而另一部分代表了对这项投资的补偿。每年1 000美元的现金流入分割为对原始投资和项目的回报，具体计算过程如表11-6所示。

表11-5　　Carver Hospital附件设备净现值分析

	A	B	C	D	E	F
1					年份	
2		现在	1	2	3	4
3	原始投资	$(3,169)				
4	年净现金流入		$1,000	$1,000	$1,000	$1,000
5	现金流总计 [a]	$(3,169)	$1,000	$1,000	$1,000	$1,000
6	折现率（10%）[b]	1.000	0.909	0.826	0.751	0.683
7	现金流现值 [a] × [b]	$(3,169)	$ 909	$ 826	$ 751	$ 683
8	净现值	$ 0				
9						
10	注：折现率数据来源于现值表。					
11						

第一年的1 000美元的现金流入包括317美元的对原始投资额的补偿（以10%的利率补偿3 169美元的原始投资），再加上683美元的项目回报。因为未收回的投资额逐年下降，其项目回报额也逐年下降。到第四年底，3 169美元原始投资已全部收回。

表11-6　　Carver Hospital现金流分拆分析

	A	B	C	D	E	F
1		(1)	(2)	(3)	(4)	(5)
2	年份	年度应偿还投资余额	现金流入	原始投资回收额（1）×10%	项目回收额（2）-（3）	期末未偿还投资余额
3	1	$3,169	$1,000	$317	$683	$2,486
4	2	$2,486	$1,000	$249	$751	$1,735
5	3	$1,735	$1,000	$174	$826	$909
6	4	$909	$1,000	$91	$909	$0
7	投资回收额总计				$3,169	
8						

商业实践

自然冷却服务器

Google每年电力消耗量超过2太瓦小时，这比每年美国200 000个家庭的电力消费量还大。Google电力消耗的很大一部分用于运行和冷却其庞大的服务器。为了降低电费，Google投资2亿欧元在芬兰哈米纳的波罗的海附近建立一个服务器存储设备。哈米纳的低电价加上其持续较低的温度环境会大大降低Google每年的电费。在Google的设备建立后不久，Facebook在瑞典的Luleá建起了5英亩的数据中心，那里的平均气温为35华氏度。

资料来源：Sven Grunberg and Niclas Rolander，"For Data Center，Google Goes for the Cold，" *The Wall Street Journal*，September 12，2011，p. B10.

11.3.2　净现值法拓展应用的举例

例E展示了用净现值法分析项目的拓展案例，该案例可以帮我们将不久前建立的众多概念串联在一起。

例E

在一项特殊许可协议中，Swinyard公司有机会以5年为限上市一种新产品。从制造厂买进产品后，Swinyard公司负责促销及配送的所有成本。第五年年底，其有权选择是否续签许可协议。在仔细研究后，Swinyard公司为新产品估计了下列相关收入和成本的信息：

所需设备成本	$60 000
所需营运资金	$100 000
第四年设备大修	$5 000
第五年设备残值	$10 000
每年收入和成本	
销售收入	$200 000
销售成本	$125 000
付现成本（工资、广告和其他直接成本等）	$35 000

若不续签许可协议，营运资本将于第五年年底释放出用作其他投资。Swinyard公司的折现率为14%。你会建议推出该新产品吗？

该例包括各项不同现金流入和流出，解答详见表11–7。

表11–7　　　　净现值法——拓展例子

	A	B	C	D	E	F	G
1					年份		
2		现在	1	2	3	4	5
3	购买设备	$ (60,000)					
4	营运资金	$ (100,000)					
5	销售收入		$ 200,000	$ 200,000	$ 200,000	$ 200,000	$ 200,000
6	销贷成本		$(125,000)	$(125,000)	$(125,000)	$(125,000)	$(125,000)
7	广告、工资等付现成本		$ (35,000)	$ (35,000)	$ (35,000)	$ (35,000)	$ (35,000)
8	设备大修					$ (5,000)	
9	设备残值						$ 10,000
10	营运资金收回						$ 100,000
11	现金流总额（a）	$ (160,000)	$ 40,000	$ 40,000	$ 40,000	$ 35,000	$ 150,000
12	折现率14%（b）	1.000	0.877	0.769	0.675	0.592	$ 0.519
13	现金流现值	$ (160,000)	$ 35,080	$ 30,760	$ 27,000	$ 20,720	$ 77,850
14	净现值	$ 31,410					
15							
16	注：折现率数据来源于现值表。						
17							

特别留意表中营运资本的处理，在项目开始时它作为现金流出，项目结束时释放出作为现金流入。还要留意销售收入、销售成本和付现成本（out-of-pocket costs）的处理。付现成本是指实际用现金支付的工资、广告费和其他营业费用。

因为折旧并无现金流出，因此属于非付现成本。

既然总净现值为正数，假设公司无其他更好的投资项目，则该项目应被采纳。

商业实践

经济困境中缩减资本预算

当经济的健康状况不确定时，资本支出往往趋于下降。由于不确定的经济状况，Rite Aid 的 CEO Mary Sammons把公司的资本预算缩减了5 000万美元。Petrohawk能源集团面对经济疲软的状态，削减其15亿美元预算的1/3。雅诗兰黛公司也“勒紧了裤腰带”，逼着管理层来选择放弃和坚持的项目。百胜餐饮集团（必胜客、肯德基和塔可·贝尔的主人）放弃“可能成真”的项目，只支持“必须有”的项目度过经济困难时期。

资料来源：Matthew Boyle，“The Budget Knives Come Out,” *BusinessWeek*，October 13，2008，p. 30.

11.4　净现值法拓展应用形式

到目前为止，我们的例子都只有一个投资方案，现在我们将在下面的部分用总成本法讲述在两种备选方案中做选择时净现值法的应用。

计算比较项目时，总成本法是最有弹性的方法。为说明该方法，考虑下面的例子：

例F

Harper Ferry公司在密西西比河沿岸提供摆渡服务，它有一艘渡船坏了，该渡船目前花200 000美元可以修复，并且在未来3年内，发动机的维护和大修需要花费成本80 000美元。如果完成这一工作，渡船可使用5年，5年后船要报废时残值约为60 000美元。该船目前残值是70 000美元，每年经营摆渡的成本为300 000美元，年营业收入为400 000美元。

Harper Ferry公司的另一个选择是购买一艘新渡船，成本为360 000美元。新渡船寿命为5年，但第三年年底时需进行维修，估计维修费为30 000美元。在第五年底该渡船的估计残值为60 000美元。每年经营摆渡成本为210 000美元，每年营业收入为400 000美元。

Harper Ferry公司对所有投资项目要求的最低税前报酬率为14%。

表11-8　　项目选择总成本法

	A	B	C	D	E	F	G	H
1	保留旧渡船：				年份			
2		现在	1	2	3	4	5	
3	翻修投入	$ (200,000)						
4	年收入		$ 400,000	$ 400,000	$ 400,000	$ 400,000	$ 400,000	
5	年现金运营成本		$ (300,000)	$ (300,000)	$ (300,000)	$ (300,000)	$ (300,000)	
6	3年维修费用				$ (80,000)			
7	净残值						$ 60,000	
8	现金流总额（a）	$ (200,000)	$ 100,000	$ 100,000	$ 20,000	$ 100,000	$ 160,000	
9	折现率14%（b）	1.000	0.877	0.769	0.675	0.592	0.519	
10	现金流现值（a）×（b）	$ (200,000)	$ 87,700	$ 76,900	$ 13,500	$ 59,200	$ 83,040	
11	净现值	$ 120,340						
12								
13	购买新渡船：				年份			
14		现在	1	2	3	4	5	
15	初始投资	$ (360,000)						
16	旧船净残值	$ 70,000						
17	年收入		$ 400,000	$ 400,000	$ 400,000	$ 400,000	$ 400,000	
18	年现金营运成本		$ (210,000)	$ (210,000)	$ (210,000)	$ (210,000)	$ (210,000)	
19	3年维修费用				$ (30,000)			
20	新渡船净残值						$ 60,000	
21	现金流总值（a）	$ (290,000)	$ 190,000	$ 190,000	$ 160,000	$ 190,000	$ 250,000	
22	折现率14%（b）	1.000	0.877	0.769	0.675	0.592	0.519	
23	现金流现值（a）×（b）	$ (290,000)	$ 166,630	$ 146,110	$ 108,000	$ 112,480	$ 129,750	
24	净现值	$ 372,970						
25								
26	购买新渡船的净现值	$ 252,630						
27								
28	注：折现率数据来源于现值表。							
29								

Exhibit 11-3 / Exhibit 11-4 / Exhibit 11-5 / Exhibit 11-6 / Exhibit 11-7 / Exhibit 11-8 / Exhibit 11-

公司应该采购新渡船还是修复旧渡船？表11-8以总成本法加以解答。

该表中有两点要注意：首先，所有的现金流入和现金流出都包括在每个方案的计算中，并未将现金流量区分成与决策相关或非相关。这种每个方案中包括所有现金流量的方法被称为总成本法。

其次，两项方案都计算出其方案的净现值。这是总成本法一项特有的优点，因为如此，可以同时比较多个方案，并做出最好的选择。例如，Harper Ferry公司另外的选择就是退出渡船的生意，如果管理者愿意，可将该方案的净现值与表11-8的方案做比较。同样的，公司也可能会有其他选择。就目前所拥有的这两个方案而言，最优方案是采购新渡船，这个项目的净现值为252 630美元。[①]

① 最高的净现值并不总是最好的选择，尽管在案例中它是最好的选择。进一步讨论见本节偏好决策——投资项目排序。

11.4.1 成本最小化决策

一些决策不涉及任何收入。例如，一家公司需要决定购买还是租赁一架直升飞机。需要决策哪一种方案是更便宜的。在这种情况下，如这些方案没有收入，最理想的方案是现值视角下总成本最少的方案。因此，其被称为最小成本决策。为了说明一个最小成本决策，考虑以下数据：

例G

Val-Tek公司考虑更换旧的针织机器，一台新的针织机器将会降低每年的营业成本。新旧机器的相关资料如下：

	旧机器	新机器
新的采购成本	$200 000	$250 000
目前残值	$30 000	—
每年营业现金支出	$150 000	$90 000
立即需要的修理费	$40 000	—
6年后残值	$0	$50 000
剩余年限	6年	6年

Val-Tek公司使用10%的折现率。

表11-9　　　成本最小化决策：净现值分析

	A	B	C	D	E	F	G	H
1	保留旧机器：		年份					
2		现在	1	2	3	4	5	6
3	翻修投入	$ (40,000)						
4	年现金运营成本		$ (150,000)	$ (150,000)	$ (150,000)	$(150,000)	$(150,000)	$(150,000)
5	现金流总额（a）	$ (40,000)	$ (150,000)	$ (150,000)	$ (150,000)	$(150,000)	$(150,000)	$(150,000)
6	折现率14%（b）	1.000	0.909	0.826	0.751	0.683	0.621	0.564
7	现金流现值（a）×（b）	$ (40,000)	$ (136,350)	$ (123,900)	$ (112,650)	$(102,450)	$ (93,150)	$ (84,600)
8	净现值	$ (693,100)						
9								
10	购买新机器：		年份					
11		现在	1	2	3	4	5	6
12	初始投资	$ (250,000)						
13	旧机器净残值	$ 30,000						
14	年现金营运成本		$ (90,000)	$ (90,000)	$ (90,000)	$ (90,000)	$ (90,000)	$ (90,000)
15	新机器净残值							$ 50,000
16	现金流总值（a）	$ (220,000)	$ (90,000)	$ (90,000)	$ (90,000)	$ (90,000)	$ (90,000)	$ (40,000)
17	折现率14%（b）	1.000	0.909	0.826	0.751	0.683	0.621	0.564
18	现金流现值（a）×（b）	$ (220,000)	$ (81,810)	$ (74,340)	$ (67,590)	$ (61,470)	$ (55,890)	$ (22,560)
19	净现值	$ (583,660)						
20								
21	购买新机器的净现值	$ 109,440						
22								
23	注：折现率数据来源于附录11B的表11B-1。							
24								

Exhibit 11-4 Exhibit 11-5 Exhibit 11-6 Exhibit 11-7 Exhibit 11-8 Exhibit 11-9

表11-9使用总成本法分析各备选方案。因为这是最小成本决策，两个方案的现值都是负的。然而，购买新机器的现值为109 440美元，高于另一个方案。因此，购买新机器是更好的选择。

概念检查

3. 下列哪种表述是错误的？（可以选择多个）

a. 在净现值分析中，总成本法和增量成本法有时可能会得出冲突的结果

b. 成本最小化法不包括任何收入

c. 现值随着收入时间的延长而增加

d. 折现率越高，未来收入的现值就越低

商业实践

家庭装修逐步走向环保，是吗？

许多购房者持有建筑环保住宅的理念直到他们拿到账单。Specpan，一个印第安纳波利斯的研究公司，估计"绿色"上门费要比常规的家装贵10%~19%。例如，安装太阳能电动玻璃面砖屋顶的费用是15 000美元/100平方英尺，而采用纤维水泥瓦的费用为1 200美元/100平方英尺。环保的室内油漆成本为每加仑35美元到42美元，标准乳胶漆成本为每加仑20美元到32美元。房子的房主平均7年左右就会搬家。在这样的时间框架下，许多环保投资似乎在财务上没有吸引力。尽管如此，美国建筑师协会报告说，其63%的客户对再生地板材料感兴趣，如软木和竹子，比一年前高53%。

资料来源：June Fletcher, "The Price of Going Green," *The Wall Street Journal*, February 29, 2008, p. W8.

你的决策　融资买跑车

假设你想要花21 495美元购买一辆跑车或者通过租赁得到跑车。如果租赁，签租赁合同时需要支付2 078美元，然后在24个月内每个月支付300美元。24个月结束后，你可以选择支付13 776美元买下这辆车；如果不买下这辆车，车就被还给经销商。

你有足够的钱支付租赁首付，但没有钱买下这辆车。然而，你可以从信用合作社以每个月1%的利率借入不足的资金。你是选择从信用合作社借钱买车，还是从经销商处租赁？

提示：现金支出选择的净现值，包括付给信用合作社的21 495美元（使用每月1%的折现率）。（依据这一假设，不要通过计算改变它）。确定租赁的净现值，使用1%作为每个月的折现率。1美元24期每期1%的年金现值是21.243，在24期期末支付1美元每期1%的现值为0.788。

11.5　偏好决策——投资项目排序

目标3：依照偏好排列投资项目。

回顾当我们考虑投资机会时，管理者必须作两种类型的决策——筛选决策和偏好

决策。筛选决策决定某些提议的投资项目可不可行；偏好决策是在筛选决策之后，用来回答下列问题："那些曾被筛选并提供可接受投资报酬率的现有投资项目，在偏好排行榜上的排名怎样？也就是说，哪个方案是对公司最好的决策？"

偏好决策有时候被称为配额决策（rationing decisions）或排名决策（ranking decisions），因为有限的投资基金要分配给许多竞争性方案，所以需要对方案做出排名。

除非不同方案原始投资的规模相当，否则不可以将方案的净现值直接与其他方案的净现值相比。例如，公司正考虑以下两项竞争性投资：

	投资额	
	A	B
所需投资额……	\$(10 000)	\$(5 000)
现金流入现值……	11 000	6 000
净现值……	\$1 000	\$1 000

每个方案的净现值都是1 000美元。在投资资金有限的情况下，并不是每个项目都可取，投资额只要求5 000美元的投资项目，会比要求10 000美元的投资项目受青睐。为了在有效的基础上比较两个投资项目，用项目净现值除以所需投资额，其结果被称为投资项目盈利性指数（project profitability index）。投资项目盈利性指数公式如下：

投资项目盈利性指数=项目净现值/所需投资额

上述两项投资的投资项目盈利性指数计算如下：

	投资项目	
	A	B
现金流入现值（a）……	\$1 000	\$1 000
所需投资额（b）……	\$10 000	\$5 000
投资项目盈利性指数（a）÷（b）……	0.10	0.20

当使用投资项目盈利性指数作竞争性投资项目的排名时，偏好准则是：投资项目盈利性指数越高，项目越受欢迎。[①]将它用到上述两个投资项目，则应选择B投资项目而非A投资项目。

投资项目盈利性指数是对前章约束性资源使用技术的运用，在此例中，约束性资源是指有限的投资资金，而投资项目盈利性指数就是每单位约束性资源的贡献边际。

计算投资项目盈利性指数时有一些细节要加以厘清。"所需投资额"（investment required）是指任何在项目一开始时所需的现金流出，减去出售旧机器的残值。"所需投资额"也包括任何在项目中所需投资的营运资本。

---

① 因为项目的规模"参差不齐"，项目的盈利能力指数排名可能不是完美的。然而，这是一个很好的起点。此外，这些复杂的方法超出了这本书的范围。

11.6 内含报酬率法

内含报酬率法是除了净现值外另一个常用的方法。内含报酬率（internal rate of return）是一项投资项目在其使用年限内的投资报酬率，是投资净现值为零时的折现率。内含报酬率可以用于筛选项目或将其排名，任何内含报酬率低于资本成本的项目都会被拒绝。总而言之，内含报酬率越高的项目越受欢迎。

因为技术问题，通常在高级教科书中才会对其加以讨论，净现值法通常比内含报酬率法更容易用于筛选和排列项目名次。

11.7 净现值法与所得税

我们所讨论的净现值都假设无所得税。在包括美国在内的多数国家中，现实生活中都存在个人所得税或企业所得税。

所得税影响净现值的两个层面：首先，所得税影响资本成本，资本成本应该反映长期负债和股东权益的税后（after tax）成本。其次，净现值分析关注税后现金流量。所得税对收入和费用的影响应完全反映在分析上，这包括将折旧的减税效果列入考虑，折旧本身并不是现金流量，但它会减少课税所得，因而使所得税的现金流量减少。调整资本成本与所得税现金流量的技术，已超出本书的范围，在高级教科书中才会加以探讨。

11.8 简单收益率法

目标4：计算项目的简单收益率。

简单收益率（simple rate of return）法是本章所要讨论的资本预算方法，此方法也被称为会计报酬率法、未经调整报酬率法。在我们讲解如何计算简单收益率前，先讨论这种方法的局限性和对投资中心经理行为的影响。

简单收益率是用项目年增量净经营利润除以原始投资额：

$$\text{简单收益率}=\frac{\text{年增量净经营利润}}{\text{原始投资额}}$$

分子年增量净经营利润应减去由投资造成的折旧费。此外，分母原始投资额应减去旧设备的残值。

例H

Brigham Tea是一家生产低酸茶的公司。公司打算采购新设备来扩充一条新的生产线。新增的生产线每年将会增加90 000美元的收入，增量营业现金支出为每年40 000美元。该设备成本为180 000美元，使用年限为9年，无残值。

要求：

计算简单收益率。

解答：

为了应用简单收益率公式，我们必须首先确定项目年增量净经营利润：

项目		
年增量收入		$90 000
年增量运营现金费用	$40 000	
年折旧（$180 000−$0）/9	20 000	
年增量费用		60 000
年增量净经营利润		$30 000

项目年增量净经营利润为30 000美元，原始投资额为180 000美元，简单收益率为16.7%，其计算如下：

$$简单收益率 = \frac{年增量净经营利润}{原始投资额} = \frac{\$30\,000}{\$180\,000} = 16.7\%$$

例I

Midwest Farm公司雇用兼职人员对鸡蛋进行分类，这种人工分类的过程每年的成本为30 000美元，公司正在调查是否采购一台自动选蛋分类的机器，其成本为90 000美元，使用年限为15年。该机器几乎无残值，每年经营和维护成本为10 000美元。如果将使用中的选蛋分类机器出售的话，会有2 500美元的残值收入。

要求：

计算新的选蛋分类机器的简单收益率。

解答：

这一项目与前面的项目有些不同，因为它有成本减少却没有额外的收入。年增量净经营利润可以通过年成本节约得到，将成本节约作为增量收入：

项目		
年增量成本节约		$30 000
年增量运营现金费用	$10 000	
年折旧（$90 000 − $0）/15	6 000	
年增量费用		16 000
年增量净经营利润		$14 000

因此，即使新设备不会增加额外的收入，它每年可以减少成本14 000美元，经营利润每年也会增加14 000美元。

旧设备的残值抵消新设备的原始成本，数据如下：

项目	
新设备成本	$90 000
减：旧设备折旧	2 500
原始投资	$87 500

假定每年增加净经营利润14 000美元，原始投资为87 500美元，简单收益率为16.0%，计算如下：

$$简单收益率 = \frac{年增量净经营利润}{原始投资额}$$

$$= \frac{\$14\,000}{\$87\,500}$$

$$= 16.0\%$$

因此，如果替代选择的现金流量模式不同的话，管理者可能会被误导。除此之外，净现值法还提供该项目整个使用年限内现金流量的汇总。

简单收益率法有两个重要的缺陷。首先，它侧重于会计净营业收入，而不是现金流量。许多项目在有效年限内并无统一的增量收入和费用。因此，简单收益率可能每年变动，在某些年可以接受的方案到其他年度可能变成不可接受的。其次，简单收益率法不涉及折现现金流。简单收益率法并未考虑货币的时间价值，10年后收到的1块钱与现在收到的1块钱被视为相等。考虑到这些限制，我们怀疑为何要研究这个方法。尽管它有局限性，一些公司还会使用简单收益率评估资本投资项目。因此，你应该熟悉这种方法，以便你在实践过程中可以正确地评价。更重要的是，你需要了解简单收益率法如何影响投资中心管理者的行为，他们的奖金是基于公司的投资回报率的。举个例子，假设以下三个事实：首先，假设你是一个投资中心经理，你的薪酬仅基于投资回报率。其次，假设最近一年你们部门有20%的投资回报率。最后，假设你有机会选择一个资本预算项目，这个项目有一个正的净现值，简单收益率为17%。鉴于这三个假设，你会选择接受这个项目还是拒绝它？虽然因它有正的净现值公司会希望你接受它，但你可能会选择拒绝它，因为17%的简单收益率比你前一年的投资回报率20%低。这个例子描述了项目的简单收益率如何影响投资决策管理中心经理。它也突出了组织所面临的一个重要的挑战，即设计绩效评估系统，使员工的行动与组织目标相一致。

小贴士

当一个资本预算项目涉及新旧设备更换时，记得要从新设备成本中减去旧设备残余价值，以确定原始投资额。

概念检查

4. 如果300 000美元的投资项目盈利指数为0.25，项目的净现值为多少？

a. 75 000美元

b. 225 000美元

c. 25 000美元

d. 275 000美元

5. 下列哪种表述是正确的？（可多选）

a. 项目盈利性能力指数是投资项目的过滤器

b. 内含报酬率是项目在其使用年限内所承诺的回报率

c. 简单收益率逐年浮动

d. 简单收益率等于企业的资本成本

11.9 投资项目的事后审计

在投资项目通过并实施后，就需要进行事后审计。事后审计（postaudit）包括检查提案的预期结果是否真正达到。这是资本预算过程中的一个关键部分，因为它有助于保证管理者在他们的项目中诚实。任何夸大项目收益或减少项目成本的情况会在事后审计实施中被证实。事后审计提出一个可以使项目成功的机会，并让那些处于亏损边缘的项目削减成本。

在执行事后审计时，应该使用与原先提案审查时相同的方法。也就是说，若提案当初用净现值分析法核准通过，那么在执行事后审计时也应使用同样的方法。不过事后审计所用的资料应该是实际结果的资料（actual observed data），而非估计的资料。这项工作使管理者有机会做比较，看看项目执行的成果。它同时帮助确保未来提案的预计数据会被小心地准备，因为提出资料的人知道他们的估计在事后审计时会与实际结果进行比较。事实上，对于实际结果与原先估计差异太大的计划，管理者应该详细加以审查。

商业实践

Royal Caribbean Cruises建立海洋绿洲号游轮

Royal Caribbean Cruises公司投资14亿美元，建立海洋绿洲号游轮，该游轮能够容纳5 400名乘客，共有20层。该船比其他游船都大1/3以上，并包含21个游泳池、24个餐厅、13个零售店和300英尺水上滑梯。该公司希望该船非凡的奢华设施能吸引大量的愿意支付高价的客户。然而，经济低迷使得许多客户不想在豪华度假上有所花费。

资料来源：Mike Esterl, "Huge Cruise Ships Prepare for Launch but Face Uncertain Waters," *The Wall Street Journal*, December 4, 2009, pp. B1-B2.

本章小结

目标1：决定项目投资回收期。

投资回收期是指从项目的现金流入中收回投资额所需的时间。投资回收期法对那些使用年限短和不确定性高者最有用。总的说来，它并不是一个评估投资机会的可靠方法，因为它忽略了货币的时间价值，以及回收投资额后收到的所有现金流量。

目标2：使用净现值法决定投资项目的可行性。

投资决策应考虑货币的时间价值，因为现在的一块钱比未来的一块钱更有价值。在净现值法下，未来现金流量被折现到目前价值，从而可以有效地与目前现金流出相比，现金流入现值与现金流出现值之差称为项目的净现值。若净现值为负数，该项目将被拒绝。公司的资本成本常被当作净现值法的折现率。

目标3：依照偏好排列投资项目名次。

在筛选掉净现值为负数的项目之后，公司可行的项目所需资金可能仍高于有限的资金。留下来的项目可以依据项目盈利性指数进行排名，项目盈利性指数是以项目净现值除以所需原始投资额得出的。

目标4：计算投资的简单收益率。

简单收益率法是用项目的会计净经营利润除以原始投资额。简单收益率法并不是一个评估潜在投资的可靠方法，因为它忽略了货币的时间价值。尽管这个方法有很明显的缺陷，但是它能够影响那些薪资受ROI影响的投资中心经理们的行为。

你的决策（融资买跑车）参考答案

正式分析使用最低成本法，计算如下：

项目	月份	现金流量	1%的系数	现金流量现值
买车支付现金：				
现金支付	现在	\$(21 495)	1.000	\$(21 495)
净现值				\$(21 495)
租车：				
租赁签约时的现金支付	现在	\$(2 078)	1.000	\$ (2 078)
每月租金	1~24	\$(300)	21.243	(6 373)
最终付尾款	24	\$(13 776)	0.788	(10 855)
净现值				\$(19 306)
偏好租赁的净现值				\$ 2 189

根据净现值，租赁选择比用现金购买节约成本2 189美元。此外，租赁选择的优势在于如果在24个月过后你不想要这辆车了，你可以不支付13 776美元的尾款。例如，如果当时车的转售价格低于13 776美元，你可以选择将车退给经销商，节省13 776美元。当然，如果你立刻购买这辆车，你就不需要做这个选择了——你可以得到转售价格。由于这是实物期权，租赁选择比计算的净现值更有价值。因此，你应当租车而不是支付现金（或是从信用合作社借款）。

概念检查参考答案

1.选择a，c和d。营运资金等于流动资产减流动负债。

2.选择b。投资回收期法关注现金流量而不是净经营利润，并且它没有对现金流量进行折现，因此，它不会被资本成本所影响。

3.选择a和c。总成本法和增量成本法通常提供相同结果。收到的时间越晚，1美元的现值越小。

4.选择a。项目的净现值为300 000×0.25=75 000（美元）。

5.选择b和c。项目盈利能力指标是做偏好决策时使用的。简单收益率与企业资本成本无关。

问题回顾：资本预算方法的比较

Lamar公司正在考虑一项需要240万美元、使用年限为5年的设备投资。在第五年年底，该项目将终止，届时设备无残值。该项目每年将为公司带来的净利如下：

项目		
销售额		\$ 3 200 000
变动成本		1 800 000
贡献边际		1 400 000
固定成本：		
广告、工资及其他固定付现成本	\$700 000	
折旧	300 000	
固定成本合计		1 000 000
本期净经营利润		\$ 400 000

公司折现率为12%。

要求：

1.计算该项目每年净现金流入。

2.计算该项目净现值。是否可以接受该项目?

3.计算该项目的投资回收期。

4.计算该项目的简单收益率。

问题回顾的解答：

1.每年净现金流入可以由销售额减去现金支出计算而得：

销售额	$3 200 000
变动成本	1 800 000
贡献边际	1 400 000
广告、工资及其他固定付现成本	700 000
每年净现金流入	$700 000

或者，可以直接将折旧加上本期净利得到年增量净现金流入：

本期净经营利润	$400 000
加：无现金流出的折旧	300 000
每年净现金流入	$700 000

2.净现值计算如下：

	A	B	C	D	E	F	G
1					年份		
2		现在	1	2	3	4	5
3	原始投资	$(2,400,000)					
4	销售收入		$ 3,200,000	$ 3,200,000	$ 3,200,000	$ 3,200,000	$ 3,200,000
5	变动成本		$(1,800,000)	$(1,800,000)	$(1,800,000)	$(1,800,000)	$(1,800,000)
6	固定付现成本		$ (700,000)	$ (700,000)	$ (700,000)	$ (700,000)	$ (700,000)
7	现金流总额（a）	$(2,400,000)	$ 700,000	$ 700,000	$ 700,000	$ 700,000	$ 700,000
8	折现率12%（b）	1.000	0.893	0.797	0.712	0.636	0.567
9	现金流现值	$(2,400,000)	$ 625,100	$ 557,900	$ 498,400	$ 445,200	$ 396,900
10	净现值（a）×（b）	$ 123,500					
11							
12	注：折现率数据来源于现值表。						
13							

或者也可以这么计算：

	A	B	C
1			年份
2		现在	1~5
3	原始投资	$(2,400,000)	
4	销售收入		$ 3,200,000
5	变动成本		$ (1,800,000)
6	固定付现成本		$ (700,000)
7	现金流总额（a）	$(2,400,000)	$ 700,000
8	折现率12%（b）	1.000	3.605
9	现金流现值	$(2,400,000)	$2,523,500
10	净现值（a）×（b）	$123,500	
11			
12	注：折现率数据来源于现值表。		
13			

该方案可以接受，因为它的净现值是正的。

3. 投资回收期的公式如下：

$$投资回收期 = \frac{所需投资额}{每年净现金流入}$$

$$= \frac{\$2\,400\,000}{\$700\,000}$$

$$= 3.4年$$

4. 简单收益率的公式如下：

$$简单收益率 = \frac{年增量净经营利润}{原始投资额}$$

$$= \frac{\$400\,000}{\$2\,400\,000}$$

$$= 16.7\%$$

词汇表

资本预算（capital budgeting）是对企业发展有重大影响的长期投资项目的计划过程，例如新设备的购入、新产品的推出等。

资本成本（cost of capital）是公司由于使用长期债权人和股东的资金而必须支付给他们的平均回报率。

内含报酬率（internal rate of return）是使一个投资项目的净现值为零时的折现率，是在项目持续期间可以实现的项目投资收益率。

净现值（net present value）是投资项目现金流入的现值与各期现金流出现值的差额。

付现成本（out-of-pocket costs）是支付薪酬费用、广告费用、修理费用以及与之相似的其他费用时的实际现金流出。

投资回收期（payback period）是投资项目产生的现金流入完全补偿其初始成本所需的时间。

事后审计（postaudit）是对已被批准并执行完毕的项目，确定其预期效果是否实现的审计活动。

偏好决策（preference decision）是对备选方案按顺序排列，然后进行选择的决策。

投资项目盈利性指数（project profitability index）是用投资项目的净现值除以该项目所需的投资额的比率。

筛选决策（screening decision）是关于所提出的投资项目能否被接受的决策。

简单收益率（simple rate of return）是用投资项目每年增量的会计净利除以所需初始投资额的比率。

货币时间价值（time value of money）今天的一美元要比一年后的一美元更值钱。

营运资本（working capital）是流动资产减去流动负债后的余额。

思考题

11-1资本预算筛选决策和资本预算偏好决策的区别是什么？

11-2什么是货币的时间价值？

11-3什么是折现？

11-4进行资本预算决策时，为什么净现值法和内含报酬率法不采用会计净利润？

11-5为何现金流折现的方法要比其他方法好？

11-6什么是净现值？它可能是负值吗？请解释。

11-7指出与现金流折现方法有关的两种基本假设。

11-8如果公司支付长期负债的利率为14%，则资本成本为14%，你同意吗？请解释。

11-9请说明使用净现值法和内含报酬率法时，如何利用资本成本作为筛选工具。

11-10折现率增加时，未来现金流量的现值也会增加。你同意吗？请解释。

11-11参照表11-7。投资项目的报酬率刚好是14%，比14%高一点，还是低于14%？请解释。

11-12如何计算投资项目盈利性指数？它是衡量什么的？

11-13什么是投资回收期？如何确定投资回收期？投资回收期法为何有用？

11-14在资本预算决策中，投资回收期法和简单收益率法的主要缺陷是什么？

基础练习十五问（学习目标1、学习目标2、学习目标3、学习目标4）

Cardinal Company正在考虑一个投资项目，购进一台价值2 975 000美元的设备，使用年限为5年。在第5年结束时，该项目将终止，设备残值为300 000美元。公司的折现率为14%。该项目每年净经营利润如下：

项目		
销售额		$ 2 735 000
变动成本		1 000 000
贡献边际		1 735 000
固定成本：		
广告、工资及其他固定付现成本	$735 000	
折旧	535 000	
固定成本合计		1 270 000
本期净经营利润		$ 465 000

要求：

1.以上利润表所显示的项目中哪些不会影响现金流量？

2.该项目的年度净现金流入量是多少？

3.该项目的年度净现金流入量的现值是多少？

4.在第5年末，设备残余价值的现值是多少？

5.项目的净现值是多少？

6.这个项目的项目盈利性指数是多少？（答案保留整百分数）

7.项目的投资回收期是多少？

8. 每年项目的简单收益率分别为多少？

9. 如果公司的折现率是16%，而不是14%，你认为该项目的净现值是高于，低于，还是等于第4题的答案？无须计算。

10. 如果设备的残余价值是500 000美元，而不是300 000美元，你认为该项目的投资回收期是高于，低于，还是等于第7题的答案？无须计算。

11. 如果设备的残余价值是500 000美元，而不是300 000美元，你认为该项目的净现值是高于，低于，还是等于第4题的答案？无须计算。

12. 如果设备的残余价值是500 000美元，而不是300 000美元，项目的简单收益率将是多少？

13. 假设事后审计发现除了变动成本率外所有的估计（包括销售收入）都是完全正确的，变动成本率应该是45%，那么项目的实际净现值为多少？

14. 假设事后审计发现除了变动成本率外所有的估计（包括销售收入）都是完全正确的，变动成本率应该是45%，那么项目的实际投资回收期为多少？

15. 假设事后审计发现除了变动成本率外所有的估计（包括销售收入）都是完全正确的，变动成本率应该是45%，那么项目的实际简单收益率为多少？

练习

练习11-1　投资回收期法（学习目标1）

Weimar公司是一家民间工程设计公司，管理层考虑投资于高质量晒图打印机，成本如下：

年度	投资	现金流入
1	$15 000	$1 000
2	$8 000	$2 000
3		$2 500
4		$4 000
5		$5 000
6		$6 000
7		$5 000
8		$4 000
9		$3 000
10		$2 000

要求：

1. 确定项目投资回收期。

2. 如果最后一年的现金流入变大好几倍，会影响投资回收期吗？

【若第一年投资额为17 500美元，再算一次练习11-1。】

练习11-2　净现值法（学习目标2）

Kunkel公司的管理者考虑购买机器的成本为27 000美元，该机器可以将每年的经营成本降低7 000美元。机器的使用年限为5年，期末残值为0。公司对投资项目的必要报酬率为12%。

要求：

1.确定机器投资的净现值。

2.机器使用年限内，现金流出总额与未折现的现金流入总额和现金流入的区别是什么？

【若必要报酬率为10%，再算一次练习11-2。】

练习11-3 偏好项目排序（学习目标3）

现有4个不同的投资机会，相关资料如下：

	投资机会			
	1	2	3	4
所需投资额……	$（90 000）	$（100 000）	$（70 000）	$（120 000）
现金流入的现值……	126 000	138 000	105 000	160 000
净现值……	$36 000	$38 000	$350 00	$40 000
项目年限……	5年	7年	6年	6年

要求：

1.计算每个项目的投资项目盈利性指数。

2.将项目按照偏好进行排序。

练习11-4 简单收益率法（学习目标4）

Ballard MicroBrew的管理层考虑购买自动装瓶机，其成本为120 000美元。该机器将取代每年营业成本为30 000美元的旧机器。新机器的年运营成本为12 000美元。目前使用的旧机器出售残值为40 000美元。新机器使用年限为10年，无残值。

要求：

计算新自动装瓶机的简单收益率。

【若设备使用年限为8年，再算一次练习11-4。】

练习11-5 互斥项目的净现值分析（学习目标2）

坐落于澳大利亚Perth的Labeau Products公司有35 000美元资金用于投资，管理层正试图在两个方案中做出选择：

	投资项目A	投资项目B
需要投资额 ……	$35 000	$35 000
年现金流入 ……	$12 000	$0
第6年年底单笔现金流入 ……	—	$90 000
项目年限 ……	6年	6年
公司折现率为18% ……		

要求：

你建议公司接受哪个方案？所有计算使用净现值法。每个项目作单独计算。

【若折现率为15%，再算一次练习11-5。】

练习11-6 投资回收期法和简单收益率法（学习目标1、学习目标4）

Nick's Novelties公司正在考虑购买新的电子游戏以放置在娱乐室。游戏将耗资300 000美元，使用年限为8年，预计净残值为20 000美元。该公司估计，每年与游戏相关的收入和费用如下：

收入		$200 000
减营运成本：		
娱乐室费用	$100 000	
保险费	7 000	
折旧费	35 000	
维护费用	18 000	160 000
净经营利润		$40 000

要求：

1. 假设Nick's Novelties公司不会购买新的游戏，除非投资回收期小于等于5年。那么公司应该购买新游戏吗？

2. 计算游戏的简单收益率。如果公司要求简单收益率至少为12%，应该购买游戏吗？

【若收入为210 000美元，再算一次练习11-6。】

练习11-7　净现值法和简单收益率法（学习目标2、学习目标4）

Derrick Iverson是Holston公司的一个部门经理，他的报酬很大程度上受ROI的影响，最近3年的ROI都是20%以上。Derrick正在考虑一个3 000 000美元的设备投资项目，设备使用年限为5年，没有净残值。Holston公司的折现率为15%。下面的数据是5年间的预期净经营利润资料：

收入		$2 500 000
变动成本		1 000 000
贡献边际		1 500 000
固定成本：		
广告、工资等付现成本	$600 000	
折旧费	600 000	
固定成本总额		1 200 000
净经营利润		$ 300 000

要求：

1. 计算项目的净现值。

2. 计算项目的简单收益率。

3. 公司想要Derrick抓住这次投资机会吗？Derrick会抓住这次投资机会吗？请解释。

练习11-8　现值的基本概念（学习目标5）

年度	项目A	项目B
1	$3 000	$12 000
2	6 000	9 000
3	9 000	6 000
4	12 000	3 000
	$30 000	$30 000

折现率为18%。

要求：

计算每个项目现金流入量的现值。

附录11A：现值概念

目标5：理解现值概念并使用现值系数表。

今天收到的1美元比明年收到的1美元更有价值，原因在于如果你今天有1美元，你可以把它存入银行，一年后得到超过1美元的钱。所以今天的钱比未来的钱更有价值，不同时间收到的现金流价值也不一样。

11A.1 利息的数学公式

如果银行支付5%的利息，今天存入100美元，一年后会得到105美元。公式如下：

$$F_1 = P(1+r) \quad (1)$$

其中：F_1 =期末余额；P=当前投资额；r=每期利率。

在本例中，如果在储蓄账户中存入100美元，得到5%的利息，即P=\$100，r=0.05。在这种情况下，F_1 =\$105。

现在支出的100美元是一年后收到的105美元的现值，也称为未来收到的105美元的贴现价值。100美元是利率为5%时，一年后收到的105美元的现值。

复利

如果将105美元在银行再放一年呢？在这种情况下，100美元存款在第二年末会增加到110.25美元：

原始存款	\$100.00
第一年利息：\$100×0.05	5.00
第一年末余额	105.00
第二年利息：\$105×0.05	5.25
第二年末余额	\$ 110.25

注意与第一年的5.00美元相比，第二年的利息为5.25美元。产生差异的原因是在第二年利息也计算利息。也就是说，第一年的利息5.00美元留在存款账户中，当计算第二年的利息时加入到原来的100美元存款中。这就是复利。在本例中，复利按年计算。利息可以每半年、每季度、每月度或更频繁地进行复利计算。复利计算的频率越高，余额增长越快。

使用下面的公式进行n期复利时计算的账户余额如下：

$$F_n = P(1+r)^n \quad (2)$$

其中：n=复利的期数。

如果n=2，年利率为5%，两年后的余额计算如下：

$$F_2 = P(1+r)^2$$

$$F_2 = \$110.25$$

现值和终值

图11A-1显示现值与终值的关系。图中显示，如果存入银行100美元，5%的年利率，每年复利，在第五年末其会增加到127.63美元。

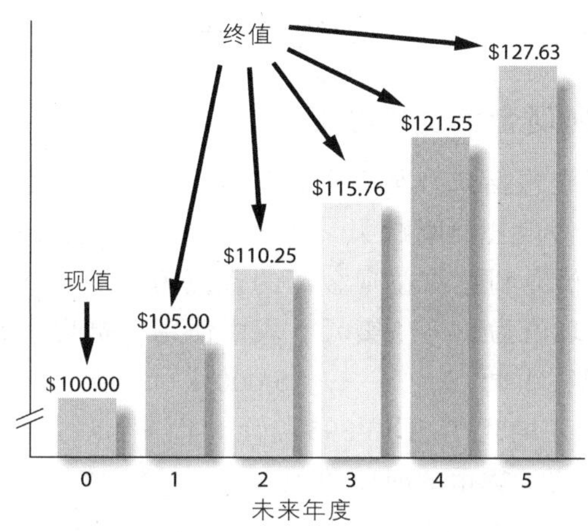

图11A-1　现值与终值的关系

11A.2　现值计算

投资可以从两个角度考虑——终值或是现值。从我们上面的计算可以看出，如果我们知道现值总和（例如100美元的存款），n年后的终值可以使用公式（2）计算。但如果情况相反，我们知道终值是多少，而不知道现值是多少，该怎么计算？

例如，假设我们两年后收到200美元。我们知道终值为200美元，因为这是两年后收到的金额。但现值是多少呢——它现在值多少呢？未来收到金额的现值P可以通过将公式（2）转型来计算：

$$P=\frac{F_n}{(1+r)^n} \tag{3}$$

在我们的例子中，F_n =200美元（未来收到的终值），r=0.05（年利率），及n=2（未来收到金额的年数）。

$$P=\frac{\$200}{(1+0.05)^2}$$

$$P=\frac{\$200}{(1.1025)}$$

$$P=\$181.40$$

计算显示，如果年利率为5%，两年后收到的200美元的现值为181.40美元。实际上，现在收到181.40美元相当于两年后收到200美元。

计算未来现金流量现值的过程叫作折现。200美元折现的现值是181.40美元。用来计算现值的5%的利率称为折现率。将未来金额折现是商业上的普遍行为，特别是在资本预算决策中。

如果你在计算器上输入（y^x），上面的计算就非常容易了。然而，我们使用的一些现值公式却非常复杂。幸运的是，折现表中已经做了很多计算。例如，在现值表中显示，在未来一些时段收到1美元以不同的利率计算的折现值。该表表明两期后收到1美元、利率为5%的现值为0.907美元。在我们的例子中，我们需要知道的是200美元的现值而不是1美元的现值，因此，我们需要将表中的系数乘以200美元：

$200×0.907=$181.40

这与我们用公式（3）计算的结果一样。

11A.3 一系列现金流量的现值

尽管一些投资包括未来某一点收到（支付）一定金额。一系列的现金流量相同就是年金。例如，假设公司刚购买一些公司债券。债券每年末取得15 000美元利息，持有期限为5年。债券利息收益现金流的现值为多少？如表11A-1显示，如果折现率为12%，现金流的现值为54 075美元。表中使用的折现系数来自现值表。

表11A-1说明了两点：第一，15 000美元利息收到的时间越晚，现值越低。1年后收到15 000美元的现值为13 395美元，而5年后收到15 000美元的现值只有8 505美元。这一点强调了货币的时间价值。

表11A-1　　一系列现金流量的现值

年份	折现率12%	利息收益	现值
1 ································	0.893	$15 000	$13 395
2 ································	0.797	$15 000	11 955
3 ································	0.712	$15 000	10 680
4 ································	0.636	$15 000	9 540
5 ································	0.567	$15 000	8 505
合计			$54 075

第二点是表11A-1中的计算包括一些不必要的工作。54 075美元的现值可以通过现值表得到。现值表包含连续几年每年收到1美元，在不同利率下的现值。通过简单加总得到如下系数：

年　份	现值表在12%时的系数
1 ··	0.893
2 ··	0.797
3 ··	0.712
4 ··	0.636
5 ··	0.567
	3.605

5个系数的总和为3.605。从现值表中可以看出，连续5年每年末收到1美元，利率为12%的系数为3.605。如果我们使用这一系数乘以每年15 000美元的现金流入，我们也会得到表11A-1中的现值54 075美元：

15 000×3.605=54 075（美元）

因此，当计算从第一期末开始的一系列相同现金流量的现值时，可以使用现值表。

问题回顾：现值的基本计算

下列情况中的每一种都是独立的。解决每一种情况，制定出自己的解决方案，对照答案前再检查一次。

1.John计划在12年内退休。退休后，他想有一个漫长假期，他预计将至少花费40 000美元。他现在开始投资，12年末必须收到40 000美元，年回报率如下所示：

a.8%

b.12%

2.Morgans夫妇想在未来5年每年的年底送女儿去音乐营。这个音乐营每年花费1 000美元。现在开始投资的话，总投资额应为多少，可保证每年年底得到1 000美元？回报率如下所示：

a.8%

b.12%

3.你刚刚收到一个亲戚的遗产。您可以选择在第10年年底收到200 000美元或者选择未来10年的每年年底收到14 000美元。如果折现率是12%，你更偏好哪一种？

问题回顾答案：

1.a.现在必须进行投资的金额等于按8%折现40 000美元的现值。从现值表中查到，8%、12期的折现系数为0.397。现在必须投资的金额=40 000×0.397=15 880美元。

b.跟a的思路一样，从现值表中查到，12%、12期的折现系数为0.257。现在必须投资的金额=40 000×0.257=10 280美元。

2.本题不同于1的情况，我们现在正在处理一个年金，而不是单一的现值。因为我们正在处理一个年金或一系列的年度现金流量，我们必须使用现值表的折现系数。

a.从现值表查到折现率8%、5年期的折现系数为3.993。

因此，现在必须投资的金额=1 000美元×3.993=3 993美元。

b.从现值表查到折现率12%、5年期的折现系数为3.605。

因此，现在必须投资的金额=1 000美元×3.605=3 605美元。

请再次注意，随着折现率的增加，现值降低。当折现率增加时，今天所投未来收获的金额就会减少。

3.本题中，我们将需要参看现值表。我们将需要折现率12%、期数为10期折现系数，然后用于10年后一次性收到200 000美元的计算。从现值表中，我们需要找到折现率为12%、期数为10期的折现系数，然后用于未来10年每年收到14 000美元的计算。哪种方案具有较高的现值，就应该选择哪种方案。

200 000美元×0.322=64 400美元

14 000美元×5.650=79 100美元

因此，你应该偏好未来10年每年收到14 000美元，而不是10年后一次性收到200 000美元。这意味着你以12%的年报酬率每年年底投资14 000美元，10年后获得超过200 000美元的收益。

词汇表（附录11A）

年金（annuity）一系列相同的现金流量。

复利（compound interest）投资中利息也支付利息的过程。

折现率（discount rate）用于计算未来现金流量现值的收益率。

折现（discounting）计算未来现金流量现值的过程。

现值（present value）未来某时期收到的现金现在的价值。

第12章 现金流量表

前章回顾

资本预算决策包括重要的长期项目投资。第11章讲述了用于资本预算决策的不同技术。

本章简介

现金流量表提供了非常宝贵的信息。我们在强调现金流入和流出的不同分类后，将说明现金流量表的编制方法，并讨论如何理解这一财务报表上的信息。

下章简介

第13章介绍使用财务报表评估公司的财务健康程度，重点是分析趋势和财务比率的使用。

本章概要

现金流量表：关键概念

☐ 现金流量表的规则

☐ 经营活动：直接法还是间接法？

☐ 间接法：三步流程

☐ 投资和筹资活动：总现金流量

☐ 关键概念总结

现金流量表案例

☐ 经营活动

☐ 投资活动

☐ 筹资活动

☐ 了解全局

诠释现金流量表

☐ 考虑公司特殊环境

☐ 考虑数字间的关系

附录12A：以直接法计算经营活动提供的净现金流量

☐ 处理资料时的相似处及相异处

☐ 特别规则——直接法与间接法

学习目标

在学习完第12章之后，你应该能够：

目标1：识别与经营活动、投资活动或筹资活动有关的现金流入和流出。

目标2：使用间接法计算经营活动提供的净现金流量来编制现金流量表。

目标3：计算自由现金流量。

目标4：使用直接法计算经营活动提供的净现金流量。

决策专栏：理解现金流量

在2011年，Kroger公司，美国最大的食品和药品零售商，报告其净利润为5.96亿美元。当年，公司支付19亿美元的工厂和设备费用、2.57亿美元的分红、5.47亿美元长期借款，并用15亿美元购买其普通股。这些数据看起来是让人迷惑的，因为Kroger支付了超过其净利润的钱。在本章，你将会学习现金流量表，它将解释公司净利润与现金流入和流出的关系。

资料来源：The Kroger Company，2011 Form 10-K Annual Report，www.sec.gov/edgar/searchedgar/companysearch.html .

外部报告通常要求3种主要的财务报表——利润表、资产负债表以及现金流量表。现金流量表（statement of cash flows）的目的是强调直接和间接影响现金流量以及影响现金余额的那些主要活动。管理者将焦点放在现金上的充分理由是在适当的时间公司没有足够的现金，可能丧失良好的机会甚至可能倒闭。

现金流量表可以回答无法由利润表及资产负债表回答的问题。例如，Delta航空公司从哪里获得现金以支付近1.4亿美元的现金股利，而（根据其利润表）该年度其损失已超过10亿美元？沃尔特·迪士尼公司为什么能够投资近8亿美元于其主题乐园的扩张和翻修，虽然其对欧洲迪士尼的投资损失超过5亿美元？Kroger公司从哪里获得19亿美元以扩张其工厂及维护其设备，而该年度其净利只有5.96亿美元？这些问题的答案都可以从现金流量表上得到。

对管理者以及投资人和债权人而言，现金流量表是一种有价值的分析工具，虽然管理者更倾向于使用预算编制过程中一部分的预计现金流量表。现金流量表可用于回答下列重要问题：

1.公司是否正从其持续营运中产生足够的正现金流量以维持生存？

2.公司是否能够偿还其债务？

3.公司是否能够支付其经常性的现金股利？

4.为什么年度的净利与净现金流量间有差异？

5.公司必须借多少钱以进行必要的投资？

管理者利用基础的复式记账法编制现金流量表——现金余额的变化等于除了现金以外资产负债表中其他科目的变化。这个准则使得根据非现金资产负债表科目的变化能够确定现金余额中流入和流出数据的变化。本章的目标为利用一些概念和步骤理解相对复杂的准则，简化编制和理解现金流量表的流程。

在深入研究如何编制现金流量表前，我们需要复习两个公式：

资产科目的基本公式：

期初余额+借方发生额-贷方发生额=期末余额

资产、负债和股东权益的基本公式：

期初余额-借方发生额+贷方发生额=期末余额

这些公式将帮助你理解现金流量表中的现金流入和流出，在整章都会有所应用。

12.1 现金流量表：关键概念

现金流量表总结公司一定期间的现金流入和流出，也解释现金科目的变化。编制现金流量表时，现金一词被广泛地定义为包含现金及现金等价物。现金等价物（cash equivalents）包括短期、高流动性的投资，例如国库券、商业本票以及货币市场基金。这些投资的目的纯粹是要从暂时闲置的资金中赚取报酬。许多公司将其多余的现金储备投资于这些容易转换为现金的资产会获得利息，而不是只持有现金。这些短期的、流动的资产经常被列报于资产负债表上的可交易证券项下。因为这种资产相当于现金，所以在编制现金流量表时，它们被包括在现金项目中。

这部分还会介绍编制现金流量表时的4个关键概念。这4个概念包括：规划现金流量表，针对编制现金流量表的部分区别直接法和间接法，间接法下完成三步计算，在现金流量表中适合用现金流总量的地方。

12.1.1 现金流量表的规划

目标1：识别与经营活动、投资活动或筹资活动有关的现金流入和流出。

为了让不同公司间的现金流量表更容易比较，IFRS和GAAP要求公司遵循编制现金流量表的一些规定。FASB的规定中有一项是要求现金流量表分成3个部分：经营活动、投资活动以及筹资活动。经营活动（operating activities）与收入和支出相关的净利润会产生现金流入或者流出。投资活动（investing activities）的这些交易与购买或者出售非流动资产有关，包括厂房及设备，对其他个体的长期投资和借款。借入款项或偿还款项以及与公司股东的交易归类为筹资活动（financing activities）。例如，公司销售和回购普通股以及支付股利。由这三种活动造成的现金流入和流出最普遍的类型如表12-1所示：

表12-1　由经营活动、投资活动和筹资活动引起的现金流入和流出

	现金流入	现金流出
经营活动：	√	
从客户处回收资金	√	
采购存货支付给供应商		√
向保险公司、设备提供者支付账单		√
支付给员工工资和薪酬		√
支付给政府税金		√
支付给借款者利息		√
投资活动：		
购买房产、工厂和设备		√
销售房产、工厂和设备	√	
购买长期投资的股票和债券		√
销售长期投资的股票和债券	√	
给予其他实体借款		√
收回对其他实体贷款的本金	√	
筹资活动：		
从信贷者借款	√	
还贷款		√
销售普通股获得现金	√	
支付现金回购普通股		√
向股东支付红利		√

商业实践

苹果的现金投放

苹果公司积累了762亿美元的现金和短期投资。其投资者关于公司应该如何使用这笔钱有各种意见。一些投资者希望苹果探索音乐产业收购目标。也有人认为苹果应该投资正在开发新兴技术的初创公司，如改进的电池公司。还有人认为公司应该使用一些股利或现金进行股票回购。

这个例子说明了管理一个企业的永无止境的周期。一旦一个公司成功产生积极的现金流，它立即提出了另一个问题——“你”现在打算为我做什么？

资料来源：Peter Burrows，“Apple′s Cash Conundrum，” *BusinessWeek*，August 11，2008，p. 32；and YukariIwatani Kane，“For Apple，a $76 Billion Dilemma，” *The Wall Street Journal*，July 21，2011，p. B9.

12.1.2 经营活动：直接法或间接法？

经营活动现金流入及流出的净效果被称为经营活动提供的净现金流量（net cash provided by operating activities）。这个数字既可以用直接法也可以用间接法计算。这两种方法相同的目的是将以应计为基础的净利润转换为以现金为基础，因此可以用这两种方法完成这个任务。

根据直接法（direct method），利润表以现金基础从上到下重新编制。例如，从顾客收现的金额取代销售，支付给供应商的金额取代销售成本。本质上，收到的现金记为收益，而支出的现金记为费用。收到的现金与支出的现金差额即为该期经营活动提供的现金流量。

根据间接法（indirect method），现金流量表的经营活动部分的编制从净利开始。即不是直接计算现金销售、现金费用等，而是以从净利中移除不影响现金流量的任何项目的方式间接地得出这些数额。间接法有一点优于直接法，即间接法展示净利与经营活动提供的净现金流量之间的任何差异。

这两种方法得出的经营活动提供的净现金流量数字一样，只有1%的公司使用直接法，而其余99%的公司都采用间接法。如果使用直接法，则公司还必须补充净利与经营活动净现金流量数字间的调整信息。如果公司选择使用直接法，它也无法免除以间接法编制报表的麻烦。然而，如果公司选择使用间接法以计算经营活动的净现金流量，则其不需要报告使用直接法的结果。因为直接法需要耗费更多工作，所以几乎没有公司选择直接法。因此，我们在附录12A中介绍直接法，本章的主体介绍间接法。

概念检查

1.下列关于资产账户基本公式的叙述，正确的有？（可以选择多于1个答案）

a.借方发生额加上期初余额

b.借方发生额减去期初余额

c.贷方发生额加上期初余额

d.贷方发生额减去期初余额

2.下列哪种不是现金等价物？（可以选择多于1个答案）

a.应收账款

b.国库券

c.商业本票

d.资本市场基金

3.下列哪种表述是正确的？（可以选择多于1个答案）

a.编制现金流量表的经营活动部分，直接法以净利润为调整现金流动的基础

b.负资产和负债的基本公式是一样的

c.投资活动由于收购或者处置非流动资产产生现金流入和流出

d.筹资活动包括支付股利

12.1.3 间接法：三步流程

间接法用三步调整净利润变成经营活动产生的净现金流量。

步骤一：

第一步是将折旧加入净利润。折旧费用是指当期累计折旧的贷方金额——累计折旧科目发生的总费用。为什么这么做？因为累计折旧是非现金资产负债表账户，我们需要根据净利润调整所有的非现金资产负债表科目。

计算累计折旧的贷方发生额，我们需要使用之前所说的负资产的公式：

负资产的基本公式：

期初余额-借方发生额+贷方发生额=期末余额

举例来说，累计折旧科目的期初余额和期末余额为300美元和500美元。假设公司销售已经折旧70美元的设备。我们用累计折旧的借方发生额来记录被销售或者报废资产的折旧。折旧需要被加入净利润的情况计算如下：

$300-$70+贷方发生额=$500

贷方发生额=$500-$300+$70=$270

同样的逻辑可以运用于累计折旧的T字账中。销售设备已经计入借方账户，T字账的贷方一定为270美元。

累计折旧

		期初余额	$300
销售设备	70		
			270
		期末余额	$500

对于服务和商业企业，累计折旧T字账贷方发生额等于折旧费用借方发生额。对于这些公司，第一步的调整包括将折旧费用加入净利润。然而，对于制造业公司，T字账中的累计折旧的贷方发生额一部分借记在产品，而不是折旧费用。对于这些公司，折旧费用不仅仅等于直接费用账户里的金额。

因为折旧加入到现金流量表的净利润中，一些人错误地总结公司仅仅将折旧费用

增加到净利润中。如果公司增加X美元的折旧费用，净利润会减少X美元，第一步调整的金额将增加X美元。净利润减少和第一步调整金额的增加互相抵消，对经营活动的净现金流量影响为0。

小贴士

当进行间接法的步骤一时，不要假设累计折旧科目余额的变化等于需要调整的金额。相反，你必须检验当期是否销售贬值的资产。如果有的话，在确定调整金额时，被销售资产的累计折旧的金额需要被包括在负资产的基本公式中，或者包括累计折旧T字账的借方发生额。

步骤二：

第二步是分析非现金资产负债表账户对净利润影响的净变化。表12-2表明如何分析流动资产和流动负债。对于该表所显示的每个账户，首先计算期初到期末的账户余额。然后，或者将表12-2中每个金额增加到净利润中，或者从净利润中减少。注意到，所有流动资产账户（应收账款、存货和预付费用）导致同类型的净利润调整。如果当期资产账户余额增加，净利润需要减去该金额；如果当期资产账户余额减少，净利润需要加上该金额。流动负债账户（应付账款、应计负债和应付所得税）以相反方式处理。如果负债账户余额增加，净利润需要加上该余额；如果负债账户余额减少，净利润需要减去该余额。

需要记住的是，调整的目的是将净利润转化成以现金为基础。比如，用应收账款余额的变化测量赊销金额和回收金额的差额。当应收账款余额增加时，意味着赊销金额超过从客户处收回的金额。在这个例子中，净利润应该减去应收账款余额，因为它反映赊销金额超过从客户收回的金额。当应收账款减少时，意味着从客户处收回的金额超过赊销金额。在这个例子中，净利润应该加上应收账款余额，因为它反映从客户收回的金额超过赊销金额。

表12-2显示的其他账户有相同的逻辑。存货和应付账款调整将销售成本转换成购买存货支付的现金。预付费用和应计负债调整将销售和管理费用变成收付实现制。应付所得税调整将所得税费用变成收付实现制。

表12-2　　非现金资产负债表账户对净利润影响分析

	账户余额增加	账户余额减少
流动资产		
应收账款	-	+
存货	-	+
预付费用	-	+
流动负债		
应付账款	+	-
应计负债	+	-
应付所得税	+	-

小贴士

除了记住表12-2的调整，你还应该理解其中的原因。适合应收账款的调整应该为利润表中的销售额和客户的回收现金的差额。与存货和应付账款相关的调整为销售成本和付给供应商的现金的差额。与预付费用和应计负债相关的调整为销售和管理费用和付费现金的差额。与应付所得税相关的调整为所得税费用和支付所得税的差额。

步骤三：

第三步计算经营活动的净现金流为调整利润表中的利得或损失。在美国GAAP和IFRS准则下，销售非流动资产产生的现金需要被包含在现金流量表的投资活动部分。遵循这些规则，非流动资产销售所造成的利得或损失应该从现金流量表中的净利润中扣除。因此，应该在经营活动部分从净利润中减去利得，或者加上损失。

概念检查

4. 下列哪种陈述是错误的？（你可以选择多于一个答案）

a. 折旧费用应该从净利润中扣除

b. 存货增加应该从净利润中扣除

c. 资产销售的损失应该从净利润中扣除

d. 应计负债的减少应该从净利润中扣除

5. 假设公司折旧费用的期初余额为2 000美元，期末余额为2 900美元，并且公司销售设备的初始价格为400美元，累计折旧为350美元，现金收入75美元。多少折旧费用应该加入净利润从而获得现金流量表的经营活动部分？

a.550美元

b.500美元

c.1 300美元

d.1 250美元

6. 根据题目5，下列哪个选项是正确的？

a. 公司应该从净利润中扣除25美元的利得

b. 公司应该从净利润中加上25美元的利得

c. 公司应该从净利润中扣除25美元的损失

d. 公司应该从净利润中加上25美元的损失

12.1.4 投资和筹资活动：总现金流量

美国GAAP和IFRS准则要求：现金流量表的投资和筹资活动部分显示总现金流量。假设Macy's Department Stores当期购买5 000万美元的地产，销售其他地产3 000万美元。公司应该列示采购和销售的总现金流量，而不是经变化的2 000万美元。5 000万美元的采购为现金流出，3 000万美元的销售应为现金流入。同样的，Alcoa从销售长期债券中获得8 000万美元的现金，支出3 000万美元的养老债券，这两个交易都要在现金流量表的筹资活动部分分别列示，而不是显示净额。

列示现金流的总量的方法并不适用于经营活动部分，其显示的是借方和贷方的净额。比如，Sears当期应收账款增加6亿美元，有5.2亿美元应收账款收回，在现金流量表中只列示8 000万美元的净增加额。

计算现金流量表中投资和筹资部分的总现金流量，应该首先计算对应资产负债表账户余额。比如非流动资产，当非流动资产账户增加（比如固定资产、长期投资和长期借款）时，它表明投资活动中减少现金流出，当非流动资产账户减少时，它表明投资活动中增加现金流入。负债和股东权益账户（应付债券和普通股）则相反。如果负债和股东权益账户增加，它表明投资活动中增加现金流入；如果负债和股权账户减少，它表明投资活动中减少现金流出，如表12-3所示。

表12-3　资产负债表账户的变化如何影响现金流量表的投资和筹资活动分析

	账户余额增加	账户余额减少
非流动资产（投资活动）		
固定资产	−	+
长期投资	−	+
向其他企业借款	−	+
负债和股东权益（筹资活动）		
应付债券	+	−
普通股	+	−
留存收益	*	*

*表明需要对支付的现金股利进行深入分析。

当准则提供一个方法用于计算每个账户的总现金流入和流出时，需要我们分析当期发生于该账户的交易。接下来，我们将阐述如何利用财产、厂房及设备和留存收益账户完成上述事项。

财产、厂房及设备

当公司购买财产、厂房及设备时，以采购价借记财产、厂房及设备。当公司处置财产、厂房及设备时，贷记财产、厂房及设备的初始成本。计算财产、厂房及设备的现金流出时，我们利用资产类基本公式：

期初余额+借方发生额-贷方发生额=期末余额

比如，假设公司财产、厂房及设备的期初余额为1 000美元，期末余额为1 800美元。另外，当期公司销售初始价值为100美元，已经折旧70美元的设备获得40美元现金。公司在净利润中计入10美元的利得。

首先计算财产、厂房及设备账户800美元的增加额。增加额在投资活动部分的现金流出处扣除。实际上，很容易得出结论：财产、厂房及设备在该例子中应该为现金流出800美元，对应账户的余额增加800美元。然而，只有公司没有销售任何财产、厂房及设备时，该结论才成立。因为如果公司销售设备，我们需要利用如下公式，计算现金流出：

期初余额+借方发生额-贷方发生额=期末余额

$1 000+借方发生额-$100=$1 800

借方发生额=$900

同样的逻辑也可以用在财产、厂房及设备的T账户中。我们已经知道账户的期初和期末余额，贷方发生额为销售设备的原始成本，T字账借方应该为900美元。

财产、厂房及设备

期初余额	$1 000		
加上	900	销售设备	100
期末余额	$1 800		

因此，不是将800美元的现金流出计入投资活动部分，经营活动部分需要从净利润中扣除销售设备的利得10美元。它也需要列示40美元销售设备的现金流入和900美元投资活动部分的现金流出。

概念检查

7.假设公司财产、厂房及设备的期初余额和期末余额为5 000美元和6 000美元。假设公司销售初始价格为700美元、累计折旧为450美元的设备，获得现金收入500美元。基于可获得的信息，公司投资活动的净现金流量为多少？

a.1 200美元

b.1 500美元

c.−1 200美元

d.−1 500美元

留存收益

当公司获得净利润时，贷记留存收益账户；当公司支付股利时，借记留存收益账户。计算现金股利支付的金额，我们可以利用股权账户的基本公式：

期初余额-借方发生额+贷方发生额=期末余额

比如，假设公司留存收益的期初余额和期末余额为2 000美元和3 000美元。另外，公司净利润为1 200美元，用以支付现金股利。我们计算出留存收益账户增加1 000美元。然而，当期净利润的金额反映了支付股利的金额。因此，我们利用以下公式计算股利支付：

期初余额-借方发生额+贷方发生额=期末余额

$2 000-借方发生额+$1 200=$3 000

借方发生额=$200

同样的逻辑也可以用在留存收益的T字账中。我们已经知道账户的期初和期末余额、贷方发生额的净利润，T字账借方股利应该为200美元。

财产、厂房及设备

		期初余额	$2 000
股利	200	净利润	1 200
		期末余额	$3 000

因此，不是将总体变化的1 000美元的现金流量计入筹资活动部分，经营活动部分需要列示净利润的1 200美元在经营活动中。它也需要列示200美元的股利在筹资

活动中。

小贴士

净利润是利用间接法编制现金流量表的第一个数据。然而，如果净利润没有准确列示企业的账务，如何确认它呢？可以利用股东权益的基本公式确定留存收益账户的贷方余额。在公式中，已知期初期末余额和借方现金股利，可以求得贷方发生额，即净利润。

商业实践

Lowe's试图让客户满意

Lowe's告诉投资者，在5年中它将回购180亿美元股票，从而降低公司约1/3的股份出售额。Lowe's还告诉投资者它计划在未来5年内支付35%的股息。以前，公司以股息的形式返还给股东31%的利润。Lowe's就其筹资活动做出这些决定，"以保持投资者对它的兴趣，由于其新店增长缓慢"。

资料来源：Maxwell Murphy，"Lowe´s Puts Emphasis on Buybacks，Payout"，*The Wall Street Journal*，December 8，2010，p. B6A.

12.1.5 关键概念总结

表12-4总结了之前讨论的四个关键概念。第一个关键概念是现金流量表分成三个部分：经营活动、投资活动以及筹资活动。三种活动的净现金流量与现金及其等价物的净增加/减少相对应。第二个关键概念是现金流量表的经营活动部分可以用直接法或者间接法编写。直接法将销售额、销售成本、销售和管理费用及所得税费用变为收付实现制。间接法以净利润为起点，调整为收付实现制。第三个关键概念是间接法需要用三步计算经营活动的净现金。第一步将折旧加入净利润。第二步是分析非现金账户对净利润的影响。第三步是调整利润表中的利得和损失。第四个关键概念是投资和筹资活动需要列示总现金流量。

表12-4　　编制现金流量表的关键概念

关键概念#1		关键概念#2	
现金流量表被分为三个部分：		美国GAAP和IFRS规定两种方法编制现金流量表的经营活动部分	
经营活动：			
经营活动的净现金流	$xx	**直接法（附录12A）**	
投资活动：		客户处收到现金	$xx
投资活动的净现金流	xx	现金支付存货采购费用	(xx)
筹资活动：		现金支付销售和管理费用	(xx)
筹资活动的净现金流	xx	现金支付所得税	(xx)
现金及现金等价物增加/减少	xx	经营活动净现金流	$xx
现金及现金等价物期初余额	xx	**间接法**	
现金及现金等价物期末余额	$xx	净利润	$xx
		各种调整（+/-）	xx
		经营活动净现金流	$xx

续表

关键概念#3		关键概念#4	
利用间接法计算经营活动现金流量的三步：		投资和筹资活动的总现金流量：	
经营活动		经营活动净现金流	$xx
净利润	$xx	**投资活动：**	
各种调整（+/-）		购买财产、厂房及设备	(xx)
步骤1加折旧	xx	销售财产、厂房及设备	xx
步骤2分析非现金资产负债表账户净变化：		购买长期投资	(xx)
流动资产账户增加	(xx)	销售长期投资	xx
流动资产账户减少	xx	投资活动净现金流	(xx)
流动负债账户增加	xx	**筹资活动：**	
流动负债账户减少	(xx)	发行债券	xx
步骤3调整利得和损失：		偿还应付债券	(xx)
利得	(xx)	普通股发行	xx
损失	xx	回购普通股	(xx)
经营活动净现金流	$xx	支付股利	(xx)
		筹资活动净现金流	xx
		现金及现金等价物净增加/减少	xx
		现金及现金等价物期初余额	xx
		现金及现金等价物期末余额	$xx

12.2 现金流量表案例

目标2：使用间接法计算经营活动提供的净现金流量来编制现金流量表。

为了解释之前的概念，我们将引入一个商业企业Apparel公司。该公司的利润表和资产负债表如表12-5和表12-6所示。

表12-5 Apparel公司利润表

Apparel公司 利润表 （单位：百万美元）	
净销售额	$3 638
销售成本	2 469
毛利	1 169
销售和管理费用	941
营业净利	228
非营业项目：	
出售店面所得	3
税前净利	231
减：所得税	91
净利	$140

表12-6　　　　Apparel公司比较资产负债表

Apparel公司
比较资产负债表
（单位：百万美元）

	期末余额	期初余额	变动
资产			
流动资产：			
现金及现金等价物	$91	$29	$+62
应收账款	637	654	−17
存货	586	537	+49
流动资产总额	1 314	1 220	
财产、厂房及设备	1 517	1 394	+123
减：累计折旧及摊销	654	561	+93
财产、厂房及设备净值	863	833	
资产总额	$2 177	$2 053	
负债及股东权益			
流动负债：			
应付账款	$264	$220	+44
应计负债	193	190	+3
应付所得税	75	71	+4
流动负债总额	532	481	
应付债券	479	520	−41
负债总额	1 011	1 001	
股东权益：			
普通股股本	157	155	+2
留存收益	1 009	897	+112
股东权益总额	1 166	1 052	
负债及股东权益总额	$2 177	$2 053	

假设Apparel公司发生如下事项：

1.公司销售一个初始价格为1 500万美元、累计折旧为1 000万美元的商店。现金收入为800万美元，利得为300万美元。

2.公司当年没有发行新债券。

3.公司没有回购普通股。

4.公司支付现金股利。

需要注意的是，表12-6已经包括资产负债表的所有变化金额。比如，现金及现金等价物的期初和期末余额为2 900万和9 100万美元。账户增加6 200万美元。同样的计算可以运用在其他账户中。比如，Apparel公司现金流量表的目的是列示经营、投资和筹资活动的现金流量。尽管账户变化已经在表12-6中列示，但是在编制现金流量表前，你需要自己计算这些变化金额。

12.2.1 经营活动

这部分利用三个步骤解释Apparel公司现金流量表的经营活动部分。

步骤一：

计算经营活动净现金流的第一步需要将折旧加入净利润。表12-6表明Apparel的累计折旧账户期初和期末余额分别为5.61亿美元和6.54亿美元。该公司当年销售一个商店的累计折旧为1 000万美元。基于上述条件，利用负资产的基本公式，应该将1.03亿美元的折旧加入净利润：

期初余额-借方发生额+贷方发生额=期末余额

\$5.61亿-\$0.1亿+贷方发生额=\$6.54亿

贷方发生额=\$1.03亿

步骤二：

计算经营活动净现金流的第二步是分析非现金资产负债表账户的净变化对净利润的影响。表12-7解释了Apparel公司需要进行的五步调整。表12-7的上半部分重新表述表12-2完成这步需要的准则。表12-7的下半部分将准则运用到资产负债表中。比如，表12-6表明Apparel的应收账款减少1 700万美元，表12-7的上半部分表明应收账款的减少应该加进净利润中。这说明了表12-7的应收账款减少额前面为负号的原因。同样的，表12-6表明Apparel存货账户增加4 900万美元。当存货增加时，增加的金额应该从净利润中减去。这解释了表12-7的存货增加额前面为负号的原因。同样的逻辑可以用来解释应付账款（+44）、应计负债（+3）和应付所得税（+4）导致的表12-7中净利润的变化。

表12-7　Apparel公司：分析非现金资产负债表账户净变化对净利润的影响

	账户余额增加	账户余额减少
表12-2中的准则		
流动资产		
应收账款	−	+
存货	−	+
流动负债		
应付账款	+	−
应计负债	+	−
应付所得税	+	−
	账户余额增加	账户余额减少
Apparel公司的账户分析		
流动资产		
应收账款		+17
存货	−49	
流动负债		
应付账款	+44	
应计负债	+3	
应付所得税	+4	

步骤三：

计算经营活动的净现金流需要调整利润表中的利得和损失。Apparel公司在表12-5中有300万美元的利得，因此，其需要从净利润中扣除。扣除销售利得使得其从经营活动部分的现金流量中剔除。与销售相关的现金收入的总额要计入投资活动中。

表12-8表明Apparel公司现金流量表的经营活动。需要花时间整理一下我们是如何计算得到这个表的。净利润的调整总额为1.19亿美元，导致经营活动的净现金流为2.59亿美元。

表12-8　　Apparel公司现金流量表的经营活动部分

	Apparel公司 （百万美元）		
	经营活动		
	净利润		$140
	将净利润调整为收付实现制：		
步骤1→	折旧	103	
步骤2→	应收账款减少	17	
	存货增加	(49)	
	应付账款增加	44	
	应计负债增加	3	
	应付所得税增加	4	
步骤3→	销售商店利得	(3)	119
	经营活动净现金		$259

12.2.2　投资活动

Apparel公司与财产、厂房及设备相关的投资现金流如表12-6所示，其期初余额和期末余额分别为13.94亿美元和15.17亿美元，增长1.23亿美元。增长意味着公司购买设备，但并不等于现金流量表记录的总现金流量。

假设表明Apparel以现金800万美元销售初始价格为1 500万美元的商店。销售的现金流入需要计入现金流量表中的投资活动部分。计算购买财产、厂房及设备的现金流出，我们需要运用基础公式：

期初余额+借方发生额-贷方发生额=期末余额

$13.94亿+借方发生额-$0.15亿=$15.17亿

借方发生额=$1.38亿

需要注意的是，上述方程的贷方发生额包括销售商店的初始价格。将现金流出1.38亿美元和销售商店的现金流入0.08亿美元加总，该公司的投资活动净现金流为1.3亿美元。

12.2.3 筹资活动

表12–9解释如何计算与应付债券和普通股相关的筹资活动现金流量。表12–9上半部分重述表12–3中分析筹资活动现金流量的基本准则。表12–9下半部分使用准则分析资产负债表中的两个账户。我们将依次分析。

表12–9　Apparel公司：分析非现金资产负债表账户净变化对筹资活动影响

	账户余额增加	账户余额减少
表12–3中的准则		
负债和股东权益		
应付债券	+	–
普通股	+	–
	账户余额增加	账户余额减少
Apparel公司的账户分析		
负债和股东权益		
应付债券		–41
普通股	+2	

表12–6表明Apparel公司的应付债券账户减少4 100万美元。因为Apparel公司当年没有发行债券，我们能够得知减少4 100万美元是由于偿还应付债券。表12–9上半部分表明应付债券的减少需要从投资活动现金流量中扣除。因此，表12–9下半部分应付债券的减少为负。同样的，Apparel公司的普通股账户增加200万美元。因为Apparel公司当年没有回购普通股，我们能够得知增加200万美元是由于发行普通股。表12–9上半部分表明普通股账户的增加需要在投资活动现金流量中增加。因此，表12–9下半部分普通股账户增加200万美元。

Apparel公司筹资活动的现金流出是其向普通投资者支付的股利。股利支付能够利用基础公式计算：

期初余额–借方发生额+贷方发生额=期末余额

\$8.97亿–借方发生额+\$1.4亿=\$10.09亿

借方发生额=\$0.28亿

当现金流出6 900万美元（\$4 100+\$2 800）加上现金流入200万美元时，公司筹资活动的净现金流为6 700万美元。

表12–10是Apparel公司的现金流量表。该表经营活动部分来自表12–8；投资和筹资活动部分来自表12–10。需要注意现金及现金等价物的净变化计算如下：

现金及等价物净变化=经营活动净现金流量+投资活动净现金流量+筹资活动净现金流量

现金及现金等价物净变化=\$2.59亿–\$1.3–\$0.67亿=\$0.62亿

现金及现金等价物净变化0.62亿美元和表12–6中现金及现金等价物账户的变化一致。

表 12-10　Apparel公司现金流量表

Apparel公司 现金流量表——间接法 （单位：百万美元）		
经营活动		
净利润		$140
将净利润调整到收付实现制：		
折旧	103	
应收账款减少	17	
存货增加	（49）	
应付账款增加	44	
应计负债增加	3	
应交所得税增加	4	
销售商店利得	（3）	119
经营活动净现金流		259
投资活动：		
财产、厂房及设备增加	（138）	
销售商店收入	8	
投资活动净现金流量		（130）
筹资活动：		
偿还应付债券	（41）	
发行普通股	2	
支付股利	（28）	
筹资活动净现金流		（67）
现金及现金等价物净增加		62
现金及现金等价物期初余额		29
现金及现金等价物期末余额		$91

12.2.4　了解全局

在本章的开始，我们讨论如何根据非现金资产负债表账户编制现金流量表。我们提供了一种编制现金流量表的方法。这种方法简化了现金流量表的计算过程。

表12-11利用T字账来总结Apparel公司非现金资产负债表账户的变化和现金账户变化的现金流入与流出的关系。表12-11的上半部分为Apparel公司的现金T字账，下半部分为公司其余账户的T字账。表12-11中现金T字账上的经营活动的净现金流（2.59亿美元）和现金及现金等价物的净增长（0.62亿美元）与表12-10现金流量表中的数据一致。

表12-11　　　　T字账——Apparel公司（百万美元）

现金

净利润	（1）	140	49（4）	存货增加
折旧	（2）	103	3（12）	销售商店利得
应收账款增加	（3）	17		
应付账款增加	（5）	44		
应计负债增加	（6）	3		
应交所得税增加	（7）	4		
经营活动净现金流		259		
销售商店收入	（12）	8	138（8）	财产、工厂和设备的增加额
普通股增加	（11）	2	41（9）	应付债券的减少
			28（10）	支付现金股利
现金及现金等价物净增加		62		

应收账款

期初	654		
		17	（3）
期末：	637		

存货

期初：	537		
（4）	49		
期末：	586		

财产、厂房和设备

期初：	1 394		
（8）	138	15	（12）
期末：	1 517		

累计折旧

		561	期初
（12）	10	103	（2）
		654	期末

应付账款

		220	期初
		44	（5）
		264	期末

应计负债

		190	期初
		3	（6）
		193	期末

应交所得税

		71	期初
		4	（7）
		75	期末

应付债券

		520	期初
（9）	41		
		479	期末

普通股

		155	期初
		2	（11）
		157	期末

留存收益

		897	期初
（10）	28	140	（1）
		1 009	期末

接下来，我们分5步解释表12-11。分录（1）将Apparel公司的净利润（1.4亿美

元）计入留存收益的贷方发生额和现金账户的借方。现金T字账的1.4亿美元将会调整到现金及现金等价物的净增长0.62亿美元。分录（2）将折旧1.03亿美元加入净利润。分录（3）到（7）调整流动资产和流动负债账户的净收入。分录（8）到（11）总结与财产、厂房和设备，偿还应付债券，偿还现金股利，以及发行普通股相关的现金流出和流入。分录（12）记录销售商店。销售利得0.03亿美元记在现金T字账的贷方。将利得从净利润中扣除，因此销售的现金收入800万美元可以计入投资活动部分。

商业实践

四季酒店管理其债务

当四季酒店Maui分店的入住率从79%下降到60%时，其净现金流在今年前三季度下降到1 090万美元。酒店的所有者无法支付每年2 360万美元的债务，所以其与贷款人一起重组贷款协议条款。其他四季酒店也面临着类似的问题。例如，四季酒店San Francisco分店濒临破产，直到其所有者带来一位新的共同所有者Westbrook Partners LLC，其支付9 000万美元抵押贷款中的3 500万美元。同样，四季酒店Dallas分店的所有者面临着现金短缺，迫使其重组达1.83亿美元抵押贷款的条款。

12.3 诠释现金流量表

公司通过研究现金流量表能够挖掘许多有用的信息。这部分，我们将讨论当诠释现金流量表时，管理者可以利用的两条准则。

12.3.1 考虑公司特殊环境

现金流量表需要在企业特殊环境下评估。为了解释这个观点，下面我们考虑两个例子：一个是刚起步的公司；另一个是正在成长销售额却在下降的公司。初创公司通常不能产生正的现金流量，因此，依赖投资活动发行股票和借款。这表明初创公司的经营活动净现金流通常为负，投资和筹资活动的净现金流量达到最大值。当一个初创公司成熟时，它应该不需要发行股票或借钱以保持足够的现金维持每天的运转和生产以及设备维护。这意味着经营活动净现金流应该从负变为正，投资活动的净现金流减少或者保持稳定，筹资活动的净现金流减少。

销售额增长的公司意味着应收账款、存货和应付账款账户金额增加。相反，如果一个公司销售额下降，这些账户金额却增加，说明该公司有问题。应收账款的增加可能是由于公司向不能付款的客户扩大销售。存货的增加意味着公司存在大量滞留存货。应付账款增加是因为公司向供应商延长付款期，这会导致经营活动的净现金流量通货膨胀。所以，对账户余额变化的解释取决于公司环境。

你的决策

所有者

你是小型商业企业的所有者。公司开始销售产品，导致当年最后两个月的收入和净利润显著增加。公司现金流量表的经营活动部分为负值。你怎么认为？

12.3.2 考虑数字间的关系

现金流量表的每个数字都提供有用的信息，经理通过分析数据之间的关系，可以挖掘这些有用的信息。

比如，一些管理者通过比较经营活动净现金流和销售额来研究公司现金流边际的趋势。目的是继续增长每单位销售额的经营现金流。如果我们回头看表12-5的利润表和表12-10的现金流量表，我们确定现金流边际为0.07美元/销售额（$259/3 638）。管理者也会比较经营活动产生的净现金流量和流动负债的期末余额。如果经营活动产生的净现金流量大于（少于）流动负债的期末余额，它表明公司产生（没有产生）足够现金流以支付期末账单。Apparel公司的经营活动净现金流为2.59亿美元，不足以支付期末的流动负债4.81亿美元。

第三个案例，经理比较财产、厂房及设备的增加额与经营活动部分的折旧。如果财产、厂房及设备的增加额小于折旧，则暗示公司没有投入足够的钱维持其非流动资产。如果我们回头看表12-10的现金流量表，其财产、厂房及设备的增加额（1.38亿美元）多于折旧（1.03亿美元），这表明Apparel公司正投资更多的钱维持其非流动资产。

自由现金流量

目标3：计算自由现金流量。

自由现金流量被管理者用来衡量现金流量表三个数之间的关系——经营活动净现金流，财产、厂房及设备的增加额（资本支出）和股利。也就是说，自由现金流量（free cash flow）衡量公司为财产、厂房及设备支付的资本支出和经营活动净现金流以及股利。计算自由现金流量的公式如下：

自由现金流量=经营活动净现金流-资本支出-股利

利用该公式和表12-10所示的现金流量表，我们可以计算Apparel公司的自由现金流量（单位：百万美元）：

自由现金流量=$259-$138-$28=$93

自由现金流量的解释很直接。正数表明公司经营活动产生足够的现金流支付资本支出和股利。负数表明公司需要其他渠道资金来支付资本支出和股利，比如从债权人处借钱或者发行普通股。负的自由现金流量并不代表业绩差。正如之前讨论的，一个正在成长的新公司在初期可能出现现金流为负的情况。然而，即使新公司最终也需要产生正现金流才能得以生存。

盈余质量

管理者和投资者经常分析净利润和经营活动净现金流量之间的关系，以评估公司的盈利能力，反映经营业绩的真实水平。管理者普遍认为在下列情况下，收益具有较高的质量，或者产生更有指向性的经营业绩，当收益：（1）不受通货膨胀的影响时；（2）使用保守的会计准则和估计计算时；（3）与经营活动净现金流量相关时。当公司的净收入和经营活动净现金流量相互串联（换句话说，相互关联）时，它表明，是销售和运营费用的变化带来了盈利。相反，如果公司的净利润稳步增加，经营活动净现金流量正在下降，这表明，净收入受与经营绩效无关的因素影响，如一次性交易或变更的会计准则与估计。

概念检查

8. 关于盈余质量，下列哪个陈述是正确的？（你可以选择一个以上的答案。）

a. 管理者普遍认为，盈余不受通货膨胀的影响时，盈余质量更高

b. 管理者普遍认为，盈余使用特殊估计方法计算时，盈余质量更高

c. 管理者普遍认为，当盈余和经营活动净现金流量沿相反的方向移动时，盈余质量更高

d. 管理者普遍认为，使用保守的会计原则计算盈余时，盈余质量更高

商业实践

亚马逊提升现金流

当销售额出现在其网站上时，亚马逊立即收到客户的现金。当公司向供应商延迟付款的天数从63天增长到72天时，公司的应付账款余额有了一个巨大的飞跃，这有助于使自由现金流量从3.46亿美元增加到13.6亿美元。在第一季度，亚马逊的销售额增加28%，但其应付账款增长近一倍，造成自由现金流量增加116%。你认为管理者应该通过延迟付款来增加现金流量吗？它会促进与供应商的合作关系吗？

资料来源：Martin Peers，"Amazon's Astute Timing，" *The Wall Street Journal*，October 30，2009，p. C10.

本章小结

目标1：识别与经营活动、投资活动或筹资活动有关的现金流入和流出。

现金流量表分为三个部分：经营活动、投资活动和筹资活动。经营活动在发生受利润影响的收入和费用交易时，产生相关的现金流入和流出。投资活动在收购或处置非流动资产时，产生现金流入和现金流出。筹资活动在借款和对债权人偿还本金以及与公司的所有者交易时产生现金流入和流出。

目标2：使用间接法计算经营活动提供的净现金流量并编制现金流量表。

现金流量表的经营活动部分可以用间接法或直接法来编制。直接法下，利润表从头到尾重新编制为收付实现制。例如，从客户手中收集现金而不是收入，并支付给清单上的供应商。在间接法下，将净收入调整为现金基础。也就是说，不是直接计算现金销售、现金支出等，应该从净利润中扣除不影响现金流量的项目金额。

使用间接法调整净利润使其变为经营活动现金净流量需要三步。第一步是使净利润增加折旧费。第二步是对非现金资产、负债账户净变化对净利润的影响进行调整。第三步是调整利润表中包含的利得/损失。

现金流量表的投融资部分记录现金流量而不是净现金流量。现金及现金等价物的净增加、现金流的变化与资产负债表上所显示的现金账户的变化一致。

目标3：计算自由现金流量。

自由现金流是由经营活动提供的净现金流减去资本支出和股息。

目标4：使用直接法计算经营活动提供的净现金流量。

你的决策（所有者）参考答案

即使公司报告了正的净利，当年公司经营的净影响是消耗而不是产生现金。公司

经营相关的现金分配超过了经营现金收入。如果公司在年末时发生了大量的销售，货款很有可能并没有收回。实际上，考虑到国际性的额外销售，回收期可能会长一些。尽管如此，作为所有者，你可能想要保证公司依附于销售发生的授信政策和程序，你也会考虑控制公司应收账款回收期的长短。

概念检查参考答案

1.选择ad。借方发生额增加，期初余额和贷方发生额需要减去。

2.选择a。应收账款是流动资产，但它不是现金等价物。

3.选择bcd。间接法从净利润开始，并将其调整到收付实现制。

4.选择ac。折旧费用增加净利润，出售资产的亏损应加到净利润中。

5.选择d。利用负资产的基本公式，2 000美元-350美元+贷方发生额=2 900美元，贷方发生额=1 250美元。

6.选择a。出售资产的现金收益为75美元，出售资产的账面价值是50美元（400美元-350美元）。这两个金额之间25美元的差异是出售资产的利得。在现金流量表的经营活动部分，它应该从经营中的净利润中减去。

7.选择c。使用资产的基本公式，5 000美元+借方发生额-700美元=6 000美元。借方发生额=1 700美元，这一数额涉及购买非流动资产。若公司出售的资产为500美元，购买的非流动资产为1 700美元，投资活动所提供的净现金流量为-1 200美元。

8.选择ad。当管理者使用保守估计时，盈余质量更高。当盈余与经营活动提供的净现金向同一个方向移动时，盈余质量更高。

问题回顾

Rockford公司2015年的比较资产负债表及利润表如下：

Rockford公司

比较资产负债表

（单位：百万美元）

关键概念#1	2015年	2014年
资产		
现金及现金等价物	$26	$10
应收账款	180	270
存货	205	160
预付费用	17	20
财产、厂房及设备	430	309
减：累计折旧	(218)	(194)
长期投资	60	75
资产总额	$700	$650
负债及股东权益		
应付账款	$230	$310
应计负债	70	60
应付债券	135	40
递延所得税	15	8
普通股股本	140	140
留存收益	110	92
负债及股东权益总额	$700	$650

Rockford公司利润表 2015年1月1日至12月31日 (单位：百万美元)	
销售收入	$1 000
减：销售成本	530
毛利	470
销售和管理费用	352
营业净利	118
非营业项目：	
出售设备损失	4
税前净利	114
减：所得税	48
净利	$66

额外信息：

1.2015年支付了现金股利。

2.出售设备损失的400万美元来自以300万美元的现金出售原始成本为1 200万美元、累计折旧为500万美元的设备。

3.Rockford当期没有购买长期投资。没有销售长期投资的利得或损失。

4.Rockford 2015年没有需要偿还的债券，没有发行或者回购普通股。

要求：

1.以间接法计算2015年经营活动提供的净现金流量。

2.编制2015年的现金流量表。

问题回顾解答：

Rockford公司的工作底稿列示在下面。使用工作底稿编制现金流量表（包括经营活动提供的净现金流量）是一件简单的事。

Rockford公司
现金流量表工作底稿
2008年1月1日至12月31日
(单位：百万美元)

	2015年	2014年	变动
资产（除了现金及现金等价物）			
流动资产：			
现金及现金等价物	$26	$10	−16
应收账款	180	270	−90
存货	205	160	+45
预付费用	17	20	−3
非流动资产：			

续表

	2015年	2014年	变动
财产、厂房和设备	212	115	
长期投资	60	75	-15
总资产	$700	$650	
流动负债：			
应付账款	$230	$310	-80
应计负债	70	60	+10
应交所得税	15	8	-7
非流动负债：			
应付债券	135	40	+95
股东权益：			
普通股股本	140	140	+0
留存收益：	110	92	+18
负债和股东权益	$700	$650	

要求1：

应该用以下三步计算经营活动净现金流量：

步骤1：将折旧加入净利润。

计算该步，需要运用以下公式（单位：百万美元）：

期初余额-借方发生额+贷方发生额=期末余额

$194-$5+贷方发生额=$218

贷方发生额=$29

步骤2：分析非现金影响净利润的资产负债表账户的净变化：

计算该步，需要使用表12-2的逻辑，如下：

	账户余额增加	账户余额减少
流动资产		
应收账款		+90
存货	-45	
预付账款		+3
流动负债		
应付账款		-80
应计负债	+10	
应交所得税	+7	

步骤3：调整利润表中的利得和损失：

Rockford销售设备损失的400万美元应该加入净利润。

计算以上三步，经营活动的现金流量如下：

Rockford公司

现金流量表——间接法

2015年1月1日至12月31日

（单位：百万美元）

经营活动		
净利润		$66
将净利转换成现金基础的调整：		
折旧及摊销费用	$29	
应收账款减少	90	
存货增加	(45)	
预付费用减少	3	
应付账款减少	(80)	
应计负债增加	10	
递延所得税增加	7	
出售设备损失	4	18
经营活动提供的净现金流量		$84

要求2：

要完成现金流量表，我们必须完成投资和筹资活动部分。这需要分析财产、厂房和设备，长期投资，应付债券，普通股和留存收益账户。下面的表格是基于表12-3和它记录的Rockford 4个账户余额的变化。

	账户余额增加	账户余额减少
非流动资产（投资活动）		
财产、厂房和设备	−121	
长期投资		+15
负债及股东权益（筹资活动）		
应付债券	+95	
普通股	0	0
留存收益	*	*

*要求深入分析支付的现金股利。

初始数据表明，在本年度内Rockford没有购买任何长期投资，长期投资的出售并无利得或损失。这意味着这1 500万美元的长期投资减少为1 500万美元的现金流入，该现金来自现金流量表投资活动部分记录的长期投资的销售。该数据还表明，Rockford没有需要偿还的债券，因此，9 500万美元应付债券的增加是由于发行应付债券。这种现金流入记录在现金流量表的筹资活动部分。

普通股账户在本期内并无变化，因此不会影响现金流。剩下的两个账户，需要进一步分析财产、厂房和设备以及留存收益。

该公司出售初始价格为1 200万美元的设备，获得现金300万美元。现金出售所得款项需要记录在现金流量表的投资活动部分。与Rockford的投资活动有关的现金流出，可以使用以下公式计算：

期初余额+借方发生额-贷方发生额=期末余额

3.09亿美元+借方发生额-0.12亿美元= 4.3亿美元

借方发生额=1.33亿美元

Rockford的留存收益账户和股东权益的基本公式可以用来计算公司支付的股利如下：

期初余额-借方发生额+贷方发生额=期末余额

0.92亿美元-借方发生额+0.66亿美元= 1.1亿美元

借方发生额=0.48亿美元

该公司的完整现金流量表如下所示。现金及现金等价物净额增加（1 600万美元）等于现金及现金等价物账户余额的变化。

Rockford公司

现金流量表——间接法

2015年1月1日至12月31日

（单位：百万美元）

经营活动		
净利润		$66
将净利转换成现金基础的调整：		
折旧及摊销费用	$29	
应收账款减少	90	
存货增加	（45）	
预付费用减少	3	
应付账款减少	（80）	
应计负债增加	10	
递延所得税增加	7	
出售设备损失	4	18
经营活动提供的净现金流量		84
投资活动		
财产、厂房和设备的增加	（133）	
长期投资减少	15	
出售设备收到的现金	3	
投资活动使用的净现金流量		（115）
筹资活动		
应付债券增加	95	
支付现金股利	（48）	
筹资活动提供的净现金流量		47
现金及现金等价物的净增加额		16
现金及现金等价物的期初余额		10
现金及现金等价物的期末余额		$26

词汇表

现金等价物（cash equivalents）是短期持有的、具有较高流动性的、为赚取短期回报而投资于货币市场的闲置资金，如国库券、商业本票等。

直接法（direct method）是将利润表的项目以现金为基础由上到下列示，以计算经营活动现金流量的方法。

筹资活动（financing activities）是指除支付利息外，公司与债权人之间借款与还款及公司与所有者之间的所有活动，比如销售和回购普通股以及支付股利。

间接法（indirect method）是指从利润表上的净利润开始，将其调整为现金收付制，以计算经营活动净现金流量的方法，又名调整法。

投资活动（investing activities）是获取或处理非流动资产的交易事项，比如财产、厂房和设备，长期投资和借款。

经营净现金流量（net cash provided by operating activities）是在日常生产经营活动中发生的现金流入和现金流出的净值。

经营活动（operating activities）是影响流动资产、流动负债或净利润的活动。

现金流量表（statement of cash flows）是主要反映直接或间接影响到现金流量，进而影响到现金余额的企业活动的一种财务报表。

思考题

12-1 编制现金流量表的目的是什么？

12-2 什么是现金等价物，为什么它和现金一样列示在现金流量表上？

12-3 现金流量表的三个主要部分是什么？确定不同的交易应属于哪个部分的一般原则是什么？

12-4 诠释现金流量表的基本准则有哪些？

12-5 如果出售资产获得收益，为什么在直接法下计算经营活动提供的净现金流量时，收益要从净利润中减去？

12-6 为什么不将涉及应付账款的交易看作融资活动？

12-7 假设公司偿还银行贷款300 000美元，同年又从银行借入500 000美元。出现在现金流量表上的金额是多少？

12-8 直接法和间接法在计算经营活动净现金流量时有什么差异？

12-9 一位业务主管曾经说：“折旧是最大的现金来源。”你同意吗？请解释。

12-10 如果某期应收账款的余额增加，在间接法下计算营业活动净现金流量时如何处理这些增加额？

12-11 销售设备取得的现金应被区分为出于筹资活动还是投资活动？

12-12 经营活动净现金流和自由现金流量之间的区别是什么？

基础练习十五问

Ravenna公司用间接法编制经营活动部分的现金流量表。其今年的资产负债表如下：

	期末余额	期初余额
现金	$48 000	$57 000
应收账款	41 000	44 000
存货	55 000	50 000
流动资产	144 000	151 000
财产、厂房和设备	150 000	140 000
累计折旧	50 000	35 000
财产、厂房和设备净额	100 000	105 000
资产	$244 000	$256 000
应付账款	$32 000	$57 000
应交所得税	25 000	28 000
应付债券	60 000	50 000
普通股	70 000	60 000
留存收益	57 000	61 000
负债和股东权益	$244 000	$256 000

在这一年中，Ravenna支付了6 000美元的现金股利并且出售一件设备获得3 000美元，其初始成本为6 000美元，并已累计折旧4 000美元。公司没有任何需要偿还的债券或本年度回购的普通股。

要求：

1.计算公司的现金流量表上现金及现金等价物的净增加或减少的金额。

2.公司在现金流量表上的净利润是多少？

3.加入净利润的折旧是多少？

4.（为了回答这个问题，建立应收账款T字账并且记录期初和期末余额。）如果公司借记应收账款，同时贷记600 000美元的销售额，应收账款记录的贷方发生额为多少？这些贷方发生额表示什么？

5.应收账款调整经营活动净利润金额和方向（+或-），这个调整代表什么？

6.（为了回答这个问题，建立存货和应付账款T字账并且记录期初和期末余额。）如果公司借记销售成本，贷记库存商品400 000美元，存货账户借方发生额表示的存货采购是多少，应付账款贷方发生额是多少？应付账款T字账的借方发生额是多少，代表什么含义？

7.存货和应付账款调整经营活动净利润金额和方向（+或-），这个调整代表什么？

8.（为了回答这个问题，建立应交所得税T字账并且记录期初和期末余额。）如果公司借记所得税费用，贷记应交所得税400 000美元，应交所得税账户借方发生额是多少？代表什么含义？

9.应交所得税调整经营活动净利润金额和方向（+或-），这个调整代表什么？

10.该公司的现金流量表的经营活动部分包含利得或损失的调整吗？调整的数量和方向（+或-）会是什么？

11.在公司的现金流量表中的经营活动净现金流量是多少？

12.在该公司的现金流量表中投资活动部分的总现金流出量是多少？

13. 公司的投资活动所提供的净现金流量是多少？

14. 在该公司的现金流量表中筹资活动部分的总现金流入量是多少？

15. 公司的筹资活动所提供的净现金流量是多少？

练习

练习 12-1　将交易分类为现金的来源或使用（学习目标 1）

下面是Hazzard公司去年发生的交易：

a. 从客户处收回现金。

b. 用现金回购普通股。

c. 从债权人处借钱。

d. 支付供应商存货采购欠款。

e. 向债权人支付利息。

f. 宣告和发放现金股利。

g. 发行普通股。

h. 向其他机构借款。

i. 支付税金。

j. 向员工支付薪酬。

k. 用现金购买设备。

l. 向保险公司和设备提供者支付账单。

要求：

指出在现金流量表上，上述各项交易要归类为经营活动、投资活动，还是筹资活动？

练习 12-2　经营活动提供的现金（间接法）（学习目标 2）

Hanna公司去年的净收益为35 000美元。公司流动资产和流动负债账户的期初和期末余额如下：

	12月31日	
	期末	期初
流动资产：		
现金	$30 000	$40 000
应收账款	$125 000	$106 000
存货	$213 000	$180 000
预付费用	$6 000	$7 000
流动负债：		
应付账款	$210 000	$195 000
应计负债	$4 000	$6 000
应交所得税	$34 000	$30 000

该年度资产负债表上折旧为20 000美元。Hanna公司没有利得或者损失。

要求：

使用间接法，确定当年经营活动提供的净现金流量。

练习题12-3 计算自由现金流量（学习目标3）

Apex公司编制当年的现金流量表如下：

Apex公司

现金流量表——间接法

经营活动		
净利润		$40 000
将净利转换成现金基础的调整：		
折旧及摊销费用	$22 000	
应收账款增加	(60 000)	
存货增加	(25 000)	
预付费用减少	9 000	
应付账款增加	55 000	
应计负债减少	(12 000)	
应交所得税增加	5 000	(6 000)
经营活动提供的净现金流量		34 000
投资活动		
销售设备收入	14 000	
借款给Thomas公司	(40 000)	
工厂和设备增加	(11 000)	
投资活动使用的净现金流量		(136 000)
筹资活动		
应付债券增加	90 000	
普通股增加	40 000	
支付现金股利	(30 000)	
筹资活动提供的净现金流量		100 000
现金及现金等价物的净增加额		(2 000)
现金及现金等价物的期初余额		27 000
现金及现金等价物的期末余额		$25 000

要求：

计算Apex公司的自由现金流量。

附录12A：以直接法计算经营活动提供的净现金流量

目标4：使用直接法计算经营活动提供的净现金流量。

以直接法计算经营活动提供的净现金流量时，我们必须将利润表以收付实现制为基础从上到下重新编制。表12A－1的模型列示了将销售收入、费用等项目转换为收付实现制所需的调整。我们将本章的Apparel公司的资料列在该表中，以进行说明。

注意“经营活动提供的净现金流量”数字（2.59亿美元）与本章用间接法计算的相同，因为直接法与间接法殊途同归。报表上投资活动及筹资活动部分的数字与表12-10的间接法计算的完全相同。间接法与直接法唯一的差异在于经营活动部分。

12A.1 处理资料时的相似处及差异处

虽然我们使用直接法或间接法都会得到相同的结果，但在调整的过程中，并非所有的资料处理方式都相同。在此稍停一下，翻回表12-7中间接法的一般模型，并且比较表12-7中的调整与表12A-1中直接法的调整。两种方法对影响收益的账户调整是相同的。在两种方法下，这些账户的增加额被减去，而账户的减少额则被加上。然而，间接法与直接法对影响费用的账户的调整方式是相反的。这是因为间接法是针对净利进行调整，而直接法则是针对费用账户本身进行调整。

为了说明这个差异，这里以间接法与直接法对存货及折旧的处理为例。在间接法下（表12-7），在计算经营活动提供的现金时，存货账户的增加额（49美元）被从净利中减去。在直接法下（表12A-1），存货的增加额则加到销售成本上。此差异的原因可以解释如下：存货的增加表示购买存货比当期所列报的销售成本多。因此，要将净利调整到收付实现制，我们必须将此增加额从净利中（间接法）减去，或者我们必须将此增加额加到销售成本（直接法）上。两种方法得出的经营活动提供的现金数字将是相同的。类似的，折旧在间接法下被加回到净利中以抵销其效果（表12-8），而在直接法下则从营业费用中减去以抵销其效果（表12A-1）。对两种方法下所有其他费用项目而言，处理资料时的差异也是如此。

在直接法下，出售资产的所得与损失不需要调整。这些所得与损失就直接略过，因为它们不是销售收入、销售成本、营业费用或所得税的一部分。参见表12A-1，Apparel公司出售店面的300万美元的所得并未在经营活动部分进行调整。

表12A-1　一般性的模型：以直接法计算（经营活动提供的净现金流量）

收入或费用项目	加上（+）或减去（-）以调整成收付实现制		案例——Apparel公司（单位：百万美元）
销售收入（列报的数字）		\$3 638	
调整成收付实现制：			
应收账款增加	-		
应收账款减少	+	+17	\$3 655
销售成本（列报的数字）		2 469	
调整成收付实现制：			
存货增加	+	+49	
存货减少	-		
应付账款增加	-	-44	
应付账款减少	+	——	2 474

续表

收入或费用项目		加上（+）或减去（-）以调整成收付实现制	案例——Apparel公司（单位：百万美元）
营业费用（列报的数字）		941	
调整成收付实现制：			
预付费用增加	+		
预付费用减少	-		
应计负债增加	-	-3	
应计负债减少	+		
当期的折旧、减值及摊销费用	-	-103	835
所得税费用（列报的数字）		91	
调整成收付实现制：			
应付所得税增加	-	-4	
应付所得税减少	+		87
经营活动提供的净现金流量			$259

12A.2 特别规则——直接法与间接法

如之前所言，使用直接法时，GAAP和IFRS要求对净利润与经营活动提供的净现金流量进行调整。因此，当公司选择使用直接法时，也必须列示间接法，间接法随同现金流量表以分开的附表列示。

另外，如果公司选择使用间接法来计算经营活动提供的净现金流量，则必须对提供的资料进行特别的区分。公司必须分开披露利息的金额以及当年支付的所得税。要求分开披露，是为了让使用者能够根据间接法提供的资料来估计直接法下的销售、所得税等项目。

第13章　财务报表分析

前章回顾

我们在第12章中介绍了如何编制现金流量表，此外，我们还讨论了如何解读报表资料。

本章简介

第13章我们的焦点是财务报表分析，以协助判断公司的财务健康程度。我们讨论了趋势资料的运用、与其他公司的比较以及对基本财务比率的分析。

本章概要

财务报表分析的局限性

□ 企业间的财务数据的比较

□ 透视比率背后的问题

比较报表与统一格式报表

□ 报表中金额与百分比的变动

□ 统一格式报表

比率分析——流动性

□ 营运资本

□ 流动比率

□ 速动比率

比率分析——资产管理

□ 应收账款周转率

□ 存货周转率

□ 营业周期

□ 总资产周转率

比率分析——负债管理

□ 利息保障倍数

□ 产权比率

□ 权益乘数

比率分析——盈利能力

□ 贡献毛利率

□ 销售净利率

□ 总资产收益率

□ 股本回报率

比率分析——市场表现

□ 每股收益

□ 市盈率
□ 股利支付率与股利收益率
□ 每股账面价值
比率汇总与比较性比率资料的来源

学习目标

在学完了第13章之后，你应该能够：
目标1：以比较式与统一格式编制并解读财务报表。
目标2：计算并解读与资产流动性有关的财务比率。
目标3：计算并解读与资产管理有关的财务比率。
目标4：计算并解读与负债管理有关的财务比率。
目标5：计算并解读与盈利能力有关的财务比率。
目标6：计算并解读与市场表现有关的财务比率。

决策专栏：持续关注股利

当经济不景气时，投资者密切关注公司发放股利的能力。2008年，标准普尔500家公司中的36家暂停了共3 330亿美元的股息支付。花旗集团砍去41%的股息，华盛顿·互惠（现在是摩根大通的一部分）将其季度股息从每股15美分减少到1美分，CIT集团削减股息的60%。在艰难的经济时期，一些公司因坚持慷慨的股息支付增强了其市场话语权。例如，在2008年，Ignis Asset Management的Adrian Darley建议投资Vivendi公司、法国电信和德国电信，因为这些公司计划按照其各自的股票价格的4.9%至7.2%支付股息。

资料来源：Andrea Tryphonides，"Dividends Replace P/Es as Stock Guides，" *The Wall Street Journal*，November 24，2008，p. C2；Tom Lauricella，"Keeping the Cash：Slowdown Triggers Stingy Dividends，" *The Wall Street Journal*，April 21，2008，p. C1；and Annelena Lobb，"Investors Lick Wounds from Dividend Cuts，" *The Wall Street Journal*，November 7，2008，p. C1.

股东、债权人和管理者是使用者和利益相关者利用财务报表分析、评价一个公司的财务健康状况和未来前景的例子。股东和债权人分析公司的财务报表，估计其潜在的盈利增长，股票价格能否升值，能否支付股息及贷款本金和利息。管理者进行财务报表分析有两个原因。首先，它使他们能够更好地了解公司的财务业绩，这些财务业绩是股东和债权人制定投资和贷款决策的参考。其次，财务报表分析为管理者提供对他们公司的业绩有价值的反馈意见。举个例子，经理可以研究他们公司的财务报表的趋势，以评估业绩是否一直在提高或下降。或者，他们可以通过财务报表分析与世界级的竞争对手公司进行比较。在这一章中，我们将解释管理者如何准备比较财务报表和统一格式的财务报表，以及如何利用财务比率来评估他们公司的流动性、资产管理、债务管理、盈利能力和市场表现。

13.1 财务报表分析的局限性

这部分我们讨论财务报表分析的两个局限，管理者必须牢记：比较公司间财务资料，需要注意比率之外的资料。

13.1.1 企业间财务数据的比较

一家公司与另一家公司的比较，可以提供关于组织财务健全度的有价值线索。不幸的是，公司间会计方法的差异，有时使得公司间财务资料的比较很困难。例如，如果一家公司以后进先出法记录其存货价值，而另一家公司采用加权平均法，直接比较这两间公司的财务资料，诸如比较存货与销售成本，可能会使人们产生误解。有时候，详细资料会在财务报表附注中披露，以便于重编报表得到可比较的数据。总之，分析者在做出任何确定结论之前，应将资料缺乏可比性谨记在心。不过，即使心中有对这种局限的考虑，与其他公司及产业平均值比较关键比率，通常可以获得提高的机会。

13.1.2 透视比率背后的问题

计算比率不应该被视为最后一步，而应该被视为起点。作为更进一步的指标，这些比率发现了许多问题，也指出了进一步分析的要点，但它们本身很少可以作为问题的答案。除了比率之外，分析者还应该观察产业趋势、科技变化、消费者偏好变化、总体经济因素变动以及公司自身的变化。

13.2 比较式报表与统一格式报表

目标1：以比较式与统一格式编制并解读财务报表。

单独就财务报表中的数字本身而论，其并不具有太重要的作用。假设一个公司当年的销售额是2.5亿美元，光看这一个数字并不能得到什么特别有用的信息，但如果将这一数字与去年的销售额相比较呢？销售额与销售成本的关系如何？要做这种类型的比较，需要广泛使用的3种技术如下：

1. 报表的金额与百分比变动（水平分析）。
2. 统一格式报表（纵向分析）。
3. 比率。

第1种与第2种技术将在本节中讨论，第3种技术在本章的剩余部分讨论。为了解释这些分析技术，我们分析一家专业电子原件制造商Brickey Electronics公司的财务报表。

13.2.1 报表中金额与百分比的变动

水平分析（Horizontal Analysis）

比较两年或更多年的财务资料称为水平分析或趋势分析（trend analysis）。水平分析以金额及百分比的形式表达财务报表项目年度之间的变动，如表13-1与表13-2所示，以金额显示变动有助于分析者专注于影响获利能力或财务状况的关键因素。表13-1及表13-2显示了财务报表的比较格式，金额变动强调的是最重要的经济性变化，比例变化强调的是不寻常的变化。

表 13-1　　Brickey Electronics公司比较式资产负债表

Brickey Electronics公司
比较式资产负债表
（单位：千美元）

	今年	去年	增（减）金额	增（减）百分比
资产				
流动资产：				
现金	$1 200	$2 350	$(1 150)	(48.9)%*
应收账款，净额	6 000	4 000	2 000	50.0%
存货	8 000	10 000	(2 000)	(20.0)%
预付费用	300	120	180	150.0%
流动资产总额	15 500	16 470	(970)	(5.9)%
财产与设备：				
土地	4 000	4 000	0	0%
建筑与设备，净额	12 000	8 500	3 500	41.2%
财产与设备总额	16 000	12 500	3 500	28.0%
资产总额	$31 500	$28 970	$2 530	8.7%
负债及股东权益				
流动负债：				
应付账款	$5 800	$4 000	$1 800	45.0%
应计负债	900	400	500	125.0%
应付票据，短期	300	600	(300)	(50.0)%
流动负债总额	7 000	5 000	2 000	40.0%
长期负债：				
应付公司债，8%	7 500	8 000	(500)	(6.3)%
负债总额	14 500	13 000	1 500	11.5%
股东权益：				
普通股，面额$12	6 000	6 000	0	0%
优先股	3 000	3 000	0	0%
股本总额	9 000	9 000	0	0%
留存收益	8 000	6 970	1 030	14.8%
股东权益总额	17 000	15 970	1 030	6.4%
负债及股东权益总额	$31 500	$28 970	$2 530	8.7%

*由于我们是衡量今年和去年之间的金额变动，因此以去年为基础以百分比形式表示这些变动。例如，现金在今年和去年之间减少了$1 150，这个减少的金额以百分比形式表示的计算如下：$1 150÷$2 350=48.9%，在此表以及表13-2中的百分比都是以相同的方法计算的。

表13-2　　Brickey Electronics公司比较式利润表及留存收益调节表

Brickey Electronics公司
比较式利润表及留存收益调节表
2008年度与2007年度
（单位：千美元）

	今年	去年	增（减）金额	增（减）百分比
销售收入	$52 000	$48 000	$4 000	8.3%
销售成本	36 000	31 500	4 500	14.3%
毛利	16 000	16 500	(500)	(3.0)%
销售及管理费用：				
销售费用	7 000	6 500	500	7.7%
管理费用	5 860	6 100	(240)	(3.9)%
销售及管理费用总额	12 860	12 600	260	2.1%
净经营利润	3 140	3 900	(760)	(19.5)%
利息费用	640	700	(60)	(8.6)%
税前净利	2 500	3 200	(700)	(21.9)%
所得税（30%）	750	960	(210)	(21.9)%
净利润	1 750	2 240	$(490)	(21.9)%
普通股股东股利，每股$1.44	720	720		
累计至留存收益的净利	1 030	1 520		
留存收益，期初	6 970	5 450		
留存收益，期末	$8 000	$6 970		

使用几个年度的数据计算趋势百分比时，水平分析更有效。为了计算趋势百分比，必须选择一个基年，而其他所有年度以基年为基础，以百分比表示。在此以全球最大的餐饮零售商，在世界各地拥有超过31 000间餐厅的麦当劳公司（McDonald's Corporation）为例：

	2002年	2003年	2004年	2005年	2006年	2007年	2008年	2009年	2010年	2011年
销售收入（百万美元）	$14 527	$16 154	$17 889	$19 117	$20 895	$22 787	$23 522	$22 745	$24 075	$27 006
净利润（百万美元）	$893	$1 471	$2 279	$2 602	$3 544	$2 395	$4 313	$4 551	$4 946	$5 503

简单地观察这些数据，可以看到除了2009年以外其他各年的销售额都在增加，除了2007年以外其他各年的净利都在增加。用趋势百分比表示这些数据可以增加了解程度：

	2002年	2003年	2004年	2005年	2006年	2007年	2008年	2009年	2010年	2011年
销售额	100%	111%	123%	132%	144%	157%	162%	157%	166%	186%
净利	100%	165%	255%	291%	397%	268%	483%	510%	554%	616%

在上面的表中，销售额和净利重新以2002年的销售额和净利为基础用百分比表述。例如，2008年的销售额23 522美元是2002年销售额14 527美元的162%。当数据绘制在图13-1中时，这种趋势分析特别引人注目。麦当劳的销售额在10年时间内出现了显著的增长，但净利却很不稳定，在2007年骤然跌落，在2008年完全复原，在2011年获得了不错的销售业绩和利润。

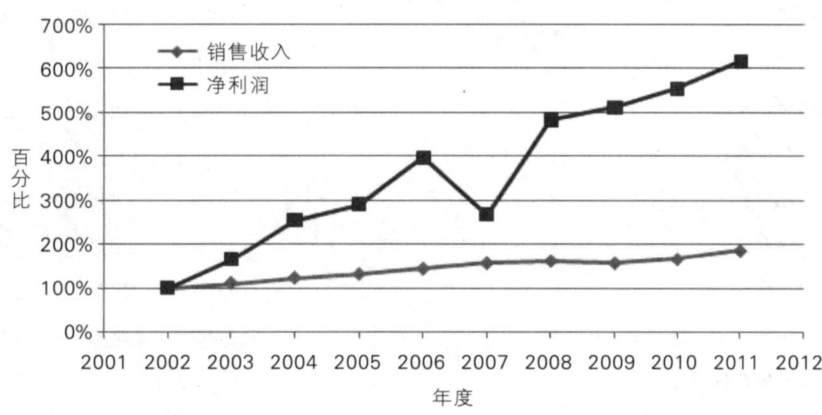

图13-1　麦当劳：销售收入与净利润的趋势分析

13.2.2　统一格式报表

前面部分讨论的水平分析观察了跨年度财务报表项目的变化。纵向分析关注特定时间财务报表项目的关系。统一格式财务报表是纵向分析，每个报表项目都用百分比表示。在利润表里，所有项目都用销售收入的百分比表示。在资产负债表中，所有项目都用总资产的百分比表示。表13-3为Brickey Electronics公司统一格式资产负债表，表13-4为该公司统一格式利润表。

注意表13-3将所有资产列在统一格式报表中，清楚地显示了流动资产与非流动资产的相对重要性，也显示了流动资产组合过去一年间的重大变动。举例而言，应收账款相对显著的增加，而现金与存货相对显著的减少，从应收账款的大幅增加以及现金的减少可以判断出，公司的收现能力较差。

在表13-4中的统一格式利润表中，可以看到每个项目占销售收入的百分比。例如，去年的管理费用是去年销售额的12.7%，今年是11.3%。如果Brickey Electronics公司管理费用的质量和效率保持不变或随着时间的推移不断提高，那么这两个百分比表明，今年Brickey Electronics公司对其管理费用的管理比去年更有效。除了管理费用，管理人员对其他披露在利润表中的百分比也有浓厚的兴趣，将在后面与盈利能力比率有关的章节中讨论。

表 13-3　　　Brickey Electronics公司统一格式比较资产负债表

Brickey Electronics公司
统一格式比较资产负债表
（单位：千美元）

	今年	去年	增（减）今年	增（减）去年
资产				
流动资产：				
现金	$1 200	$2 350	3.8%*	8.1%
应收账款，净额	6 000	4 000	19.0%	13.8%
存货	8 000	10 000	25.4%	34.5%
预付费用	300	120	1.0%	0.4%
流动资产总额	15 500	16 470	49.2%	56.9%
财产与设备：				
土地	4 000	4 000	12.7%	13.8%
建筑及设备，净额	12 000	8 500	38.1%	29.3%
财产与设备总额	16 000	12 500	50.8%	43.1%
资产总额	$31 500	$28 970	100.0%	100.0%
负债及股东权益				
流动负债：				
应付账款	$5 800	$4 000	18.4%	13.8%
应计负债	900	400	2.9%	1.4%
应付票据，短期	300	600	1.0%	2.1%
流动负债总额	7 000	5 000	22.2%	17.3%
长期负债：				
应付公司债，8%	7 500	8 000	23.8%	27.6%
负债总额	14 500	13 000	46.0%	44.9%
股东权益：				
普通股，面额$12	6 000	6 000	19.0%	20.7%
优先股	3 000	3 000	9.5%	10.4%
股本总额	9 000	9 000	28.6%	31.1%
留存收益	8 000	6 970	25.4%	24.0%
股东权益总额	17 000	15 970	54.0%	55.1%
负债及股东权益总额	$31 500	$28 970	100.0%	100.0%

*每个统一格式报表的资产科目，以占总资产的百分比来表示，而每个负债及所有者权益科目以占负债及股东权益总额的百分比表示。例如，今年现金百分比的计算为：$1 200÷$31 500=3.8%。所有百分数保留一位小数。

表13-4　　Bickey Electronics公司统一格式比较利润表

Bickey Electronics公司
统一格式比较利润表
（单位：千美元）

			百分比*	
	今年	去年	今年	去年
销售收入	$52 000	$48 000	100.0%	100.0%
销售成本	36 000	31 500	69.2%	65.6%
毛利	16 000	16 500	30.8%	34.4%
销售及管理费用：				
销售费用	7 000	6 500	13.5%	13.5%
管理费用	5 860	6 100	11.3%	12.7%
销售及管理费用总额	12 860	12 600	24.7%	26.3%
营业净利	3 140	3 900	6.0%	8.1%
利息费用	640	700	1.2%	1.5%
税前净经营利润	2 500	3 200	4.8%	6.7%
所得税（30%）	750	960	1.4%	2.0%
净利	$1 750	$2 240	3.4%	4.7%

*每一项的百分比是以占该年总销售收入的百分比表示，例如，2008年销售成本百分比计算如下：$36 000÷$52 000=69.2%。所有百分数保留一位小数。

小贴士

统一格式的资产负债表列示了每一个资产负债账户余额占总资产的百分比。统一格式的利润表列示了每一个账户占销售收入的百分比。

13.3 比率分析——流动性

目标2：计算并解读与资产流动性有关的财务比率。

流动性是指资产可以转换为现金的速度。流动资产可以迅速转换为现金，而非流动资产则不能。公司需要持续不断监控其流动资产与它们欠如供应商等债权人的短期债务。如果一家公司的流动资产不足以支持向短期债权人及时支付欠款，就会产生一个重要的管理问题，如果不纠正，会导致其破产。本节使用Brickey Electronics公司的财务报表指标和管理者用来分析他们公司的流动性和短期支付能力的两个比率。当你学习本章的时候，记住所有计算都是基于今年的数据，而不是去年。

13.3.1　营运资本

流动资产超过流动负债的部分称为营运资本（working capital）。

营运资本 = 流动资产–流动负债

今年底BricKey Electronics公司的营运资本计算如下：

营运资本=15 500 000−7 000 000=8 500 000（美元）

管理者需要从两个角度来解释营运资本。一方面，如果一个公司有充足的营运资本，它就提供了一定的保证，公司可以及时并足额支付欠款。另一方面，保留大量的营运资本是有成本的。营运资本必须用长期债务和权益融资来筹集，而这两者的成本都很高。此外，高额并不断增长的营运资本可能会造成麻烦，如库存过多地增长。因此，管理者往往要最大限度地减少营运资本，同时保持支付短期债务的能力。

13.3.2　流动比率

营运资本计算过程中的要素经常以比率的形式表示，一家公司的流动资产除以流动负债称为流动比率（current ratio）。

$$流动比率=\frac{流动资产}{流动负债}$$

BricKey Electronics公司今年的流动比率计算如下：

$$流动比率=\frac{\$15\,500\,000}{\$7\,000\,000}=2.21$$

虽然流动比率通常被用于衡量偿还短期债务的能力，但必须非常谨慎地进行解读。流动比率下降，可能是公司财务状况恶化的信号，也可能是由处理过时存货或其他无用的流动资产造成的。流动比率上升可能是由存货堆积所致，也可能是因为财务状况得到了改善。总之，流动比率是很有用的，但解读时却有许多含意。

依照经验，要求流动比率最低为2，但也有很多公司流动比率低于2却运作得相当成功。足够的流动比率取决于资产的组成要素。例如，如下表所示，Worthington公司与Greystone股份有限公司的流动比率都是2。然而，它们的财务状况却不一样，Greystone股份有限公司可能很难满足其当前偿还债务的需求，因为其几乎所有的流动资产都是存货而非更具变现性的诸如现金与应收账款等资产。

	Worthington 公司	Greystone 股份有限公司
流动资产：		
现金	$25 000	$2 000
应收账款，净额	60 000	8 000
存货	85 000	160 000
预付费用	5 000	5 000
流动资产总额（a）	$175 000	$175 000
流动负债（b）	$87 500	$87 500
流动比率，（a）÷（b）	2	2

13.3.3　速动比率

速动比率（acid-test （quick） ratio）更严格地测试公司偿还短期债务的能力，存货与预付费用被排除在流动资产总额之外，只剩下更具有流动性（或“速动”）的资产除以流动负债。

$$速动比率=\frac{现金+可供出售证券+流动应收款项+短期应收票据}{流动负债}$$

速动比率被用来衡量公司是否能不依赖存货或是否能将存货变现而履行其义务。如果每1元的负债有至少1元的速动资产支持，则速动比率为1。可是，这个比例低到0.3左右也是普遍的。

Brickey Electronics公司的速动比率计算如下：

$$速动比率=\frac{\$1\,200\,000+\$0+\$6\,000\,000+\$0}{\$7\,000\,000}=1.03$$

虽然Brickey Electronics公司的速动比率在可接受的范围内，分析者可能还要考虑公司资产负债表上几个令人忧虑的趋势。注意表13-1，该公司的短期债务增加而现金减少，现金减少可能是因为应收账款大量增加。总而言之，解读流动比率与速动比率时，应注意其基本组成要素。

13.4 比率分析——资产管理

目标3：计算并解读与资产管理有关的财务比率。

公司的资产是由债权人和股东的资金支持的，他们都期望那些资产被有效地分配。在这一节中，我们将描述各种管理者用来评估他们公司资产管理的指标和比率。所有计算都是基于今年的数据进行的。

13.4.1 应收账款周转率

应收账款周转率（accounts receivable turnover）和应收账款周转天数用于衡量公司赊销额转换成现金的速度。应收账款周转率的计算是用销售收入除以当年平均应收账款余额。

$$应收账款周转率=\frac{销售收入}{平均应收账款余额}$$

假设Brickey Electronics公司当年的销售收入全部为赊销，今年的应收账款周转率计算如下：

$$应收账款周转率=\frac{\$52\,000\,000}{(\$6\,000\,000+\$4\,000\,000)/2}=10.4$$

可以将365天除以周转率得出应收账款周转天数（称为平均收款期间）。

$$应收账款周转天数=\frac{365天}{应收账款周转率}$$

Brickey Electronics公司今年的应收账款周转天数的计算如下：

$$应收账款周转天数=\frac{365天}{10.4}=35天$$

这简单地指出赊销收账平均需要35天，其好坏取决于Brickey Electronics公司给予顾客的信用条件。如果信用条件为30天，应收账款周转天数35天通常被视为优良；而如果公司的信用条件为10天，则35天的应收账款周转天数是令人不安的。较长的回收期可能是由于过去大量无法回收的账款在短期内无法收回或无法继续出现在账上及宽松的信用条件等。实际上，应收账款周转天数从10天到180天都是正常的，其长短主要取决于公司所处的行业。

商业实践

来自货款回收的挑战

在经济恶化时期，Caroline's Desserts看到了其客户逾期付款的百分比从2%跳到18%。这些逾期付款降低了公司的应收账款周转率，这反过来又迫使该公司的老板拖延雇用更多的员工，拖延采购新的设备，并使用个人资金支付账单。同样，萧条的经济造成了Quality Service Associates公司很大一部分客户在购买后的45天到60天才开始支付，而不是平常的30天到45天。公司总裁说："额外的15至20天，对我跟我的供应商有相当大的影响。"

资料来源：Simona Covel and Kelly K. Spors，"To Help Collect the Bills，Firms Try the Soft Touch，" *The Wall Street Journal*，January 22，2009，pp. B1 and B6.

13.4.2 存货周转率

存货周转率（inventory turnover ratio）衡量公司存货于当年销售并重置的次数，它等于销售成本除以持有存货平均水平（（期初存货+期末存货）÷2）：

$$存货周转率=\frac{销售成本}{平均存货余额}$$

Brickey Electronics公司今年的存货周转率计算如下：

$$\frac{销售成本}{平均存货余额}=\frac{36\ 000\ 000}{(8\ 000\ 000+10\ 000\ 000)/2}=4次$$

全部存货销售一次所需要的天数（称为存货周转天数）可以用365天除以存货周转率求出：

$$存货周转天数-\frac{365天}{存货周转率}$$

$$=\frac{365天}{4次}=91.25天$$

存货周转天数因产业而有所不同，食品杂货店的存货周转可能非常快，而珠宝店的存货周转可能相当慢，也许一年只有两次。实际上，平均销售期从10天到90天都是正常的，主要取决于公司所处的行业。

如果公司的存货周转速度远比其产业平均水平慢，可能是因为其持有过时的商品或是公司的存货储存量过高。管理者有时会主张大量采购以获得最佳折扣，但取得这些折扣前必须仔细地评估持有更多存货可能带来的附加的保险成本、税额、资金以及过时与毁坏的风险。

小贴士

当一个财务比率的分子包含利润表数据、分母包含资产负债表数据时，分母一定取的是平均数。这个平均过程已经完成了，因为利润表反映一个企业一段时间的经营成果，而资产负债表反映了某一时间点的公司财务状况。通常资产负债表账户的平均值是通过账户的期初余额与它的期末余额之和除以2得到的。

13.4.3 营业周期

营业周期是指从供应商手中获得存货到从客户手中收回货款的时间。它的计算方法如下：

营业周期=存货周转天数+应收账款周转天数

Brickey Electronics公司的营业周期计算如下：

营业周期 = 91¼天 + 35天 = 126.25天

管理者的目标是缩短营业周期，因为公司占有现金收入越早越好。事实上，如果一个公司可以缩短其营业周期使其小于平均付款期，就意味着该公司在支付给供应商货款进行库存采购前就可以收到客户的销售货款。举个例子，如果一个公司的营业周期为10天，其支付给供应商的平均付款期为30天，公司收到来自客户的现金比其需要支付给供应商的时间提前20天。在这个例子中，该公司可以在提前的20天中赚取利息收入。相反，如果一个公司营业周期比供应商的平均付款周期长得多，那么需要借钱来支持其存货和应收账款。例如Brickey Electronics公司，其营业周期是非常长的，从而表明它需要借钱来为其营运资本提供资金。

商业实践

服装行业的库存管理

Aéropostale 等许多服装零售商正在尝试采用一种叫追逐战术的“三步”存货库存管理法。首先，零售商从其供应商处预订的新装款式的数量非常少。其次，零售商确定这些新款服装中哪些是最流行的。最后，零售商要求供应商加速生产其最流行的服装款式以满足消费需求。这种策略如果运行得当，零售商不仅能够缩短其存货周转周期和营业周期，还能降低降价促销和放弃销售缺货产品的几率。当然，这不可避免地会造成那些喜欢大订单、交货周期长达6到9个月的供应商的紧张感。

资料来源：Elizabeth Holmes, “Tug-of-War in Apparel World,” *The Wall Street Journal*, July 16, 2010, pp. B1–B2.

概念检查

1.Jones公司的总销售额为1 000 000美元，其中80%的销售是赊销。期初和期末应收账款余额分别为100 000美元和140 000美元。公司的应收账款周转率是多少？

a. 3.33

b. 6.67

c. 8.33

d. 10.67

2.Jones公司的销售额总计1 000 000美元，贡献边际为60%。期初和期末存货余额分别为240 000美元和260 000美元。公司的存货周转率为多少？

a. 1.60

b. 2.40

c. 3.40

d. 3.60

3. 基于问题 2 的条件，Jones公司的存货周转天数为多少天？

a. 152天

b. 140天

c. 228天

d. 175天

4. 基于问题 1~3 的条件，Jones公司的营业周期为多少天？

a. 295天

b. 283天

c. 243天

d. 307天

13.4.4 总资产周转率

总资产周转率是销售收入总额与平均总资产余额的比率。它用来衡量一个公司的资产产生销售收入的效率。这个比率不仅包括流动资产，还包括固定资产，如财产、厂房和设备。计算如下：

$$总资产周转率 = \frac{销售收入总额}{平均总资产余额}$$

Brickey Electronics公司的总资产周转率计算如下：

$$总资产周转率 = \frac{销售收入总额}{平均总资产余额}$$

$$= \frac{\$52\,000\,000}{(\$31\,500\,000 + \$28\,970\,000)/2} = 1.72$$

公司的目标是提高其总资产周转率。要做到这一点，就必须增加销售或减少其资产投资。如果一个公司的存货周转率和应收账款周转率都在增加，但其总资产周转率在下降，问题可能出在非流动资产的利用率和效率上。如果所有其他条件保持不变，公司的总资产周转率将随着时间的推移不断增加，因为设备和厂房的累计折旧随着时间的推移而增长。

13.5 比率分析——负债管理

目标4：计算并解读与负债管理有关的财务比率。

管理者需要从两个利益相关者的视角评估公司债务管理——长期债权人和普通股股东。长期债权人关心的是公司偿还长期贷款的能力。例如，如果公司将所有可用的现金都以现金股利的形式发放，就没有现金可以支付给债权人了。因此，债权人通常会要求借款人遵守各种协议或规则。这些严格的协议通常包括严格的股利支付率，如要求公司必须保持一定的财务比率。即使是广泛地使用严格的协议，债权人也无法保证债务到期时一定会得到清偿。公司仍旧必须保持足够的盈余用来偿债。

股东从财务杠杆角度分析债务。财务杠杆指借款获得资产用以增加销售和利润。

公司有正或负的财务杠杆，取决于其总资产收益率和支付给债权人的必要报酬率之间的差额。如果公司的总资产收益率超过支付给债权人的必要报酬率，财务杠杆是正的。如果总资产收益率小于公司支付的必要报酬率，财务杠杆为负。我们将在本章后面的部分探讨Brickey Electronics是否具有正的财务杠杆。现在你需要明白，如果一家公司拥有正的财务杠杆，有债务大大有利于普通股股东；相反，如果一家公司有负的财务杠杆，普通股股东往往会遭殃。

鉴于保持正的财务杠杆有潜在的好处，管理人员不应当避免债务，而他们往往寻求保持一个业内公认正常的债务水平。

在这一部分中，我们解释管理人员用于债务管理的三个比率：利息保障倍数、产权比率和权益乘数。所有计算都是基于今年的数据。

13.5.1 利息保障倍数

利息保障倍数（times interest earned ratio）最常用来衡量公司营运为长期债权人提供的保障，它是利息费用与所得税前盈利（亦即净经营利润）除以每年必须支付的利息得出的：

$$利息保障倍数 = \frac{利息费用与所得税前盈利}{利息费用}$$

Brickey Electronics公司今年的利息保障倍数计算如下：

$$利息保障倍数 = \frac{3\,140\,000}{640\,000} = 4.9$$

利息保障倍数的计算基础是利息费用与所得税前盈利，因为这部分盈利用于支付利息。利息费用在所得税前支付，债权人对于税前盈利有优先受偿权。

很明显，如果利息保障倍数低于1就是不足的，因为利息费用超过用于支付利息的盈利。相反，通常认为利息保障倍数大于2有利于保障长期债权人的利益。

13.5.2 产权比率

产权比率（debt-to-equity ratio）表示公司某一时点的资产负债表上债务与权益的相对比例。产权比率增加，表明公司正在增加其财务杠杆。换言之，它是更多地依靠债务，而不是股本来资助其资产。产权比率的计算如下：

$$产权比率 = \frac{负债总额}{股东权益总额}$$

Brickey Electronics公司今年的产权比率计算如下：

$$产权比率 = \frac{\$14\,500\,000}{\$17\,000\,000} = 0.85$$

今年年末，Brickey Electronics公司的股东每提供1元资产，债权人就提供了0.85元资产。

债权人与股东对于最佳产权比率的看法是不同的。一般来说，普通股股东希望这个比率相对较高，因为通过正杠杆，普通股股东可以通过债权人提供的资产而受益。另一方面，权益代表总资产超过总负债的部分，是对债权人的一种保护，债权人当然会期望有更少的负债和更多的权益。

在现实中，产权比率在0（没有债务）到3.0之间都是正常的。一般来说，在金融风险小的行业，债权人能接受比较高的产权比率。而在有些行业中金融风险较高，债权人就会要求较低的产权比率。

13.5.3 权益乘数

权益乘数是另一种类型的杠杆比率，表示公司资产被股权供养的比例。与产权比率相似，权益乘数的增加，说明公司正在增加其财务杠杆。换句话说，它更多地依靠债务而不是股权，以资助其资产。与分子和分母在一个时间点（如产权比率）不同的是，权益乘数侧重于一年内的平均金额，它的计算公式如下：

$$权益乘数 = \frac{总资产平均余额}{股东权益平均余额}$$

Brickey Electronics公司今年的权益乘数计算如下：

$$权益乘数 = \frac{(\$31\,500\,000 + \$28\,970\,000)/2}{(\$17\,000\,000 + \$15\,970\,000)/2} = 1.83$$

产权比率和权益乘数提供了公司管理其债务和股本的相关信号。我们已经介绍权益乘数，它将在下节进一步洞察公司如何衡量和解释净资产收益率时使用。

商业实践

小企业努力管理负债

Chuck Bidwell 和 Jennifer Guarino 购买了J.W. Hulme公司拓展高档公文包、背包、手包业务。公司共同所有者计划使公司的邮寄名单增加10倍达到10 000户，它的产品大类增加到250种。为了支持这种增长战略，该公司借入200多万美元，导致其产权比率从2.94跳至5.53。当公司随后又加了250 000美元的额外贷款用于下一轮的扩张时，债权人很是忧虑。该公司最近的年度销售额为150万美元,比业主预测数少了50万美元。此外，库存水平已飙升至100万美元，说明客户对公司产品的需求下降。

资料来源：Julie Jargon，"On Front Lines of Debt Crisis，Luggage Maker Fights for Life，" *The Wall Street Journal*，January 9，2009，pp. A1 and A8.

概念检查

5. 总资产是1 500 000美元，股东权益为900 000美元，公司的产权比率是多少？

a. 0.33

b. 0.50

c. 0.60

d. 0.67

13.6 比率分析——盈利能力

目标5：计算并解读与盈利能力有关的财务比率。

管理者密切关注他们公司所赚取的利润额。然而，当分析比率时，他们倾向于把重点放在其他一些与利润相关的金额上，如销售总额、总资产或股东权益总额。当利润作为另一个项目如销售的百分比时，它可以帮助管理人员了解企业是如何运营的。例如，如果一个公司曾在第1和第2年分别获得10美元和20美元的利润，为此立即判定公司的业绩有所改善就太天真了。换句话说，如果我们进一步假设，该公司在第1年度的销售额为100美元，第2年度的销售额为1 000美元，令人不安的是，该公司900美元的额外销售额仅转换为10美元额外利润。在这一部分中，我们进一步讨论4种常用的利润比率——贡献毛利率、销售净利率、总资产报酬率、股本回报率。所有计算均基于今年的数据。

13.6.1 贡献毛利率

表13 4表明Brickey Electronics公司的销售成本占销售额的百分比从去年的65.6%增加到今年的69.2%。从不同的角度来看这个问题，毛利率从去年的34.4%下降到今年的30.8%。管理者和投资者密切关注盈利能力的指标。贡献毛利率的计算公式如下：

$$\text{贡献毛利率} = \frac{\text{贡献毛利}}{\text{销售收入}}$$

零售企业的毛利率应比其他公司更稳定，因为在零售企业销售的商品成本不包括固定成本。当固定成本计入销售成本时，毛利率应随着销售量的增加而增加。随着销售数量的增加，固定成本被更多的产品所稀释，毛利率应提高。

商业实践

牛肉在哪里？

麦当劳、Wendy's和Burger King等快餐店面临一个有趣的挑战：面对一直上升的牛肉价格，如何保持毛利率稳定？一种选择是将更高的原材料成本转移，即以更高的价格转嫁给客户。然而，经济下滑的形势表明，涨价会减少客户的需求。相反，餐馆试图鼓励它们的食客购买有着更多利润的菜品，如鸡肉和沙拉。Wendy's曾经以其“牛肉在哪里？”的广告口号闻名，此刻其专注于一种新的高级沙拉和新的无骨鸡翅的市场拓展。Burger King计划在一定时期内把猪排骨推广给客户。

资料来源：Paul Ziobro，“Fast-Food Joints Push Chicken as Beef Prices Hit New Highs，” *The Wall Street Journal*，May 20，2010，p. B1.

13.6.2 销售净利率

表13-4表明Brickey Electronics公司的销售净利率从去年的4.7%下降到今年的3.4%年。销售净利率的计算公式如下：

$$\text{销售净利率} = \frac{\text{净利润}}{\text{销售额}}$$

贡献毛利率和销售净利率关注贡献毛利和净利润占销售额的百分比。贡献毛利率只关注一种类型的费用（销货成本）及其对业绩的影响，而销售净利率还关注销售及管理费用、利息费用和所得税费用对业绩的影响。本节剩下关注的是盈利能力与资产负债表上数据而不是销售收入的比率。

13.6.3 总资产报酬率

总资产报酬率（return on total assets）是用来衡量企业营运成果的比率。总资产报酬率的计算公式如下：

$$总资产报酬率=\frac{净利+[利息费用\times(1-税率)]}{平均资产总额}$$

将利息费用加回到净利中，主要是表明如果企业没有债务，盈利将是多少。上述调整的主要目的在于使同一企业的总资产报酬率在不同期间、不同负债结构下，有相同的比较基础，或是使有不同债务量的企业之间具有可比性。注意，公式中的利息费用是以税后利息为基础的，因此必须将账上的利息费用乘以（1-税率）。

Brickey Electronics公司2008年的总资产报酬率的计算过程如下（资料来自于表13-1和图13-1）：

$$总资产报酬率=\frac{\$1\,750\,000+\left[\$640\,000\times(1-0.30)\right]}{(\$31\,500\,000+\$28\,970\,000)/2}=7.3\%$$

Brickey Electronics公司去年运用资产平均赚得7.3%的报酬率。

13.6.4 股本回报率

总资产报酬率关注利润与总资产的关系，而股本回报率（return on equity）关注利润与股东权益账面价值的关系。股本回报率的计算公式如下：

$$股本回报率=\frac{净利润}{平均股东权益}$$

Brickey Electronics公司今年股本回报率计算的过程如下：

$$股本回报率=\frac{\$1\,750\,000}{(\$17\,000\,000+\$15\,970\,000)/2}=10.6\%$$

既然我们已经计算了总资产报酬率和股本回报率，我们就可以停下来看一下Brickey Electronics公司的财务杠杆。表13-1中列示，该公司支付其债券8%的利息。税后利息率仅为5.6%（利率8%×（1-0.30））。此前，公司的税后总资产收益率为7.3%。因为总资产报酬率7.3%大于债券税后利息成本5.6%，杠杆为正。这部分解释了为什么股本回报率10.6%大于总资产收益率7.3%。许多管理者和投资者采取更深入的由E.I. du Pont de Nemours and Company（也叫DuPont）开创的方法。这种方法提出，股本回报率受三个运行效率要素影响：营运效率（由销售净利率衡量）、资产使用效率（由总资产周转率衡量）和财务杠杆（由权益乘数衡量）。下面计算Brickey Electronics公司的股本回报率的公式使用这三个元素：

$$股本回报率=销售净利率\times总资产周转率\times权益乘数$$

$$股本回报率=\frac{净利润}{销售总额}\times\frac{销售总额}{总资产平均余额}\times\frac{总资产平均余额}{股东权益平均余额}$$

注意，销售总额和总资产平均余额抵销，所以剩下净利润除以股东权益平均余额。虽然这个公式有点复杂，但其10.6%的股本回报率和上边介绍的原始公式的计算结果一致。还应该注意，这个公式使用的销售净利率是3.37%，而不是如表13-4所示的四舍五入后的销售净利率。

概念检查

6. Orvil公司的销售净利率为4.5%，总资产周转率为2.4，其权益乘数为1.5。公司股本回报率是多少？

a. 2.8%

b. 7.2%

c. 16.2%

d. 10.7%

13.7 比率分析——市场表现

目标6：计算并解读与市场表现有关的财务比率。

本节总结普通股股东用来评估公司绩效的五个比率。鉴于普通股股东是公司的拥有者，从逻辑上说，管理者应该对这些业主用来判断其表现的指标有一个透彻的了解。所有的计算均使用今年的数据。

13.7.1 每股收益

投资者购买股票就是希望能借股利或股票未来价值的增加来实现报酬，由于净利润是支付股利的基础，也是股票未来价值增加的基础，所以投资者总是对公司报告的每股收益有兴趣。

每股收益（earnings per share）的计算公式是：普通股股东可分配的净利润除以当年流通在外的平均普通股股数。

$$每股收益=\frac{净利润}{流通在外的平均普通股股数}$$

运用表13-1与图13-1的数据，Brickey Electronics公司今年的每股收益计算如下：

$$\frac{1\ 750\ 000}{(500\ 000^{*}+500\ 000)/2}=3.5\text{（美元）}$$

*6 000 000总面值÷12＝500 000（股）。

小贴士

普通股数量的计算是用资产负债表中所列示的普通股股本除以普通股每股面值。

13.7.2 市盈率

股票每股市价与每股收益之间的关系通常被称为市盈率（price-earnings ratio），如果我们假设Brickey Electronics公司股票的目前市价为每股40美元，公司的市盈率计算如下：

$$市盈率=\frac{每股市价}{每股收益}$$

$$=\frac{40}{3.5}=11.43$$

市盈率为11.43，也就是说股票可以目前每股收益的11.43倍的价格出售。

投资者广泛地将市盈率作为衡量股价的一般性指引，高市盈率意味着投资者愿意为公司股票支付溢价，这可能是因为他们预期公司未来盈利增长高于平均值。相反的，如果投资者认为公司的未来盈利增长前景受到限制，公司的市盈率将会较低。例如，在20世纪90年代，一些网络公司，特别是那些盈余很少或没有盈余的公司，以前所未有的高市盈率水平出售股票。许多评论家警告说，从长远来看，这些高市盈率是不可持续的。他们是对的：几乎所有的网络公司股票价格随后大跌。

13.7.3　股利支付率与股利收益率

公司股票投资者的赚钱方式有两种——股票价值增加和发放股利。一般来说，只要投资于公司内部的资金收益率超过投资者投资于其他项目的收益率，收益就会被留在公司而不是用于发放股利。因此，利润增长前景非常好的公司一般发放很少的股利或几乎不发放股利。获利机会少的公司，或收益增长稳定、可靠的公司则通常会从营运资本中拿出一大笔现金来发放股利。

股利支付率（the dividend payout ratio）

股利支付率是衡量目前的盈利用于支付股利的部分。股利支付率通过普通股每股股利除以每股收益来计算：

$$股利支付率=\frac{每股股利}{每股收益}$$

Brickey Electronics公司今年股利支付率的计算如下：

$$股利支付率=\frac{\$1.44\,(见图13-1)}{\$3.5}=41.1\%$$

应该注意，特定产业中的公司的股利支付率应该大体相等，但正确的股利支付率却不存在。拥有足够成长机会以及高报酬率的产业，股利支付率可能较低；而再投资机会受限的产业，股利支付率可能较高。

股利收益率（the dividend yield ratio）

股利收益率是由目前每股股利除以目前每股市价求出的。

$$股利收益率=\frac{每股股利}{每股市价}$$

Brickey Electronics公司的股票市价为每股40美元，因此股利收益率的计算如下：

$$股利收益率=\frac{\$1.44}{\$40}=3.6\%$$

股利收益率衡量以目前市价购买普通股的投资人得到的报酬率（只有现金股利），低的股利收益率不能确定投资的好坏。

13.7.4　每股账面价值

每股账面价值（book value per share）是衡量如果所有资产以资产负债表上的金额（即账面价值）出售，在偿还所有债权人的债务之后，可以发放给普通股股东每股股票的金额。每股账面价值完全建立在历史成本基础上。计算每股账面价值的公式如下：

$$每股账面价值=\frac{股东权益总额}{流通在外普通股股数}$$

今年Brickey Electronics公司的普通股每股账面价值的计算如下：

$$每股账面价值=\frac{\$17\,000\,000}{500\,000股}=\$34$$

如果将这个账面价值与Brickey Electronics公司的股票市价40美元做比较，可知其股票价格被高估了。然而，如同我们先前所讨论的，市价反映了对未来盈利与股利的预期，而账面价值大部分反映过去发生事件的结果。一般而言，股票市价会超过其账面价值。例如，最近一年，微软公司（Microsoft）的普通股通常以其账面价值的4倍进行交易，而可口可乐公司的市价更是其账面价值的17倍以上。

你的决策　资产组合经理

假设你为一个共同基金工作，你的责任是为投资组合选择股票。你分析了服装零售连锁商店的财务报告后发现，公司的流动比率增加，但它的速动比率却下降了。此外，公司的应收账款周转率下降，存货周转率下降。最终，公司的市盈率总是很高。你是否建议公司购买这家公司的股票？

13.8　比率汇总与比较性比率资料的来源

表13-5为本章讨论的比率的汇总，表中包括每个比率的公式与每个比率的意义摘要。

表13-5　比率汇总

比率	公式	定义
营运资本	流动资产－流动负债	衡量公司只用流动资产偿还流动负债的能力
流动比率	流动资产÷流动负债	衡量公司偿还短期债务的能力
速动比率	(现金＋可供出售证券＋流动应收款项)÷流动负债	在不依赖存货的情况下,衡量公司偿还短期债务的能力
应收账款周转率	销售收入÷平均应收账款余额	粗略衡量公司当年的应收账款转换成现金的次数
应收账款周转天数	365天÷应收账款周转率	衡量应收账款收现需要的平均天数
存货周转率	销售成本÷平均存货余额	衡量公司当年存货的销售次数
存货周转天数	365天÷存货周转率	衡量销售存货一次所需要的平均天数(周转天数)
营业周期	应收账款周转天数+存货周转天数	衡量从供应商手中收到存货到获得顾客销售款项的时间
总资产周转率	销售总额÷总资产平均余额	衡量资产产生销售额的效率
利息保障倍数	利息费用与所得税前盈利÷利息费用	衡量公司支付利息的能力
产权比率	负债总额÷股东权益	衡量股东每提供1元资产,债权人所提供的资产金额
权益乘数	总资产平均余额÷股东权益平均余额	衡量公司资产被股东权益供养的程度
贡献毛利率	贡献毛利÷销售总额	衡量在支付销售及管理费用前的盈利能力
销售净利率	净利润÷销售总额	粗略衡量盈利能力
总资产报酬率	{净利+[利息费用×(1-税率)]}÷平均总资产	衡量管理者运用资产的表现
股本回报率	净利润÷股东权益平均余额	当与总资产报酬率相比较时,可衡量对于公司股东的杠杆程度
每股收益	净利润÷流通在外平均普通股股数	可能对每股市价有影响,反映在市盈率上
市盈率	每股市价÷每股收益	与目前盈利比较股票价格是否被高估的指标
股利支付率	每股股利÷每股收益	显示公司是将盈利的大部分用来支付股利还是将盈余再投资于内部的指标
股利收益率	每股股利÷每股市价	表示每股股票所能提供的现金股利
每股账面价值	普通股股东权益 ÷流通在外普通股股数	衡量如果所有资产以其资产负债表上的金额销售,在偿还完所有债务之后,可以发放给普通股股东的金额

表13-6为产业提供了比较性比率资料的公开来源列表，管理者、投资人与分析师广泛地使用这些来源。表13-6中的EDGAR资料库是一个特别丰富的资料来源库，它包括了自1995年以来，各公司向SEC提供的所有报告，包括以10-K形式提交的年报。

表13-6　　财务比率的公开来源

来源	内容
Almanac of Business and Industrial FinancialRatios, *Aspen Publishers*，每年出版	包括每个产业以产业或规模区分公司的统一格式利润表与财务比率的详尽来源
AMA Annual Statement Studies, Risk Management Association，每年出版	广泛使用的出版物，包括个别公司统一格式报表和财务比率，公司以产业分别排列
EDGAR，证券交易委员会（Securities and Exchange Commission），网站持续更新，www.sec.gov	可在全球网站取得的详尽资料库，包括公司对SEC的报告，这些报告可以下载
Free Edgar，EDGAR Online，Inc.，网站持续更新，www.freeedgar.com	可以搜寻SEC档案的网站，财务信息可以直接以Excel工作表的形式下载
Hoover 's Online，Hoovers，Inc.，网站持续更新，www.hoovers.com	提供10 000家美国公司的网站，可链接至公司网站、年报、股票表、新闻以及产业信息
Industry Norms & Key Business Ratios，*Dun & Bradstreet*，每年出版	计算超过800个主要产业群体的14个常用的财务比率
Mergent Industrial Manual and Mergent Bank and Finance Manual，每年出版	包括所有在纽约证券交易所、美国证券交易所以及地区性的美国交易所上市的公司财务比率的详尽来源
Standard & Poor's Industry Survey，Standard & Poor's，每年出版	由产业或每个产业中的领导公司提供的包括财务比率在内的许多统计数据

本章小结

目标1：编制并解读比较式与统一格式财务报表。

如果没有以某种方法将财务报表的原始数据标准化，使报表可以跨期间与跨公司比较的话，这些数据是难以解读的。例如，公司所有的财务数据可以用某个基年数据的百分比表示，这更容易发现一段期间的趋势。为了让公司间的比较更容易，通常利用统一格式财务报表，利润表数据以销售收入的百分比表示，而资产负债表数据以总资产的百分比表示。

目标2：计算并解读用以衡量流动性的财务比率。

管理者需要关心他们公司在不久的将来偿还债务的能力。因此，他们专注于流动资产和流动负债之间的关系指标，如营运成本、流动比率和速动比率。

目标3：计算并解读用以衡量资产管理的财务比率。

管理者需要确保他们的公司有效地使用流动资产及非流动资产。应收账款周转率、存货周转率和营运周期帮助管理者评估他们的公司是否能够很快将存货和赊销额转化为现金。总资产周转率用销售额与总资产平均余额之比衡量效率。

目标4：计算并解读用以衡量负债管理的财务比率。

管理者需要确保他们的公司有能力偿还长期债务。他们经常跟踪利息保障倍数，以评估该公司对现有贷款的利息支付能力。他们还衡量产权比率和权益乘数，以更好地了解公司的财务杠杆的使用情况。

目标5：计算并解读用以衡量盈利能力的财务比率。

盈利能力是组织绩效的基本衡量视角。贡献毛利率是毛利占销售额的百分比。同样，销售净利率是净利润占销售额的百分比。总资产收益率与股本回报率是净利润相对于资产负债表上的数据的百分比。一般来说，公司追求这些指标的持续增长。

目标6：计算并解读用以衡量市场表现的财务比率。

管理者需要通过普通股股东角度了解他们公司的表现。他们使用指标评估股票市场的表现，如每股收益、市盈率、股利支付率、股利收益率和每股账面价值。一般来说，这些比率越高，对公司普通股股东越好。

你的决策（资产组合经理）参考答案

所有比率——流动比率、速动比率、应收账款周转率、存货周转率——都能表明运营情况。公司的市盈率一直都很高，这表明股票市场很看好公司未来的发展和股票价格。如果不经过深入调查来找到是什么导致其经营状况恶化就投资于此公司是非常有风险的。

概念检查参考答案

1.选择b。应收账款周转率是赊销的800 000÷120 000的平均应收账款余额=6.67。

2.选择a。首先，计算销售成本如下：1 000 000×（1−0.60）=400 000（美元）。其次，存货周转率计算如下：销售成本400 000÷平均存货250 000=1.60（次）

3.选择c。存货周转率是1.60，所以用365天除以1.60=228天。

4.选择b。应收账款周转率是6.67，应收账款周转天数是用365天除以6.67约等于55天，应收账款周转天数55天＋存货周转天数228天等于营业周期283天。

5.选择d。总资产1 500 000−股东权益900 000=600 000（美元）总负债。权益负债率600 000÷900 000=0.67。

6.选择c。销售净利率4.5%×总资产周转率2.4×权益乘数1.5=股本回报率16.2%。

问题回顾：选择比率与财务杠杆

Mulligan公司的最新财务报表的资料如下：

Mulligan公司
比较资产负债表
（单位：百万美元）

	期末	期初
资产		
流动资产：		
现金	$281	$313
可供出售证券	157	141
应收账款	288	224
存货	692	636
其他流动资产	278	216
流动资产总额	1 696	1 530
财产与设备，净值	2 890	2 288
其他资产	758	611
资产总额	$5 344	$4 429

续表

	期末	期初
负债及股东权益		
流动负债：		
应付账款	$391	$341
短期银行借款	710	700
应付款项	757	662
其他流动负债	298	233
流动负债总额	2 156	1 936
长期负债	904	265
负债总额	3 060	2 201
股东权益：		
普通股与优先股	40	40
留存收益	2 244	2 188
股东权益总额	2 284	2 228
负债及股东权益总额	$5 344	$4 429

Mulligan 公司

利润表

（单位：百万美元）

	今年
销售收入	$9 411
销售成本	3 999
毛利	5 412
销售及管理费用：	
商店营业费用	3 216
其他营业费用	294
折旧与摊销	467
一般管理费用	489
营业费用总额	4 466
净经营利润	946
利息收入	110
利息费用	0
税前净利	1 056
所得税（约 36%）	384
净利润	$672

要求：

1.计算总资产报酬率。

2.计算股本回报率。

3.Mulligan公司的财务杠杆是正的还是负的？请解释。

4.计算流动比率。

5.计算速动比率。

6.计算存货周转率。

7.计算存货周转天数。

8.计算产权比率。

9.计算总资产周转率。

10.计算销售净利率。

问题回顾的解答：

1.总资产报酬率：

$$总资产报酬率=\frac{净利+[利息费用\times(1-税率)]}{平均总资产}$$

$$=\frac{\$672+[\$0\times(1-0.36)]}{(\$5\,344+\$4\,429)/2}=13.8\%（四舍五入）$$

2.股本回报率：

$$股本回报率=\frac{净利润}{股东权益平均余额}=\frac{\$672}{(\$2284+\$2228)/2}=29.8\%（四舍五入）$$

3.公司有正的财务杠杆，因为股本回报率29.8%大于总资产报酬率13.8%。正的财务杠杆来自于流动负债与长期负债。

4.流动比率：

$$流动比率=\frac{流动资产}{流动负债}$$

$$=\$1\,686/\$2\,156=0.79（四舍五入）$$

5.速动比率：

$$速动比率=\frac{现金+可销售证券+应收账款+短期应收票据}{流动负债}$$

$$=（\$281+\$157+\$288+\$0）/\$2\,156=0.34（四舍五入）$$

6.存货周转率：

$$存货周转率=\frac{销货成本}{平均存货余额}$$

$$=\$3\,999/[（\$692+\$636）/2]=6.02（四舍五入）$$

7.存货周转天数：

$$存货周转天数=\frac{365天}{存货周转率}$$

$$=365天/6.02=61天（四舍五入）$$

8.产权比率：

$$产权比率=\frac{负债总额}{股东权益总额}=\frac{\$2\,156+\$904}{\$2\,284}=1.34（四舍五入）$$

9.总资产周转率：

$$\text{总资产周转率} = \frac{\text{销售总额}}{\text{总资产平均余额}} = \frac{\$9\,411}{(\$5\,344 + \$4\,429)/2} = 1.93\text{（四舍五入）}$$

10.销售净利率：

$$\text{销售净利率} = \frac{\text{净利润}}{\text{销售总额}} = \frac{\$672}{\$9\,411} = 7.1\%\text{（四舍五入）}$$

词汇表

（注意：表13－5显示了所有的财务比率的定义与公式，这些定义与公式在这里不再重复。）

统一格式的财务报表（common-size financial statements）同时用金额和百分比形式表示报表中的项目。在利润表中，百分比是根据总销售收入计算的；在资产负债表中，百分比是根据总资产计算的。

财务杠杆（financial leverage）是由于企业资产报酬率与债权人收益率的差异所产生的财务现象。

水平分析（horizontal analysis）是将企业两年或两年以上的财务报表中的项目逐个比较，据以分析各项目的变化趋势。

趋势分析（trend analysis）见水平分析。

趋势百分比（trend percentages）以某一年为基础计算的几个年度财务报表中项目的百分比。

纵向分析（vertical analysis）是以统一格式财务报表形式反映的企业财务状况。

思考题

13-1区分财务报表数据的水平分析和纵向分析。

13-2观察公司财务比率和其他数据趋势的原因是什么？分析者会采用的其他对比方法是什么？

13-3假设同一行业中的两家公司利润相同。为什么两家公司的市盈率不同？假设一家公司的市盈率是20，每股收益是4美元，那么这家公司的股票每股预期市价为多少？

13-4你希望一家处于快速成长的技术行业的公司有较高还是较低的股利支付率？

13-5什么是普通股投资的股利收益率？

13-6什么是财务杠杆？

13-7一家塑料公司的总裁在一本商业杂志上说："我们没有超过10年的付息债务。没有多少公司可以这样说。"作为这家公司的股东，你会怎么看待它无债务的政策？

13-8如果股票的市价超过面值，那股票价格就被高估了。你同意这一观点吗？请解释。

13-9公司向银行要求的信贷额度被拒绝。银行认为公司2.0的流动比率不足。请给出流动比率不足的原因。

基础练习十五问

Markus Company今年年底普通股每股的价格为2.75美元。公司今年支付了普通股股息，每股0.55美元。它还提供了年度财务报表的以下数据：（单位：美元）

	期末	期初
现金	$35 000	$30 000
应收账款	60 000	50 000
存货	55 000	60 000
流动资产	150 000	140 000
资产合计	450 000	460 000
流动负债	60 000	40 000
负债总额	130 000	120 000
普通股，面值1美元	120 000	120 000
所有者权益总额	320 000	340 000
负债和所有者权益总额	$450 000	$460 000
		今年
销售收入（全部赊销）		$700 000
销售成本		400 000
毛利		300 000
净经营利润		140 000
利息费用		8 000
净利润		$92 400

要求：

1. 每股收益是多少？
2. 市盈率是多少？
3. 股利支付率和股利收益率是多少？
4. 总资产报酬率是多少？（假设税率为30%）
5. 股本回报率是多少？
6. 今年年底每股账面价值是多少？
7. 今年年底的营运资本和流动比率是多少？
8. 今年年底的速动比率是多少？
9. 应收账款周转率和应收账款周转天数是多少？
10. 存货周转率和存货周转天数是多少？
11. 公司的营业周期是多少？
12. 总资产周转率是多少？
13. 利息保障倍数是多少？
14. 今年年底的产权比率是多少？
15. 权益乘数是多少？

练习

练习 13-1　趋势百分比（学习目标 1）

Rotorua Products公司是新西兰市场农产品生产企业，消费群体主要是新兴的亚洲消费者。该公司过去5年的销售额、流动资产和流动负债如下（第5年离现在最近）：（单位：美元）

	第1年	第2年	第3年	第4年	第5年
销售额	$1 800 000	$1 980 000	$2 070 000	$2 160 000	$2 250 000
现金	50 000	65 000	48 000	40 000	30 000
应收账款，净额	300 000	345 000	405 000	510 000	570 000
存货	600 000	660 000	690 000	720 000	750 000
流动资产总额	950 000	1 070 000	1 143 000	1 270 000	1 350 000

要求：

1. 用趋势百分比表示所有资产、负债和销售额数据（使用第1年作为基年，保留小数点后一位）。

2. 评论你的分析结果。

练习 13-2　流动性比率（学习目标 2）

Weller公司今年12月31日止的比较财务报表如下。公司当年没有发行新的普通股或优先股。在外流通的普通股股数为800 000股。应付债券利息率为12%，所得税税率为40%，去年普通股每股股利为0.75美元，今年为0.4美元。年末公司普通股的市值为每股18美元。公司所有的销售都是赊销。

Weller公司

比较资产负债表

（单位：千美元）

	今年	去年
资产		
流动资产：		
现金	$1 280	$1 560
应收账款，净额	12 300	9 100
存货	9 700	8 200
预付费用	1 800	2 100
流动资产总额	25 080	20 960
财产与设备		
土地	6 000	6 000
建筑物和设备，净额	19 200	19 000
财产与设备总额	25 200	25 000
总资产	$50 280	$45 960
负债和所有者权益		
流动负债：		
应付账款	$9 500	$8 300

续表

	今年	去年
应计负债	600	700
应付票据，短期	300	300
流动负债总额	10 400	9 300
长期负债：		
应付债券	5 000	5 000
负债总额	15 400	14 300
所有者权益：		
普通股	800	800
优先股	4 200	4 200
股本总额	5 000	5 000
留存收益	29 880	26 660
所有者权益总额	34 880	31 660
负债和所有者权益总额	$50 280	$45 960

Weller公司

比较利润表和调节表

（单位：千美元）

	今年	去年
销售收入	$79 000	$74 000
销售成本	52 000	48 000
毛利	27 000	26 000
销售和管理费用：		
销售费用	8 500	8 000
管理费用	12 000	11 000
销售和管理费用总额	20 500	19 000
净经营利润	6 500	7 000
利息费用	600	600
税前净利	5 900	6 400
所得税	2 360	2 560
净利润	3 540	3 840
普通股股东股利	320	600
净利加至留存收益	3 220	3 240
留存收益，期初	26 660	23 420
留存收益，期末	$29 880	$26 660

要求：

计算今年如下财务比率：

1.营运资本。

2.流动比率。

3.速动比率。

练习13-3　资产管理财务比率（学习目标3）

参考练习13-2中Weller公司的数据。

要求：

计算今年如下财务比率：

1.应收账款周转率（假设所有销售都是赊销）。

2.应收账款周转天数。

3.存货周转率。

4.存货周转天数。

5.营业周期。

6.总资产周转率。

练习13-4　负债管理的财务比率（学习目标4）

参考练习13-2中Weller公司的数据。

要求：

计算当年如下财务比率：

1.利息保障倍数。

2.产权比率。

3.权益乘数。

练习13-5　盈力能力的财务比率（学习目标5）

参考练习13-2中Weller公司的数据。

要求：

计算当年如下财务比率：

1.贡献毛利率。

2.销售净利率。

3.总资产收益率

4.股本回报率。

练习13-6　市场表现的财务比率（学习目标6）

参考练习13-2中Weller公司的数据。

要求：

计算当年如下财务比率：

1.每股收益。

2.市盈率。

3.股利支付率。

4.股利收益率。

5.每股账面面值。

练习13-7　特定的财务比率（学习目标2、学习目标3、学习目标4）

Castile公司近期财务报表如下：

Castile公司

资产负债表

12月31日

资产	
流动资产：	
现金	$6 500
应收账款，净额	35 000
商品存货	70 000
预付费用	3 500
流动资产总额	115 000
厂房和设备，净额	185 000
总资产	$300 000
负债和所有者权益	
负债：	
流动负债	$50 000
应付债券，10%	80 000
总负债	130 000
所有者权益：	
普通股，面值$5	$30 000
留存收益	140 000
所有者权益总额	170 000
负债和所有者权益总额	$300 000

Castile公司

利润表

12月31日止

销售收入	$420 000
销售成本	292 500
毛利	127 500
销售及管理费用	89 500
净经营利润	38 000
利息费用	8 000
税前净利	30 000
所得税（30%）	9 000
净利润	$210 000

公司期初账户余额如下：应收账款，250 000美元；存货，60 000美元。所有的销售都是赊销。

要求：

计算如下财务比率：

1. 营运资本。

2.流动比率。

3.速动比率。

4.产权比率。

5.利息保障倍数。

6.应收账款周转天数。

7.存货周转天数。

8.营业周期。

练习13-8　市场表现财务比率（学习目标6）

参考练习13-7中Castile公司的财务报表。除了这些报表数据外，假设公司当年支付每股股利2.10美元，并假设6月30日公司普通股每股市价为42美元，当年流通普通股股数没有变动。

要求：

计算如下财务比率：

1.每股收益。

2.股利支付率。

3.股利收益率。

4.市盈率。

5.每股账面价值。

译者后记

这部由布鲁尔(Peter C. Brewer)、加里森（Ray H.Garrison）和诺琳（Eric W.Noreen）编著的《管理会计导论》是较为适于本科生教学的优秀教材之一，该书集理论与实务于一体，将当代管理会计发展的最新成果融入其中，从企业管理的视角对与管理会计课程相关的所有专题进行了较为全面的系统阐述。本书具有如下特点：

一是体系完备、设计缜密。本书涵盖了管理会计的各个重大问题，而作者又精心地对各个章节做出了巧妙安排，使全书逻辑严谨、详略得当、篇幅适宜。读者很快就可以抓住要领，一窥本书的全貌。

二是写作思路清晰、行文流畅精炼。纵观全书，作者在每一章开篇都回顾上一章、简介本章并预介下一章。正文中从框架设计到字里行间都紧扣主题层层展开、娓娓道来。即便是图表和案例也都倾注了作者的匠心，读来使人神清气爽、心境怡然。

三是注重实际、体现应用。管理会计的生命力体现在其源于实践、总结经验、指导应用的特征。三位作者以其丰富的阅历和深刻的体验从实践中提出问题，在理论中分析问题，又用实例说明问题。他们用朴实单纯的视角和简明易懂的语言给读者展示了一个真实而又演进着的世界，我们不仅可以从中学到知识和方法，更能得到思维的训练，从而实现思考方式的总结和提升。

四是关注职业特征、注重道德培养。会计行业的核心特征即在于其严谨性。而这一行的从业人员从接受专业教育的一开始就为其职业道德和行为规范打下了基础。本书作者没有就道德谈道德地空泛说教，而是将职业训练融入文字，给读者以潜移默化的影响，让人们在接受知识传播的过程中自然而然地接受了他们的道德教化与行为示范。

该书不仅可以作为教材，深化管理会计的理论教学，也可以作为广大会计与经营管理者在实际工作中的阅读和参考资料。其中的商业实践、决策专栏、概念检查、小贴士、你的决策等内容，可以使我们从国外管理会计的理论和实务中吸取有益的管理思路和方法，并将其应用到我国企业管理的实践之中。

本书第7版的内容在第4版的基础上有非常大的改动，翻译耗时1年多的时间，是多位财务和金融教学、科研一线的同仁以及财务专家通力合作的结果。他们是：河北金融学院金融创新与风险管理研究中心、河北省科技金融重点实验室、河北金融学院金融学副教授刘洪生，国家青年政治学院经济系教授王艳茹，北京工商大学经济学院金融系教授葛红玲，东北财经大学会计学院及金融学院研究生王璐、宋思淼、王悦、张爽、刘倩辉、丁军霞、陈曦、赵亚敏、陈秋怡、高亚丽、张擎、付楠楠、姜俊梅、孙伟、张玲玲、霍思含、陶雪冰、刘怡、岳竞媛。同时，也非常感谢参与第4版翻译的中国人民大学商学院研究生徐诗诗、刘丽嘉、田旭、隆伟、张聪、霍达、郝思佳、刘文畅、王彬，东北财经大学会计学院研究生刘露、陈阳、刘洋、夏鹏、刘伟、梁月、李琳、赵瑾蒙、黄岩、蔡芳、孙平、李靖、王力国、陈红萍、林珊珊、邵洁、李雯。融盛财产保险股份有限公司财务总监南智，对全书进行了审校。

由于水平和时间有限，译文中难免有不妥之处，希望读者朋友予以批评指正。

译　者

2017年6月